Hannah Arendt

The Human Condition

人的條件

漢娜・鄂蘭
林宏濤／譯

人類行動的本質與政治希望之所在
——鄂蘭《人的條件》導讀

◎葉浩

逝者與活人之間有一個祕密協議。如同之前的世世代代，我們在塵世的期待之中到來，也被賦予了微弱的彌賽亞力量——這力量的認領權屬於過去，想解決這種託付，代價也不低！

——班雅明（Walter Benjamin）1

此一引言出自班雅明的文章〈歷史哲學論綱〉，收錄於這位英年早逝的猶太思想家之論文集《啟迪》（*Illuminations*）一書。此書乃鄂蘭（Hannah Arendt）所親自編輯並撰寫導讀，以紀念這位生前即神祕而死後則成為傳奇的友人。

他們最後一次的相聚是一九四〇年在法國馬賽，在場還有鄂蘭的第二任丈夫，詩人兼哲學家海因里希・布呂歇（Heinrich Blücher）。班雅明將包含這篇文章在內的一疊手稿交給他們，希望不久後能以此為講稿到紐約「社會研究院」（Institute of Social Research）進行演說。離別後，鄂蘭的丈夫還拿起這篇稿子，對著一起在等候船隻轉往里斯本的難民朗誦，完全料想不到這會是他們最後一次的見面[2]。不久，班雅明為了躲避納粹的追捕，在法、西邊界服毒自殺，時年四十八歲。定居紐約的鄂蘭，在得知這位好友的死訊之後，不僅作詩紀念，也親自翻譯並引介班雅明的作品進入英語世界。

鄂蘭的譯介，稱得上落實了的班雅明所賦予之「微弱的彌賽亞力量」，讓後者如煙花燦爛的思想靈光，得以成為英語知識界所公認的傑作。更令人玩味的是，《人的條件》細讀起來，猶如是對班雅明這句話的注解。該書旨在喚醒我們：每一個人都是在他人的等待之中來到世上，並且被賦予一種創造奇蹟的力量，成就**不朽**的可能——同時也提醒讀者，逝者的託付實際上存在風險，畢竟，人世間是由活人所主導的世界，雖然他們可以傳頌逝者的豐功偉業或致力於完成未竟的宏圖，但也可以決定在歷史上翻頁，走出一條屬於自己的路，而關鍵在於後人，是否認為自己就某種意義而言，是前人生命的接續者。

當然，上述的訊息是蘊藏於一個高度原創且相當複雜的龐大論述之中。就結構而言，

《人的條件》試圖：（一）提出一個生命哲學，將相對於「沉思生命」（*vita comtemplativa*）的「活動生命」（*vita active*）區分為勞動（labour）、工作（work）、行動（action）三種主要模式，（二）高舉「行動」為活動生命的最高境界，並藉此批判自古希臘與基督教傳統所致力於奉行沉思生命理想的西方哲學思想；（三）解釋一個既非公、也非私的「第三空間」（third space）——也就是「社會」——如何崛起，不只讓原屬公領域的政治淪為專注於勞動與工作（本質上隸屬於私領域事務）的立法工作；（四）呼籲人們找回古希臘城邦的政治精神，透過「原諒過去」與「承諾未來」兩種行動，重建社群認同感與決定集體命運的自主權——從而建立個人或族群的不朽。

一、勞動與工作，一個關於動物界與人類世界的劃分

《人的條件》（*The Human Condition*）顧名思義涉及「人」的界定，談論其根本存在模式（mode of being）亦或生存的各種**處境**與**條件**。不過，鄂蘭的寫作風格既非直線式的邏輯論證，從前提一步步推演到結論；也不採取典型的英美分析哲學風格，直接破題，對書名涉及的兩個概念進行分析或界定，而是以「活動生命」為主軸，採取一種螺旋狀的方式層層推敲

「勞動」、「工作」、「行動」三者各自的特性，之間的差異，以及歷史上的此消彼長，藉此不斷增添讀者對於活動生命的理解，從而理解當前的人類困境與希望之所在。

三分活動生命是為了提醒：人類與動物之別在於人類可以工作，製造東西，不像動物只能依靠本性，既不能計畫未來，也不能生產可以在自己生命結束時還繼續存在的東西；況且，人也可以行動，就是一群人共同進行、完成的一件事情。這樣的事情可以不朽，因為人們會繼續記得這一件事，會去理解其意義，只要社群繼續存在他們就是不朽，事件也是不朽！

是故，鄂蘭關於勞動、工作、行動的理解，不僅僅是三種「活動生命」的區分，同時也是一種生命哲學的提出，關乎人類生命的三個**境界**——無異於動物生活的勞動位於最低階，而造就不朽的行動則是人生的最高境界。熟悉亞里斯多德（Aristotle）思想的讀者，翻閱《人的條件》必然會有似曾相識的感受，而鄂蘭也的確受其影響，本書關於政治行動的理解，以及公、私領域之區別，都是直接援引亞里斯多德的想法。

不過，細讀之後會發現，雖然鄂蘭將行動置於活動生命的最高境界，但這並不意味著人類可以徹底脫離動物性的生活，而是說：（一）人**可以**不只是過著如同動物般的生活，且即令成就了不朽的偉人也是**肉身之軀**，仍然有生物性需求必須滿足；（二）若非他親自從事勞動來滿足，就必然仰賴**他人**的幫忙才能；（三）生活僅致力於滿足生物需求者，若非是一種自甘墮落，就是受制於某種社會**壓迫**才會如此過活。因此，作為活動生命三種境界的勞動、工作與行動，其實可能同時呈現於一個人的生命之中，只是其一取得了主導地位——類似於柏拉圖（Plato）《理想國》書中對人類靈魂的描繪，認定每個人的生命都受到耽溺肉體的「慾望」（appetites）、追求榮耀的「意志」（spirit）以及探究真理的「理性」（reason）三個靈魂構成要素之中的一個所主宰，因此三者的關係並非零和博弈。不過，鄂蘭主張：勞動與工作雖可由他人代為，但行動不行，因為一個沒有言行的人，猶如不存在人世間。

本文試圖解釋何以如此。讓我們首先聚焦於上述的第一點之上，也就是人乃「肉身之軀」的存在。鄂蘭對於勞動的理解，與此緊密相關。作為一種活動，勞動旨在滿足生理需求，舉凡喝水、吃飯、洗澡、睡覺，或上街購物乃至於懷孕、生小孩等等跟延續自身生命有關的活動，都是勞動。生命僅止於此的人，等同於停留在**物種**層次的**生存**，也就是一種尚未進入「世間」（the world）的存在模式，正如鄂蘭底下的描繪：

> 勞動是唯一和**無關世間**（worldlessness）之經驗完全對應的活動，一如人在疼痛中與世界失去連結的感受，他的身體在此時陷入一種只剩下自己的情境（也算是一種活動），

除了活著，什麼其他感受都沒有，完全被囚禁在自然的新陳代謝之中，片刻不能超越（transcending）或擺脫（freeing itself）身體功能周而復始的**循環**。（粗體為筆者的強調）[3]

這段話饒富哲學意涵的話所提及的「疼痛」，本身是個心靈哲學領域的大哉問，涉及「他心」（other minds）問題，亦即一個人如何知道另外一個人真的在疼痛，以及痛的程度如何？倘若我們不假定人類的知覺感官系統相同，實在無法深究此一問題，然而假定如此又會讓問題轉移成如何知道人類的知覺感官相同，抑或是否存在個體差別、性別差異乃至於文化因素的不同。

當然，鄂蘭不欲處理此一議題，而是拿疼痛的感受（假定我們每個人都懂）來說明勞動的屬性，而她所仰賴的是疼痛所隱含的（一）無法逃脫身體牢籠的囚禁，以及（二）他人不可代為承受的孤獨，也就是那種與外界徹底隔絕，天地之間沒有別人可以體會或代為感受的孤寂。囚禁的比喻，凸顯了勞動的**不自由**，不僅是生命乃日復一日的循環，唯生理時鐘是從，同時也意味著沒有**未來**的想像，更別說計畫了。孤寂的特質，則旨在說明忙於生計的勞動者，猶如人疼痛時的**不可分享**，因為，一來勞動者無從生產用以維持生命之外的事物，也就是沒有生產供他人使用的物品，二來忙於生計的他們既無暇與人交往，也不能與他人共同行動。

一言以蔽之，動物般順從生物性需求的勞動者，不過是「勞動動物」（*animal laborans*），他們根本沒有生活，只剩下生存！的確，人類脫離物種層次，唯有與「自然」對立的「人為」世間出現才真正開始。如此的（人）世間，是「工匠人」（*homo faber*）藉由「工作」所打造出來的生活世界。

二、客觀真實的人世間，就是行動的舞台

勞動與工作之別，是故乃自然與人為，亦或動物界與人世間的的對立。不過，兩者還存在另一個關鍵差異。勞動所生產的東西，本身會在維持生命的過程之中消耗殆盡，而生命結束之後肉身將化為**腐朽**，回歸自然，不留痕跡。至於工作，雖然其過程無非是把原本存在於自然界的東西當作材料來進行改造或轉化，所以也算是一種破壞，但，藉此生產出來的東西不僅得以**久留**，甚至遠長於製作者的生命，且能讓不同的人共享，從而造就一個**客觀**的真實世界！

這個客觀的真實世界，就是「世間」，其重要性不僅是工作的成果，更在於它提供了一

個人們得以「行動」的場域，並且滿足了**政治**得以進行，甚至造就**不朽**的必要條件。進一步解釋，讓我們先試著拓展一下關於人為製品的想像。就某種意義而言，工匠人製造出來的物品（object）若可供眾人來**使用**或感受，它就可以創造一個他人也能體驗的機會，而這些機會的總和可以想像成一個小小的客觀（objective）空間，之所以客觀，原因在於眾人都可以去體驗，且關於它的事實也不再是任何人（包括製作者）的主觀意見可以決定。延伸此一想像，所有的人為製品等同於提供了一個偌大的**共享空間**，讓所有的人可以在之中體驗世界，並且與他人互動、相識並透過認識彼此之差異來確認自己的特殊性。鄂蘭底下關於桌子的比喻，似乎就是在解說上述的想像：

一起生活在世間，本質上意味著共同享有它的人們之間存在一個器物打造的世界，猶如圍桌而坐的人們之間的那張桌子；世間就像所有的「居間之物」（in-between），既讓人們彼此相關，同時也區隔了他們[4]。

以桌子比喻人世間，鄂蘭巧妙解釋了公共領域的屬性，同時也說明了所有類似「世間」的中介物，他們的存在意義在於提供一個「公共領域」（public realm），讓原本各自獨立且彼此可能沒有關係的人得以聚首，形成一個社群，同時又在相聚的過程之中認識了彼此的差異，從而確立自己的獨特性，成為一個真正的**主體**。

世間之所以是客觀的，乃因不同的**主體**（獨立的個人）皆能感受其真實存在，雖然各自有不同的理解與感受，但彼此間的差異非但不是否證「客觀」的理由，反倒是一種證實世間存在多元理解的可能性之證據，以及單一觀點的狹隘與不足。據此理解，**客觀性**不是封閉性的減法所得，關乎所有人必須或可以取得相同感受之事物，而是一種開放性的加法，容許尚未發現的視角來體驗共同世界，不斷拓展原先的理解，增添新的向度或深度。

如此解讀世間的客觀性與主體性，無疑具有濃厚的現象學（phenomenology）色彩。鄂蘭曾是海德格（Martin Heidegger）的學生，當然熟悉此一哲學取向，而前文提及《人的條件》所採取的那種螺旋狀層層揭露概念面向的書寫風格，其實也常見於現象學傳統的作品之中。此外，關於世間的進一步說明，鄂蘭還提出了以下兩點，似乎呼應了上述的解說：

整個人類事務的事實世界，其真實性與存續性仰賴（一）曾經見過、聽過，且記得的他人之現身說法，以及（二）無形的事物得以轉化為有形的事物。若非記憶，或者記憶的維持和建構所需要的實體化（reification）工作（希臘人稱此為一切藝術之母），一切活生生呈現過的行動、言說與思想，到頭來終將失去它們的真實性，煙消雲散，宛如不曾發生過[5]。

據此，他人的現身說法，以及記載這些說法讓事件得以流傳後代，供人閱讀的信件、書寫等實體的東西，是確保人世的真實性與存續性的關鍵。當然，這樣的真實性也存在不同解讀或修正的可能。但，這種可能性對鄂蘭而言並不意味客觀性的消失，而是意味人類世界的客觀性是一種仰賴不同主體的存在，屬於一種「互為主體性」（inter-subjectivity），也就是現象學所倡議的客觀性。

至此，我們可以來初步理解「行動」概念。首先，行動者必須是個主體。既然主體唯有在公共空間裡透過與他人的互動才能建立，這也意味著行動者必然是某一社群的成員。以鄂蘭的話來說，他必須是個「誰」，而非那一個沒名沒姓的「人類」。再者，鄂蘭認為行動是進入公共領域，**揭露自我**的言行，也就是一方面提出自己看法、試圖說服他人，一方面讓自己受他人評價的一種活動。因此，最自然的行動場域無非是自己的社群，畢竟那是人們最可能知道或有興趣認識行動者是誰的地方。此外，鑑於上述的目的，成功的行動不僅需要論述能力，還得佐以抑揚頓挫的清晰口條、時而深情款款時而慷慨激昂的演說，甚至在適當時候足以逗人笑、讓人哭的準確判斷與高超演技。換言之，世間就是個人的「出場空間」（space of appearance），行動即是一場登台**演出**。鄂蘭所謂的行動，於是同時存在一種涉及眾人參與的**政治維度**與某種程度的**戲劇性**（theatricality）。是故，她的政治理論帶有一種政治美學化的傾向。

不僅如此，鄂蘭試圖告訴我們，人世間遠比我們想像的還要更加戲劇化，因為行動的真諦乃是一個奇蹟的創造。

三、此岸與彼岸的衝突，以及三種時間觀

任何人翻閱《人的條件》時，必然會發現書中不斷出現許多英語以外的詞彙，特別是拉丁語或古希臘文。鄂蘭並非賣弄，而是試圖透過**語源**（etymology）考察，一方面挖掘對於我們仍然重要的意涵，一方面勾勒人類價值觀的變遷，讓我們看清語意轉變的過程之中，我們失去了什麼。關於行動，鄂蘭即如此提醒我們：

> 在最一般的說法底下，行動（action）意味著「發起」、「開始」（正如希臘文的「archein」所示，亦即「開始」、「主導」，最後甚至成了「統治」的意思）、「啟動某件事情」（這就

是拉丁文「agere」的原始意思）。剛出生者與來到世界上的人，因為是「開端」（*initium*），所以他們會他們會起新，會投身於行動。奧古斯丁（Augustine）在他的政治哲學裡說過，

「為了要有開始，人受造了，之前並無別人。」[6]

據此，我們可以進一步掌握行動與其他活動生命的不同。不過，在此之前，有兩個不在內本的拉丁字必須提及：*amor mundi*（愛世界）。這是鄂蘭原初取的書名，最後和出版社做了妥協。這兩個字，點出了本書閱讀的切入點，以及她對於作為基督教神學源頭的奧古斯丁思想（鄂蘭的博士論文題目）的長期思索，關乎我們該怎麼愛這個塵世。

進而言之，「世界」是個西方思想傳統自柏拉圖高舉哲學以降，長期貶低的概念。根據他的「理型」（*eidos*）論，木匠製作桌子必先掌握其理型（也就是一張桌子應該要有的樣子）才能開始，因此，事物的理型必然在**邏輯**上與**因果**上**先於**實體而存在，並且完美，永恆不毀。數學概念（如幾何圖形）也是理型，但更加高階，因為數學本身就是抽象的存在，不像桌子、椅子的理型，有複製（也就是實體化）的可能，但，絕不可能至善至美，朽壞也指日可待。世界，不過是理型的劣質山寨版。

前文提及柏拉圖主張靈魂有慾望、意志、理性三個部分，而心理平衡的人不外乎其一取

得了主導。對他來說，正義的社會就是讓人適才、適性、適所。慾望主導的人愛錢如命，適合從事生產與買賣。意志高昂的人追求金錢買不到的榮耀，守衛城邦最好，但不支領薪水而由國家供養。理性的人則致力於理型之探究，視錢財如糞土、榮耀如浮雲，唯有這樣的哲人才知道城邦該如何治理，一國之君非他莫屬。

誠然，愛錢如命的人若去保家衛國，國家遲早會被他所出賣。追求完美或榮耀的人當了鞋匠，可能下輩子才能端出一雙絕世好鞋。「哲君」（philosopher-king）方案的確能替城邦保住了哲學，甚至在哲學上替蘇格拉底（Socrates）平了反。但，此舉卻也貶低了人世間，讓古希臘特有的一種行動生命「*bios politikos*」（政治生活），淪為哲君一個人的「管理眾人之事」，一種猶如知曉如何掌舵的能力或技藝（*techné*），因此，理想國除了偶爾進行言論審查以防止妖言惑眾，或餵養「假話」（例如告訴工人他身體裡有塊銅，人家國王身上的是金）讓人安居樂業之外，政治所剩無幾。

柏拉圖替西方哲學定下了貶低行動生命的基調，並開啟人們嚮往**彼岸**另一個世界的旅程。後人大抵同意沉思（*theōria*）所引導的人生才是理想的生活方式，甚至開始覺得政治事務是日常生活的一種妨礙，不受其影響才是自由。到了奧古斯丁，政治淪為一種「必要之惡」（necessary evil），一方面是源自人性**貪念愛欲**（*cupiditas*）而產生的鬥爭，且意志不足以克服（上帝讓人的理型實體化之後的缺陷），一方面乃神所允許，藉此維持「塵世之城」的秩序，不致陷入無窮的戰爭，並讓人從中獲得沈思的寧靜，從而歸向祂，**愛神而愛鄰人**（*caritas*），從此棄絕世界，並盼望脫離肉身之後的永生。正如新約聖經《約翰一書》（2:15-17）所示：

不要**愛世界**、和世界上的事。人若愛世界、愛父的心就不在他裡面了。因為凡世界上的事、就像肉體的情慾、眼目的情慾、並今生的驕傲、都不是從父來的、乃是從世界來的。這世界、和其上的情慾，都要過去，惟獨遵行神旨意的，是**永遠長存**。

即令我們想說，鄂蘭是猶太人，所以看重受造世界過於創造者，也難否認她原初的書名是針對這句經文，況且，她提議以**此世的不朽**取代**來世的永生**作為希望之所在。

關於不朽，讓我們先從三種活動生命的時間概念談起。如同前文指出，勞動乃生物需求所趨，沒有計畫或未來的想像，受制於生理時鐘，只有日復一日的**循環**。工作則涉及線性的時間觀。一方面，製作的執行需要時間精力的考量，另一方面則必須考慮到產品的實用性，而維持多久正是主要的考量。兩者都是時間長度的考量，參照的是鐘錶上可找的宇宙時間，最長是**永恆**。至於行動，當然也是線性時間觀。只不過，正如鄂蘭上述對於行動的解說，真正的行動意味著「起新」，而起新意味著對於現有因果秩序的破壞，並開啟一條新的因果鏈結，本身等同於一個如何看待這新起事件本身的時間觀。對一個人而言，這是創造**奇蹟**。對一群人而言，則是創造一個屬於他們自己的**史觀**，以及歷史。掌握了「循環」、「永恆」、「歷史」三種時間觀，我們可以進一步理解何謂不朽。

四、社會性的崛起與「世界疏離」現象

不朽（immortality），是鄂蘭的政治思想中的獨特概念，與神學和形上學有關，但論述起來相當平易近人。根據上述關於時間的三種想像，我們可以說，「不朽」若非不適用於勞動者，就是一種詛咒，一種類似薛西弗斯（Sisyphus）的處境，永遠要將一塊必然會掉落的大石頭推向山頂。當然，卡繆（Albert Camus）找到了回應的方式，讓荒謬的處境有了「反叛」的意義！不過，如果採取的反叛精神，目的不僅在於生存本身，那其實已脫離了勞動，因為此舉不但意識到了線性的時間，也試圖想對抗導致此時處境之因果鏈結。事實上，鄂蘭對勞動與工作的區分不僅在於各自的**成果**，還有當事人的**主觀感受**，特別是自認為從事該活

動時所具有的**意義**。因此，鄂蘭不認為所有在生產線上付出勞力的活動，都是勞動，還必須看當事人是否正在執行自己的人生計畫，採取了一種區分「手段」與「工具」的**目的性**（teleological）理性思維，單純把這段生產線上的勞務當作通往下一階段的工具。

那麼，薛西弗斯讓自己精神狀態從禁錮的命運之中脫離出來的企圖，是否為一種行動？問題的答案將讓我們釐清工作與行動的差異。首先，若旨在完成自我一人可完成的計畫，例如，再推一百次石頭就唱一首歌，那就是工作；反之，若直接向懲罰他推石頭的眾神抗議，要求對話，亦或透過其他的言行來試著改變他們的決定，那就是**試圖**行動。僅是意圖，因為能否稱得上「行動」還得看**他者的回應**。或許，薛西弗斯的例子並不完美，因為他與眾神的關係並不平等，因為鄂蘭嚴格界定，唯有一群平等、自由的獨立個體共同參與改變才是真正的行動。是故，反對黨呼籲政府召開國是會議，僅是意圖行動。倘若政府真的召開，且讓人民共同參與，那算是反對黨的工作成功，按計畫製作了一個產品，而且是整個國家的行動。同理，學運和公民運動嚴格來說也不是真正的政治行動。

從這裡，我們可以切入《人的條件》對於「社會性」（the social）的崛起以及現代世界之批判。鄂蘭所謂的「社會事務」是指公、私領域之外的空間，其崛起意味著勞動地位的不斷上升，甚至威脅到行動。截至目前，我們都將政治視為公共領域的事，關乎政治社群所有人的共同命運，而且是個自由、平等的領域。這是鄂蘭欲以捍衛的政治。不過，城邦底下其實只有有錢有閒的「自由人」可以平等地參與「政務」（*polis*），負責「家務」（*oikos*）讓他們得以出去參加政治的「奴隸」並不享有資格。這樣的公、私領域生活的劃分，支撐著城邦的民主運作（否則誰有辦法天天關注公共事務），以及人們日後對於城邦的想像（只記得自由人的政治）。

鄂蘭指出，此一劃分或說分工，於十六世紀開始變化，十八世紀形成了一個共同處理生活必需事務的公共空間，嚴格說不僅是原初的家務事進入了公領域，而是形成一個獨立領域，擠壓了公共領域致力於政務的空間與時間。伴隨這領域興起的是「社會事務」（the social），包括了市場經濟，資本主義，關於人們家務與勞務的立法，日常生活和人際關係的轉變——在鄂蘭的其他著作當中，甚至包含時尚、咖啡館、沙龍文化與大眾品味的崛起。同時也讓幾乎所有人成了某行某業的勞工，必須出門工作，才能掙錢養家活口，而生命幾乎全部讓這件事情所占據。鄂蘭稱此為「勞動動物的勝利」。

值得注意的是，此一勝利對她而言是一種現代世界的價值轉變。如前所述，鄂蘭所看重意義與個人的主觀感受。這是鄂蘭的另一個現象學面向，也是她與馬克思（Marx）對勞動理解的差異。就社會的崛起與勞動動物之勝利而言，鄂蘭不輕易認定這是意識形態的蒙蔽與資產階級剝削，而將焦點置於關於勞動的意義之變遷。因此，她依循韋伯（Max Weber）的思想脈絡，試圖回溯此一價值翻轉。韋伯認為單純的經濟因素不足以解釋資本主義的崛起，提出了基督新教及其工作倫理才是背後的原因，特別是，對於自己是否受上帝的揀選得以死後上天堂之不肯定，反而更加努力工作，以累積此世的財富得到他人的肯定來解除如此的存在焦慮——甚至，就算死後沒有永生，至少也賺到了此世的財富、自尊與社會地位。換言之，過去被視為低賤的勞務，繁瑣的家務，在宗教信仰的變遷過程也取得了新的意義。

鄂蘭將此一現象稱為「世間疏離」（world alienation），並將源頭追溯到基督教的永生觀念。她指出，永生並非受造物人類的主動要求，而是上帝的恩典，遠豐盛於人們所能想像的賜予。在一個人們只能祈求生存的世界裡，永生的**承諾**，或說「應許」，是基督教信仰擄獲人心的理由。然而，上帝的應許卻讓這一個（遠比自己的永恆生命更短的）世界淪為通往天堂的過渡時期，政治也成為一種必要之惡。過去被視為不朽的榮耀，如今不過是虛妄與枉然。

當世俗化徹底之後，雖然人們持續看重自己的生命，但不再盼望永生之後，也連帶遺忘了政治的高貴與不朽的可能，甚至根本不再抱有任何希望。

五、承諾與原諒——希望政治的實踐與本體論基礎

法國存在主義作家 André Malraux 曾於一九三三年出版過一本名著《人的命運》，原文書名是 *La Condition Humaine*，英譯本則是 *Men's Fate*。曾於一九五四年認真讀過 Malraux 的鄂蘭，在一九五七年替《人的條件》選擇書名的時候，不可能沒想到這也暗示著替人類「命運」把脈的意思[7]。當然，或許也和書名裡使用的「condition」一字本身足夠模糊有關，足以容納她想說的人類在經驗上或存有論上的（ontologically）存在「條件」，古代、現代乃至於當前的人類「處境」。其實，鄂蘭不但替人類處境把了脈，也指出了希望之所在，以及如何可能落實的條件，一直存在但人們似乎忘卻了的**真實條件**。

她的方案世俗化了猶太教最獨具特色的核心概念「和解」（reconciliation）的兩個元素，亦即「承諾」（promise）與「原諒」（forgiveness），把原初「神主動尋找人，透過寬恕過去並應許未來以恢復創造者與受造物的關係，從而縫合人與人之間的撕裂」之信仰，轉化為人們可憑藉自己的集體力量，共同透過原諒過去已然發生但不可回復的悲劇，並承諾未來不再發生，讓塵世成為一個以友誼與善意為基礎，一個可以愛、值得愛的世界。

鄂蘭的論述建立在她對於希臘城邦的政治想像，她的存有論借自奧古斯丁，而例子則來

自於拿撒勒人耶穌。

首先，鄂蘭提醒「複數性」（plurality）才是人類的根本處境：「活在地球上以及生活在人世間的是複數的人們（men），而非單數的人類（Man）」——這也是政治的基礎。哲學家容易忘記這點。科學家和其他人也是。同理，也忘記了人們曾經可以不朽。幸好，不朽的事蹟由詩人與史家記錄了下來。所謂的不朽，必須滿足兩個條件：真正的行動，以及後人對於該行動的記憶。前文上提及，鄂蘭指出人類事物之「真實性」與「存續性」仰賴親身經歷的人來講述自己的遭遇，加上關於這些經歷的實體化工作。史詩作家荷馬（Homer）的《伊里亞德》與「史學之父」希羅多德（Herodotus）的《歷史》，分別讓特洛伊戰爭與希波戰爭及其核心人物（包括勝利者與失敗者）得以流傳至今，後人至今仍可遙想他們的英勇事蹟，與命運搏鬥的偉大，是屬於第二個條件的滿足。

至於第一個條件，鄂蘭指向行動可以創造奇蹟的能力。正如奧古斯丁那一句話所點出，「為了要有開始，人受造了，之前並無別人」——人的受造，進入這個世界，本身就來自於奇蹟！甚至，從大自然的角度來看，一個人的一生，從生到死的過程，也就是打破之前的**自然因果鏈結**，自行開啟了一連串的事件鏈結的個體。如此奇妙。一個人，就是一個開端，生來就是為了起新。事實上，根據鄂蘭的博士論文，連奧古斯丁本人都未能徹底掌握自己這一句話的深遠意涵，因而把焦點放在人生的必朽，世界的過渡性。那是從「永恆」（eternity）的時間角度來作的評價，採用的是上述工匠人的時間觀，以製品的持久與實用性作為判準。但，人不是物，不該以物的標準來衡量其生命。雖然我們的肉身必然通向**死**，但，不該忘了我們生下來就是為了**活**。因此，鄂蘭大聲疾呼，「開創奇蹟」（miracle-working），啟動一條因果鏈結的行動能力，乃根植於我們的存在本質（ontologically rooted）（也就是寫在我們的DNA裡面）[8]。

「新生」（natality），本身就是奇蹟，就是起新、開創的能力，也是一種可以改變世界的**應許**。然而人們在享受生命過程時卻容易忘記。國家亦同，城邦建立之後，承平時期讓人忘卻當初建邦立國多麼不易，逐漸轉向關乎個人生命的勞務與製造，乃至於「小確幸」（petit bonheur）[9]。柏拉圖更是如此，不但忘卻了哲學始於對世界與生命的讚嘆，也讓本身就是**目的**之政治行動，淪為一種**手段**。此外，霍布斯（Hobbes）替西方所開啟的政治哲學「社會契約」（Social Contract）主流理論，認定社會乃一群自私自利的人為了鞏固並增加既有利益而彼此簽約而建立，因此，人與人之間不外是利益的結合，政治也不過是共創雙贏的工具。失去尊嚴之後的政治，如同工匠人的世界，從事關於勞動與工作的立法。然而，鄂蘭大聲疾呼：政治不是製造業，其意義在於行動。我們不該忘記生命與世界的存在本身就是奇蹟。更重要的是，人們不該忘了我們也隨時有讓國家「再生」[10]的行動能力。而這個能力，正是耶穌所提醒的。

鄂蘭援引的不是《聖經》所記載關於耶穌行神蹟的事，而是他所說，**原諒**本身具有創造奇蹟的功能，因為它可以斷開銬著一個民族雙腳的因果鏈結，讓所有人再次向前走，不受已然發生、不可回復的悲劇事件所阻擋。換言之，我們不能讓死者復生，但可以讓生者破裂的關係恢復。這才是政治的高貴之處。也是此時世界真正的**信仰**與**希望**之所在——鄂蘭如是說[11]。

相較於過去人們講此生的盼望寄託在死後的永生，導致「世界疏離」現象，以及當今某些人殷切期待科技能夠將人類帶離我們現居的星球，所罹患的「地球疏離」（earth-alienation）症狀，抑或從公領域撤退、進入個人內在世界的作法（亦即一種「內在移民」的生命策略，最終導致極權主義的原因之一），鄂蘭呼籲我們珍惜人生在世的一切，也呼籲族群關係撕裂的社會，以受害者**原諒不可回復之悲劇**，加害者**承諾不再重蹈覆轍**的政治行動，一起走出歷史，得以從人為事件的因果枷鎖之中獲得釋放。

不過，承諾不一定總能實現。正如「生」可以開啟無限的因果鏈結，行動本身具有**不可預測性**（unpredictability），後果可能多方拓展**漫無邊際**（boundless）[12]。是故，在一個因果開放的人世間，承諾只是汪洋大海上的「島嶼」，提供些許的確定性讓我們的集體生活得以有所依據。但，承諾的落空也就是原諒之所以必要的時候。不同於柏拉圖提出的理想國，也不同於社會契約論者的主張，鄂蘭的理論指出，一個國家是靠奇蹟似的行動才建立，也唯有靠所有人願意在需要的時候選擇原諒，讓彼此從過往的人為事件之中釋放出來，社會才得以存續，得以再造。人們是否會如此選擇，當然存在開放性，但也因此才可貴，才有意義。

就像當班雅明將手稿交給鄂蘭的時候，也就把命運交出去了，事情會如何演變，端視鄂蘭以及之後的各種條件來決定。幸運的是，鄂蘭的確發揮了那麼一點「彌賽亞的力量」，讓班雅明的作品可以在英語世界問世，也讓世界豐富了許多——這一切，靠的就是他們的友誼與鄂蘭的善意。她期盼的世界是以善意與友誼為特徵，不是以奧古斯丁在此岸所看到的貪慾，因此無需遙望彼岸，不管是死後的世界或外太空。建立在彼此的友愛與信任之上，而非神的永恆之愛，是鄂蘭「愛世界」的一種方式；縫補社會的撕裂之處，走出冤冤相報的歷史循環，開創屬於自己的歷史，也是一種。

至於班雅明的著作乃至於鄂蘭本人的思想能否不朽，剩下的就是我們的事了，不是嗎？

（本文作者為政治大學政治系副教授）

1 Walter Benjamin: *Illuminations – Essays and Reflections* (New York: Harcourt Brace & World, 1968), p.254.

2 Elisabeth Young-Bruehl: *Hannah Arendt—For Love of the World* (2nd ed.)(New Haven & London: Yale University Press, 2004),p.163.

3 Hannah Arendt, *The Human Condition* (Chicago: Chicago University Press, 1958), p.115.（以下稱原文）

4 原文，頁 52。

5 原文，頁 95。

6 原文，頁 177。

7 Elisabeth Young-Bruehl: *Hannah Arendt—For Love of the World*, p.281.

8 原文，頁 247。

9 原文，頁 52。

10 原文，頁 167。

11 原文，頁 247。

12 原文，頁 190。

修訂版前言

◎丹妮爾・艾倫（Danielle Allen）

蘇聯人造衛星史普尼克（Sputnik），第一個繞行地球軌道的人造物體，是漢娜・鄂蘭在其《人的條件》裡闡述論證時提到的天文學徵兆。「一九五七年，」她寫道：「一個從地裡冒出來的人造物發射到太空裡。」她接著說，「這個無比重要的事件，就連原子分裂都比不上。」（頁1）這個直徑約莫二十三英寸的燦爛金屬球體，比蕈狀雲的駭人黑暗更加重要。科學是《人的條件》的第一個主題，包括科技以及科學的認知方式對於人類經驗造成的改變。至於第二個主題則是，既然我們都看到了科學的誘惑和危害、它那自明的優點以及回報，那麼我們如何喚醒政治思考的力量和科學齊頭並進，藉此重拾人類對它的掌控權。

緊接著史普尼克之後，鄂蘭馬上提到原子分裂，它成了書中開頭的第二個天文學徵兆。於是，這本書的論證不僅是以科學種種誘惑的徵兆（見證了我們地球生物如何掙脫地球的桎梏的歡悅景象）為起點，更警告了它的危險。誘惑比危險更加重要，因為它為種種危害鋪了路。科學誘使我們以為可以不再碰政治了，而使人類的種種條件限制變成一連串的技術性問題，並且有確定的答案加以解決。鄂蘭在書末明確指出，由這個誘惑流出的危險，是「發軔自人類活動史無前例的、前途看好的爆發……其終點可能是歷史上最死氣沉沉的、最貧瘠的消極狀態。」（頁382）

鄂蘭大抵上是以現象學這個哲學傳統為其取向。也就是說，她審視日常生活裡的現象，以作為洞察「人的條件」的起點。她探究周遭的世界，在日常經驗裡觀察到一種越演越烈的習慣，它會把人的行動化約成講究效益的行動，或者是，種種結果的計算，成本和獲益的加總，或者是機械式地把演繹規則應用到行為上的運算法則。重點是，相對於主流的現象學家，例如鄂蘭的老師海德格，她並不認為這種對於現象的化約論看法是關於日常經驗的自然而且必然的病理學。她認為那並不是不可避免的，即使真正的「存有」會消失在其現象之後而令人扼腕。相反的，她認為這種化約論的看法正好反映了「規則」本身的難題，套用馬克爾（Patchen Markell）的說法[1]，那是一種霸權式的思想典範宰制任何對於人類生活的可能詮釋的難題。她心目中的化約論的典範，其實就是科學以及它所依賴的思考模式，那種期盼有個確定而究竟「正確」的答案的思考類型。

在鄂蘭的論證裡，有兩種主要的科學思考特徵會改變人類的經驗。第一個特徵是著眼於因果關係（事物的運作），認為人類的推理可以用機器取代，例如速度快得多的計算機。「變成完全沒有意義的經驗的沉思，並不是唯一的損失，甚至不是主要的損失。當思考變成『對於各種後果的考量』，它也就成了大腦的功能，其結果是電子工具在執行這些功能時做得比我們還要好。」（頁382）隨著科學用以解釋事物的運作以及製造事物（而那剛好又是擁有資源和權力的人所要的，例如核子武器）的技術性解決方案的力量越來越大，關於我們應該追求**什麼**目標以及**為什麼**的問題，也就漸漸退讓了。的確，鄂蘭說，她想要讀者從這本書得到的東西「很簡單：它只是要思考我們到底在做什麼而已」。（頁6）

當代科學和「消極性」牽扯不清的例子不難發現。二〇一四年，美國國家科學院（National Academy of Sciences）發表一份題為「美國監禁率的成長」（The Growth of Incarceration in the United States: Exploring Causes and Consequences）的報告，文中對於這個問題的描述相當傳神。報告試圖找到美國過去三十年間刑事司法系統的監禁率迅速飆升的原因，並且對於以前的許多研究提出一個後設分析，追溯到犯罪率、監禁政策改變造成的衝擊以及選舉政策之類的問題。作者們得到一個具有說服力而且令人擔憂的結論：「在司法界，經驗證據本身無法作為政策的指引，**而隨著過去四十年來美國監禁率的大幅上升，卻顯然始終欠缺對於規範性原則的一個公開透明的說法。**在法理學以及政府理論裡，規範性原則一直是根深柢固的，我們需要它以補經驗證據之不足，作為未來政策和研究的指引。」（粗體為作者所加。）[2]簡言之，作者承認過去數十年來的刑事司法政策的轉變是以社會科學家的經驗研究為導向的，他們著眼於可以量化回答的問題，而「美國近年來關於監禁政策的辯論明顯欠缺對於原則的全面性討論」。[3]政策擬定者不想討論懲罰的原則，而只在意原因和結果：監禁究竟是提高或降低犯罪率？它對於再犯率有什麼影響？諸如此類的問題。報告的作者們提醒我們，在這個政策競技場上，我們完全看不到規範性問題的討論，而在刑事司法政策的問題上看到了鄂蘭更廣義地指出的癥結：我們始終不曾「思考我們到底在做什麼」。

造成「去政治化」（或者說是不想「思考我們到底在做什麼」）的科學的第二個特徵，是對於數學的信賴。鄂蘭說，科學家（她在書中一貫如此通稱之）「躲到一個語言失去其力量的世界裡」。她接著說：「因為現在的科學被迫採用數學符號的『語言』，儘管它原本只是口說述句的縮寫，現在卻包含了無法譯回言說的述句。」儘管數學化本身就是一種語言，它卻會迫使人類共同的語言結構產生斷裂，人們原本是依靠它來敘說歷史、選擇行動方針，並且為生命賦予意義的。鄂蘭在這點上是沿襲了亞里斯多德的說法。人類是政治的動物，他們之所以是政治的，那是因此他們配備了語言。她寫道：

或許有些真理是言語道斷的，他們對於單數的人或許很重要，也就是說他不是一個政治存有者，無論他是什麼其他角色。複數的人，也就是在這個世界裡生活、行動和有所作為的人，唯有彼此交談，相互了解以及認識自我，才能經驗到意義。（頁5）

而科學本身剛好可以對我們證明鄂蘭的預測是對的，也就是說，對於數學語言的依賴程度越高，會減低人們的政治參與。近年來有數據顯示，強調科學的教育和以這種方式接受教育者的去政治化成正相關。大學人文學科畢業生以及STEM（科學、科技、工程、數學）的畢業生，他們在政治參與度方面的差異就是很好的例子。[4]美國教育部透露說，二〇〇八年的大學畢業生當中，百分之九十二．八的人文科學畢業生在離開學校之後至少投票過一次。而主修STMP的學生則有百分之八十三．五，一九九三年畢業的人文科學學生，有百分之四十四．一的人在離校十年之間曾經寫信給公部門人員，STEM的畢業生則有百分之三十．一。大學畢業生的社會經濟背景大抵上相去不遠，那意味著他們在政治參與度方面的差別必須從其他的鑑別因素去解釋。

當然，學生可以自己選擇要主修人文學科或者STEM，這或許意味著這些數據只是反映了學生的基本特徵，而和他們接受的教育的影響無關。可是在政治學家希莉葛絲

（Sunshine Hillygus）的研究裡，她把學生對於政治的興趣的既存程度設定為控制項，卻仍然得到相同的模型。希莉葛絲同時發現大學畢業生的政治參與度差異也反映在K－12教育上。SAT的批判性閱讀分數越高，政治參與的可能性就越高；而SAT的數學分數越高，政治參與的可能性就越低。再者，由於SAT的批判性閱讀以及數學的分數和社會經濟的效應有關，所以，SAT批判性閱讀以及數學的高分數在政治參與的可能性方面的差異，應該告訴我們特定學科領域和對於政治參與的意願之間有某種關聯性。當然，找到了相關性並不意味著找到了什麼因果關係，更遑論證明它。但是越是熟諳語言技巧的人，顯然越熱中於參與公共事務。強調科學的教育造成公共事務參與度的下降，當然就是鄂蘭預見到的那種「危險的消極性」的前兆。

讀者或許心裡會想，我提出這些數據是否有些嘲諷的意味，因為鄂蘭不正是在批判科學的思考模式、數學化以及「計算」嗎？然而這是對於她的批判的誤解。科學思考的工具既強大而且有價值。重點不在於是否要拋棄它們，而是如何把它們提供的知識整合到更全面而豐富的討論裡，也就是我們人類在做什麼，應該做什麼，以及為什麼。科學不會是個準則，而是個支援，一個支撐物、工具、加速器，讓人類準備好思考他們在做什麼。

我在《人的條件》初版六十年後重讀它，仍舊懾服於鄂蘭的先見之明。科學以及另一個相關的現象，技術專家政治（technocracy），在這六十年間如火如荼。我所謂的技術專家政治，是指時下流行的期待，主張說政治問題應該由具備相關專業（經濟學、大氣科學、基因組學之類）的政策專家去決定。我想，我們貧富不均的經濟以及導致紛爭的政策，正是我們人類生活的去政治化的苦果。近二十年來，高瞻遠矚的經濟學家羅德里克（Dani Rodrik）就全球化經濟提出了一個「不可能定理」（impossibility theorem），也就是「民主、國家主權和全球經濟整合三者是互不相容的」；[5]他認為我們沒辦法同時擁有這三者。可是二十年來的經驗和政策的決定者，卻對於這種悲劇性的抉擇置若罔聞，彷彿經濟成長的問題完全是技術專家政治的問題，可以透過正確的財稅政策和市場機構加以管理。政策決定者對於根本的、基底的政治問題視而不見也不想解決它們，更無意於公民判斷力的教育和養成計畫，直到二〇〇八年的經濟大衰退，他們才跌破眼鏡，而不到十年後，一場顛覆了看似穩定的政治架構的民粹主義大海嘯，再度讓他們舌撟不下。

我們在氣候變遷政策方面的左支右絀，當然也是科學和政治之間的詭異僵局的產物。這個僵局在於，科學拒絕承認自己在政治思考方面只是個助手和支援，而不是什麼準則，而政治思考也拒絕承認科學本身的價值。我相信，鄂蘭應該不會意外看到我們在這個議題上的躊躊不定和消極性。相對的，技術專家政治和技術官僚也會一再對於政治不知所措。

我們的政策決定者對於一次次的政治火山爆發瞠目結舌，這會是既危險又災難性的事，直到我們再度學會思考我們到底在做什麼，並且準備好重新把我們的世界政治化。我這麼說，並不是想要罷黜科學，因為我們可以也應該感謝它實現了人類種種出類拔萃的潛能。可是我想是時候該把科學和政治整合在一起了，讓計算以及演算的智能和判斷力合作無間。這正是鄂蘭在多年前對我們大聲疾呼的，而我想現在這個呼籲應該只會更加迫切。

如果說去政治化會導致分裂和不平等，這聽起來當然匪夷所思。的確，《人的條件》正是旨在幫助我們看到為什麼政治化是件好事。

在《人的條件》裡，鄂蘭對於三種核心的人類活動的內容和底蘊提出著名的闡述：勞動、工作和行動。勞動是我們出於生物性的生計而從事的；換言之，我們是為了養活自己才做的。它也包含了生殖行為以及花在養兒育女上面的心力。工作則是基於創造性的企圖，各種事物的施設造作（無論是物質性的或文化的），以型塑我們的世界，建立我們和他者的社會性關係。由於我們的男女關係是社交技術的產物，而且也創造了從事生物繁衍的環境，所以勞動和工作是相互重疊的。最後，我們在行動裡看到了身為政治動物而齊心協力的作為，在多元主義的多樣性條件之下努力獲致關於我們的政策方針的集體決定。

鄂蘭告訴我們，這三種人類的「作為」，勞動、工作和行動，可能會縮小我們之間的空間；讓我們有機會共同打造種種世界，把我們的多元性，或者是差異，轉變成有創造力的投入；並且讓我們相互看見和理解，而不是在冰冷而不宜居的房間四個角落裡刀劍相向的陌生人。第三種「作為」，也就是行動，正是屬於政治領域，而鄂蘭也往往被說成是只想著要把行動從其他人類活動中拯救出來。可是其實，她對於政治事務以及政治化的援救要複雜得多。勞動和工作也是被科學分析扁平化以及化約了的範疇，不管是經濟學家、工程師或者是計算機科學家的分析。正如自動化總有一天會讓我們喪失人生的意義，鄂蘭那個時代的人們也是這麼擔心的。

在鄂蘭的作品裡，政治的援救是透過對於這三種根本而且相互關聯的人類作為更全面性的援救。鄂蘭的計畫不是要讓勞動、工作和行動相互區隔，而是在區分了它們之後，證明它們的相互作用以及每個活動彼此之間的密切關係，這才是更重要的事。如此一來，鄂蘭便推翻了數世紀以來的思想傳統，也就是堅持不同範疇的人們要被賦予行動、工作和勞動這三種不同的任務。相反的，鄂蘭堅持說，這三種活動是屬於每個人的；而政治的計畫正是要定義在我們每個人的生活裡，這三種活動如何相互連接。如果政治要重獲生機，每個公民和公民代理人都必須重拾診斷人類經驗環境（他們在勞動和工作方面的機會）並且以政治工作回應那些環境的能力。

生活的流轉變易比科學要快得多，不管是自然的或是社會的生活。工廠倒閉。人們因為經濟蕭條而失去工作並且遭受打擊。人也會死去。人也會被判刑入獄。許多年來，社會科學家為此提出假設、蒐集數據，檢驗，證實或否證，不斷重複，而且沒完沒了。當我們在面對最嚴酷的社會問題，例如大規模監禁、全球化造成的經濟動亂，或是氣候變遷，必須加緊腳步去理解問題。我們必須使用所有手邊的思考工具去思考我們到底在做什麼。作為一個講道理的、有認知、學習和處理能力的、有感覺的存有者，我不需要什麼完整的經濟研究成果就可以做判斷，而且你也可以，我們可以就各自不同的判斷來辯論，為了我們各自主張的決策針鋒相對。這就是「思考我們到底在做什麼」的意思。

當然，在可能的範圍內，我們也會想要引用嚴格的科學或社會科學研究來證明我們的判斷。但是重要的是，我們要記得科學總是趕不上現實而有其侷限性，而且它也永遠不能告訴我們應該怎麼做。我們必須以其他工具補科學之不足，才有辦法理解當下的生活世界。鄂蘭不能告訴我們該怎麼做，科學也沒辦法。相反的，她只是想要讓我們重新想起那些思考工具以及它們所形塑的種種作為（勞動、工作和行動）。《人的條件》為我們獻上了這個禮物，示範了什麼是政治思考，為我們的時代提供了亟需的藥方。

（二〇一八年）

---

1 見：Patchen Markell, "Hannah Arendt and the Architecture of *The Human Condition*"; Markell, "Arendt's Work: On the Architecture of *The Human Condition*," *College Literature* 38, no. 1 (Winter 2011): 15-44。

2 National Research Council of the National Academies, *The Growth of Incarceration in the United States: Exploring Causes and Consequences* (Washington, DC: The National Academies Press, 2014), p. 8, 333。

3 同前揭，頁7。

4 本處以及下文的數據，見：Danielle Allen, Education and Equality (Chicago: University of Chicago Press, 2016), pp. 43-46。

5 引文見羅德里克的部落格貼文："The inescapable trilemma of the world economy" (Dani Rodrik's weblog, June 27, 2007, http://rodrik.typepad.com/dani_rodriks_weblog/2007/06/the_inescapable.html)，摘要了羅德里克的著作（*The Globalization Paradox*, New York: Norton, 2012）。

導論

◎瑪格麗特·卡諾凡（Margaret Canovan）

隨著人的創造，開端的原理也進入世界本身……我們沒辦法預期會開始什麼新的事物，這就是開端的本質。（頁217）

一、

大抵上，漢娜·鄂蘭是關於各種開端的理論家。她的所有著作都是關於不可預見的事物的故事（不管是探討極權主義前所未有的恐怖，或是革命的新黎明），而對於人類啟動新事物的能力的反省，也在她的思考裡觸手可及。當她在一九五八年出版《人的條件》時*，她自己就把一個出人意料的事物散播到世界，四十年後，這本書的原創性依然令人矚目。它自成一格，也後無來者，它的文體和風格更是深具個人特質。雖然鄂蘭無意聚集弟子，成立她自己的思想學派，但是她一直是個偉大的教育家，讓她的讀者以新的眼光探索世界和人類事務。她用以照亮被人忽略的經驗角落的方式，往往是提出新的區分，其中許多都是三分法，宛如傳統的二分法對於她的知性想像力而言太過死板了。《人的條件》裡充斥著各種區分：勞動、工作和行動；力量（權力）、武力和力氣；地球和世界；財產和財富，不一而足，而許多是透過字源學的探賾索隱加以確立的。但是這些區分也都駸駸然以更爭議性的方式挑戰著當代的老生常談。因為她在古希臘裡發現了一個阿基米得點（那是她的作品裡最讓人跌破眼鏡的特色），據此以批判性的眼光探討我們認為理所當然的思考和行為模式。的確，她冷靜地假設我們或許可以從二千五百年前的人們的經驗學習到重要的啟示，光是這點就顛覆了我們對於進步的信仰。她在書中不斷地提到希臘人，這點讓《人的條件》的讀者更加大惑不解，不知道這本書葫蘆裡在賣什麼藥。這是漫長而阡陌縱橫的書寫，不向既有的類型妥協，也充斥著無法預料的洞見，卻也欠缺一個清晰可見的論證結構。因此，這篇導論最迫切的問題是，鄂蘭究竟在**做什麼**？

這本書的難題和它縈迴不去的魅力，在於她同時探討了許多事物。第一次閱讀的時候，很難跟得上她縱橫交錯的思路，即使反覆閱讀，也都不時會有驚喜出現。但是有一件事是她顯然不做的，那就是書寫傳統意義下的政治哲學：也就是說，以哲學論證為後盾，提出政治的對策。習慣那種文類的讀者，會在《人的條件》尋找那樣的東西，通常是藉著強調鄂蘭關於人類的行動能力的闡釋。既然這本書也摻雜著對於近代社會的批判，人們往往會以為她意圖呈現一個政治行動的烏托邦，一種新雅典。這樣的諷刺畫也不算是無的放矢。鄂蘭的確很關注參與式民主，也是公民運動的熱情觀察家，從美國的反越戰示威，到一九五六年曇花一現的匈牙利革命期間由基層民眾組成的「革命委員會」。提醒我們在形格勢禁的情況下仍然存在著行動的能力，這當然是她的目標之一。但是她堅決地說，她身為政治思想家的角色既不是要提出任何未來的藍圖，也不想告訴任何人怎麼做。她拒絕「政治哲學家」的頭銜，認為自柏拉圖以降的所有政治哲學家都犯了一個錯誤，也就是忽略了一個政治學的基本條件：那是關乎**眾多**人們的事，每個人都可以行動，可以啟動新的事物。這樣的交互作用的結果是偶然而不可預測的，「那是政治實務的事，取決於眾人的合意；它們不是基於理論的考量或

---

*譯注：「人的條件」（the human condition）一詞有若干不同譯法，或譯為「人的境況」。漢娜・鄂蘭在她自己翻譯的德文版（Vita activa oder Vom tätigen Leben）裡作「menschliche Bedingtheit」，「Bedingtheit」的意思是限制、侷限性、條件性，在它處也以「Bedingung」（條件）翻譯「condition」一詞。因此比較起來，「人的條件」或許比「人的境況」貼近作者原意。

一個人的意見」（頁6）。

好吧，不是政治哲學，這本書很多地方表面上完全不像是在談論政治。關於勞動和工作、近代科學和經濟成長的蘊含的長篇大論，都只是政治的背景而不是政治本身。即使是行動的討論也只有一部分和具體的政治行動有關。在這本書出版不久以後，鄂蘭自己形容《人的條件》是她計畫中（但是一直沒有完成）的政治理論系統作品的「一種序論」。她解釋說，既然「行動是核心的政治活動」，那麼首先就有必要預備性地釐清，「在概念上將行動和人類其他活動區分開來，它往往和它們混為一談，例如勞動和工作。[1]」而這本書最明顯的結構性原理，就在於對這三種對於人的條件而言很根本的活動形式的現象學式（phenomenological）分析：勞動，對應於身為動物的人的生物性生命；工作，對應於人類在塵世建造的事物的人造世界；以及行動，對應於我們作為判然有別的個體的多元性。鄂蘭主張說，這些區分（以及其中蘊含的活動的位階層級）在以哲學和宗教為優先的思想傳統裡一直被忽視。然而，這本書不只是現象學的分析而已，也不是是鄂蘭對於傳統政治哲學的誤解人類活動的批判而已。因為這些都在她對於當代事件的回應框架裡。當她在序言裡說，她只是想要「思考我們到底在做什麼」而已，就已經表明她心裡不只是要提出對於人類活動的概括性分析，而是要「從我們最新的經驗和最近的恐懼的制高點，重新思考人類的條件」。那是**什麼**經驗和恐懼呢？

二、

序言從對於那些彰顯人類啟動新事物的能力的事件開始：一九五七年首度發射人造衛星，鄂蘭形容為「無比重要的事件，就連原子分裂都比不上」。正如一九五六年發生的匈牙利革命（當時她正在書寫這部作品），這個出人意料的事件改變了她的想法，卻也證實了她以前所做過的評論。因為對於這個人類力量的驚人展示，各方的反應不是驕傲和尊敬，而是認為那意味著人可能脫離地球，對此她評論說，「推翻既有的人類存在」，其實一直在進行著。藉由脫離地球而遨遊太空，以及諸如核子科技等計畫，人類足以挑戰自然的極限，並且提出因為公共討論無法進入現代科學而更加棘手的政治問題。

鄂蘭的序言從這個主題轉到「另一個威脅性不相上下的事件」，那乍看來似乎不甚相關：自動化的出現。雖然自動化使我們擺脫了辛苦勞動的負擔，卻也造成「勞工社會」的失業問題，在那樣的社會裡，所有職業都被認為是為了謀生而已。這整本書在闡述對於人類活動的現象學分析時，也漸次開展了兩個表面上不相關的主題之間的辯證關係。一方面，太空時代的黎明顯示人類真的可以超越地球。由於近代科學的「脫離地球」，人類開啟新事物的能力也讓所有自然的極限都必須打上問號，也使得不可知的未來更令人擔憂。另一方面，鄂蘭在探索「和世界的疏離」時，現代自動化的社會，埋首於更有效率的生產和消費，使得我們的行為和自我認知越來越像個只是受自然律支配的動物。

作為動物的人類，意識不到他們的能力和責任，沒有能力以掌握這個威脅地球的力量。這點正好呼應了鄂蘭早期關於極權主義的分析，也就是由一個弔詭的信念組合推動的虛無主義歷程：一方面相信「一切都是可能的」，另一方面又認為人類只是受自然或歷史支配的動物，為了後者，個人完全是可有可無的。這個回響並不讓人訝異，因為《人的條件》原本就和鄂蘭關於極權主義的作品不可分割，兩者都是對於當代人類困境自出機杼而振聾發聵的診斷。

這本書的前身是鄂蘭於一九五六年四月在芝加哥大學的瓦爾格倫基金會講座（Charles R. Walgreen Foundation lectures），該講座則是隸屬於更大的「馬克思主義裡的極權主義元素」計畫。鄂蘭在完成《極權主義的起源》以後就投入這個計畫，該書探討了大量納粹反閃族主義和種族主義的前例，但是沒有提到史達林窮凶極惡的階級鬥爭的馬克思主義背景。她的新計畫正是在思考馬克思主義理論在這場浩劫裡扮演什麼樣的角色。她的爬羅剔抉成果豐碩，也發現許多馬克思的作品不曾提到的隱藏難題，而其一長串的思想線都匯流到《人的條件》裡，尤其是她推論說，馬克思對於政治行動有嚴重的誤解，因為他把行動和她所謂**工作**和**勞動**的其他人類活動混為一談。

在鄂蘭看來，把政治行動理解成「製造」，是個很危險的錯誤。製造（她把這個活動稱為**工作**），是工匠迫使原料順從於他的模型的行為。原料在過程中沒有發言權，而作為原料角色的人類，對於創造一個新社會或歷史也同樣無從置喙[2]。說「人」創造他自己的歷史，這句話有誤導之嫌，因為（正如鄂蘭不斷提醒我們），並沒有這樣的一個人：「住在地球上、棲身於世界裡的是人們，而不是單一的人」。把政治想像成製造，是在理論上忽視了人的多元性，在實踐上迫害個人。然而，鄂蘭發現馬克思從西方政治思想的龐大傳統裡繼承了這個特殊的誤解。因為自從柏拉圖拋棄了雅典的民主、闡述他的理想國的架構以來，政治哲學家在書寫政治時就一直有系統地忽略了人類最重要的政治特徵，也就是說，他們是多元的，每個人都可以有新的觀點和新的行動，而除非他們的政治能力被粉碎，否則絕對不能被套上整齊劃一的、可以預測的模式。因此，鄂蘭的《人的條件》的主要目的之一，是恢復且突顯這些被忽略的人類能力，藉此挑戰整個政治哲學的傳統。

但是這個政治哲學的批判，不是她在書中對於馬克思的反省的唯一重要主題。因為雖然馬克思談到「製造」（用手工藝術語來說），可是鄂蘭主張說，他其實是以更接近於動物生活的生產和消耗的歷程觀點——也就是勞動——在理解歷史。他認為人類歷史是個可以預測的歷程，那不是獨一無二的、必朽的個體的故事，而是一個種屬的集體生命歷程。在鄂蘭看來，雖然馬克思誤以為這個歷程可以透過革命邁向「自由的國度」，可是更讓她驚訝的是，他讓個體性淹沒在人類種屬的集體生活裡，專注於生產和消耗，而成為必然的趨勢。她認為這正是近代社會發人深省的現象，在其中，經濟問題已經主宰了政治以及人類的自我意識。因此，和鄂蘭的人類活動的現象學交織在一起的第二個重要主題，就是她對於「勞工社會」的崛起的解釋。

這個「社會性的事物」的主題，一直是本書裡最讓人大惑不解也爭論不休的面向。鄂蘭的貶損社會性問題，讓許多讀者忿忿不平，他們以為鄂蘭批評現代社會從眾心態的唯物論，是要藉此推崇一種英雄式行動的生活。但是這種解讀忽略了本書的複雜性，因為它的另一個主題正是行動的**危險性**。它會啟動一個行動者無法掌控的新的歷程，包括使現代社會興起的歷程。一個耐久的人類世界的文明存在，是她對於人的條件的分析核心，它建立在地球上，幫助我們抵抗自然歷程，為我們有限的生命提供一個穩定的場所。就像眾人圍著一張桌子聚在一起，世界「既讓人們彼此相關，同時也分隔了他們」（頁57）。唯有和他人（他們以另一種觀點在看它）分享共同的人類世界的經驗，才能讓我們全面性地觀看實在界，發展出一個分享的共感。如果沒有共感，我們會退縮到自己的主觀經驗裡，在那裡面，只有我們的感覺、需求和欲望才是實在的。

幾個世紀以來，經濟的現代化一直是人類世界的主要威脅，它（如馬克思指出的）摧毀了所有穩定性，讓一切事物變動不居。對於馬克思而言，改變是不可避免的歷史過程的一部分，相反的，鄂蘭則是追溯到偶然的人類行動無意間的結果，尤其是宗教改革期間大規模的徵收教會和農民的財產。因為財產（指代代相傳的土地所有權）一直是文明世界的主要堡壘，使得擁有者願意維持其穩定性。十六世紀的徵收引發的變動是雙重的。一方面，和世界的穩定有利害關係的農民變成了臨時工，蠅營狗苟以滿足其身體需求。另一方面，穩定的財產變成流動的財富（其實就是資本），馬克思很傳神地描述過其動態效果。人類不再是住在由耐久的製成品組成的穩定世界裡，而是被捲入不斷加速的生產和消費的過程裡。

鄂蘭在反省自動化的蘊含的時候，這個生產和消費的過程已經遠遠超過自然需求的滿足；而相關的活動、方法和消費品，都已經高度人工化。但是她指出，現代的人工化和早期文明的施設造作的穩定世界大異其趣。物品、家具、房屋本身都成了消費品，而自動的生產流程卻表現出擬似自然的節奏，讓人類不得不適應它。誠如她所說的，「我們彷彿奮力打破了保護世界（人的施設造作）抵擋大自然（也就是在自然中的生物歷程及其周遭的自然循環歷程）的明顯邊界，讓人類世界飽受威脅的穩定性屈服於這些歷程。」（頁 140）她在《人的條件》其他地方也提到「自然的東西不自然的成長」或者「生命歷程的解放」是怎麼回事，因為現代化變得極為擅長增加生產、消費和繁殖，造成生產和消費都遠勝於從前的人類的快速擴張。她的論點是，自從這些經濟問題成了大眾關注和公共政策的焦點（而不是像所有以前的文明一樣，隱藏在家庭的隱私性裡），其代價就是世界的滿目瘡痍，而人類也漸漸只從他們的消費欲望去認識自己。

然而她的論證並不是暗示說，我們只要從勞動的泥淖抽身而採取行動就夠了。因為這個現代的勞動霸權並不意味著人類必須停止行動、開創新頁或是啟動新的歷程，而是說，科學和科技已經變成「干預自然」的競技場。就在人們越來越把自己當成動物的同時，科學卻大大彰顯了他們超越這些極限的能力。因為和勞工所遭受的「和世界的疏離」一體兩面的，正是科學家們的「遠離地球」。阿基米得很早以前就宣告說，只要找到一個立足點，他就可以撐起地球，而鄂蘭則是主張說，從伽利略和當代的太空工程師和核子科學家，人們發現了從宇宙的角度觀看地球的方式，並且（在執行人類開創新頁的特權時）挑戰自然的極限，甚至威脅到生命本身的未來。根據她對當代困境的診斷，在一個太過沉醉於消費而無法對人類世界負責或理解他們的政治能力的人類社會裡，普羅米修斯的力量（釋放後果難料的歷程）正在被啟動。她在序言裡說，「不懂得思考」（它和喪失共同的人類世界有關）可以說是我們時代最顯著的特徵，而她大聲疾呼的思考目標，當然就是鼓勵別人思考。

三、

如果說鄂蘭的目的是要刺激思考和討論，那麼她可以說是成果豐碩。就像她的其他作品一樣，《人的條件》自從出版以來，就一直是激烈論戰的主題。的確，現代政治理論的作品很少有如此兩極的評論，有人說那是天才的作品，有人則認為它不值一駁。許多學者對於這本書的文體和風格很不以為然。鄂蘭把當代的主流論辯拋在腦後，既不定義她的術語，也不建構傳統形式的論證，逕自開始她的分析。這本書也引起了政治論戰。關於「勞動的動物」的探討以及對於社會問題的分析，使得本書的作者遭受許多左派人士的排擠，但是她對於行動的解釋又為其他激進派捎來希望和鼓舞的訊息，包括民權運動以及鐵幕後的某些激進派。在一九六〇年代的學生運動期間，《人的條件》被奉為參與式民主的教科書，而它和該運動的聯想則使它的批評者對它態度很不友善。

近年來，由於鄂蘭的思想漸漸受到重視（部分的原因誠然不是她所樂見的，例如對於她的性別、她的種族出身以及她和海德格的情史），這本書的重要性已經是世人所公認的，但是關於它的意義，則仍然言人人殊。它的思路之縱橫交錯，使得許多不同的解讀相去甚遠。亞里斯多德學派、現象學派、哈伯瑪斯學派、後現代主義者、女性主義者，都在它豐富的結構的不同部分找到啟發，而出版以來四十年的時間，仍然不足以評估其歷久不衰的重要性。如果我們可以從如此複雜的作品裡抽取一個核心主題的話，那麼它應該是要提醒人們政治的重要性、對於我們的政治能力的正確認知，以及這些能力可能招致的危險和提供的機會。

鄂蘭對於人的條件的解釋提醒了我們，人類是在啟動事物和一連串事件的意義下行動的生物。這是我們一直在做的事，不管我們是否理解其蘊含，其結果是人類世界和地球本身一直慘遭我們咎由自取的災難的蹂躪。在審視她所謂的「近代世界」（從十七世紀到十九世紀初）時，她發現一個弔詭的情境，人類行動引發了劇烈的經濟歷程，而涉及的人們漸漸覺得自己是社會經濟勢力的潮流上無助的殘渣。她相信這兩股潮流和大眾開始注意到傳統上僅限於家庭私人事務的經濟活動有關。然而，在她在序言裡說，她所書寫的「近代世界」已經是過往雲煙，因為核子科技的臨到在人類和他們的自然棲地之間的互動關係中開啟了「嶄新而未知的時代」。如果她現在仍然健在，或許會指出權力和無助的熟悉主題的新變體，再次看到一個至今都裹著隱私性的外衣的自然功能如何闖入公共領域。一方面，基因工程的出現（以及它啟動一個打破種種自然束縛的新歷程的力量）明顯證實了人的超越性以及她所謂的「推翻既有的人類存在」（頁3）。另一方面，我們因為把自己理解為動物而深化為前所未有的壓力，不只是在生產上，也包括繁殖。直到最近才得以出現在公共論壇上的性的問題，似乎迅雷不及掩耳地把其他主題從公共論述上推開，而新達爾文主義的科學家卻慫恿我們相信我們的一切都是由基因決定的。

由於權力和責任之間的裂痕似乎更甚以往，她對於人類行動能力的提醒以及試圖「思考我們在做什麼」有如大旱之望雲霓。然而，我們必須仔細聽她在說什麼，因為我們很容易會把她的訊息誤解為呼喚人們從冬眠中奮起，接管事件，有意識地創造我們的未來。擬似馬克思主義的劇情的麻煩在於，並沒有**可以**以這種方式擔負責任的「人性」。人類是多元而必朽的，這個人的條件賦予政治奇蹟式的開放性和極其嚴重的偶然性。

《人的條件》最振奮人心的訊息，在於它使人想起人的新生和開端的奇蹟。海德格強調我們的必朽性，相反的，鄂蘭主張說，對於人類事務的盼望和信仰來自於不斷有新的人們來到世界，他們每個人都是獨特的，每個人都有能力開創新局，而可能中斷或轉移相續不斷的事件序列。她說行動是「人行神蹟的能力」（頁291），更指出在人類事務裡，對於那不可預測的事物心存期待是很合理的事，就算是社會停滯不前或是勢不得已，也不能排除新的開端。自從這本書出版以來，她關於政治的不可預測性的評論一直得到顯著的證實，甚至是共產主義的垮台。一九八九年的革命尤其有鄂蘭的味道，正好證明她所說的，當人民「一致行動」，權力就會從天而降，而且會出人意料的從表面上握有大權的政體那裡消退。

但是如果說，她關於行動的分析是在黑暗時代裡的希望訊息，那麼它其實也有警告的意味。因為行動如神蹟般的不可預測性的另一面，就是對其後果的無法掌控。行動會推動事物，而人們甚至無法預見自己的主動行為會有什麼後果，更不用說控制它們，當它們和其他人的主動行為在公共競技場上糾纏不清的時候。因此，行動是讓人很挫折的，因為它的後果往往不是行動的本意。由於多元行動者之間的行動的這個「計畫趕不上變化」，使得自柏拉圖以降的政治哲學家試圖以如「製造」藝術作品一般的政治模型取代行動。哲人王觀照其理想模型，陶冶其臣民以符合該模型，同樣的，人們也不斷為完美社會規劃出各種架構，俾使每個人都順從於創制者的藍圖。烏托邦耐人尋味的貧乏單調，正是因為其內部欠缺主動性的餘地，沒有任何多元性的空間。雖然鄂蘭提出這點至今已經四十載，主流的政治哲學仍然不免身陷於這個窠臼，仍然不願意認真面對行動和多元性，仍然在探索足以說服理性的理論性原則，就連還沒有出生的下一代都必須接受它們，因而使得在政治競技場上的和解的偶然性變成多餘的。

鄂蘭說，行動的困境有若干解決之道，但是她也強調它們的有效範圍是很有限的。其中之一，就是人永遠都有可能採取進一步的行動，以中斷表面上勢不能免的歷程，或是讓政治另闢蹊徑，但是如此並沒有辦法修補過去的傷害，或是保障不可預測的未來。唯有人類的寬恕和承諾的能力才能解決這個問題，不過也只是一部分的。對於過去的不義伊於胡底的報復（誠如當代許多政治組織的作為）只會冤冤相報，而寬恕或許可以截斷眾流，近年來南非種族和解的努力或許是對於鄂蘭的論點最震撼人心的證明。然而，誠如她所說的，沒有人可以原諒他自己：那要靠他人不可預測的協助才行，而且有些罪行是不可原諒的。再者，由行動截斷相續不絕的因果，只對**人類**造成的後果有效，諸如啟動核子反應或造成物種滅絕的「對自然的干預」，則不是寬恕所能彌補的。

彌補多元的主動行為不可逆料的後果，還有另一個方式，那就是人類做出承認和信守承諾的能力。對自己做承諾，那沒有可靠性的問題，但是如果若干人一起為未來做出約定，那麼在他們之間創造出來的契約就可以在「不確定的大海」上打造「可預測性的島嶼」，創造一種新的保證，讓他們得以集體行使權力。契約、條約和憲章，都是這類的東西；它們可以是極為有力而可靠的，正如美國憲法，或者只是一紙虛文（例如希特勒的慕尼黑協定）。換言之，它們純屬偶然，完全不像是哲學家想像中的假設性的協議。

鄂蘭以其對於行動的推崇著稱，尤其是關於雅典公民和他們的同胞在公共領域上獲致不朽名聲的那幾個段落。但是《人的條件》也很關心行動的危險，以及由人類發起而又失控的無數歷程。她當然也讓我們想起自己其實是很無助的動物：我們可以投入更多的行動，主動截斷這些歷程，試圖透過協議控制它們。但是除了對於因為干預自然而啟動的歷程在現實上的難以掌握，她也提醒我們由於多元性本身導致的政治難題。原則上，如果我們能夠和衷共濟，其力量可撼山河；但是多元的個人之間的協議是很難達成的，也不能保證未來的行動者不會破壞它。

正值另一個千禧年的到來，我們唯一能確定預測的是，儘管相續不斷的歷程已經啟動，對於無數的人類行動者而言，開放性的未來將是個競技場，遠遠超乎我們的想像。或許另一個預測也不算太莽撞：未來的讀者會在《人的條件》裡找到思想的資糧，以及論戰的場域，從這本沉鬱頓挫的作品裡開展出不同的思路和主題。這或許正是鄂蘭所願。誠如她在晚年時所說的：

> 每一次你書寫了什麼東西而把它散播到世界裡，它就成了公共的東西，每個人顯然都可

以任意處置它，的確也應該如此。我沒什麼要抗議的。不管你自己的思考遭到什麼樣的待遇，你都不應該插手。你應該試著從別人如何對待它而得到一些啟發[3]。

1 引自《人的條件》出版後向洛克菲勒基金會（Rockefeller Foundation）申請的研究計畫，大約在一九五九年。和洛克菲勒基金會的書信往來（Library of Congress MSS Box 20, p. 013872）

2 墨索里尼對於布爾什維克革命的推崇也證實了鄂蘭的論點：「列寧是個藝術家，他以人類為作品材料，正如其他人用大理石或金屬作材料一樣。」引自：Alan Bullock, Hitler and Stalin: Parallel Lives (London: Fontana Press, 1993), p. 374。

3 和「美國基督教倫理協會」（American Society of Christian Ethics）的談話。（Library of Congress MSS Box 70, p. 011828）

目次

人類行動的本質與政治希望之所在
——鄂蘭《人的條件》導讀　◎葉浩　i
修訂版前言　◎丹妮爾・艾倫　xxv
導論　◎瑪格麗特・卡諾凡　xxxvii
序言　1
第一章　人的條件　9
一、行動的生活以及人的條件　10
二、「行動的生活」一詞　15
三、永恆相對於不朽　20
第二章　公共領域和私人領域　29

四、人：社會或政治的動物 30
五、城邦和家政 35
六、社會領域的興起 43
七、公共領域：共同的事物 54
八、私人領域：財產 63
九、社會和私人 70
十、人類活動的場域 76

第三章 勞動 97

十一、「我們身體的勞動和我們雙手的工作」 98
十二、世界的事物性格 108
十三、勞動和生命 111
十四、勞動和繁殖力 116
十五、財產和財富的私有性 124
十六、工作的工具和分工 132
十七、消費者的社會 141

第四章 工作 165

十八、世界的耐久性 166
十九、實體化 169
二十、工具性和勞動的動物 174
二十一、工具性和「工匠人」 182
二十二、交易市場 189
二十三、世界的恆久性和藝術作品 197

第五章 行動 213

二十四、行為者在言說和行動中的開顯 214
二十五、關係網路和上演的故事 221
二十六、人類事務的脆弱性 229
二十七、希臘人的解答 234
二十八、權力和顯露的空間 242
二十九、工匠人和顯露的空間 251
三十、勞工運動 257
三十一、傳統上的以製造取代行動 263

三十二、行動的歷程性格 274
三十三、不可逆性以及寬恕的力量 280
三十四、不可預測性和承諾的力量 288

第六章 行動的生活和近代世界 303

三十五、世界的疏離 304
三十六、阿基米得點的發現 314
三十七、普遍科學相對於自然科學 325
三十八、笛卡兒的懷疑的崛起 331
三十九、內省和共感的喪失 337
四十、思想與近代的世界觀 342
四十一、沉思和行動的翻轉 346
四十二、行動的生活內部的翻轉和工匠人的勝利 353
四十三、「工匠人」的挫敗和幸福的原則 364
四十四、作為最高善的生命 372
四十五、「勞動的動物」的勝利 380

作者識 399

序言

一九五七年，一個從地球誕生的人造物發射到太空裡，繞行地球好幾個星期，遵守著那讓日月星辰等天體轉動運行的同一個萬有引力定律。誠然，人造衛星不是月亮或恆星，也不是可以沿著它的繞行軌跡運行一段時間的天體，但是對受限於地球時間的我們凡人而言，那樣的時間已經像是從永恆到永恆一樣。不過，它倒是想辦法待在天空裡一陣子，在許多天體附近逗留和運行，彷彿暫時被允許躋身它們的神聖行列似的。

這個無比重要的事件，就連原子分裂都比不上，如果沒有讓人不舒服的軍事目的以及周遭的政治環境，人們會更加歡欣鼓舞地引頸企盼。但是說也奇怪，這個歡悅並沒有那麼趾高氣昂，人們充臆心間的，不是從地球仰望星空，看到他們創造的東西，而對於人類權力和支配的壯舉心生驕傲或敬畏。他們當下的直接反應，是對於「踏出掙脫人類在地球上的囚牢的第一步」的寬慰。這句奇怪的話，並不是某個美國記者一時的口誤，他們其實不自覺地附和了二十多年前刻在俄國一位偉大科學家的墓碑上的一句氣勢磅礴的話：「人類不會永遠被禁錮在地球上。」

有一陣子，這樣的感覺一直是老生常談。它們證明了，世界各地的人們完全不會跟不上或無法適應科學發現和科技的發展，相反的，他們比科技快了好幾十年。正如在其他方面一樣，科學於此實現且肯定了以前人們在既非荒誕也不是空談的夢想裡所期待的東西。所不同的只是，這個國家最可敬的報紙，終於將一直沉埋於人們不屑一顧的科幻文學裡的東西刊在頭條上（惜哉沒有人給予它應有的注意，將它視為群眾情感和群眾欲望的載具）。儘管它只是陳腔濫調，我們卻不能輕忽它有多麼不尋常；雖然基督徒說地球是眼淚的溪谷，哲學家說肉體是心智或靈魂的監獄，但是人類歷史上從來沒有人將地球想像為人類肉體的監獄，或是顯露真正從此地飛到月球的渴望。中世紀的解放和俗世化，發軔自一種背離，不一定是背離上帝，而是背離作為人們天父的神，它的結局會是對於作為蒼穹下的萬物之母的地球更決絕的否認嗎？

地球是人的條件的基本元素，而地球的性質，就我們所知，或許是宇宙中唯一能夠讓人類棲居的地方，讓他們既不必費力也不需要任何施設造作就能在地球上行動和呼吸。人類在世界裡的施設造作，使得人類的存在有別於所有單純的動物環境，但是生命本身是在這個施設造作的世界之外，經由生命，人類才能重拾和所有其他生物的關係。曾幾何時，許多科學家致力於讓生命成為「人造的」，割斷讓人類成為自然的孩子的最後臍帶。而想要掙脫地球的樊籠的欲望，也表現在以試管創造生命的企圖，以及「在顯微鏡下混合能力傑出的人們的種原以創造出更優秀的人類」並且「改變他們的身材、體型和功能」的欲望；而我猜想，潛藏在延長人類壽命超越百年極限的希望底下的，正是要脫離人的條件的願望。

科學家說他們在一百年內將會創造出來的未來的人，似乎執著於推翻既有的人類存在，那樣的人類存在是個無中生有的免費禮物（俗世的說法），而他好像是要以它去交換他自己創造的東西。我們完成這個交易的能力是毋庸置疑的，正如我們現在就有能力毀滅地球上的所有生物一樣。問題只在於我們是否要將我們的科技新知應用在該方面，而這個問題不能以科學的手段去決定；它是個很重要的政治問題，因此幾乎不能交給專業的科學家或專業的政治人物去決定。

儘管在遙遠的未來裡，這樣的可能性仍然存在，科學偉大勝利的反作用，在自然科學本身的危機裡頭卻早已經感覺到了。麻煩在於，現代科學的世界觀的「真理」，儘管可以用數學公式證明，並且經由科技去驗證，然而語言和思想的一般性語彙已經沒辦法表達它們了。

一旦人們以概念和一致性去談論這些「真理」，得到的說法「或許不致於像『三角的圓形』那麼無意義」，卻比「有翅膀的獅子」更沒有意義（薛丁格〔Erwin Schrödinger〕語）。我們還不知道這是不是最終的情境，但是我們這些開始自詡為宇宙居民的地上生物，將永遠無法理解，也就是思考和談論我們原本有能力做的事情。在這個情況下，那構成我們的思考的物理和質料條件的大腦，彷彿跟不上我們的作為，以致於現在我們真的需要人工機器代替我們去思考和說話。如果知識（現代的「專業知識」〔know-how〕）和思考真的永遠分道揚鑣，那麼我們倒不會成為機器的奴隸，而是成為我們專業知識的無助奴隸，成為不會思考的生物，任由所有在技術上做得到的機械裝置擺布，無論它有多麼凶猛殘暴。

然而，撇開最近這些還不確定的結果不談，科學創造出來的處境倒是有重要的政治意義。每當言說的重要性受到威脅，很自然地就成了政治的事，因為使人成為政治存有者的，正是言說。如果我們聽從不斷驅策著我們的建議，調整我們對於科學成就的當前狀態的文化態度，我們會很認真地採取一種生活方式，在其中，言論再也沒有任何意義。因為現在的科學被迫採用數學符號的「語言」，儘管它原本只是口說述句的縮寫，現在卻包含了無法轉換回言說的述句。我們最好不要相信科學家作為科學家的政治判斷，其主要理由不在於他們缺少「性格」（他們沒有拒絕發展原子武器），或是他們的天真單純（他們不明白一旦發展了這些武器以後，再也不會有人問他們武器使用的問題），而是因為他們躲到一個使語言失去其力量的世界裡。無論人們做了什麼，認識到什麼，經驗到什麼，唯有說得出來才有意義。或許有些真理是言語道斷的，他們對於單數的人或許很重要，也就是說他不是一個政治存有者，無論他是什麼其他角色。複數的人，也就是在這個世界裡生活、行動和有所作為的人，唯有彼此交談，相互了解以及認識自我，才能經驗到意義。

更觸手可及而且或許同樣重要的，是另一個威脅性不相上下的事件。那就是自動化的來臨，在未來的幾十年內，工廠將會空無一人，人類也會擺脫最古老卻也最自然的負擔，勞動的負擔，以及生活所需的束縛。於此，一個人的條件的基本層面同樣受到威脅，但是對它的反叛，期望擺脫勞動的「櫛風沐雨」，並不是現代才有的，而是和有記錄的歷史一樣古老。免於勞動本身的自由不是新的東西；它曾經是少數人根深柢固的特權。就此而言，科學的進步和科技的發展似乎只是被用來成就以前所有世代無法實現的夢想罷了。

然而那只是在表象上如此而已。現代世界背負著對於勞動的理論性歌頌，以致於整個社會實際上轉變為一個勞動的社會。因此，就像童話故事裡願望的實現一樣，這個願望實現的時間來得很不是時候，只會弄巧成拙。要擺脫勞動之桎梏的，正是一個勞動者的社會，而這個社會再也不知道爭取到這個自由是要為了實現哪些層次更高也更有意義的活動。這個社會是主張平等的，因為勞動就是以這個方式讓人們生活在一起，在其中沒有階級，沒有政治或宗教上的權貴，可以由此重新恢復人類的其他能力。就連總統、國王、首相也認為他們的職務對於社會生活以及知識分子而言是個必要的工作，而認為自己的作為是基於工作而非謀生的，則只剩下孤獨的個人。我們所面對的前景，是一個沒有勞動的勞工社會，也就是沒有了他們僅剩的活動。當然，情況之糟莫此為甚。

關於這些成見和難題，本書不會提出一個答案。我們每天都有許多答案，那是政治實務的事，取決於眾人的合意；它們不是基於理論的考量或一個人的意見，宛如我們處理的問題只有一個可能的答案。我在底下要提出的，是從我們最新的經驗和最近的恐懼的制高點，重新思考人類的條件。它顯然是思考的事，不懂得思考——掉以輕心的鹵莽舉止、不可救藥的混亂，或是自鳴得意地把各種瑣碎而空洞的「真理」掛在嘴邊——在我看來，可以說是我們時代最顯著的特徵。因此，我的命題很簡單：它只是要思考我們到底在做什麼而已。

「我們在做什麼」的確是這本書的中心主題。它只探討關於人的條件以及自古至今都認為屬於每個人的活動最基本的論述。基於某些理由，我不擬討論人們所能從事的最高等也最純粹的活動，也就是思考的活動。因此，就體系而言，本書僅限於勞動（labor）、工作（work）和行動（action）的討論，它們就構成了三個主要章節。就歷史而言，我在最後一章探討「近代世界」（modern age），而充斥整本書的，會是我們從西方歷史裡認識到的各種層級的活動。

然而，「近代」並不等於現代世界。在科學上，近代世界始於十七世紀，而止於二十世紀初；在政治上，我們現在所生活的現代世界，是誕生於第一次原子彈轟炸。我不打算討論這個現代世界，雖然它是本書的寫作背景。一方面，我限縮在分析從人的條件裡產生的、恆久的一般人類能力，也就是說，只要人的條件沒有改變，那些能力就不可能一去不返。另一方面，歷史分析的目的是要追溯現代的「世界的疏離」，它如何從地球飛到宇宙，從世界飛到自我裡，探討它的根源，理解社會在被新的、未知的年代的到來征服時所發展且顯現出來的性質。

第一章

人的條件

一、行動的生活以及人的條件

所謂「行動的生活」（vita activa），我打算用以指稱三個根本的人類活動：勞動、工作和行動。它們之所以是根本的，那是因為它們各自對應到人們擁有塵世生命的基本條件。

勞動是與人體的生物性歷程對應的活動，它的自然成長、新陳代謝以及最終的衰敗，都服從於由勞動產生的生存所需，也由勞動灌注到生命過程裡。人的勞動條件就是生命本身。

工作是和人類存在的不自然性（unnaturalness）對應的活動，人類的存在並沒有被植入種屬不斷重複的生命循環裡，那樣的生命循環也沒辦法補償人的必朽性。工作提供了一個事物的「人造」世界，和所有自然環境迥然不同。在它的界限內，每個個體生命都得到安置，而這個世界本身則應該比萬事萬物更久遠而且超越它們。世界性（worldliness）是人的工作條件。

行動，人們彼此之間唯一不假事物之中介而進行的活動，則是對應於人的多元性（plurality）條件，也就是說，住在地球上、棲身於世界裡的是人們，而不是單一的人。雖說人的條件的所有面向多少都和政治有關，這個多元性尤其是所有政治圈的條件——不只是必要條件（conditio sine qua non），更是充分條件（conditio per quam）。羅馬人或許是我們所知道的最熱中政治的民族，在他們的語言裡，「生活」同義於「處於人群之中」（inter homines esse），而「死亡」則同義於「不再處於人群之中」（inter homines esse desinere）。但是就其最 [8] 根本的形式而言，就連《聖經．創世記》裡也隱含著人的行動條件（「他造了他們，有男有女」），如果我們了解到，此處創造男人的故事原則上有別於另一處的說法，也就是上帝最初創造人（亞當〔adam〕），用的是「他」而不是「他們」，因此人類的眾多是開枝散葉的結果[1]。如果說，人們是同一個模型的無限複製品，所有複製品的性質或本質都相同，而且和其他事物的性質或本質一樣可以預測，那麼行動就會成為不必要的奢侈品，成為一種對於普遍的行為法則反覆無常的干預。多元性是人的行動條件，因為我們每個人都一樣，也就是說，我們都是人，而沒有任何一個人和在過去、現在、未來存在的人完全相同。

這三個活動以及和它們對應的條件，都和最普遍的人類存在條件息息相關：誕生和死亡、新生（natality）和必朽性（mortality）。勞動不僅保障個人的存活，也維繫了種屬的生命。工作及其產物，人造物，則是為凡人生命的虛度以及人類時間的稍縱即逝賦予了一種恆久性和耐久性。至於行動，由於它致力於開創且保存各種政治體，而創造了回憶或即歷史的 [9] 條件。勞動、工作，乃至於行動，也都植基於新生，因為它們的任務是基於預知和猜想，為了如陌生人一般誕生到世界來的新生兒提供且保存這個世界。然而，這三者當中，行動和人的誕生條件關係最緊密；世界之所以會感覺到內在於誕生裡的新的開始，那是因為新生兒擁有重新開創某些事物的能力，也就是行動。就這個主動性的意義而言，所有人類活動裡都有個行動的元素，因而也有新生的元素。再者，由於行動是最典型的政治活動，因此，有別於形上學思想，政治思想的中心範疇是新生而不是死亡。

人的條件絕不僅止於使人們誕生的種種條件而已。人是有條件的存有者，因為他們所接觸到的一切，都會立即變成他們的生存條件。「行動的生活」在世界裡消耗自身，這個世界包含了由人的活動產生的事物；但是只因為人類才存在的事物，卻一直在限制著創造它們的人類。除了讓人類得以在世間誕生的條件以外，人一直在創造他們自己設定的條件（有一部分是根據那些條件），雖然這些條件源自於人類而且有其變異性，卻擁有和其他自然事物相同的限制力。任何觸及或踏入與人類生活的永續關係裡的事物，都直接擔負起了人類生存條件的角色。此即為什麼不管人怎麼做，總是有條件的存有者。任何自行踏進或因為人的作為而被拉進人類世界的事物，都成了人的條件的一部分。世界的實在性對於人類生存的衝擊，會被感受和接受為一個限制性的力量。世界的客體性——它作為對象或事物的性格——和人的條件是互補的；因為人的存在是有條件的存在，所以不可能沒有事物，而如果事物不是人的存在的限制者，那麼它們就會是一堆不相關的物件，一個「非世界」（non-world）。

請不要誤解：人的條件不同於人性，而和人的條件對應的人類活動和能力的總和，也不會構成像人性那樣的東西。因為不管是我們在此討論的，或是擱置不談的，例如思想和理性，甚或是所有這些的細心列舉，都不構成人類存在的基本特徵，也就是說，沒有了它們，這個存在就再也不是人的存在。就人的條件而言，我們所能想見的最澈底的改變，大概是人從地球移民到其他行星上吧。這樣的事不再是完全不可能的，它蘊含著人會必須在完全人造的條件下生活，而和地球提供他的條件截然不同。不管是勞動、工作、行動，甚或我們所理解的思考，到那時候就再也沒有意義了。然而這些來自地球的假設性的漫遊者，他們仍然是人類；但是就其「本性」而言，我們只能說，他們仍舊是有條件的存有者，即使他們的條件現在大抵上都是自己設定的。

人性的問題，奧古斯丁（Augustine）所謂「我成了自己的問題」（quaestio mihi factus sum），不管就其個體心理學或一般哲學的意義而言，似乎都是無解的。我們可以認識、規定和定義周遭不同於我們的所有事物的自然本質，卻不太可能對我們自己也那麼做——那會像是要擺脫自己的影子一樣不可能。再者，我們也沒有理由假設說，人擁有一個本性或本質，就像他擁有其他事物一樣。換言之，如果說我們有個本性或本質，那麼唯有一個神（god）可以認識和定義它，而第一個先決條件則是他必須能夠談論一個「誰」，就像它是個「什麼東西」似的[2]。這個混淆在於，人類認知的模式可以應用在具有「自然」性質的事物上，包括作為發展程度最高的種屬的我們自己，可是當我們問道「那麼我們是**誰**？」時，這些模式就行不通了。此即為什麼許多定義人性的嘗試，都不約而同地回歸到某個神性的解釋，也就是哲學家的神，細觀之下，自柏拉圖以來，它一直顯現自己為一種柏拉圖式的人的理型。當然，將這種關於神性的哲學概念揭穿，說它只是人的種種能力和性質的概念化，那並不是證明上帝（God）不存在，甚至連論證都算不上。然而各種定義人性的嘗試總是歸結到一個讓我們覺得像是個「超人」而等同於神的理念，這個事實也使我們不得不懷疑是否真的有「人性」的概念這回事。

另一方面，人的存在條件——生命本身、誕生和死亡、世界性、多元性以及地球——從來不能解釋我們是什麼，也沒辦法回答我們是誰的問題，理由很簡單，因為它們從來沒有絕對限制我們。有別於同樣探討人的科學——人類學、心理學、生物學等等，這一直是哲學的意見。但是現在我們差不多可以說，就連科學也已經證明了，雖然我們現在生活在地球的條件下，以後也會，但是我們不再僅僅是和地球緊緊綁在一起的生物。近代自然科學的巨大勝利要歸功於從真正宇宙的觀點去探討受限於地球的大自然，也就是從一個阿基米得點，刻意且公然地脫離地球。

二、「行動的生活」一詞

「行動的生活」一詞有著傳統的底蘊，甚至太多了。它和我們的政治思想傳統一樣久遠（但不會比它更久）。這個傳統並沒有將西方世界人類的所有政治經驗涵攝進來且概念化，它出自一個特定的歷史事件：蘇格拉底的審判以及哲學家和城邦（polis）的衝突。它淘汰了先前和它的直接目的不相關的政治經驗，在馬克思的作品裡，它以高度選擇性的方式走到其終點。在中世紀哲學裡，該語詞是亞里斯多德的「bios politikos」（政治生活）的標準翻譯，最早見於奧古斯丁，作「vita negotiosa」或「actuosa」（忙碌的或實踐的生活），在這裡可以反映出它原本的意思：一個致力於公共政治事務的生活[3]。

[12]

亞里斯多德區分人們可以自由選擇的三種生活（bioi）方式，也就是完全獨立於種種生活所需以及因而產生的種種關係。這個自由的先決條件排除了所有為了謀生的所有生活方式——不僅是勞動，那是奴隸的生活方式，他們迫於苟延殘喘的需求以及主人的支配，也包括自由工匠的工作生活以及商賈的貪得無饜的生活。簡言之，任何人為了他的整個生活或暫時的生計，而不情願地或自願地喪失對於他的舉止和活動的自由支配權[4]，都不能算是這種生活。剩下的三個生活方式都有個共同點，也就是它們都跟「美的事物」有關，也就是不一

[13]

定也不只是實用性的事物：縱情聲色犬馬的生活，消耗其中美的事物；獻身於城邦事務的生活，在其中以卓越創造出美的行為；最後是哲學家的生活，潛心探究和沉思永恆的事物，其恆久的美不會因為人的生產干預而誕生，也不會因為他的消耗而改變[5]。

該語詞在亞里斯多德以及其後中世紀的用法的主要差異在於，「政治生活」顯然只是指稱人類事務的領域，強調用以創設和維繫該領域的行動或即實踐（praxis）。勞動和工作都不被認為有足夠的尊嚴去建構一個「生活」，一個自主的、真正人性的生活方式；由於它們是用來生產必要的和實用的事物，它們不可能是自由的、獨立於人的需求和渴望之外的[6]。政治的生活方式之所以免於這個判決，那是由於希臘人對於「城邦」生活的理解的緣故，對他們而言，那意指著對於政治組織的一種相當特別而自由選擇的方式，而絕不只是按部就班地糾集群眾所必需的任何行動形式。希臘人和亞里斯多德不是不知道，人類的生活必須有某種形式的政治組織，統治臣民可能是個很獨特的生活方式；但是專制者的生活方式，因為它「僅僅」是個生活所需，所以不能說是自由的，也和「政治生活」風馬牛不相及[7]。

隨著古代城邦的消失——奧古斯丁似乎是最後一個知道身為公民是什麼意思的人——「行動的生活」失去了它特定的政治意義，而泛指對於世界事物的所有主動投入。的確，我們不能因此推論說，工作和勞動在人的活動位階裡抬頭了，而和致力於政治的生活平起平坐

[8]。相反的，它的發展大異其趣，行動成了眾多俗世生活所需之一，唯一真正自由的生活方式，就只剩下沉思（「沉思的生活」〔bios theōrētikos〕，譯為拉丁文「vita contemplativa」）[9]。

然而，沉思相對於所有活動（包括行動）的優越地位，並不是源自基督宗教。我們在柏拉圖的政治哲學裡就可見一斑，「城邦」生活烏托邦式的重構，不只是由哲學家的高瞻遠矚加以擘畫，其目的也不外乎實現哲學家的生活方式。亞里斯多德闡述不同的生活方式，在他的等次裡，享樂的生活只是個小配角，這顯然也是受到沉思（theōria）的理想影響。除了遠古時代免於生計所迫以及他人的威逼脅迫的自由以外，哲學家還加上「擺脫且中止政治活動」（skholē）的自由[10]，因此，後來基督宗教主張擺脫塵世事務的葛藤，擺脫現世的所有事業，其實是源自古代晚期哲學的「apolitia」（脫離政治）。以前只有少數人在大聲疾呼的，現在成了所有人的權利。

「行動的生活」一詞，涵攝了所有人類活動，從沉思的絕對寧靜的觀念加以定義，職是之故，相較於希臘文的「bios politikos」，它更接近希臘文的「askholia」（忙碌），亞里斯多德用以指稱所有活動。早在亞里斯多德的時代，在閒暇和忙碌之間，在屏息凝神地放棄所有外在的身體運動以及所有活動之間的區別，比政治的和沉思的生活方式的區別更加至關重要，因為在三種生活方式裡都可以看到它。它就像是戰爭與和平的區別，正如戰爭是為了和平才發生的，任何一種活動，即使是單純的思考過程，最終都要歸結到沉思的絕對寧靜[11]。每個舉動，身體和靈魂的舉動，乃至於言說和論理，在真理之前都要止息。真理，無論是古代的「存有」的真理，或是在基督宗教裡永生的上帝的真理，只能在人類完全的寂靜裡開顯自身[12]。

從傳統直至近代初期，「行動的生活」一直沒有失去它「忙碌」的負面意含，「營擾」（nec-otium）、「不平靜」（a-skholia）。就其本身而言，它一直和希臘文裡更根本的兩種事物的區分關係密切，也就是獨立存在的事物，以及因為人類才存在的事物，「物性的」（physei）事物和「約定俗成的」（nomō）事物的區分。沉思相對於行動的優位性，是因為人們相信沒有任何出自人手的產品能夠在美和真理方面和自然世界（kosmos）相提並論，它在不變的永恆裡悠遊自在，沒有任何外在的干預或參贊化育，不管是人或神。而唯有所有人類的舉止和活動完全止息，這個永恆才會對凡人開顯自身。相較於這個寂靜的態度，「行動的生命」裡的所有區分和關聯都消失了。自沉思觀之，只要寧靜被擾動了，是什麼擾動它的，那並不重要。

因此，傳統上，「行動的生活」的意思是從「沉思的生活」衍生出來的；它之所以得到相當有限的尊嚴，也僅僅是因為它可以滿足生物對於沉思的需求和渴望[13]。相信來世的基督宗教信仰，認為它們的快樂來自默觀的歡悅[14]，協議出一個宗教的裁判，將「行動的生活」貶抑到一個衍生性的、次要的地位；但是品秩本身的規定，則是呼應了他們發現沉思（theōria）是迥異於思考和論理的人類能力，這個發現始自蘇格拉底學派，自此以後，一直主宰著我們整個形上學和政治思想傳統[15]。我在此處應該沒有必要討論這個傳統的種種理由。相較於那致使城邦和哲學家產生衝突、因而歪打正著地以沉思作為哲學家的生活方式的歷史因緣，這些理由要深刻得多。它們應該是奠基於另一個層面的人類條件，其多樣性絕不止於「行動的生活」的種種環節，就算把思考和論理的動作包含進來，仍然沒辦法窮盡它。

因此，如果說我所謂的「行動的生活」一詞的用法和傳統顯然有矛盾，那是因為我懷疑的不是該區分所依據的經驗的有效性，而是該區分自始即隱含的位階品秩。那不意味著我要挑戰或是討論將真理視為「開顯」（revelation）的傳統概念，或是人的本質問題，也不意味著我偏好現代實用主義的主張，認為人只能認識他所成就的自己。我的抗辯只是在於，沉思在傳統位階裡舉足輕重的地位，已經模糊了「行動的生活」本身裡頭的種種區分和關聯，而雖然只是個表象，這個情況已經隨著現代和傳統的決裂以及馬克思和尼采翻轉其位階品秩而澈底改變了。而概念架構是否或多或少完好如初，則是取決於哲學體系或當時認同的價值著名的「顛覆」的本質，以及操作本身的性質。

無論是現代的翻轉或傳統的位階，都不約而同地假設，人的所有活動裡都有個相同的核心人性成見，因為如果沒有一個完備的原則，就沒辦法建立品秩。這個假設並沒有那麼理所當然，而我所謂的「行動的生活」，則是預設了它的所有活動的根本問題既不同於「沉思的生活」的核心問題，兩者也無從判別孰優孰劣。

三、永恆相對於不朽

各種主動投入這個世界的事物的方式，以及以沉思為極致的純粹思考，或許可以呼應兩個截然不同的核心人類問題，關於這點，自從「思考的人和行動的人開始分道揚鑣」以來[16]，就或多或少已經顯現出來，也就是蘇格拉底學派的政治思想的興起。然而，當哲學家們發現——或許就是蘇格拉底發現的，雖然已不可考——政治領域並沒有那麼理所當然地涵蓋人類所有較高等的活動，他們當下就猜想，他們或許不是在已知事物以外發現什麼不同的東西，而是發現了一個更高的原則以取代主宰著「城邦」的原則。為了指出這兩個不同甚或衝突的原則，最簡單的方式，或許有點膚淺，就是回想一下不朽和永恆的區別。

不朽意味著在時間上的持久，在這個地球上、在這個世界裡不死的生命，在希臘人的理解裡，只有自然以及奧林帕斯諸神才有不死的生命。相對於自然周而復始的生命，以及諸神不老不死的生命，終有一死的人，在一個不朽但不是永恆的宇宙裡唯一的必朽者，和他們的諸神的不朽生命對峙，但是沒有一個永恆的上帝統治他們。如果希羅多德的記載可信的話，早在哲學家的概念闡釋以前，也早在這個闡釋所依據的希臘人的特殊經驗以前，這兩者的區別對於希臘人的自我理解一直是很清楚的。希羅多德在討論亞洲人的崇拜形式以及對於一個看不見的上帝的信仰時明確地說，相較於這個超越了時間、生命和宇宙的超越性的上帝（我們現在會這麼說），希臘諸神是「具有人性的」（anthrōpophyeis），有著和人一樣的本性，而不只是和人相同的形相[17]。希臘人對於不朽的關心來自他們對於不朽的自然以及不朽的諸神的經驗，他們圍繞在終有一死的人的個體生命四周。必朽性被嵌進一個一切都是不朽的宇宙裡，成了人類存在的特徵。人是「必朽者」，在存在上唯一會死的東西，因為不同於動物，人類不僅僅是種屬的成員，種屬透過繁殖而保障其不朽的生命[18]。人的必朽性奠基於以下的事實，個體的生命有個從生到死可辨識的生命故事，而不同於生物的生命。這個個體的生命有別於其他事物的地方在於它的直線運動方式，截斷生物生命的圓周運動。這就是必朽性：在一個萬物以圓周順序運動（如果有運動的話）的宇宙裡沿著直線前進。

必朽者的任務和潛在的偉大在於他們有能力創造事物——作品、事蹟和話語[19]——那些事物都值得也能夠永久存在，透過它們，必朽者得以在一個除了他們自己以外的萬物皆為不朽的宇宙裡找到他們的地位。藉由他們創造不朽事蹟的能力，藉由他們留下不可磨滅的軌跡的能力，雖然他們個體終有一死，卻得到了屬於他們自己的不朽性，證明自己也有「神聖的」本性。人和動物的區別貫穿了人的種屬本身：只有最優秀者（aristoi）才是真正的人類，他們持續證明自己是最優秀的（aristeuein）（做最好的）（這個動詞在其他語言裡沒有對應的語詞），而且「寧捨必朽的事物，而渴慕不朽的名聲」；而滿足於大自然賜給他們的快感的其他人，則是像動物一樣生生死死。這是赫拉克列圖斯的意見[20]，蘇格拉底以後的哲學家幾乎再也沒有人這麼說了。

在我們的脈絡裡，究竟是蘇格拉底自己或柏拉圖將永恆事物視為嚴格的形上學思考的真正核心，那並不重要。對蘇格拉底最有利的一點是，他和其他偉大的思想家一樣——在這個方面就像其他方面一樣獨特——從來不在乎要把他的思想寫下來；因為不管一個思想家有多麼關心永恆，只要他坐下來著書立說，他就不再關心永恆，而只注意永恆留下來的軌跡。他踏入「行動的生活」，選擇它的恆久和潛在的不朽性的方式。有一點是可以確定的：只有在柏拉圖裡，對於永恆和哲學家生活的關懷，才被認為和追求不朽、公民的生活方式以及「政治的生活」有其內在的矛盾和衝突。

哲學家對於永恆的經驗，對於柏拉圖而言是「言語道斷的」（arrhēton），亞里斯多德則認為是「不假言說的」（aneu logou），後來概念化為弔詭的「安住當下」（nunc stans），只能發生在人類事務領域以外，外在於人的多元性，誠如我們在柏拉圖《理想國》的「洞穴喻」裡看到的，哲學家掙脫了將他和夥伴銬在一起的腳鐐，「形隻影單」地離開洞穴，沒有其他人作伴或跟隨。就政治而言，如果說死亡無異於「不再混跡於眾人當中」，那麼對於永恆的經驗就是一種死亡，而它和現實的死亡的唯一差別，就是它不是最終的死亡，因為任何生物都沒辦法忍耐很久。而這也正是中世紀思想裡「沉思的生活」和「行動的生活」的差別所在[21]。然而重要的是，對於永恆的經驗，和對於必朽者的經驗正好相反，沒有任何活動可以對應它，也沒辦法轉型成任何活動，因為就算是以語言在自己心裡進行的思考活動，顯然也不足以生起該經驗，反而會干擾和破壞那個經驗本身。

「沉思」（theōria）恰好足以形容對於永恆的經驗，有別於其他最多只是附屬於不朽性的種種態度。哲學家對於永恆的發現，或許是因為他們合理地懷疑「城邦」是否可能不朽甚或恆久，而這個發現或許太過震撼，使得他們不得不將所有追求不朽的努力都視為浮華煙雲或是虛榮心作祟，當然因而也公開反對助長它的城邦和宗教。然而，對於永恆的關懷最終勝過任何對於不朽的渴望，這並不是哲學思想所致。羅馬帝國的衰亡顯然證明了，沒有任何必朽者的作品可以是不朽的，而此時基督宗教福音的興起，宣揚個人生命的永生，也使得它成為西方人的唯一宗教。此二者使得追求俗世的不朽既徒勞無功也多此一舉。而它們更讓「行動的生活」和「政治的生活」成為沉思的婢女，現代俗世化的興起，以及行動與沉思的傳統位階的翻轉，都不足以挽救人們對於不朽的渴望的遺忘，而它原本是「行動的生活」的源泉和核心。

1 在後古典時期政治思想的分析裡，注意一下引用哪一個聖經版本的創世故事，會很耐人尋味。拿撒勒的耶穌和保羅的教義顯然有所不同，耶穌在討論男人和他的妻子的關係時提到《創世記》1:27：「你們沒有念過這段經文嗎？『太初，創造主造男人又造女人』。」（《馬太福音》19:4）而保羅在類似的場合裡卻說，女人是「從男人造的」，「是為著男人造的」，即使他有一點削弱其依存性：「男女互相依賴，彼此需要。」（《哥林多前書》11:8-12）這個差別不僅僅意味著對於女性角色的不同態度。對於耶穌而言，信仰和行動唇齒相依（見本書第三十三節）；對保羅而言，信仰主要是和救贖有關。在這方面，奧古斯丁的說法特別有意思（*De civitate Dei* xii. 21），他不僅對《創世記》1:27 視若無睹，更認為人和動物的差別在於，天主造人是「以一人傳生人類」（unum ac singulum），而所有動物都是「天主造了許多對」（plura simul iussit existere）。對奧古斯丁而言，創世的故事是用以強調動物的種屬特性以及人類存在的單一性的差異。

2 奧古斯丁通常被認為是第一個提出所謂哲學裡的人類學問題的人，他應該很清楚這點。他區分「我是誰」和「我是什麼」的問題，前者是人指向他自己（「我是否指著自己，對我說：你，你是誰？而我回答說：一個人」）（tu, quis es?）（*Confessiones*, x. 6），而後者則是問天主（「我的天主，那麼我究竟是什麼？我的本性是什麼？」）（Quid ergo sum, Deus meus? Quae natura sum?）（x. 7）。因為在這個大奧祕（grande profundum）裡（人就是這個大奧祕）（iv. 14），有個「人的某個東西（alquid hominis），那是在人自己裡頭的精神所不知道的。但是你，天主，你造了他（fecisti eum），知道他的一切（eius omnia）（x. 5）」。因此，在我的引文段落裡最耳熟能詳的那句話，「我成了自己的問題」，是對著天主提出的問題，「我在誰的眼裡成了自己的問題」（x. 33）。簡言之，「我是誰？」的答案只是：「你是個人，不然還能是什麼」；而「我是什麼？」的答案則只有造人的天主知道。人的本性的問題和天主的本性的問題一樣，都是神學的問題；兩者都只能在由神啟示的答案框架裡去解決。

3 見：Augustine, De civitate Dei, xix. 2, 19。

4 William L. Westermann (“Between Slavery and Freedom,” *American Historical Review*, Vol. L [1945])。威斯特曼認為「亞里斯多德說……工匠生活在有限度的奴隸的情況下，意思是工匠在簽工作合約時放棄了他的自由地位的四個元素其中之二（也就是說，經濟活動的自由以及行動不受限制的權利），不過那是他自願的，而且只是一段時間」；威斯特曼引用的證據顯示，當時所理解的自由包含「地位、個人的不可侵犯性、自由的經濟活動以及行動不受限制的權利」，因此奴隸「缺少這四個屬性」。亞里斯多德在《尼各馬科倫理學》（*Nicomachean Ethics*）（i. 5）以及《優狄米亞倫理學》（*Eudemian Ethics*）解說「生活方式」時，完全沒有提到工匠的生活方式；對他而言，「工匠」（banausos）顯然是不自由的（cf. Politics 1337b5）。不過他說，「賺錢的生活」以及正因為它賺錢而拒絕它，都是「不得已而為之的」（*Nic. Eth.* 1096a5）。在《優狄米亞倫理學》則強調以自由為判準：他只解釋那些「主動」（ep' exousiam）選擇的生活。

5 關於美和需求以及實用性的對立，見：*Politics* 1333a30ff., 1332b32。

6 關於自由和需求以及實用性的對立，見：*op.cit.*, 1332b2。

7 見：*op. cit.*, 1277b8。專制者統治和政治的區分。關於主張專制者的生活相當於自由民的生活，因為前者關心的也是「必要的事物」，見：*op.cit.*, 1325a24。

8 一般認為現代對於勞動的評價是源自基督教傳統。見下文第四十四節。

9 見：Aquinas, *Summa theologica* ii. 2. 179, esp. art. 2（「行動的生活」是源自「眼前生活的需求」〔necessitas vitae praesentis〕）；*Expositio in Psalmos* 45.3（整個政治的任務是找尋所有生活必需的東西〔in civitate oportet invenire monia necessaria ad vitam〕）。

10 希臘文的「skholē」和拉丁文的「otium」一樣，原本是指擺脫政治活動，而不只是閒聊而已，雖然兩者都是指免於勞動和生活需求。無論如何，它們都是指一個免於擔心受怕的情況。關於雅典公民的日常生活，有個絕妙的描寫，他完全免於勞動和工作，見：Fustel de Coulanges, *The Ancient City* (Anchor ed., 1956), pp. 334-36：它將說服每個人，在城邦的情況下，政治活動有多麼曠日費時。我們不難想見，這個日常政治生活充滿擔憂，如果我們記得雅典法律不容許中立的立場，在派系鬥爭中不選邊站的，會被罰以褫奪公權。

11 見：Aristotle, *Politics* 1333a30-33。聖多瑪斯將沉思定義為「息諸外緣」（quies ab exterioribus motibus）。

12 聖多瑪斯強調靈魂的寧靜，也讚賞「行動的生活」，因為它讓人疲倦，因而「止息內心的激情」，為沉思作準備（*Summa theologica* ii, 2. 182. 3）。

13 聖多瑪斯明白闡釋「行動的生活」以及人類身體和動物都有的需求和渴望之間的關係。（Summa theologica ii. 2. 182. 3）

14 奧古斯丁談到慈善的責任對行動生活造成的「負擔」（sarcina），如果沒有沉思的「甜美」（suavitas）和「真理的歡悅」，那會是很難忍受的。（*De civitate Dei* xix. 19）

15 哲學家對於人的身體條件的嗟嘆由來已久，那和古代對於生活的種種需求的輕視不太一樣；對需求屈服，只是身體存在的一個面向，而身體一旦擺脫這個需求，就能夠企及希臘人稱為美的純粹現象。自柏拉圖以來的哲學家，除了嗟嘆為身體所迫以外，也抱怨任何形式的蠅營狗苟。那是因為哲學家的生活如如不動，誠如柏拉圖所說的，只有他的身體還住在城市裡而已。以前對於一生從政者「此身終日營擾」（polypragmosynê）的責難，也是起源於此。

16 見：F. M. Cornford, "Plato's Commonwealth," in *Unwritten Philosophy* (1950), p. 54：「伯里克利之死和波羅奔尼撒戰爭是思想人和行動人分道揚鑣的重要契機，而從此漸行漸遠，直到斯多噶學派的哲人不再是他自己的國家的公民，而是世界的公民。」

17 希羅多德（i. 131）說「波斯人沒有神像、神殿或祭壇，認為這些舉措很愚蠢」，他接著解釋說，他們「不像希臘人那樣相信神具有人性」，或者我們可以說，神和人有相同的本性。見：Pindar *Carmina Nemaea* vi。

18 見：Aristotle *Economics* 1343b24：大自然保證種屬經由生生不息的循環（periodos）可以永遠存在，但不保證個體可以永存。同理，「對於生物而言，生活即是存有。」（*On the Soul* 415b13）

19 在希臘語裡，「工作」和「事蹟」並沒有分別，都叫作「erga」，如果它們持續的時間夠長，也值得回憶。只有哲學家，或是智者學派，才開始「無窮的區分」，區別「poiein」（製作）和「prattein」（行動），使得名詞「poiëmata」（所作；詩；作為）和「pragmata」（事務；事態）的意義更廣（見：Plato Charmides 163）。在荷馬的作品裡還沒有「pragmata」一詞，在柏拉圖（ta tōn anthrōpōn pragmata）宜譯為「人類事務」，而已有麻煩和瑣事的意含。到了希羅多德，「pragmata」也有同樣的意含。anthrōpōn（同前揭：i.155）

20 Heraclitus, *frag.* B29 (Diels, *Fragmente der Vorsokratiker* [4th ed; 1922])。

21 In vita activa fixi permanere possumus; in contemplativa autem intenta mente manere nullo modo valemus (Aquinas *Summa theologica* ii. 2. 181. 4)。

第二章

公共領域和私人領域

四、人：社會或政治的動物

[22] 「行動的生活」，主動投入做一些事的人類生活，總是植根於一個人的世界以及人造事物的世界，人的生活從未離開或超越它。事物和人構成每個人的活動環境，如果沒有這樣的場所，這些活動就沒有任何意義可言；然而如果沒有人的活動，這個環境，我們出生的世界就不會存在，人的活動會創造這個世界，就像製造的事物一樣；它會照顧這個世界，就像耕地一樣；它會透過組織建構這個世界，就像政體一樣。如果沒有一個世界直接或間接見證其他人類的存在的話，那麼沒有任何人的生活是可能的，即使是曠野裡的隱士生活亦然。

所有人類活動都有個條件，也就是人是群居的，不過只有行動才是沒辦法脫離世界去想像的。勞動的確不需要其他人在場，雖然在一個完全孤寂的世界裡勞動的存有者不能說是個人，而只能說是名副其實的「勞動的動物」（animal laborans）。人工作、製造、建造一個只有他一個人居住的世界，他仍然是個製造者，雖然不能說是個「工匠人」（homo faber）；他會失去他特有的人類性質，而會變成一個神——當然不是造物主，而是柏拉圖在他的神話裡所說的造物神（demiurge）。只有行動才是人獨享的特權；無論禽獸或神都無力為之[1]，只有行動才完全依賴於他人恆常的存在。 [23]

行動和群居的特殊關係，似乎證成了早期以「animal socialis」（社會的動物）翻譯亞里斯多德的「zōon politikon」（政治的動物），最早見於西尼加（Seneca），經由聖多瑪斯（Thomas Aquinas）而成為標準翻譯：homo est naturaliter politicus, id est, socialis（人的天性就是政治的，也就是說社會的）[2]。相較於複雜的理論，這個下意識的以「社會」取代「政治」，更能透露希臘文裡對於政治的原始理解被人遺忘的程度。此外，「社會」一詞是源自羅馬人，在希臘人的語言和思想裡找不到意思對等的語詞，這點很重要，但不是關鍵。然而拉丁文的「societas」原本也有個明確的政治意思，雖然是有限度的；它意指著人們為了特定目的而結盟，例如為了統治別人或犯罪而組織起來[3]。只有到了後來「人的社會」（societas generis humani, society of man-kind）的概念[4]，「社會」一詞才有作為人的基本條件的一般性意義。柏拉圖或亞里斯多德並不是忽略或不在意人不能離群索居的事實，但是他們的確不認為這個條件是人的特性；相反的，那是人類生活和動物生活的共同點，正因為如此，它不能說是人的基本特性。人類出於自然的、單純的社會夥伴關係，被認為是基於生物需求而加諸我們的限制，對於身為動物的人或其他動物生活的形式皆然。

根據希臘思想，相較於以家庭（oikia）和家族為核心的自然團體，人在政治組織方面的能力不僅大異其趣，甚至是反其道而行的。城邦的興起意味著人「除了他的私人生活以外，又得到了第二種生活，他的『政治生活』。現在每個公民都歸屬於兩種生存規則；而現在屬於他自身的（idion）以及公共的（koinon）生活則判然有別。[5]」這不僅是亞里斯多德的意見或理論，而且是簡單的歷史事實，在城邦成立以前，所有以氏族為基礎的團體盡皆解體，例如胞族（phratria）、宗族（phylē）[6]。人類團體所有必要且實際存在的活動當中，只有兩種被認為是政治性的，而且構成亞里斯多德所謂的「政治生活」，也就是行動（praxis）和言說（lexis），由此產生人類事務的領域（即柏拉圖所謂「ta tōn anthrōpōn pragmata」〔人的事務〕），而排除了任何僅僅是必要的或實用的事物。

然而，儘管直到城邦興起，才使得人們能夠以行動和言說獻身於政治領域，但是早在城邦之前，乃至於先蘇時期的思想，就認為此二者是不可分的，而且是人們最高的能力。荷馬時期的阿基里斯的地位只有作為「一個演說家和行動人」才能被理解[7]。有別於現代的解釋，這些話語不是因為表現了什麼偉大的思想才被認為偉大；相反的，誠如《安蒂岡妮》（*Antigone*）的最後幾句話，到年老時讓人們學到教訓的，或許正是人們藉以回應那些沉重打擊的「說大話」（megaloi logoi）的能力[8]。思考是次於言說的，但言說和行動卻被認為是同時而且同等，在階層和本質上都是相同的；而這原本不僅僅是說，大多數的政治行動，由於遠離暴力的範圍，的確是在言詞上針鋒相對，它還有更根本的意思，也就是說，在正確的時

[25] [26]

機找到正確的話語，不管它們意欲傳達什麼資訊或消息，那就是所謂的行動。單純的暴力是無聲的，正因為如此，光是暴力絕對無法成就偉大。即使到了古代後期，戰爭和言說（修辭）的藝術成為教育的兩個主要政治課目，整個發展仍然是受到城邦興起之前更古老的經驗和傳統的啟發，並且一直在它的陰影下。

在城邦的經驗裡（人們說它是所有政治實體當中最多話的，倒也不無道理），甚或在由它誕生的政治哲學裡，行動和言說開始分家，成為越來越獨立的活動。原本強調的是行動，後來轉向言說，而且是作為說服工具的言說，而不是人們用以回應、辯論或評價事件和行為的特定方式[9]。所謂從事政治，生活在城邦裡，意味著一切都要透過話語和說服的過程去決定，而不是脅迫和暴力。在希臘人的自我理解裡，以暴力脅迫別人，以命令而不是說服，那是城邦以外的生活、家庭和家族生活的「前政治」（prepolitical）待人方式，由家父長以不容挑戰的、專制的權力統治，或者是亞洲蠻族帝國的生活，他們的專制統治經常被比喻為家族結構。

亞里斯多德把人定義為「政治的動物」（zōon politikon），這個定義不僅和家庭生活裡所經驗到的自然團體無關，甚至正好相反；我們唯有加上他關於人的第二個著名定義，才能完全理解它：「有言說能力的動物」（zōon logon ekhon）。拉丁文譯為「animal rationale」（理性的動物）。和「社會性的動物」一樣，都是依據一個基本的誤解。亞里斯多德既不想概括性地定義人，也不是要指出人的最高能力，對他而言，那不會是言說或理性（logos），而是「睿智」（nous），沉思的能力，它的主要特徵正是在於沉思的內容是言語道斷的[10]。在亞里斯多德的兩個著名定義裡，他只是說明當時城邦關於人以及政治的生活方式的看法，根據這個看法，城邦外的任何人，奴隸和蠻族，都是「沒有言語的」（aneu logou），他們當然不是喪失說話的能力，而是喪失了唯有言說才有意義的生活方式，在那裡，所有公民最關心的事是彼此交談。

拉丁文將「政治」譯為「社會」的嚴重誤解，在聖多瑪斯在比較家庭管理和政治管理的性質時表現得最明顯：他認為家長和一國之君有點像，但是他又說，家長的權力不像國王那麼「完美」[11]。不只是在希臘或城邦，更包括整個古代東方世界，那是不證自明的事，也就是說，相較於主宰奴隸和家庭的家務事的「家主父」（pater familias）或「家主」（dominus），即使是暴君的權力也沒有那麼偉大、「完美」。而這不是因為城邦統治者的權力受到家父長的權力的挑戰和威脅，而是因為絕對而不容挑戰的統治和嚴格意義下的政治領域是互斥的[12]。

[28]

五、城邦和家政

雖說早在這些希臘文語詞譯為拉丁文，並且附會到羅馬和基督宗教的思想裡之前，政治領域和社會領域就被混為一談，可是「社會」一詞的現代用法和理解則又更加混淆。公領域和私領域的生活的區分呼應了家政和政治領域，直到古代城邦興起時，它們一直是兩個判然有別的實體；但是社會領域的出現，既不是公領域也不是私領域，則是個新現象，它的起源大抵相當於近代世界的誕生，並且以民族國家為其政治形式。

我們在此脈絡關心的是，由於這個發展，我們很難理解以下的重要區分，也就是公領域和私領域，城邦範圍以及家政和家庭範圍，以及最後的一般世界的活動以及和謀生有關的活動，所有古代的政治思想都把這個區分視為自明的、定理的，而以它為依據。在我們的理解裡，這條界線其實很模糊，因為我們在家庭的形象裡就看得到全體人民以及政治團體，人們必須有個全國性的龐大家政管理體系，才能打點日常事務。對應於這個發展的科學思想，再也不是政治科學，而是「國民經濟」、「社會經濟」或「Volkswirtschaft」（國民經濟學），它們都暗示著一種「集體的持家」[13]；由許多家庭構成的集體，在經濟上組成一個人力所不能及的家庭的摹本，就是我們所說的「社會」，它的政治組織形式就叫作「民族」[14]。因此我們很難理解，根據這方面的古代思想，「政治經濟」（political economy）這個語詞居然一直是個矛盾：任何和個體的生活以及種屬的生存有關的「經濟」，在定義上都是非政治的、家政的事務[15]。

就歷史而言，城邦和政治領域的興起可能犧牲了家庭和家政的私領域[16]。然而古老的灶神祭祀，儘管在古希臘不如古羅馬那麼興盛，但從未完全消失。城邦之所以沒有侵犯公民的私生活，並且視財產的界限為神聖的，那不是如我們所想的出於對私有財產的尊重，而是由於如果沒有一棟房子，人就沒辦法參與世界的事務，因為他將沒有一個屬於自己的立足之地[17]。即使是柏拉圖，雖然他的政治藍圖預言了私有財產的廢除，而公領域則擴張到完全摧毀私人生活，在談到「家長宙斯」（Zeus Herkeios）時仍然是必恭必敬的，祂是界域的守護神，而柏拉圖更說，地產之間的界碑（horoi）是神聖的，並不認為其中有什麼自相矛盾的地方[18]。

家政領域的特點在於人們出於渴望和需求的動力而住在一起。這個動力就是生命本身，根據普魯塔赫（Plutarch）的說法，家神（penates）「是使我們得以生存且滋養我們的肉體的神」[19]，無論就個體生計的維繫和種屬生命的存續而言，都必須與他人為伍。個體生計是男人的責任，種屬的存續則是女人的事，這是再明白不過的，這兩種自然功能，男人勞動以供應糧食，以及女人的勞動以生兒育女，都是服從於相同的生活迫切性。在家政裡的自然共同體因而是出於生計，而生計宰制了在其中進行的所有活動。

相反的，城邦的領域是在自由的層次上，如果說這兩個層次有什麼關係的話，那應該就是以能夠克服家政生活所需作為在城邦擁有自由的條件。無論在什麼情況下，政治都只能是保護社會的工具，不管是信神者的社會，例如在中世紀，或者財產所有人的社會，例如在洛克（Locke）的學說裡，或者肆無忌憚地巧取豪奪的社會，例如霍布斯（Hobbes）的理論，或是生產者的社會，例如馬克思，或是受薪階級的社會，例如我們自己的社會，或是勞動者的社會，例如在社會主義和共產主義國家裡。在所有情況裡，唯有社會的自由（以及在若干情況下所謂的自由），才必須限制政治權威，並且證成這樣的限制。自由位於社會領域裡，而脅迫或暴力就成了政府的壟斷事業。

不管希臘哲學家再怎麼反對城邦生活，他們都理所當然地認為自由僅僅存在於政治領域裡，生計則主要是個前政治的現象，是私人家政組織的特徵，而脅迫和暴力在這個層次上之所以被證成，那是因為它們只是用以宰制生計——例如統治奴隸——並且獲取自由的工具。由於所有人都必須服從於生計，他們便有權對他人施加暴力；為了在世界裡擁有自由，暴力是用以擺脫生活所需、在世界裡擁有自由的前政治行動。這個自由基本上是希臘人所謂的

[31]

「幸福」（eudaimonia）的條件，那是首先取決於財富和健康的客觀狀態。一貧如洗或疾病纏身，都意味著受制於身體的需求，此外，淪為奴隸則是意味著服從於人為的暴力。身為奴隸的雙重且加倍的「不幸」，和奴隸實際上的主觀幸福無關。因此，一個貧窮的自由人寧可選擇每天都在變動的勞動市場的不確定性，也不要固定而安穩的工作，因為它限制了他每天隨興而為的自由，已經讓他覺得像個「奴僕」（douleia），再怎麼艱苦的勞動，都勝過許多家政奴隸的輕鬆生活[20]。

家父長用以支配家庭及其奴隸的前政治力量，因為人在「政治的」動物之前，是個「社會的」動物，而會覺得該力量有其必要，然而它不同於混沌的「自然狀態」，根據十七世紀的政治思想，人們唯有建立政府才能擺脫該自然狀態的暴力，政府藉由權力和暴力的壟斷，將會「讓所有人戒慎恐懼」，而避免「所有人對所有人的戰爭」[21]。相反的，統治與被統治的整個概念，我們所理解的政府和權力及其法律規定的概念，則似乎是前政治的，屬於私領域而非公領域。

城邦和家政的區別在於它只在乎「地位相同的人」，而家政則是絕對「不平等」的中心。所謂的自由，既是指不必為生活所迫，或是臣服於別人的命令而壓抑自己。自由意味著既不役人，也不役於人[22]。因此，在家政的領域裡，自由並不存在，因為它的統治者，也就是家父長，只有當他有權脫離家政，走進人人地位相同的政治領域時，才會被認為是自由的。的確，這種政治領域的平等和我們的平等概念大相逕庭：那意味著和同等的人一起生活，也只要和他們打交道就好，它也預設著「地位不相同的人」的存在，他們事實上在城邦裡總是占大多數[23]。因此，不同於近代世界，平等和正義一點關係也沒有，而且是自由的本質：自由的意思是免於在統治地位上的不平等，因而是既不役人、也不役於人的層次。

不過，近代和古代對於政治的理解對比鮮明的差異比較，也只能到此為止。在近代世界裡，社會領域和政治領域沒有那麼涇渭分明。所謂政治只是社會的一種功能，或者說行動、言說和思考主要都是社會性事務的上層結構，這不是馬克思的創見，相反的，是他不加批判地承襲自近代政治經濟學的公理性假設。這個功能化使我們難以察覺這兩個領域的鴻溝有多大；而它非關任何理論或意識型態，因為隨著社會或即「家政」（oikia）或經濟活動升高到政治領域，持家或原本屬於家庭私有範圍的所有事務，都成了「集體」的事[24]。在近代世界裡，這兩個領域的確時常相互匯流，就像生命歷程本身不捨晝夜的潮浪。

古代人每天必須跨越那鴻溝，以超越家政的狹隘領域，「上升」到政治領域，而這個鴻溝的消失基本上是近代的現象。不知怎的，公共和私人的這個鴻溝在中世紀仍然存在，雖然它的重要性已經大不如前，而它的位置也完全改變了。以往賦予人們公民權是地方政府的特

[33]

[34]

權，羅馬帝國衰亡以後，天主教給人們一個公民權的替代品[25]。在中世紀，現實生活的黑暗和從俗世擢升到宗教的神聖事物的莊嚴光輝之間一直存在著緊張關係，在許多方面都和上古時代私領域的上升到公領域相互呼應。當然其中的差別還是很明顯，不管教廷變得多麼「世界性」，將信仰者凝聚在一起的，基本上仍然是對來世的關懷。雖然我們很難將公領域和宗教畫上等號，但是在封建制度的統治下，俗世領域整個來說的確是相當於上古時代的私領域。它的特徵是將所有活動都併入家政範圍，只具有私人意義，因而在公共領域裡完全缺席[26]。

私人領域的成長以及上古時代的家父長和封建領主之間的差異，其特徵在於封建領主可以在他統治的界限內實現正義，而對於古代的家父長而言，無論他治家溫和或嚴厲，在政治領域以外，是沒有所謂法律或正義的[27]。將所有人類活動都劃歸私領域，以家政的典範形塑所有人類關係，這個做法深入中世紀城市的行會組織，職業行會（guilds）、行會（confrèries）、手工業行會會員（compagnons），甚至深入早期的商行，在其中，「『公司』（com-panis＊）……以及諸如『同吃一塊麵包的人』、『共同擁有一塊麵包和一瓶酒的人』之類的片語，似乎都暗示著原始的共同家政。[28]」中世紀的「共同利益」的概念和政治領域的存在風馬牛不相及，它只是說，私人個體有共同的利益，不管是物質的或屬靈的，而唯有他們其中有人為他們的共同利益著想，他們才能保有他們的私有權並且照顧他們自己的事業。基督宗教對於政治的基本態度和近代世界的差別，並不在於承認所謂的「共同利益」，而在於後者強調私人範圍的排他性，此外也沒有那種非驢非馬的混合領域，在其中，私人利益具有我們所謂「社會」的公共意義。

於是，難怪中世紀的政治思想只關心俗世領域，而渾然不覺託庇於家政的生活和城邦櫛風沐雨的生活之間的差距有多大，因而也不知道勇氣的美德是最重要的政治態度。我們唯一感到驚訝的是，古典時期以後的政治理論家當中，只有馬基維利（Machiavelli）在致力於恢復政治的古老尊嚴時認識到這個差距，也明白跨越它是需要勇氣的，他在關於「傭兵隊長從抱關擊柝到冠蓋京華」的力爭上游裡曾經述及此點，也就是從私人傭兵到王國大臣，從所有男人共同的出身到豐功偉業的輝煌榮耀[29]。

離鄉背井原本就是冒險犯難，成就榮耀，後來則是從事城邦的政事，那是需要勇氣的，因為唯有在家政裡，人們才會只關心的自己的生活和生存。任何踏入政治領域的人，都必須有出生入死的準備，貪生怕死只會妨礙他的自由，也注定要被奴役[30]。因此，勇氣成了至高

---

*譯注：「panis」拉丁文指「麵包」。

無上的政治美德，而只有具備它的人，才能踏入無論在內容或目的上都是政治性的團體，而不是一般人為生活所迫而單純地呼朋引類，無論是奴隸、蠻族或希臘人皆然[31]。亞里斯多德談到公民生活時所謂的「幸福生活」，因此不只是比販夫走卒的生活更悠閒、更高貴而已，而是性質完全不同的生活。它之所以「幸福」，是因為人能主宰嚴酷的生活所需，免於勞動和工作，而由於它克服所有生物對於生存的天生渴求，因而不再囿限於生物性的生命歷程。

我們從希臘政治思想的根柢看到它在區分時無比清楚而條理井然。任何僅僅為了生計、為了生命歷程的延續的活動，都不得進入政治領域，而它有個巨大的風險，也就是將商業和手工業讓渡給勤奮的奴隸和外邦人，使得雅典人真的就像馬克斯·韋伯（Max Weber）形容得很生動的「消費者的無產階級」的「養老城邦」（Pensionopolis）[32]。在柏拉圖和亞里斯多德的政治思想裡，這個城邦的真正性格仍然很明顯，即使家政和城邦的界線有時候會曖昧不清，尤其是柏拉圖，或許是踵武蘇格拉底，他率先以私人生活的日常經驗作為城邦的範例和說明，而亞里斯多德繼柏拉圖之後，也試探性地假設城邦的歷史起源應該和生活所需有關，只不過它的內容和內在目的（telos）超越了「幸福生活」裡的生活。

蘇格拉底學派在這些方面的學說，雖然後來成了很平庸的定理，在當時卻是最新也最革命性的主張，它不只是源自政治生活裡的現實經驗，更是出自想要擺脫其義務的欲望，哲學家認為，唯有證明即使是這種最自由的生活方式，也和生計有關，甚至臣服於它，如此才能證成那樣的欲望。但是現實政治經驗的背景，至少對柏拉圖和亞里斯多德而言一直影響甚巨，使得家政範圍和政治生活的範圍的區別從來不曾受到質疑。如果沒辦法克服家政生活所需，那麼不管是生活或「幸福的生活」都是不可能的，但是政治從來不是為了生活之故。對於城邦的成員來說，家政生活是為了在城邦裡的「幸福生活」而存在的。

六、社會領域的興起

社會從家政昏暗的內部浮現到公共領域——持家、它的活動、問題和組織架構的興起——不僅模糊了私人領域和政治領域之間的古老界線，更不知不覺地改變了這兩個語詞的意思以及它們對於個人和公民的生活的意義。我們不僅無法認同希臘人所謂在公共的世界以外「屬於自己的」（idion）私人生活在定義上就是「愚蠢可笑的」（idiotic），也不像羅馬人那樣認為私有性只是逃避「國家」（res publica）事務的臨時庇護所；我們現在所謂的私有性是指一種私密性的範圍，我們就算不能溯源到上古希臘的任何時期，但或許可以回溯到羅馬後期，儘管在近代世界以前，它的多樣性和變化是不存在的。

那並不是重點轉移的問題。在古代的認知裡，「私有性」這個語詞本身所暗示的「缺如」（privative）特徵是最重要的；它在字面上意指著缺少某物的狀態，甚至是缺少了人類能力當中最高且最符合人性的部分。一個只有私人生活的人，就像是不准參與公共領域的奴隸，或是決定不建立這樣的領域的蠻族，都是不完全符合人性的。現在我們說到「私有性」一詞，並不會想到喪失了什麼，部分是因為現代個人主義使得私領域益顯豐富。然而更重要的是，現代世界的私有性至少和社會領域（古代人們將社會的內容視為私人事務，自然是不作此想）明顯對立，正如它和政治領域的關係。決定性的歷史事實在於：現代以保護私密性（intimacy）為其最重要的功能的私有性，被認為是社會範圍的反面，而不是政治範圍，因此它和社會範圍的關係更加緊密且真實。

關於私密性第一個辯才無礙的探索者甚或是理論家正是盧梭（Jean-Jacques Rousseau），他也一直是唯一經常被人們只稱其名而不稱其姓的作家。他的探索不是奠基在反抗國家的壓迫，而是批判社會對人心難以忍受的扭曲，侵入人們直至當時都不曾受到特別保護的內心世界。內心的私密性不同於私人家政，在世界裡並沒有一個客觀真實的地方，而它所抗議且自我主張的社會，也無法以同樣的確定性定位成公共空間。對於盧梭而言，無論是私密的或社會的，都只是人類存在的主觀模式，以他為例，那就像是尚賈克在反叛一個叫盧梭的人。現代的個人及其無止盡的衝突，既無法在社會裡自在地生活，也無法完全脫離它，他反覆無常的心情，以及情緒極端的主觀主義，都是源自於內心的反叛。盧梭的探索的真實性是無庸置疑的，不管那個叫盧梭的個人的真實性如何。十八世紀中葉到十九世紀後面三分之一的年代裡詩和音樂讓人咋舌的繁花似錦，加上小說（唯一完全社會性的藝術形式）的方興未艾，呼應了公共藝術同樣顯著的沒落，尤其是建築，這充分見證社會領域和私密性的緊密關係。

盧梭和浪漫主義者以探索私密性作為對社會的反叛，他們首先要反對的就是社會牛驥同皁的水平化要求，反對現在我們在每個社會裡都看得到的從眾心態。我們必須記得，早在平等原則（自托克維爾以來，我們一直抨擊它是一種從眾心態）在社會或政治領域裡高唱入雲以前，這個反叛就已經發生了。一個民族是由才能相等或不相等的人組成的，那並不重要，因為社會總是要求他們將自己當作一個大家庭的成員，只有一種意見和利益。在現代家庭解體以前，家父長代表這個共同的意見和單一的利益，並據此治家，防止家人任何可能的分裂[33]。社會領域的興起和家庭的沒落顯著的巧合，明白地指出家庭正被相對應的社會團體同化。這些團體成員的平等，和同儕間的平等完全無關，反而比較像是在家父長的專制權力底下的家人之間的平等，只不過在社會裡，共同的利益和無異議的意見完全是由人數決定的，並不一定要有個代表共同利益和正確意見的人真正統治它。從眾心態的現象是這個近代發展

[40]

的最後階段的特徵。

誠然，古代家天下的獨裁統治和君主專制，在社會裡（我們現在社會階級的頂端不再是極權統治者的王室）已經轉型成一種無人統治的狀態。但是這個「無人」，經濟學裡假定的整個社會的唯一利益，以及在沙龍裡假定的政治社會的唯一意見，並不因為它不是一個人而不再施行統治。正如最具社會性形式的政府，也就是官僚體制（它是民族國家裡的政府的最後階段，正如它的最早階段是開明專制和絕對主義的獨裁統治），無人的統治不必然是沒有統治；在某些情況下，它甚至是最殘酷、最暴虐的統治。

重點在於，各個階層的社會都排除了行動的可能性，以前則是被家政排除。相反的，社會期待每個成員都恪遵一種行為，強加各式各樣數不清的規定，旨在使其成員「正常化」，讓他們循規蹈矩，排除任何自發性的行動或與眾不同的成就。我們和盧梭一樣，在上流社會的沙龍裡看到這些要求，它在傳統上總是將個人和他在社會結構裡的地位畫等號。重點是個人和社會地位畫上等號，至於那個社會結構是十八世紀的半封建社會裡的現實階層、十九世紀階級社會的頭銜，或只是現在大眾社會裡的單純功能，則無關緊要。反之，大眾社會的興起，只是意味著各式各樣的團體都同化到一個社會裡，正如以前的家庭單位；隨著大眾社會的出現，經過若干世紀的發展，社會領域終於以同等的力量吸納且平等控制某個集合體的所有成員。但是無論如何，社會總算平等化，而在近代世界裡，平等的勝利只是在政治和法律上承認一個事實：社會征服了公共領域，而區分和差異則成了個人私底下的事。

這個現代的平等，奠基於社會內在的從眾心態，而且只因為「行為」（behavior）取代「行動」成為人類關係的首要模式才可能存在，它在任何方面都不同於上古時代的平等，尤其是希臘城邦。屬於少數「地位相同的人」（homoioi），意味著獲准和同儕一起生活；但是公共領域本身，也就是城邦，卻瀰漫著殘忍的「爭勝精神」（agonal spirit），每個人都一直想要脫穎而出，以其特立獨行證明他「永遠要做最好的」（aien aristeuein）[34]。換言之，公共領域是保留給個體性的；它是唯一能讓人證明他們真實而不能替換的自我的地方。為了這個機會，也出於對國家的愛（有國家才有他們），每個人或多或少都願意分擔司法、防衛以及公共事務管理的責任。

同樣的從眾心態，假設每個人彼此之間只有行為而沒有行動可言，也存在於現代經濟學的基礎裡，它的誕生和社會領域的興起剛好同時發生，加上它的主要技術工具，也就是統計學，成為最卓越的社會科學。在現代以前，經濟學只是倫理學和政治學裡的配角，假設人的經濟行動和其他方面的行動並無二致[35]，直到人們成為社會性的存有者，並且不約而同地服從若干行動模式，而那些不服從規則的人也被認為是不合群的或不正常的，此時它才擁有科學的角色。

只有大量的數據或長期的觀察，統計學的法則才有效，而行動和事件在統計上只會表現為偏差或變動。統計學會證明說，事蹟或事件在日常生活和歷史裡都很少出現。然而日常關係的意義性不僅開顯於日常生活裡，也在罕見的事蹟裡，正如歷史時期的意義只在少數能闡明它的事件裡透顯出來。大數據和長時期的法則的應用到政治或歷史裡，意指著它們可以任意刪除其主題，而如果把不屬於日常生活或自然趨勢的所有事物都視為無關緊要而排除它們，那麼追尋政治或歷史的意義就會是徒勞無功的事。

然而，既然統計學的法則在我們處理大數據時相當有效，顯然每次人口的增加都意味著有效性的增加以及「偏差」的顯著減少。在政治上，那是指任何國家的人口越多，構成公共領域的就越加可能是社會的而不是政治的東西。希臘人的城邦是我們所知最個人主義且最不盲從的國家，他們很清楚，強調行動和言說的城邦，唯有約束眾多公民才能存在。大量的人民聚集在一起，發展出勢不可擋的專制傾向，無論是一人專制或多數人統治的專制；儘管以數學探討現實世界的統計學直到近代世界才出現，但是催生這種探討方式的社會現象——說明人類事務的從眾心態、行為主義和下意識行為的大量數據——正是希臘人認為自己有別於波斯文明的特質。

行為主義及其「法則」的有效性的缺點在於，人數越多，他們就越容易表現其行為，而比較不能容忍非行為（non-behavior）。在統計學上，它會顯示在變動的趨於穩定。在現實世界裡，以事蹟阻止行為趨勢的機會越來越小，而事件會漸漸失去其重要性，也就是闡明歷史時代的能力。統計的齊一性絕對不是無傷大雅的科學理想；它不再是對於一個社會暗地裡的政治理想，完全沉浸於日常生活瑣事，和它最初的科學觀點相安無事。

整齊劃一的行為有助於統計學計算，因而可以提出正確的科學預測，它很難以自由主義所謂「利益的自然一致」的假設去解釋，那是「古典」經濟學的基奠；推論出「共產主義幻想」的不是馬克思，而是自由主義經濟學家自己，他們假設社會整體有一個利益，它以「看不見的手」引導人的行為，讓他們衝突的利益最終都能和諧一致[36]。馬克思和他的先驅們的差別在於他認為當時社會衝突的現實性和所謂和諧一致的假設性虛構一樣重要；他正確地推論說，「人的社會化」會自動產生所有利益的一種和諧，而他比自由主義的老師們更大膽的地方在於他倡議實現作為所有經濟理論基礎的「共產主義幻想」。馬克思受限於其時代而不能理解的是，共產主義社會其實是源自民族的家務事的現實世界，阻擋其開展的，不是任何階級利益本身，而是早已廢棄的民族國家的君權結構。顯然，讓社會無法順利運作的，只是持續干擾和影響「落伍」的階級的某些傳統餘緒。從社會觀點來看，這些只是妨礙「社會力量」完全開展的干擾因素；它們不再對應於現實世界，因而在某個意義下比假設只有一個利益的科學「幻想」更「虛構」。

社會的完全勝利總會產生某種「共產主義的幻想」，它在政治上的顯著特徵在於的確有一隻「看不見的手」在支配它，也就是無人支配它。我們傳統所謂的國家和政府，於此讓位給純粹的行政，正如馬克思所謂「國家萎縮」的狀態的正確預測，只不過他誤以為只有革命才能催生它，而更嚴重的錯誤在於他相信社會的完全勝利意味著「自由國度」終究會出現[37]。

為了評估近代社會勝利的程度，它先是以行為取代行動，最後以官僚體系、無人的治理，取代人的統治，我們或許不妨回想一下，原本的經濟科學只是在很有限的人類行為領域裡以行為模式替代之，到頭來則是聲稱無所不包的社會科學，作為「行為科學」，它們旨在將整體人類及其所有活動都化約到一個受制約的、只有行為可言的動物層次。如果說經濟學是關於社會早期階段的科學，它的行為規則只對某些人以及他們的部分活動有效，那麼「行為科學」的崛起則清楚地意味著這個發展的最後階段，大眾社會吞噬了民族的所有階層，「社會行為」成了所有生活區域的標準。

自從社會領域興起，自從家政和持家活動獲准進入公共領域，一股銳不可當的成長趨勢，吞沒舊有的政治和私人領域，以及最近才建立的私密性範圍，它一直是新領域的醒目特徵之一。這個持續的成長，其持續的加速是我們至少三個世紀以來可以看到的，它的力量源自以下一個事實，即透過社會，那以各種形式匯入公共領域的，正是生命歷程本身。家政的私人領域則是照料和保障生活所需、個人的存活和種屬的延續。先於私密性的創見，私有性的其中一個特徵是，存在於這個範圍的人並不是真正的人類，而是作為一種動物種屬樣本的人（man-kind）。這正是古代對它不屑一顧的終極原因。而社會的出現雖然改變了對於這整個範圍的評價，但是很難改變它的本質。每個類型的社會龐大僵化的特性，只容許一個利益和意見的從眾心態，最終都是根植於人的單一性（one-ness）。那是因為人的單一性既不是想像，更不只是科學的假設，就像是古典經濟學的「共產主義幻想」，使得以身為社會性動物的人為最高統治者、並且保障全球性的種屬存續的大眾社會，可能同時讓人性有毀滅之虞。

關於社會如何構成生命歷程本身的公共組織，我們由以下的事實或許可以一窺端倪：社會領域在短短的時間內使現代的社群變成勞工和雇主的社會；換言之，社會立刻就以維繫生活所需的活動為其核心。（要有個勞工的社會，當然不是每個成員都必須是勞工或工人，而工人階級的解放以及多數人統治的巨大政治能量於此也不是決定性因素，但是對於所有成員而言，不管他們做什麼，都必須視為維繫他們自己及其家庭的生活的方式。）在社會的形式

[46]

裡，唯有為了生活而互依互恃的事實才具有公共意義，唯有和存活有關的活動才能夠公開出現。

一個活動是私下或公開進行的，絕對不是無關緊要的事。公共領域的性格顯然必須根據它所准許的活動而改變，但是活動本身大抵上也會改變它們自己的性質。勞務活動，就其最基本的、生物上的意義而言，在任何情況下都和生命歷程有關，幾千年來卻都固定不變，受限於和它息息相關的生命歷程永恆的反覆循環。將勞動提升到公共的高度，並不是要抹煞它的歷程性格（我們或許會想到國家的設計就是要恆久的，而它們的法律也總是要限制變動），相反的，它是要讓該歷程擺脫其周而復始的、單調的反覆出現，轉變為快速前進的發展，其影響所及，在幾個世紀內就完全改變了整個居住世界。

當勞動擺脫了因為被放逐到私人領域而遭受的種種限制（而勞動的解放並不是工人階級解放的結果，而是先於它的），那就像是所有生命本有的生長元素完全克服了在大自然的家庭裡用以控制和平衡生命的衰敗歷程。生命歷程在其中建立其公共範域的社會性領域，啟動了所謂自然的東西不自然的成長，而私人的、私密的領域，以及政治（相對狹義的語詞意義）的領域，到頭來無法抵擋的，正是這個成長，不只是社會，而且是持續成長的社會性領域。

我們所謂自然事物的不自然成長，一般是指勞動的生產力持續加速增加。從它開始以來的持續成長裡，勞動的組織一直是最重要的因素，可見於所謂的分工，它甚至先於工業革命；就連勞動的生產力第二重要的因素，也就是生產過程的機械化，也是以它為基礎。由於組織化原則顯然衍生自公共領域而不是私人領域，分工正是勞動在公領域的條件下所發生的事，而且從來不曾在私人家政裡發生[38]。我們在生活的其他範圍裡，顯然沒有如勞動的革命性轉型那般卓越的成就，甚至使得「勞動」一詞（它總是讓人想到難以忍受的「櫛風沐雨」、辛勤和痛苦，因而損傷人的身體，因此只有極度的不幸和貧窮才可能是它的來源）對我們而言開始失去它的意義[39]。儘管嚴峻的生計使勞動成為謀生不可或缺的東西，但是人們應該很難期待它會是什麼卓越的成就。

卓越，希臘人稱為「aretē」，羅馬人稱為「virtus」，一直是屬於公共領域，人們在其中可以成就卓越，出類拔萃。每個公開的活動都可能獲致私底下的活動所無法比擬的卓越成就；因為卓越在定義上總是必須有其他人的臨在，而這個臨在就需要由同儕構成的公共領域行禮如儀的形式性，那不會是地位相同或是低下的人們隨便的、非正式的臨在[40]。就連社會領域——雖然它使得卓越變成匿名的，強調人類的進步而不是人們的成就，不知不覺地改變了公共領域的內容——也沒辦法完全推翻公共行為和卓越的關係。儘管我們公開的勞動成就卓越，我們行動和言說的能力卻失去了許多從前的性質，自從社會領域把它們放逐到私密和私人的範圍。大眾也注意到這個奇怪的矛盾，一般會怪罪到我們的技術能力和我們的人性發展、或是改變且控制自然的物理科學以及還不知道怎麼改變和控制社會的社會科學之間的時間差。不同於其他論證的謬誤（它們經常被指出來，於此不再贅述），這個批評只涉及人類心理的可能改變，也就是他們所謂的行為模式，而不是改變他們居住的世界。對於這個心理學詮釋而言，公共領域的存在與否，和任何有形的、俗世的實在界一樣無關緊要，然而如果世界沒有提供一個合適的揮灑空間，那麼就沒有任何活動可以成就卓越，由此觀之，那樣的詮釋似乎很有問題。無論是教育、天賦或才能，都不能取代公共領域提供給人們成就卓越的構成元素。

七、公共領域：共同的事物

「公共」一詞指稱兩種息息相關而又不完全等同的現象：

首先，它意指著公開出現的一切事物，每個人都看得見、聽得到，其傳播無遠弗屆。對我們而言，顯露（appearance）就構成了實在界，它是我們自己和其他人都得以見聞的東西。相較於所見所聞的實在界，私人生活再怎麼刻骨銘心──心靈的激情、心智的思想、感官的愉悅──終究都只是不確定的、影影綽綽的存在，直到它們經過轉型、去私人化（deprivatized）、去個體化（deindividualized），成為適合公共顯現的形式[41]。最常見的轉型就是說故事，以及個人經驗在藝術裡一般性的轉調。不過我們不必依靠藝術的形式去見證它的變容。每次我們談到只能在私人或私密領域經驗到的東西，我們總是讓它們呈現在一個層次上，不管它們的強度如何，宛如擁有它們不曾有過的實在性。和我們有相同見聞的他人，他們的存在對我們保證世界以及我們自己的實在性，而發展成熟的私人生活的私密性，在近代世界興起以及公共領域同時間的沒落以前一直不為人知，雖然它總是會大大強化且擴充主觀情緒和私人感受的範圍，但是這樣的強化也總是會犧牲世界和人們的實在性。

無疑地，我們所知最強烈，強烈到足以抹煞所有其他經驗的感受，也就是身體極大痛楚的感受，它既是最私人的，也是最難以溝通的經驗。它不只是我們唯一沒辦法轉化成適合公共顯現的形式的經驗，它其實讓我們喪失了實在感，使得它比任何東西都容易被忘記。從最極端的主觀性（在其中，我再也「認不出來」），到外在生活世界，似乎沒有一座橋存在[42]。換言之，痛苦的確是介於「處於眾人之中」（inter homines esse）的生活和死亡之間的模糊經驗，它如此的主觀，和事物以及人群的世界相距如此之遠，使得它完全沒有顯露的性質[43]。

由於我們的實在感完全取決於顯露，因而取決於讓事物得以從陰暗隱蔽的存在浮現的公共空間，就連那照亮我們的私人和私密生活的微光，終究是來自公共領域更刺眼的光。然而有許多事物經受不住他人在公共場景冷酷無情的雪亮目光；在那裡，只有被認為重要的、值得看或值得聽的東西，才會被容忍，以致於不重要的東西都自動變成私人事務。這當然不意味著私人事務一般都是無關緊要的；相反的，我們會看到有些非常重要的事物只能存在於私人領域。例如說，愛情，有別於友誼，一旦曝了光，它就死亡或是幻滅了。（「千萬別對你的愛人訴說，那不能說出的愛。」）由於愛情本有的非世界性（worldlessness），一旦愛情具有政治目的，例如改變或拯救世界，它就會變成虛假和扭曲的。

公共領域認為不重要的東西，也可能擁有讓人驚豔而有感染力的魅力，因而成為整個民族的生活方式，卻不因此改變它基本的私人性格。現代人對於「瑣事」的著迷，雖然在二十世紀初的歐語區的詩裡極力鼓吹，但是它其實在法國人傳統的「小確幸」（petit bonheur）裡就看得到了。自從法國人光輝燦爛的公共領域繁華落盡，他們一直擅長於在「瑣事」裡拾掇幸福的藝術，在他們寓居的空間裡，在箱子和床鋪之間，桌子和椅子之間，貓、狗和花盆之間，把關懷和溫柔擴及於這個事物，當快速的工業化將昨日的事物趕盡殺絕，以生產今日的物件，在這樣的世界裡，那甚或似乎是世界最後一個真正有人情味的角落。私人事物的擴張，可以說是一整個民族都陶醉其中，但是並不因此使它成為公共的事物，也不構成公共領域，相反的，它只是意味著公共領域幾乎完全撤退，卓越處處向魅力投降；有好一陣子，公共領域再怎麼恢宏雄偉，正因為它沒辦法庇護不重要的瑣事，因而沒有足夠的魅力。

其次，「公共」意指世界本身，因為它放諸四海而皆準，而有別於我們在世界裡私有的處所。然而，這個世界並不等同於地球或大自然，後者只是作為人類運動的有限空間，以及有機生命的一般性條件。相反的，它是關乎人工製品，人類雙手打造出來的東西，以及一起住在人造世界裡的人們之間所發生的事件。一起住在世界裡，本質上意味著所謂的「器世間」存在於那些共同擁有它的人們之間，正如桌子位於圍坐著它的人們之間；世界就像每個「居於其間」一樣，既讓人們彼此相關，同時也分隔了他們。

作為共有的世界，公共領域把我們凝聚在一起，又讓我們不致於成為所謂對方的絆腳石。大眾社會之所以使人難以忍受，不在於人數的多寡（或至少基本上不是），而在於他們之間的世界失去了凝聚他們、既聯繫又分隔他們的力量。這種情境的怪誕，有點像是招魂儀式，一群聚在桌子周圍的人們，由於巫術的技倆，可能同時看到他們眼前的桌子憑空消失，使得原本坐在對面的兩個人之間再也沒有隔閡，卻也因此沒有任何可觸及的東西把他們聯繫在一起。

在歷史上，我們只看到一種原則，為了那些對一般世界失去興趣、覺得它沒辦法聯繫或分隔他們的人們，在他們之間建立一個團契。要在人們之間找到足夠強韌的聯繫，藉以取代世界，是早期基督宗教哲學的主要政治任務，奧古斯丁倡議所謂的「弟兄」不只是基督徒，更包括所有基於愛德的人類關係。但是這個愛德，雖說它的非世界性顯然呼應了一般人性裡關於愛的經驗，卻又和它迥然有別，因為它和世界一樣，是存在於人類之間的。「就算是強盜，他們之間（inter se）也有他們所謂的愛德。[44]」這個基督教政治原則讓人跌破眼鏡的例證，其實是很有選擇性的。因為人們之間愛德的聯繫雖然沒辦法建構它自己的一個公共領域，卻足以說明基督教主要的非世界性原則，也極其適於透過世界支撐一個非世界性的團契，一群聖徒或盜匪，只要他們都明白世界行將毀滅，任何活動都有個但書：「只要世界能繼續存在」（quamdiu mundus durat）[45]。基督教團契的非政治性、非公開性的特徵，最早的定義是它必須是一「體」（corpus）的，其中每個人的關係就像是同一個家庭裡的弟兄一樣[46]。團契生活的結構以家庭成員之間的關係為其模型，因為人們知道這些關係是非政治性的，甚至是違反政治原理的。在家庭成員之間不曾出現過公共領域，因此，基督教團契生活也不太可能發展出該領域，如果說主導這種生活的不外乎愛德原則的話。而就我們所知的隱修院歷史和規定而言（唯一以愛德原則作為政治手段的團契），即使如此，他們的活動仍然有受限於「現世生活所需」（necessitas vitae praesentis）之虞[47]，因為那些活動是在他人眼前進行的，以建立某種對照的世界，在修院自身裡的一個公共領域，它龐大得必須有更多的規定和管理，其中和我們的脈絡關係最大的就是禁止個人出風頭以及其後的驕慢[48]。

非世界性作為一個政治現象，只有假設世界不會繼續存在才有可能；然而在此假定下，總會有某種形式的非世界性開始主宰著政治舞台。這發生在羅馬帝國滅亡以後，而雖然基於另一種理由，以及完全不同的、甚至是令人沮喪的形式，它似乎在我們的時代裡死灰復燃。基督教的放棄俗世事物，絕對不是因為他們相信人的施設造作（human artifice），出於凡人之手的產物，跟它的製造者一樣朝生暮死。相反的，人們可能因此更知道要享受和消耗俗世事物，以及各種形式的交流，在其中，世界原本不是被理解為「共有的」（koinon）。只有公共領域的存在，以及世界後來的轉變為將人們凝聚在一起、讓他們彼此相關的事物的共同體，才會完全依賴於恆久性。如果說世界包含一個公共空間，它就不能只是為了一個世代或是為了活著的人創設；它必須超越必朽的人們的壽命。

如果沒有超越到一個人世間潛在的不朽性，那麼就沒有任何政治，或嚴格地說，沒有任何共有的世界或政治領域是可能的。因為不同於基督教所理解的共善（一個人的靈魂的救贖是所有人共同的事），共有的世界是我們出生就進入的、死後就離開的世界。它超越我們的壽命，延伸到過去和未來；它在我們來到之前就存在，在我們的短暫羈旅以後依然持存。和我們共同擁有它的，不只是跟我們生活在一起的人，更包括以前來過的人，以及在我們之後要來的人。但是這個共有的世界，它之所以能夠在世代遞嬗中持存，只是因為它是公開出現的。將人類想要從時間的自然廢墟中救出來的東西吸收進來，並且讓它數百年來大放異彩的，正是公共領域的公開性。在我們之前的許多年代裡（但是現在不復以往），人們之所以進入公共領域，是因為他們希望他們自己以及和他人共有的某些東西能夠比他們的俗世生命更加恆久。（因此，奴隸制度的詛咒不只是在於失去自由而且人莫之知，更在於這些沒沒無聞的人害怕「因為沒沒無聞而死後沒有留下一點存在過的痕跡」。[49]）在現代世界裡，最能夠清楚見證公共領域的失落的，莫過於對於不朽的真正關切的損失殆盡，而相較於同時期對於永恆的形上學關懷的喪失，那個損失又不算什麼了。後者原本是哲學家以及「沉思的生活」的事，目前不在我們的討論之列。但是現在人們會把追求不朽歸類為私人的虛榮心作祟，則可以證明前者的失落。在現代的條件底下，熱中於人世間的不朽，聽起來的確太過匪夷所思，使得我們或許有理由認為那只是虛榮罷了。

亞里斯多德有一段很著名的話：「不要相信這樣的話……作為人就要想人的事情，作為有死的東西就要想有死的事情，但是想著它們只是因為他們有不朽的可能性。」這段話在他的政治書寫裡顯得恰如其分[50]。因為「城邦」之於希臘人，就像是「國家」（res publica）之於羅馬人一樣；其首要之務就是排除個人生活無益的營營擾擾，那是一個將虛擲生命拒於門外的空間，專注於必朽的人們相對的恆久性，就算它並非不朽的。

在社會迅雷不及掩耳地躍升為大眾矚目的焦點以後，亞當・斯密談到近代世界對於公共領域的看法，他語重心長地說：「一般所謂的文人，經常是家徒四壁的，」對他們而言，「隨著這種顯著才能而來的大眾的讚美，時常成為他們的一部分報酬；這種報酬的大小，與其才能的小大成正比。而在醫業上，這變成其報酬的大部分；又在法律上，恐其程度更大；在詩及哲學上，這幾乎成為報酬的全部。[51]」於此，大眾的讚美顯然和金錢報酬在性質上是相同的，而且可以相互取代。大眾的讚美也是可以被利用和消費的，而我們現在所說的社會地位也會滿足一種需求，正如食物滿足另一種需求一樣：個人的虛榮心消費大眾的讚美，就像餓了就吃東西一樣。根據這個觀點，實在性的驗證顯然不在於其他社會大眾是否在場，而在於需求的迫切性程度大小，而該需求的存在與否，則是如人飲水，冷暖自知。而由於對於食物的需求在生命歷程本身有其可證明的實在性根據，完全主觀性的飢餓的折磨顯然比霍布斯用以指稱對於大眾讚美的渴求的「虛榮心」（vainglory）更加實在。然而就算別人藉著同情的神奇力量而也有著這些渴求，但是它們畢竟是蝸角虛名，沒辦法像共同世界那麼堅固持久。因此，重點不在於詩和哲學在現代世界裡得不到大眾的讚美，而在於這些讚美並不構成一個能夠不讓事物被時間埋沒的空間。每天消費的量越來越大的大眾讚美，它顯得如此浮華不實，使得原本最虛幻的金錢報酬，也可能變得更「客觀」、更實在。

這個「客觀性」唯一的依據就是金錢，它是作為衡量一切需求是否滿足的共同特性，相反的，公共領域的實在性則是取決於是否同時存在著許多呈現共同世界的觀點和面向，它們沒有共同的標準或特性。因為雖說共同世界是所有人的共同聚集地，但是他們都在不同的地方，而就像兩個物體的位置不會重疊一樣，一個人所在的地方也不會和另一個人重疊。我們之所以被別人看到或聽到，那是說每個人都在不同的立場看到和聽到別人。這就是公共生活的意義，相較之下，就算是最豐盈愜意的家庭生活，都只能以伴隨著它的面向和觀點延伸或複製一個人自己的立場。私有性的主觀性可以在一個家庭裡延伸和複製，它甚至可能強烈到在公共領域都感覺得到；但是這個家庭「世界」絕對不可能取代由一個物體對眾多觀看者表現的所有不同面向構成的實在界。眾人自不同的面向觀看事物，而事物不因此失去其同一性，使得眾人知道他們以完全不同的觀點看到同一個東西，唯有如此，世界的實在性才能真正可靠地展現。

在一個共同世界的種種條件下，那保證其實在性的，主要不是組成該世界的所有人的

「共同性質」，而是因為雖然基於不同的立場以及由此得到的不同觀點，每個人談論的，仍然是同一個對象。如果人們再也沒辦法分辨對象的同一性，那麼人們的共同性質，更不用說大眾社會不自然的盲從，都無法阻止共同世界的崩壞，而在此之前，經常是呈現在眾人面前的許多面向的傾圮。它可能發生在極端孤立的情況下，每個人再也沒辦法和任何人意見一致，就像在專制政府之下。但是它也有可能發生在大眾社會或群眾歇斯底里的情況下，我們看到所有人一時表現得宛如一家人似的，每個人都在複製或延伸鄰人的觀點。在這兩種情況下，人們變成完全私有性的，也就是說，他們再也沒辦法看到或聽到別人，別人也沒辦法看到或聽到他們。他們都被禁錮在自身單一經驗的主觀性裡，如果相同的經驗複製無數次，它就會一直是單一性的。當人們只從一個面向觀看它，而它也只能以一個觀點呈現出來，那麼共同世界的末日就會到來。

八、私人領域：財產

「私人」（private）一詞，就其原本「缺如」（privative）的意思而言，只有在談到公共領域的複雜意思時才有其意義。過著完全私人的生活，它的意思主要是缺少了真正人類生活不可或缺的事物，缺少了因為被看見被聽到而產生的實在性，缺少和他者的「客觀」關係（人們以共同的「器世間」作為中介，而和他人既聯繫又分隔，因而產生那樣的關係），缺少了成就比生命本身更加恆久的事物的可能性。私有性所謂的「缺如」在於他人的缺席；而對他們而言，私底下的人並不算出現，因此他彷彿不存在。他的所作所為，對他人既沒有意義也沒什麼影響，他所在乎的事，他人則一點興趣也沒有。

在現代環境裡，缺少了和他人的「客觀」關係，以及透過他們而得到保證的實在性，已經成為大規模的寂寞現象，在其中，這個匱乏表現出最極端也最違反人性的形式[52]。它之所以如此極端，是因為大眾社會摧毀的，不只是公共領域，也包括私人領域，不只是讓人們失去他們在世界裡的地位，也失去了他們自己的家，以前庇護他們不受世界侵擾的地方，就連那些被世界放逐的人，也可以在爐火的溫暖和家庭生活有限的實在性裡找到替代品。溫暖舒適的家庭生活充分發展成內在而私人的空間，我們認為那要歸因於羅馬人超乎尋常的政治意識，不同於希臘人，他們從來不為了公共領域而犧牲私人領域，相反的，他們明白這兩個領域是唇齒相依的。雖然相較於雅典，羅馬的奴隸境遇好不到哪裡去，但是羅馬作家一般都相信主人的家務事之於奴隸，就像國家之於公民一樣[53]。但是家庭的私人生活再怎麼自在愜意，它顯然也只不過是個替代品，即使在雅典以及羅馬的私人領域，都為我們現在認為比政治活動更重要的活動提供許多空間，例如在希臘的財富積累，或是在羅馬的獻身藝術和科學。這個「自由開明的」態度，在若干環境下可能造就出盈箱累篋而學識豐富的奴隸，那只是意味著致富在希臘人的「城邦」是不切實際的事，而在羅馬的共和國裡，作為一個哲學家也幾乎不會帶來任何成就[54]。

當然，私有性的「缺如」特性，意識到失去在有限的家戶範圍深居簡出的生活不可或缺的事物，自從基督教興起以後，它原本應該漸漸銷聲匿跡。基督教倫理，有別於它的基本教義，一直主張每個人應該自掃門前雪就好了，政治責任只是一種負擔，而且僅僅是為了那些不必理會公共事務的人們的幸福和救贖而已[55]。讓人驚訝的是，這種態度竟然延續到俗世化的近代世界，就連馬克思，他只是將兩百年來的基本假設加以彙整、概念化，並且轉化為綱領，居然也預測和期待整個公共領域的「萎縮」。在這方面，基督教認為因為人類的罪，政府也成了必要之惡，而社會主義則期待最終能夠廢除它，這兩種觀點的差別並不在於對於公共層次本身的評價，而且對於人性的評價。從這兩個觀點不太可能認知到的是，在馬克思所謂「國家的萎縮」之前，公共領域會先萎縮，或者轉變成相當限縮的政府範圍；在馬克思的時代，這個政府已經開始衰落，也就是轉變成整個民族的「家務事」，直到我們的時代，它完全消失到更侷限的、沒有人情味的行政層次。

隨著公共領域的消失，私人領域也會有被消滅的威脅，這似乎是公共領域和私人領域之間的關係的本質。而整個討論最後轉向私有財產的優缺點，似乎也是其來有自。因為即使是在上古的政治思想裡，只要「私有」一詞和財產連結在一起，它就立即失去「缺如」的性格，和整個公共領域也不再那麼對立；財產似乎擁有若干性質，雖說是在私人領域裡，這些性質卻被認為是對國家最重要的事。

私人和公共之間的深層關係，在財產的問題上面展現了它最根本的層次，現在卻很容易被誤解，因為現代人把財產和財富、無產和貧窮劃上等號。這個誤會尤其讓人不堪其擾，因為在歷史上，相較於任何其他私人事務，財產和財富是公共領域最重視的東西，或多或少也是踏入公共領域、作為成熟公民的主要條件。因此人們很容易忘記，財產和財富既不相同，其本質也大相逕庭。現在世界各地許多在現實或潛能上都很富足的社會蜂起，它們本質上是無產的，因為任何個人的財富是由他從整個社會年收入所得到的份額構成的，它證明了這兩者之間其實沒有多大關係。

近代世界肇始自對於窮人的財產徵收，繼而發展到新的無產階級的解放，但是在此之前，所有文明都奠基於私有財產的神聖性。相反的，不管是私有的或是公共分配的財富，都再也沒有以往的那種神聖性。財產的意思原本只是在世界的某個角落擁有一個地位，因而隸屬於國家，也就是說，成為共同構成公共領域的眾多家庭之一的家父長。這個私有世界和擁有它的家庭完全等同[56]，以致於放逐一個人不只是指沒收他的不動產，而且是真的將他的房 [62] 屋夷為平地[57]。外邦人或奴隸的財富絕對不能替代這種財產[58]，而貧窮也不能剝奪家父長在世界裡的這個地位，以及由此得到的公民權。以前，如果他剛好失去這個地位，他幾乎等於自動喪失公民權以及法律保護[59]。這個私有性的神聖性如同隱藏的事物的神聖性一般，也就是生與死，凡人的起點和終點，他們就像所有生物一樣，從地下世界的黑暗裡冒出來，也終究要回歸塵土[60]。家政領域的「非缺如」特性，原本是誕生自生與死的領域，它必須藏起來不讓公共領域發現，因為它包含了不能讓人們的眼睛看見的、人類知識無法理解的東西[61]。 [63] 它是隱藏的，因為人們生時不知道自己來自何方，死時不知去向何處。

這個領域一直隱藏著而沒有什麼公共的重要性，而對城市而言，重要的不只是該領域的內部，也包括它的外在現象，而它則是透過各個家政之間的界域顯現在城市領域裡。法律原本就是等同於這個界域[62]，它在上古時代其實仍然是指一個空間，在私人和公共之間的真空地帶[63]，遮蔽和保護這兩個領域，卻也將它們分隔開來。的確，城邦的法律超越這個上古時代的理解，然而它仍然保留了原本的空間意義。城邦法律既不是政治行動的內容（認為政治活動最初是立法，儘管源自羅馬人，這個觀念基本上是近代才有的，以康德的政治哲學為代表），它也不是各種誡命的一覽表，如近代法律一般，以聖經的十誡為基礎。它是名副其實的一堵高牆，如果沒有它，那麼我們只會有櫛比鱗次的房子，一個城鎮（asty），但它不會是一個城市，一個政治共同體。這個像一堵牆的法律是神聖的，但是只有圍牆才是政治性的[64]。如果沒有它，公共領域的存在可能只是一個沒有圍籬圈起來的財產，法律庇護且圈限政治生活，正如圍籬掩蔽和保護家庭的生物性生命歷程一樣[65]。

因此，主張說在近代世界以前，私有財產被認為是獲准進入公共領域的自明條件，那其實並不是很準確；事實上它不止於此。私有性就像公共領域的其他黑暗和隱藏的面向一樣，從政意味著人類生活的終南捷徑，可是沒有自己的私人空間（像奴隸一樣）則意味著再也不能稱為人。

人們藉以謀生的私有財富，它的政治意義有個迥然不同而在歷史上比較晚出的起源。我們剛才提到古代把生計等同於家政的私有領域，在該領域裡，每個人都必須自己掌握生活所需。自由人掌控他的私有性，不像奴隸一樣任由主人擺佈，但是他仍然可能「受迫」於貧窮。貧窮迫使自由人的行為表現得像奴隸一樣[66]。因此，私有財富之所以成為獲准進入公共生活的條件，不是因為它的擁有者忙著積累它，相反的，而是因為它以合理的確定性保證擁有者不必為使用和消費的工具奔波忙碌，而有閒暇從事公共活動[67]。顯然唯有生活本身更迫切的需求得到滿足以後，才可能有公共生活。勞動是滿足它們的工具，因此，一個人的財富時常是視他所擁有的勞動者（也就是奴隸）的數量而定[68]。擁有財產，在這裡是指能夠掌握自己的生活所需，因而有能力成為自由的人，得以超越他自己的生活，進入所有人共同的世界。

唯有隨著具體真實的共同世界的浮現，也就是城邦的興起，這種私有制才獲得它在政治上的顯著重要性，因此，在荷馬的世界裡，想當然爾地沒有所謂的「不屑鄙事」。如果財產的擁有者選擇增加他的財產，而不是在政治生活裡把它花光，那就像是他樂意犧牲他的自由，自願成為生計的僕役，而那正是違反奴隸的意志的事[69]。

逮至近代之初，這種財產一直不被認為是神聖的，只有作為所得來源的財富剛好是家庭所在的土地，也就是說，在一個基本上以農業為主的社會裡，這兩種財產類型才會吻合，以致於所有財產都有神聖的性格。無論如何，近代擁護私有財產者，一致認為它僅僅是私人擁有的財富而已，他們沒什麼理由要訴諸這樣的傳統，也就是認為如果私有性沒有適當的權威和保護，就不會有自由的公共領域。近代社會無所不用其極的財富積累肇始自財產充公（對農民階級的財產充公，而那則是宗教改革以後教會和修院的財產充公的意外結果）[70]，他們顯然不怎麼尊重私有財產，只要它和財富的積累有牴觸，他們就會犧牲它。普魯東

[66] [67]

（Proudhon）有句名言說，財產即是贓物，近代資本主義的種種起源是這句話的有力證明；更重要的是，普魯東遲疑是否要接受全面財產充公這種不怎麼可靠的補救辦法，因為他很清楚，廢除私有財產或許可以矯治貧窮之惡，卻可能招致更邪惡的暴政[71]。由於他沒有區分財產和財富的差別，他的作品裡的兩個見解看起來似乎有衝突，雖然其實沒有。個別的財富充公終究是既不尊重私有財產、也不尊重積累過程的公有化。它不是馬克思的創見，其實是這個社會自身的本質，也就是說，任何意義下的私有性都只會阻礙社會「產能」的發展，因此對於私有制的尊重應該為了社會財富的永續成長而被推翻[72]。

九、社會和私人

我們前文所謂的社會領域的興起，在歷史上和私有財產由私人的事情轉變為公共事務正好吻合。社會在進入公共領域之初，就是偽裝成一個財產擁有者的團體，他們不因為富有就主張要進入公共領域，反而為了積累更多的財富而要求防止公共領域的侵擾。誠如布丹（Jean Bodin）所說，政府屬於國王，財產屬於臣民，所以國王的責任是基於臣民財產的利益去治理國家。近來也有人說：「聯邦的存在大抵上就是為了共同的財富。[73]」

當這個共同財富（以前被放逐到家政的私有性的那些活動的結果）獲准接管公共領域，私人的所有物——相較於共同的世界，它基本上沒有那麼恆常，也更容易因為擁有者終有一死而易主，而共同世界則總是誕生自過去，意欲迎向未來的世代——便開始侵蝕世界的持久性。誠然，財富可能積累到人們一輩子都花不完，於是它的擁有者就由個人轉變為家庭。然而不管財富延續幾代，它總是要被用掉、消耗掉的。唯有財富成為資本（它的主要功能就是產生更多的資本），私有財產的恆久性才會等於或接近共有的世界[74]。不過，這個恆久性的性質並不相同；它是一個歷程的恆久性，而不是一個固定結構的恆久性。如果沒有積累的歷程，財富會立即落回到因為使用和消耗而瓦解的反向歷程。

因此，共同財富絕不會是我們所說的共同世界的「共同」意義；它一直是（或者說是想要維持）完全私人的。只有政府才是共同的，它的職責是保護每個財產擁有者在競逐更多財富時免於別人的侵擾。在近代關於政府的概念裡的明顯矛盾，也就是說，人們的私人利益是他們唯一共同的事物，我們對此再也不像馬克思那麼傷腦筋了，因為我們明白了私人和公共之間的矛盾（那是近代世界初期的特徵）只是短暫的現象，其結果會是私人領域和公共領域之間的差別完全泯滅，兩者都會淹沒在社會領域裡。同樣的，我們也更能夠理解，如果公共的和私人的生活範圍都消失了，對於人類存在會有什麼後果，在公共領域方面是因為它成為私人領域的一個功能，而在私人領域方面則是因為它裡面只剩下公共事務。

自此觀之，近代關於私密性的創見，似乎是從整個外在世界逃遁到個人內在的主觀性裡，它以前一直是受到私人領域的庇護和保障。該領域如何消融到社會裡，尤其可見之於不動產的不斷轉變成動產，直到財產和財富的區別，羅馬法裡「可代替物」（fungibiles）和「可消費物」（consumptibiles）的差別，最終失去所有意義，因為一切有形的（tangible）、「可代替的」事物，都成了「消費」的對象；它失去了取決於場所的私人使用價值，而冠上一個特定的社會價值，後者則是取決於不斷變動的可交易性，其波動只能由它和貨幣的共同標準的關係暫時地予以修正[75]。與有形事物的社會性蒸發密切相關的，是近代革命性的財產概念闡釋，認為財產不是擁有者取得的固定的、有特定場所的一部分世界，相反的，它來自人們自身，他擁有的身體，以及他對於體力的不容置疑的所有權，馬克思稱之為「勞動力」。

於是，近代的財產喪失它的世界性格，被擺在個人自身裡頭，也就是個人唯有隨著死亡才會喪失的東西。在歷史上，洛克（John Locke）假設人的體力勞動是財產的來源，聽起來匪夷所思；但是有鑑於我們已經生活在唯有我們的技能和勞動力才是可靠的財產的條件下，它倒是很可能成真。因為當財富成為公共事務時，它已經成長到私人所有權幾乎無法控制的地步。它就像是公共領域在報復那些為了私人利益而利用它的人們。然而，這裡最大的威脅不在於財富的私人擁有權的廢除，而是廢除在屬於自己的有形世界空間意義下的私有財產。

要理解私有領域的廢除對於人類存在的危險（對它而言，私密空間不是很可靠的替代品），我們最好看一看私有性的「非缺如」特性，它比私密性的發現更古老，也和後者無涉。我們共有的東西以及私人擁有的東西之間的第一個差別就是，相較於共同世界的其他部分，我們遠遠迫切需要每天都在使用和消耗的私有財產；誠如洛克指出的，如果沒有財產，「公共事物就一點用處也沒有」[76]。對公共領域而言，需求只是證明了它的否定性面向，也就是自由的缺如，這個需求擁有一種驅力，它的迫切性不是人類所謂更崇高的欲望和抱負所能及的；它不僅是人們最渴望和擔憂的事物，它也會防止人的冷漠以及私密領域的消失，後者明顯威脅到所有過度富裕的共同體[77]。需求和生活是如此的唇齒相依，一旦需求完全消除了，生活本身就會受到威脅。因為需求的消除不僅不會自動地讓自由得到保障，而只會模糊了自由和需求的分界線。（近代關於自由的討論不曾將自由理解為人類存在的客觀狀態，不是把它說成主體性的難題，也就是完全不被決定或被決定的意志，就是根據需求開展它，這一切都意味著他們再也察覺不到自由和為需求所迫之間的客觀而真實的差別。）

私有性的第二個顯著的「非缺如」特性在於，私有財產的四面牆提供了唯一能逃避共同的公共世界的可靠藏匿處，不僅是逃避該世界裡的所有事物，也逃避它的公開性，不想被看見或聽到。一個完全公開的生活，攤在大眾面前的生活，我們會說它很膚淺。雖然它一直保持其能見度，卻喪失了從黑暗中走出來的性質，如果它不想失去在真實而非主觀的意義下的深度，那個黑暗的地方就必須一直隱藏著。要保證黑暗不會攤在眾人的眼光下，唯一有效的辦法就是私有財產，一個可以藏身的私有土地[78]。

雖說只要人們有失去私有性之虞，它的「非缺如」特性應該就會特別突顯出來，近代以前的各種政體對於私有財產的實際處置卻也清楚指出，人們總是意識到這些特性的存在和重要性。然而這並沒有讓它們直接保護私人領域的活動，而是保護那些區隔世界的私有部分和其他部分的界域，而那些部分大多數是出自共同世界本身。另一方面，由於近代政治和經濟理論把私有財產視為重要問題，因此它的判別標記一直在於它強調財產擁有者的私人活動，以及他們為了積累財富而犧牲有形財產本身，因而需要政府的保護。然而，對於公共領域而言，重要的不是私人企業家或多或少的企業精神，而是圍在公民的居所和庭院四周的圍籬。對於私有財產的入侵，或即「人的公有化」（馬克思語），最有效的施行方式當屬財產充公，但那不是唯一的作法。正如其他方面，在這裡，社會主義和共產主義的革命手段，當然可以由比較緩慢但同樣有把握的整個私有領域、尤其是私有財產的「萎縮」取而代之。

私人領域和公共領域的區分，從私有性而不從國家的觀點來看，相當於應該公開的事物以及應該隱藏的事物之間的區別。只不過，反叛社會的近代世界發現，隱藏的領域在私密性的狀況下是如此的豐盈而森羅萬象；但是，從歷史的開端以至於我們的時代，必須隱藏在私有性裡的，一直是人類存在的身體部分，所有和生命歷程本身所需有關的事物，在近代世界以前，它們涵攝了用於個人的持存和種屬的延續的一切活動。隱藏起來的，是那些「用身體提供生活所需」的勞動者[79]，以及以身體確保種屬的自然延續的女性。女性和奴隸都屬於相同的範疇，他們之所以隱藏起來，不只是因為他們是別人的財產，而是因為他們的生活都是「艱苦的」，一心掛在於身體功能上面[80]。在近代之初，當「自由」勞動失去它在家政的私密性裡的隱藏空間，勞動者只能從社群裡消聲匿跡，和它隔離，就像罪犯關在高牆裡頭，受到持續不斷的監控[81]。近代世界在幾乎同一個歷史時期裡解放工人階級和女性，那當然是一個時代的特徵，也就是不再相信身體功能和物質問題應該隱藏起來。這些現象性質裡最明顯的一點是，即使是在我們自己的文明裡所剩無幾的絕對私有性，也很少和原始意義下的「迫於生計」有關，也就是那些因身體而產生的需求。

十、人類活動的場域

雖說私人和公共之間的區別，和必然性以及自由、虛擲生命和永垂不朽、以及羞愧和光榮之間的對立正好吻合，但是我們不能說，必然的、無益的、羞愧的事物在私人領域裡有其正當場域。這兩個領域最基本的意義是說，有些東西要隱藏起來，有些則必須公開展示，如果它們真的存在的話。如果我們審視這些東西，無論是在任何文明裡看到它們的，我們都會明白，每個人類活動都指向它在世界裡的正當場域。「行動的生活」的主要活動，勞動、工作和行動，率皆如此；但是這個現象有個最極端的例子，以它作為例證的優點在於它在政治理論裡舉足輕重的角色。

在上古時代的希臘和羅馬裡，絕對意義下的「善」（goodness），有別於「好處」（good for）和「優秀」（excellent），直到基督宗教興起，才為我們的文明所知。自此以降，我們把善行視為人類可能的行動裡的一個重要種類。關於早期基督教和國家之間的著名對立，戴都良（Tertullian）的話可以說一言以蔽之：「對我們而言，沒有什麼比公共事務（國家）更陌生的。」（nec ulla magis res aliena quam publica）[82]此言一般被理解為早期末世論期望的影響，直到經驗告訴他們，就算是羅馬帝國瓦解了，也不代表世界末日，這些期望才漸漸被人淡忘[83]。然而基督宗教的他世性（otherworldliness）還有另一個根源，或許和耶穌的教義更息息相關，而且和世界終將毀滅的信仰完全獨立，使得我們不難看出來，為什麼末世論的希望顯然幻滅以後，基督教和世界的疏離仍然輕易倖存下來。

善行是耶穌以其言行訓勉的行動，而善顯然蘊含著不要被看見或聽到。基督教對於公共領域的敵意，以及早期基督教徒過著儘可能遠離公共領域的生活，或許是由於致力於行善而不為任何信仰和期望的明顯影響。因為一旦善行為人所知或被公開，它就喪失了善的獨特性格，也就是為了善而行善。當善被顯揚，它就不再是善，雖然作為團體的慈善或是凝聚團結的行動，它還是很有用的。所以，「你們要小心，不可將善事行在人的面前，故意叫他們看見。」善只有在不被察覺時才能存在，甚至不能被為善者察覺；任何人看到自己在行善，就不再是善人，最多只是在社會裡的有用的人，或是教會裡盡責的教友。因此，「不要叫左手知道右手所做的。」

或許正因為善的這種怪異的否定性質，缺少對外的現象彰顯，使得耶穌的出現在歷史裡成為如此弔詭的事件；這似乎也是為什麼他會說沒有人是善的：「你為什麼稱我善呢？除了天主一個外，沒有誰是善的。[84]」塔木德裡關於三十六個義人的故事，也說明了相同的信念，天主為他們拯救了世界，而他們一直不為人知，就連他們自己也不知道這回事。我們想到蘇格拉底的真知灼見，他說沒有人是有智慧的，而對智慧的愛，或說是哲學（philosophy），正是誕生於此；耶穌的整個生命故事似乎見證了對善的愛正是由於認識到沒有人可以是善的。

對智慧的愛以及對善的愛，如果它們致力於哲思和善行之中，都會有個共同點，也就是只要表現出人**可以是**有智慧的或善的樣子，它們就會立即結束，或所謂的終止自己。世界上一直不乏試圖讓隨著行動本身的短暫片刻倏忽生滅的事物真實地存在，而且結果總是很荒謬。上古時代晚期自詡為智者的哲學家，當他們在惡名昭彰的「法拉里斯銅牛」（Phaleric Bull）裡受炮烙之刑時大聲說他們很快樂，聽起來很荒謬。同樣荒謬的是基督教徒勸人為善，要人們把左臉也轉過去讓別人打，而那不僅是個隱喻，更是真實的生活方式。

但是出自愛智和愛善的行為之間的相似性也僅止於此。誠然，兩者多少都和公共領域對立，但是善的情況在這方面極端得多，因此比較接近我們的討論脈絡。唯有善才必須完全隱藏起來，一點都不能表現出來，如果它不想被毀損的話。即使哲學家決定跟著柏拉圖走出人情世事的「洞穴」，也不必逃避自己；相反的，在理念的天空下，他不僅發現萬物的真正本質，也發現他自己，就在「我和我自己」（eme emautó）的對話裡，柏拉圖顯然在其中看到思想的本質[85]。獨處意味著和自己在一起，因此，雖然思考是所有活動裡最孤寂的，卻也不全然形隻影單，沒有任何夥伴。

然而，愛善的人絕對受不了獨自一人的生活，可是他在他人相處且為他人行善時，基本上不能有任何見證，尤其不能有他自己的陪伴。他不孤獨（solitary），卻是寂寞（lonely）的；在和他人一起生活時，他必須不讓他們看見，甚至不能讓自己見證到他的作為。哲學家總是可以信任他的思考，讓它陪著他，然而善行不能有任何人作伴。那些事一做完就要忘掉，因為就算是回憶，也都會損及「善」的性質。再說，由於思考可以回想，可以結晶成思想，而思想，正如所有依賴回憶而存在的東西，可能變成有形對象，例如寫在紙上或印成書，而成為人的施設造作的一部分。由於善行必須立刻被拋在腦後，因而無法成為世界的一部分；它們來來去去，不會留下任何雪泥鴻爪。它們真的不屬於這個世界。

內在於善行的非世界性使得對善的愛有個基本的宗教性格，而且就像上古時代的智慧一樣，使得善擁有基本上與人無關的、超越人類的性質。不過，對善的愛，不同於對智慧的愛，不只是少數人才有的經驗，正如寂寞，不同於孤獨一人，是每個人都會經驗到的。所以說，在某個意義下，相較於智慧和孤寂，善和寂寞跟政治的關係要緊密得多；然而在哲學家眼中，唯有孤寂才能成為真實的生活方式；而更一般性的寂寞經驗，則和人類的多元性條件扞格不入，沒多久就會難以忍受，而必須有天主作伴，祂是善行唯一想得到的證人，如果不想完全毀滅人類的存在的話。宗教經驗的他世性，它作為真正的愛的經驗，是在行動的意義下，而不是指更常見的被動領悟一個啟示的真理，因此它是在世界裡頭開顯自身；就像所有其他行動一樣，這個行動沒有離開世界，而必須在世界裡成就它。但是這個開顯，雖然出現在同時有其他行動的空間裡，也依賴於這個空間，它在本質上卻是積極的否定（actively negative）；它既逃遁世界，也不讓世人看見，否定世界賦予人們的空間，尤其是其中的公共空間，在那裡的每一件事、每個人，其他人都得見得聞。

因此，善作為一種持之以恆的生活方式，不僅不可能存在於公共領域的範圍內，那甚至對它有害。或許沒有人比馬基維利（Machiavelli）更清楚行善的這種破壞性，他在一個著名的段落裡甘冒不韙地告訴世人「如何不為善」[86]。不消說，他的意思不是要教人如何為惡；雖說犯罪行為，基於其他理由，同樣也是見不得人的。正如古希臘時代，「榮耀」是馬基維利心目中的政治行動的判準，而為惡和為善同樣可以功成名就。因此，所有「雖然可以奪取權力卻無法成就榮耀」的手段都是惡的[87]。由暗處走出來的惡，既是狂妄自大的，也會直接摧毀共同世界；由暗處走出來而且成為眾人目光焦點的善，它再也不是善，而會從內部腐敗，不管走到哪裡，它的腐敗都會如影隨形。因此，馬基維利認為，教會之所以成為義大利政治的腐敗勢力，是因為它插手俗世事務，而不是因為主教或高級教士的墮落。對他而言，由宗教支配俗世領域而產生的難題，讓人們只有兩個選擇：或者是公共領域敗壞了宗教團體，而它本身也跟著腐敗；或者是宗教團體一直沒有墮落，卻完全摧毀了公共領域。因此，在馬基維利眼中，改革派的教會甚至危害更大，而他對當時的宗教復興運動既推崇有加卻更憂心忡忡，也就是「新聖秩」（new orders），它藉由「不讓宗教因為高級教士和教會高層的荒淫無道而毀滅」，要人們為善但「不抗拒邪惡」——結果是「邪惡的統治者肆意為惡」[88]。

我們選擇關於為善公認極端的例子，它之所以極端，是因為這種行為就連在私人領域裡也會侷促不安，我這麼做是要指出，對於政治團體的種種歷史判斷（據此可以決定哪些「行動的生活」應該公諸大眾，哪些應該藏在隱私裡），它們或許和這些活動本身的性質一致。我提出這個問題，並不是想詳盡地分析「行動的生活」的活動，傳統上從「沉思的生活」的觀點去思考這個問題，很令人費解地總是對活動的種種相互關係視而不見；我想做的，是要成竹在胸地判定它們在政治上的重要意義。

1 荷馬史詩裡的諸神的行動顯然都跟人有關，從遠方統治人，干預人類事務。諸神之間的衝突和勾心鬥角，似乎也都是起因於他們在人類事務裡扮演的角色，或者他們對凡人的偏袒有所衝突。接著出場的，則是人和神一起演出的故事，但是背景是由凡人搭設的，即使決定早在奧林帕斯山上的諸神大會就做成了。我認為荷馬的「erg' andrōn te theōn te」（凡人和諸神的事蹟）（*Odyssey* I. 338）就暗示了這個「合作」：吟游詩人吟唱諸神和人的事蹟，而不是諸神的故事以及人的故事。同樣的，赫西奧德的《神譜》講的不是諸神的事蹟，而是世界的誕生（116）；它講的是事物如何透過受孕和分娩而誕生（不斷地循環）。吟唱者是繆思的僕人，他吟唱「古人和聖神們的光榮事蹟」（97 ff.），但是我沒有看到什麼諸神的事蹟。

2 引文見陶林版（Taurin）的聖多瑪斯全集（1922）的索引。「politicus」一詞並沒有出現在正文裡，而是在正確摘要湯瑪斯的意思的索引裡，例如，見：*Summa theologica* i. 96. 4; ii. 2. 109. 3。

3 利烏斯（Livius）所謂的「societas regni」，柯涅留斯（Cornelius Nepos）所謂的「societas sceleris」。這樣的結盟有時也是基於商業目的，聖多瑪斯還認為商人之間「真正的『社會』」只存在於「投資者自己分擔風險」，也就是說，合夥關係才是真正的結盟。（見：W. J. Ashley, *An Introduction to English Economic History and Theory* [1931], p. 419）

4 我在這裡及其後以「man-kind」（身而為人）指稱人類，而有別於「mankind」，後者意味著人類全體。

5 Werner Jaeger, *Paideia* (1945), III, 111。

6 雖然根據古朗士（Fustel de Coulange）《古代城邦》的導論，他的主旨在於證明，形成古代家族組織和古代城邦的，是「同一個宗教」，但是他也多次提到，以家庭的宗教為基礎的氏族體制以及城邦的體制，「其實是兩個對立的政府形式……或者是城邦維持不了多久，或者是它漸漸摧毀家族」（p. 252）。這部鉅著之所以會自相矛盾，我認為是因為古朗士想要同時探討羅馬和希臘城邦；因為他的證據和分類主要是依據羅馬的體制和政治的觀點，雖然他也承認，灶神維斯塔（Vesta）崇拜「在希臘很早就式微……但是在羅馬卻歷久不衰」（p. 146）。相較於羅馬，希臘家族和城邦的鴻溝要大得多，而且只有在希臘，奧林帕斯山的宗教，荷馬和城邦的宗教，才真正有別於且高於家庭和家族的宗教。雖然女灶神維斯塔在羅馬的統一和第二次建立以後成為「城灶」的守護神，並且被納入官方和政治祭祀，可是她在希臘的同事，灶神赫斯提亞（Hestia），直到赫西奧德（Hesiod）才第一次被提及，他是唯一和荷馬唱反調的希臘詩人，歌頌爐灶和家庭的生活；在城邦的官方宗教裡，她在奧林帕斯十二天神大會的地位讓給了戴奧尼索斯（Dionysos）（見：Mommsen, *Römische Geschichte* [5th ed.], Book I, ch. 12；Robert Graves, *The Greek Myths* [1953], 27. k）。

7 這句話出自腓尼克斯（Phoenix）（Iliad ix, 443）。它顯然是指戰場和廣場（agora）的教育，後者是讓男人可以大顯身手的公共集會。原文是說：「他所以要我和你一塊兒來，就是來教你這些事情，叫你做一個演說家和行動人。」（mythōn te rhētēr' emenai prēktēra te ergōn）

8 《安蒂岡妮》最後幾句話直譯如下：「但是反抗（或報復）對驕傲者的沉重打擊的狂言，到他年老時會讓他有所領悟。」但是這幾句話的內容對於現代理解而言太過隱晦了，很少有譯者會妄下定論。賀德林（Hölderlin）的翻譯是個例外：「Grosse Blicke aber, / Grosse Streiche der hohen Schultern / Vergeltend, / Sie haben im Alter gelehrt, zu denken.」（然而橫眉冷對／加諸狂妄者的巨大打擊的／偉大眼神，／到年老時也讓人學會深思。）（譯按：鄂蘭此處的翻譯和一般的譯法有些出入。）普魯塔赫（Plutarch）提到一則軼事，或許可以說明行動和言說在更低的層次上的關係。有一天，有個傢伙跑去找狄摩西尼（Demosthenes）說他被打得有多慘。狄摩西尼說：「可是你跟我說的這些並沒有讓你很痛。」那人聽罷大聲嚷嚷說：「我沒有很痛？」「這下子有了，」狄摩西尼說：「我聽到一個受傷而且很痛苦的人的聲音了。」（Lives, "Demosthenes"）言說和思想的古老關係（其中並沒有我們所想的以話語傳達思想的觀念）的最後殘餘，或許可見於西塞羅關於「理性和辭令」（ratio et oratio）的那段話。

9 這個發展的特色是，每個政治家都被稱為「修辭家」，而修辭是演講的技巧，有別於作為哲學演說的辯證，亞里斯多德定義為說服的技巧（Rhetoric 1354a12 ff., 1355b26 ff.）（這個區分源自柏拉圖，見：Gorgias 448。）我們必須從這個意義去理解希臘人對於底比斯沒落的看法，他們認為那要歸咎於底比斯人重視軍事訓練而輕忽了修辭（見：Jacob Burckhardt, Griechische Kulturgeschichte, ed. Kroener, III, 190）。

10 *Nicomachean Ethics* 1142a25 and 1178a6 ff。

11 Aquinsa *op. cit.* ii. 2. 50. 3。

12 因此，「dominus」和「pater familias」是同義詞，就像「servus」（僕人）和「familiaris」（家眷、奴隸）是同義詞一樣：Dominum patrem familiae appellaverunt; servus…familiars (Seneca Epistolae 47. 12)。當羅馬皇帝自稱「dominus」（君王）時，舊時羅馬人的公民自由就不再了：「奧古斯都和提庇留的稱號讓人覺得是個詛咒和侮辱而痛深惡絕。」（ce nom, qu'Auguste et que Tibère encore, repoussaient comme une malédiction et une injure" (H. Wallon, *Histoire de l'esclavage dans l'antiquité* [1847], III, 21)）

13 見：Gunnar Myrdal, *The Political Element in the Development of Economic Theory* [1953], p.xl。作者認為，「社會經濟或集體家政（Volkswirtschaft）的觀念」，是「在自始即充斥於經濟學裡的政治思辨周遭具體化的三個焦點」之一。

14 這裡不是說，民族國家及其社會並不是源自中世紀王國和封建制度，在後者的結構裡，家庭和家政單位的重要性遠非古代希臘所能比擬。然而其差別很明顯。在封建結構裡，家族和家政幾乎是相互依賴的，所以王室家政，代表一個地區，以「同儕之首」（primus inter pares）統率封建領主，但是不像專制的統治者一樣，假裝成一家之主的樣子。中世紀的「民族」是家族的集合體；其成員不認為他們是一個涵蓋整個民族的家族的成員。

15 在偽名亞里斯多德的《經濟論》裡，這個區分已經很清楚，因為他以家政組織專制的一人統治（mon-archia）和城邦完全不同的組織作對比。

16 在雅典，索倫的立法是個轉捩點。古朗士一針見血地指出，雅典法律規定奉養父母的孝順責任，證明了家父長權力的沒落（*op. cit.*, pp. 315-16）。家父長的權力只有在和城邦利益產生衝突時才會受限制，而從來不會是因為家庭成員的緣故。因此，販賣兒童和拋棄嬰兒在整個古代是屢見不鮮的事。見：R. H. Barrow, *Slavery in the Roman Empire* [1928], p. 8：「『父權』（patria potestas）的其他權利一直遭到阻撓；但是直到西元三七四年才禁止拋棄嬰兒。」

17 這個區分有趣之處在於，有些希臘城邦的公民依法必須將他們的收成和大家分享，可是每個人對其土地卻都有絕對無爭議的財產權。見：Coulanges (*op. cit.*, p. 61)，作者將該法律稱為「奇特的矛盾」；它不能說是矛盾，因為在古代的理解裡，這兩種財產類型並不相同。

18 見：*Laws* 842。

19 引自：Coulanges, op. cit., p. 96。作者提到的普魯塔赫出自：*Quaestiones Romanae* 51。古朗士片面強調希臘和羅馬宗教的冥府神，很奇怪地忽略了這些神不只是主宰死者的神祇，他們的儀式也不是「死亡祭」，而是早期和土地有關的宗教認為生死只是同一個歷程的兩個面向。生命出自大地，也會回歸它；生死只是同一個由地府神掌管的同一個生物生命的兩個階段。

20 在贊諾芬（Xenophon）的《蘇格拉底回憶錄》（*Memorabilia*, ii. 8）裡，蘇格拉底和優色羅斯（Eutherus）的討論相當耐人尋味：優色羅斯為生活所迫，必須從事體力勞動，他知道他的身體撐不了多久，也知道他老來會家徒四壁。可是他仍然認為勞動勝過行乞。於是蘇格拉底建議他去找個「需要助手的有錢人」。然而優色羅斯回答說，他受不了奴僕的工作（douleia）。

21 見：Hobbes, *Leviathan*, Part I, ch. 13。

22 最有名也最美的例子，是希羅多德關於政府的不同形式的討論（iii. 80-83），擁護希臘人的平等（isonomiē）的歐塔尼斯（Otanes）說，他「既不想統治別人也不想被統治」。但是亞里斯多德也說，自由人的生活勝過專制者的生活，而理所當然地鄙視身為專制者的自由。（*Politics* 1325a24）。古朗士認為，希臘文和拉丁文裡所有關於統治者地位的語詞，例如：rex、pater、anax、baileus，原本都是指家政的關係，是奴隸對他們的主人的稱呼。（*op. cit.*, pp. 89 ff., 228）

23 贊諾芬關於斯巴達人的描述的確是誇大其辭，他說一個市集裡有四萬個人，一個外邦人數了數，其中只有六十個公民（*Hellenica* iii. 35）。

24 見：Myrdal, *op. cit.*：「社會就像家長一樣，為了它的成員而主持家計，這個觀念深植於經濟術語裡……德文的『Volkswirtschaft』意味著……有個經濟活動的集體性主體……有個共同的目的和共同的價值。在英文裡……『財富理論』或『福利理論』也都表達相同的觀念。」（p. 140）「一個以社會家政為其功能的社會經濟，那是什麼意思？首先，它蘊含或暗示著為自己或家人謀生的個人和社會之間的類比。亞當・斯密和詹姆士・彌爾（James Mill）都曾經明白闡述這個類比，在彌爾（J. S. Mill）的批評之後，加上人們漸漸認識到實踐的和理論的政治經濟之間的區別，就不再那麼強調這個類比了。」（p. 143）該類比的廢棄也是因為社會漸漸侵吞家庭單位，最後完全取代了它。

25 R. H. Barrow, *The Romans* (1953), p. 194。

26 勒瓦舍（E. Levaseur）（*Histoire des classes ouvrières et le de l'industrie en France avant 1789* [1900]）所謂封建的勞工組織的特色，對於整個封建社群而言皆然：「每個人都住在家裡，且各自謀生，貴族在他的領地裡，農民在他的耕地裡，公民在他的城市裡。」（Chacun vivait chez soi et vivait de soi-même, le noble sur sa seigneurie, le vilain sur sa culture, le citadin dans sa ville）（p. 229）

27 柏拉圖在《法律篇》（777）裡建議的公平對待奴隸，和正義沒有多大關係，那並不是「出於對奴隸的尊重，而是對我們自己的尊重」。關於兩種法律的並存，政治上正義的法律，以及家政管理的法律，見：Wallon, *op. cit.*, II, 200：「長久以來……法不入家門，因為它承認另一種法律的影響力。」（La loi, pendant bien longtemps, donc…s'abstenait de pénétrer dans la famille, où elle reconnaissait l'empire d'une autre loi）在上古時代，尤其是羅馬，關於各種家務事、對奴隸的待遇、家庭關係等等，司法權基本上是用以約束原本不受限的家父長權力；在奴隸的整個「私人」社會裡，是無法想像會有個正義的規範——他們在定義上就在法律的領域以外，臣服於主人的統治。只有作為公民的主人，才要服從法治，為了城邦，法律甚或會削減他在家戶裡的權力。

28 W. J. Ashley, *op. cit.*, p. 415。

29 從一個領域或軍階「力爭上游」，是馬基維利的作品裡不斷出現的主題。見：Prince, ch. 6（關於敘拉古的希羅），ch. 7；另見：*Discourse*, Book II, ch. 13。

30 「在梭倫時期，奴隸身分被認為比死還可悲。」（Robert Schlaifer, "Greek Theories of Slavery from Homer to Aristotle," *Harvard Studies in Classical Philology* [1936], XLVII）自此以後，「愛惜生命」（philopsychia）就和懦弱以及奴性劃上等號。因此，柏拉圖以奴隸寧願被奴役而不願意死的事實，證明奴隸天生有奴性（Republic 386A）。後來西尼加（Seneca）在回答奴隸的抱怨時說：「自由不就在手裡，為什麼還會有奴隸？」（Ep. 77. 14），他還說：「如果不知道怎麼死亡，生活就是奴役。」（77. 13）在理解古人對於奴役的態度時，我們要記得大多數奴隸都是戰俘，只有少數生來就是奴隸。在羅馬共和下，奴隸是從羅馬統治範圍以外取得的；希臘的奴隸則通常和主人的國籍相同；人們證明他們的奴性的理由是他們不會自殺，而因為勇氣是最重要的政治德性，因此證明他們「天生」就不配成為公民。在羅馬帝國，對於奴隸的態度有所改變，不只是斯多噶學派的影響，更是因為越來越多的奴隸是生而為奴的。但是即使在羅馬，「勞動」（labos）還是被認為和不名譽的死亡沒什麼兩樣（*Aeneis* vi）。

31 自由人和奴隸的差別在於勇氣，似乎是克里特詩人伊布里斯（Hybris）的一首詩的主題：「我的財富是矛、劍和美麗的盾牌……但是那些不敢執矛配盾舞劍以自衛者，敬畏地跪著稱呼我為主人和偉大的國王。」（引自：Eduard Meyer, *Die Sklaverie im Altertum* [1898], p. 22）

32 Max Weber, "Agrarverhältnisse im Altertum," in *Gesammelte Aufsätze zur Sozial- und Wissenschaftsgeschichte* (1924), p. 147。

33 西尼加有一段話可以為證，他在討論知識淵博的奴隸（可以背誦所有經典）相較於不學無術的主人的長處時說：「一家子人知道什麼，主人就知道什麼。」（*Ep.* 27.6；引自：Barrow, *Slavery in the Roman Empire*, p. 61。）

34 荷馬史詩的主角們最關心的是「永遠要獨占鰲頭，脫穎而出。」（*Iliad* vi. 208），而荷馬則是「希臘人的教育者」。

35 「政治經濟學作為一門『科學』的觀念，直到亞當．斯密才開始」，不只在古代或中世紀都不得見，也不存在於教會法學家的學說裡，最早的「完整的經濟學說」，「和近代經濟學的差別在於它是個『技藝』而不是『科學』」。（W. J. Ashley, *op. cit.*, pp. 379 ff.）古典經濟學假設說，人既然是個行動的存有者，只會出於利己而行動，其動機也只有一個欲望，獲得利益的欲望。亞當．斯密提出的「他們為一隻看不見的手所引導，促進了他們毫不意圖的一個目的」，證明了動機一致的行動再怎麼少，對於科學的建立而言，不可預測的因素都太多了。馬克思在闡釋古典經濟學時，以團體或階級利益取代個體和個人利益，將這些階級利益化約成兩個主要階級，資本家和工人，以致於只剩下一種衝突，而古典經濟學則看到各式各樣矛盾的衝突。馬克思主義經濟學系統之所以邏輯更一致、更融貫，因而在表面上比他的前輩們更「科學」，主要在於「社會化的人」的解釋，相較於經濟自由主義的「經濟人」，「社會化的人」更談不上是行動的存有者。

36 自由派的功利主義，而不是社會主義，「落入關於社會統一性的站不住腳的『共產主義幻想』裡」，「在大多數經濟學作品裡都隱含著共產主義幻想」，這是米爾達（Myrdal）的巨著的主題（*op. cit.*, pp. 54, 150）。他言之鑿鑿地證明說，唯有假設整個社會只有一種利益在支配著，經濟學才能成為科學。在「各種利益的和諧」背後，永遠有「只有一種利益」的「共產主義幻想」，它因此或許可以稱為福利或公益。自由主義經濟學家因而總是遵循著一種「共產主義的」理想，也就是「整體社會的利益」（pp. 194-95）。該論證的核心是，「這無異於主張說，社會必須被理解為單一的主體。然而這正是難以想像的事。如果我們試圖這麼做，我們就會偏離了一個基本事實：社會行動是若干個人的各種意圖的結果。」（p. 154）

37 關於馬克思對於現代社會的意義的這個經常被忽略的層面，見：Sigfried Landshut, "Die Gegenwart im Lichte der Marxschen Lehre," *Hamburger Jahrbuch für Wirtschaft- und Gesellschaftspolitik*, Vol. I (1956)。

38 我在此處以及下文提到的「分工」，只是指近代的勞動情況，也就是活動分割且原子化為無數精細的操作，而不是指職業的專門化。後者必須假設社會被認知為一個主體，其需求的滿足因而由「看不見的手」分配給它的成員。準此，性別的分工的詭異觀念，有些作者認為也是源自於此。它推定人是其單一的主體，把男人和女人的勞動作區分。在古代也有相同的論證（例如：Xenophon, *Oeconomicus* vii. 22），但是強調的重點和意義則大相逕庭。主要的區分是戶內（家庭）的生活以及戶外（世界）的生活。只有後者才是男人該過的生活，而男女平等的概念（這是分工的必要假設）則完全闕如（見：注81）。古代似乎只有職業的專門化，那應該是由天生的特質和天賦預定的。因此，金礦的工作招聘了上千個工人，是根據力氣和技術加以分派的。見：J.-P. Vernant, "Travail et nature dans la Grèce ancienne" (*Journal de psychologie normale et pathologique*, LII, No. 1 [January-March, 1955]。

39 所有歐洲語言裡的「勞動」，拉丁文和英文的「labor」，希臘文的「ponos」，法文的「travail」，德文的「Arbeit」，都有辛勞和煩惱的意思，也用在出生的劇痛。「labor」的字源是「labare」（因負重而跌倒）；「ponos」和「Arbeit」的字源都和「貧窮」相同（希臘文是「penia」，德文是「Armut」）。即使是一般認為在古代少數最支持勞動的赫西奧德，也把「辛苦的勞動」（ponon alginoenta）當作使人們苦惱不堪的首惡（*Theogony* 226）。關於希臘文的用法，見：G. Herzog-Hauser, "Ponos," in *Pauly-Wissoua*。德文的「Arbeit」和「arm」都是源自日耳曼語系的「arbma-」，意思是孤單的、被忽視的、被遺棄的。見：Kluge/ Götze, Etymologisches Wörterbuch [1951]。在中古德文裡，「Arbeit」用來翻譯「labor」、

「tribulatio」、「persecutio」、「adversitas」、「malum」（見：Klara Vontobel, *Das Arbeitsethos des deutschen Protestantismus* [Dissertation, Bern, 1946]）。

40 荷馬家喻戶曉的故事，當人淪為奴隸時，宙斯就奪走他一半的才能（aretē），這是從一個奴隸優麥厄斯（Eumaios）嘴裡講出來的（*Odyssey* xvii. 320 ff.），那只是客觀的陳述，既沒有批評也沒有道德判斷。因為奴隸不准出現在得以展現才能的公共領域，也就失去他的才能。

41 這也是為什麼不可能「描寫任何奴隸的性格……在他們獲得自由且惡名昭彰以前，他們一直都是模糊的類型而不是個人。」（Barrow, *Slavery in the Roman Empire*, p. 156）

42 我在此處引用了里爾克一首鮮為人知的詩，他在臨終前描寫痛苦，這首無題的詩的開頭幾句說：「來吧，最後的你，我所認識的你，身體組織裡藥石罔顧的痛楚，」而詩末說：「我還是那個燒得面目全非的人嗎？我沒辦法闖入記憶裡。啊，生命，生命：在外頭。而我身在火燄中。沒有人認得我。」

43 關於痛苦的主觀性及其對於快樂主義和感覺論的意義，見：第十五節和第四十三節。對於活著的人來說，死亡主要是「不再出現」（dis-apearance）。但是不同於痛苦，死亡有個面向，宛如死亡就出現在活人之間，也就是在年老的時候。歌德有一次說，衰老「就是漸漸從表象中退出」；這句話的真實性以及這個消失的歷程的出現，在偉大的畫家的老年自畫像裡表現得栩栩如生，林布蘭、達文西等等，炯炯有神的眼睛似乎照亮且主宰著衰弱中的軀體。

44 *Contra Faustum Manichaeum* v. 5。

45 這當然仍舊是聖多瑪斯的政治哲學的前提（見：*op. cit.* ii. 2, 181. 4）。

46 「corpus rei publicae」在基督教以前的拉丁文裡很常見，不過是指居住在一個政治領域（res publica）裡的人口。和「corpus」對應的希臘文「sōma」，在基督教以前的希臘文裡從來沒有任何政治的意思。最早使用這個隱喻的，應該是保羅（I Cor. 12:12-27），在早期基督教作者之間很流行（例如：Tertullian, *Apologeticus* 39; Ambrosius, *De officiis ministrorum* iii. 3. 17）它成了中世紀政治理論的重點，假設所有人都是「一體」（quasi unum corpus）（Aquinas *op. cit.*, ii. 1. 81. 1）。但是早期作者強調成員的平等（他們對於整體社會的福祉都同樣必要），而後來的作者則轉而強調領袖和成員之間的差別，領袖的統治義務和成員的服從義務。（關於中世紀，見：Anton-Hermann Chroust, "The Corporate Idea in the Middle Ages," *Review of Politics*, Vol. VIII [1947]。）

47 Aquinsa *op. cit.*, ii. 2. 179. 2。

48 見：聖本篤會規第五十七章（Levasseur, *op. cit.*, p. 187）：若修士為其工作而驕傲，他就必須放棄它。

49 Barrow (*Slavery in the Roman Empire*, p. 168)。討論奴隸在羅馬學院裡的成員身分，它提供「一生的友誼，尊榮的葬禮……光榮的墓誌銘；奴隸更能得到一種哀傷的快樂。」

50 *Nicomachean Ethics* 1177b31。

51 *Wealth of Nations*, Book I, ch. 10 (pp. 120 and 95 of Vol. I of Everyman's ed.)。

52 關於現代的寂寞成為大眾現象。見：David Riesman, *The Lonely Crowd* (1950)。

53 小普林尼（Plinius the Younger）語，引自：W. L. Westermann, "Sklaverei, " in *Pauly-Wissowa*, Suppl. VI, p. 1045。

54 對於羅馬和希臘的財富和文化的這個不同評價，有許多的證據。但是有趣的是，這個評價和奴隸的地位剛好吻合。羅馬的奴隸在羅馬文化所扮演的角色大於希臘的奴隸，而另一方面，他們在經濟方面的角色也比較吃重（見：Westermann, in *Pauly-Wissowa*, p. 984）。

55 Augustine (De civitate Dei xix. 19)。奧古斯丁認為「閒暇」（otium）和靜觀應以對於「鄰人的利益」（utilitas proximi）的「愛德」（caritas）為限制條件。（譯按：原文作「任何人不當只顧靜觀，而不管別人的利益，亦不可一味活動，而不靜思天主的真理。」）但是「在行動中，不可貪慕光榮權力……即為別人的利益（salutem subditorum）」。顯然，這種責任很類似家主對他的家庭的責任，而比較不像是嚴格來說的政治責任。基督教訓誡人要安分守己，是出於《帖撒羅尼加前書》4:11：「要立志作安靜人，辦自己的事。」（prattein ta idia：其中「ta idia」和「ta koina」〔公共事務〕相反。）

56 Coulanges (op.cit.)。古朗士說：「『familia』的真正意思是財產；它指稱農田、房舍、金錢和奴隸。」（p. 107）然而這個「財產」不是附屬於家庭；相反的，「家庭是附著於爐灶，爐灶是附著於土地。」（p. 62）重點是：「財富是固定不動的，正如爐灶和它所附著的墳塚。會消逝的是人。」（p. 74）

57 Levasseur (*op.* cit)。他提到一個團體在中世紀的建立和准許加入的條件：「光是居住在城裡還不構成入會的條件。人必須……擁有房舍才行……」其次：「在公共場合出言傷害團體，都要罰以拆毀房舍，並且逐出團體。」（p. 240, n. 3）

58 在奴隸的情況裡，這個差別最明顯，他們雖然沒有古代所謂的財產（也就是沒有自己的居所），卻絕對不是近代所謂的無產。奴隸的「私人積蓄」（peculium）也可能可很觀，甚至足以擁有自己的奴隸（vicarii）。巴羅（Barrow）談到「該階級最卑下者擁有的財產」（*Slavery in the Roman Empire*, p. 122：這部作品是關於「私人積蓄」的角色最好的討論。）

59 古朗士談到亞里斯多德的一段話說，在古代，兒子在父親健在時不能成為公民；直到父親過世，只有長子才享有政治權利（op.cit., p. 228）。古朗士主張說，羅馬的庶民（plebs）主要是由沒有家庭和爐灶的人組成的，因此明顯有別於「羅馬人民」（populus Romanus）（pp. 229 ff.）。

60 「整個宗教都被每個房舍的外牆圍起來……而這些神，灶神，拉爾斯（Lares），曼尼斯（Manes），被叫做隱藏的神，或是室內的神。對於這個宗教的所有活動而言，隱密性是必要的，誠如西賽羅所說的『祕祭』（sacrificia occulta, De arusp. respl. 17）。」（Coulanges, *op. cit.*, p. 37）

61 埃勒烏西斯祕教（Eleusinian Mysteries）彷彿提供了這整個領域的共同而半公開的經驗，因為它的本質，即使是所有人共有的，也必須隱藏起來，不讓公共領域看到：每個人都可以參與，但是不能說出去。祕教關心那言語道斷的東西，而無以名狀的經驗也是非政治性的，或許在定義上更是違反政治原理的（見：Karl Kerenyi, *Die Geburt der Helena* [1943-45], pp. 48 ff.）。它們關心生死的祕密，似乎從品達（Pindar）的片簡裡可見一斑：「他知道生命的終點和宙斯給與的新生命的開端。」（oide men biou teleutan, oiden de diosdoton archan）（*frag.* 137a），據說入會者知道「生命的終點以及宙斯賦予的生命的起點」。

62 希臘文的「法律」（nomos）一詞源自「nemein」，意思是分配、擁有（被分配到的東西）和居住。「nomos」一詞裡結合了法律和防護，在赫拉克列圖斯的片簡裡表現得很清楚：「人們應該為法律奮戰，正如為了一堵牆。」（machesthai chrē ton dēmon hyper tou nomou hokōsper teicheos）而羅馬的「法律」（lex）則有迥然不同的意義：它意指人民之間的正式關係，而不是彼此之間的高牆。但是分界線之神特密努斯（Terminus），它區分「公地和私地」（agrum publicum a privato）

（Livius），則比和他相當的希臘「分界神」（theoi horoi）更受尊敬。

63 古朗士提到一個希臘法律，規定兩棟屋舍不可以完全毗連（*op. cit.*, p. 63）。

64 「polis」一詞原本指有「環狀外牆」的東西，拉丁文的「urbs」也有「圓環」的意思，字根和「orbis」有相同的字源。英語裡的「town」和德文的「Zaun」一樣，都有「圍籬」的意思。（見：R. B. Onians, *The Origins of European Thought* [1954], p. 444, n. 1。）

65 因此，立法者不必是公民，而且往往是從外邦徵召來的。他的工作不是政治性的；然而，政治生活只有在他立法之後才能開始。

66 Demosthenes, *Orationes* 57. 45：「貧窮迫使自由民做許多奴性而卑鄙的事。」（polla doulika kai tapeina pragmata tous eleutherous hē penia biazetai poiein）

67 這個准許加入公共領域的條件在中世紀早期仍舊存在。英國的「習俗典」仍然「明確區分城裡的工匠和自由民，『franke homme』。……如果工匠發了財而想要成為自由民，他必須放棄他的技藝，把他家裡的所有工具都丟掉。」（W. J. Ashley, *op. cit.*, p. 83）直到愛德華三世，工匠變得太富有了，「情況不再是工匠沒辦法成為公民，而是公民熱中於加入其中的行會。」（p. 89）

68 古朗士不同於其他作者，強調古代公民需要的是耗費時間精力的活動，而不是他的「閒暇」，認為亞里斯多德所說的為了生計而工作的人不能成為公民，只是在表述一個事實，而不是在表達任何成見（*op. cit.*, pp. 335 ff.）。近代發展的特色在於不管財富的擁有者是什麼職業，財富本身都成為公民資格的條件：如此它便成了成為公民的特權，而和任何具體的政治活動無關。

69 我覺得這可以解答「古代經濟史研究裡的著名難題，也就是它的工業發展到一個程度，但是成長不如預期……有鑑於羅馬人在其他部門、在公共服務和軍事的嚴謹和大規模的組織能力。」（Barrow, *Slavery in the Roman Empire*, pp. 109-10）由於近代的情況而期待私人的組織能力和「公共服務」一樣，那似乎是一種偏見。韋伯在其著名的論文裡（*op. cit.*）主張說，古代城市其實是「消費中心而不是生產中心」，古代的奴隸主是個「包租公而不是個企業家（Unternehmer）」（pp.

13, 22 ff., and 144）。古代作者對於經濟問題的漠不關心，以及相關文獻的闕如，也支持了韋伯的論證。

70 所有工人階級（沒有財產、只能以雙手工作為生的階級）的歷史，都有個很幼稚的假設，以為自古以來就一直有這樣的階級。然而我們看到，在古代就連奴隸也不是沒有財產的，而古代所謂的自由勞動後來都是由「自由的店家、商販和工匠組成的」（Barrow, *Slavery in the Roman Empire*, p. 126）。因此，帕克（M. E. Parker, *The Plebs Urbana in Cicero's Day* [1921]）推論說根本沒有自由勞動，因為自由民都是財產的擁有者了。艾胥黎（W. J. Ashley）總結直到十五世紀的中世紀時期的情況說，「當時還沒有大量的受薪勞工階級，沒有現代意義下的『工人階級』。我們所謂的『工人階級』，是指一群人，其中固然有少數個人可能發跡成為師傅，但是大多數人是無望崛起的。但是在十四世紀，花個幾年時間到處打零工，是窮人的必經階段，而只要學徒期過了，大多數人都可能安定下來成為手工師傅。」（*op. cit.*, pp. 93-94）因此，古代的工人階級既不是自由的，也不是沒有財產的：即使是透過奴隸的解放，不管是在羅馬的准予自由或是在希臘的贖回自由，他們也不是成為自由勞工，而是搖身一變，成為獨立的商販或工匠。（「大多數奴隸似乎把自己的部分資產投注在自由上」以開創自己的生意和產業。）（Barrow, *Slavery in Roman Empire*, p. 103）在中世紀，當個現代意義下的工人，那只是一生中的過渡時期，一個成為師傅和成年人的準備階段。中世紀的雇傭勞動是個例外，而日耳曼的臨時工（Tagelöhner）（路德版聖經的翻譯名詞）或是法國的「非技術工人」（manœuvres）則居住在聚落之外，正如英國的窮人、「勞苦大眾」（labouring poor）（見：Pierre Brizon, *Histoire du travail et des travailleurs* [1926], p. 40）。其次，在拿破崙法典（Code Napoléon）以前，沒有任何法律可以規範自由勞動（見：W. Endemann, *Die Behandlung der Arbeit im Privatrecht* [1896], pp. 49, 53），這證明了工人階級是晚近才有的東西。

71 見普魯東（Proudhon）遺作（*Théorie de la propriété*, pp. 209-10）裡關於「財產是贓物」自出機杼的評論，他突顯了財產的「利己主義的、邪惡的本性」，它是「對抗專制而又不必推翻國家的最有效的工具」。

72 我必須承認，我看不出來現代社會的自由主義經濟學家（他們現在自稱為保守派）如何證成他們的樂觀主義，認為財富的私占足以保護個人的自由，也就是實現和私有財產一樣的角色。在一個受薪者的社會裡，唯有國家保障他們，這些自由才算安全，即使到現在，它們仍然時常受到威脅，那不是國家的威脅，而是社會的，它負責分配職位，決定個人佔有的份額。

73 R. W. K. Hinton, "Was Charles I a Tyrant?" *Review of Politics*, Vol. XVIII (January, 1956)。

74 「資本」(capital)一詞源自拉丁文的「caput」，在羅馬法裡是指債的本金，關於這個歷史，見：W. J. Ashley, *op.cit.*, pp. 429, n. 183。直到十八世紀的作者才開始以現代的「投資獲利」的意義使用這個語詞。

75 中世紀的經濟理論還沒有把貨幣理解成共同衡量標準，而把它解釋成「可消費物」(consumptibiles)之一。

76 *Second Treatise of Civil Government*, sec. 27。

77 古代少數歌頌勞動和貧窮的作者也有感於這個危險（見：G. Herzog-Hauser, *op. cit.*）。

78 指稱「戶內」的希臘文「megaron」和拉丁文「atrium」都有陰暗的強烈意含（見：Mommsen, *op.cit.*, pp. 22 and 236）。

79 Aristotle, *Politics* 1254b25。

80 亞里斯多德把女人的生活稱為「辛苦勞作」(pōnetikos)(*On the Generation of Animals* 775a33)。婦女和奴隸混居在一起，就算是家主的妻子，都不能和她的同輩（其他女性自由民）住在一起，使得階級不是取決於出身，而是「職業」或功能，對此瓦倫（Wallon, *op. cit.*, I. 77 ff.）說得很好，他在談到「階級的混合，這個所有民主功能的共同特性」時說：「在家居生活中……婦女混處在他們的奴隸之間。她們形成自己的階級，勞動是她們的特性，正如打仗是男人的特性。」

81 見：Pierre Brizon, *Histoire du travail et des travailleurs* [4th ed., 1926], p. 184)（談到十七世紀工廠工作的情況）。

82 Tertullian *op. cit.* 38。

83 這個經驗的差異可以解釋，在政治觀點上，奧古斯丁的睿智以及戴都良驚人的實事求是。兩者都是羅馬人，也都深受羅馬政治生活的影響。

84 Luke 18:19。另見：Matt. 6:1-18。耶穌訓誡人不要偽善，不要將善事公開。「不要將善事行在人面前」，而只能在上主面前，祂會在「暗中察看，必然報答你」，而不是「叫人看出」。德語聖經的「Scheinheiligkeit」一詞翻譯很貼切，說明了這個宗教現象，光是表現本身就已經是偽善。

85 我們可以在柏拉圖的對話錄裡看到這個慣用語（*Gorgias* 482）。

86 *Prince*, ch. 15。

87 *Ibid.*, ch. 8。

88 *Discourse*, Book III, ch. 1。

第三章

勞動

在這一章裡，馬克思會遭到批判。那麼多作者或遮或顯地襲用馬克思源泉不竭的觀念和見地、而決定搖身一變成為專業的反馬克思主義者，在這個過程裡，甚至有人說馬克思自己難以自謀生計，而一時忘了他「供養」了那麼多世代的作者；在這樣的時代裡，實在是很令人遺憾。心裡很掙扎的我，想要引述康斯坦（Benjamin Constant）覺得不得不指摘盧梭時所說的話：「當然，我不想和詆毀偉人的那些人沆瀣一氣。如果我不小心在某個意見上和他們一致，我會不禁懷疑我自己；我不想因為和他們意見相同而自責……我覺得我必須拒絕承認這些假朋友，盡可能地和他們保持距離。[1]」

十一、「我們身體的勞動和我們雙手的工作[2]」

我所提出的勞動和工作的區別是很獨特的。有利於它的現象證據太過引人注目了，讓人難以視而不見，然而在歷史上，除了零星的評論以外，在許多作者的理論裡甚至沒有任何開展，因此不管是在近代以前的政治思想傳統，或是整個近代勞工理論，都幾乎得不到任何支持。然而，儘管歷史證據寥寥無幾，卻有個清楚而顛撲不破的見證，也就是每一種歐洲語言，不管是古代的或近代的，都有兩個在字源上風馬牛不相及的語詞，我們後來把它們視為同一個活動，因而一直記著它們的同義詞用法[3]。

因此，當洛克區分工作的雙手和勞動的身體，讓我們想到古希臘的「工匠」（cheirotechnēs），相當於德文的「Handwerker」，以及那些像「奴隸和家畜用身體提供生活所需[4]」的人們，或者如希臘文片語所說的，「靠身體工作的人」（tō sōmati ergazesthai）（然而這裡已經把勞動和工作看作同一回事，因為片語裡頭不是用「勞動」〔ponein〕而是「工作」〔ergazesthai〕）。不過只有在一個方面（在語言學上最重要的），這兩個語詞在古代和近代的用法裡才不被認為是同義詞，也就是和它們對應的名詞的構詞。於此我們看到它們又趨於一致；「勞動」作為名詞，從來都不是指稱完成的產品，從事勞動的結果，它一直是動詞性的名詞，和動名詞被歸在同一類，而產品本身則一概衍生自「工作」一詞，即使現在的用法墨守成規地沿襲自近代的發展，使得「工作」的動詞形式幾乎要被淘汰了[5]。

這個區分在上古時代為什麼居然一直被忽略，其重要意義也不曾被發掘，其理由相當明顯。對於勞動的鄙視，原本是因為人們渴望擺脫生計的壓迫，也對於不能留下一點痕跡、事蹟、值得紀念的成就感到不耐，隨著公民花在城邦生活的時間日增、堅持捨棄（skholē）除了政治以外的所有活動，這樣的鄙視不斷地延伸，擴及於任何必須努力以致之的事物。在城邦完全成形以前的早期政治習慣，只有一種區分，前者是奴隸和戰敗的敵人

（dmōes, douloi），他們和其他戰利品一起被戰勝者載回家，成為家奴（oitekai, familiares），為了自己的生計以及主人的生活而從事奴隸一般的工作，而後者則是一般庶民階級的工匠（dēmiourgoi），他們可以在私人領域以外、在公共領域以內自由活動[6]。後來這些工匠甚至有了不同的稱呼，梭倫說他們是雅典娜（Athena）和赫斐斯托斯（Hephaestus）的兒子，把他們叫作「技匠」（banausoi），也就是以其手藝謀生而不是在市集營營擾擾的人。自西元前五世紀後期以降，城邦才根據所需的勞力多寡將職業予以分類，所以亞里斯多德才會說那些職業是最低下的，它們「對身體傷害最大」。雖然他不認為技匠有資格當公民，倒是接受了牧羊人和畫匠（但是不包括農民和雕刻匠）[7]。

我們接下來會看到，雖說希臘人鄙視勞動，他們對工匠或即「工匠人」（homo faber）心態的不信任或是則是其來有自。然而這樣的不信任只存在於某些時期，而整個上古時代對於人的活動的評斷，包括諸如赫西奧德（Hesiod）之類讚美勞動的人[8]，都是基於一個信念，認為為生計所迫的職業是奴性的。因此，不以勞動為主、卻仍然是為了提供生活所需的職業，也被歸類為勞動狀態，這說明了不同時期和地區在評斷和分類方面的改變和變異。認為上古時代鄙視工作和勞動是因為那是只有奴隸才會做的事，這種看法是近代史家的偏見。古人有不同的理由，他們更認為蓄奴有其必要，因為所有滿足維持生計的職業都有奴隸的性質

[82] [83]

[9]。正因為如此，他們支持且為奴隸制度辯護。勞動意味著成為生計的奴隸，這個奴役狀態正是內在於人類生活的條件裡。因為人們受到生計的宰制，他們唯有宰制那些被他們強迫臣服於生計的人們，才能獲得自由。奴隸的屈辱是命運的打擊，比死亡更悲慘的命運，因為它會讓人蛻變成類似家畜的東西[10]。因此，一個奴隸的狀態的改變，例如主人還他自由，或是因為政治環境的改變而使得若干職業提升到具有公共意義，這些都自動地衍生出奴隸的「本質」的改變[11]。

上古時代的奴隸制度雖然到後來就不復存在，但它並不是廉價勞工的設計，也不是剝削漁利的工具，而只是要將勞動和人的生活條件隔離開來。人和其他形式的動物生活相同之處，不被認為是人性所在。（這剛好也是人們對於希臘人關於奴隸不算是人的說法最大的誤解。亞里斯多德公開支持這個理論，臨終時卻還他的奴隸自由，或許並不像近人所想的那麼言行不一。他並不否認奴隸身為一個人的能力，而是認為，只要人們屈服於生計，就不能說是作為人這個種屬的成員之一的「人」。[12]）而不同於「理性的動物」（animal rationale）裡很有問題的「動物」的用法，在「勞動的動物」（animal laborans）裡的「動物」一詞就非常合理。「勞動的動物」只是居住在地球上的一種動物，就算它是最高等的，也不過如此。

無怪乎在古希臘對於勞動和工作的區分視而不見。私人家政和公共政治領域的區別、作為奴隸的家僕和身為公民的主人的區別、必須隱藏在私人領域裡的活動以及值得被看見、聽到、紀念的活動之間的區別，遮蔽且預定了所有其他的差別，最後只剩下一個判準：人們大多數的時間和精力是花在私人領域或公共領域？職業的動機是「處理私人事業」（cura privati negotii）或是「處理公共事務」（cura rei publicae）[13]？隨著政治理論的抬頭，哲學家甚至推翻了這些至少還可以區分各種活動的差別，而只以沉思和所有其他種類的活動做對比。政治活動也不例外，被謫降到生計的等級，而生計就成了「行動的生活」裡的所有環節的共同標準。想當然爾的，我們也不能期待基督教的政治思想會有什麼幫助，它接受哲學家的劃分，修正它，而多數人的宗教和少數人的哲學，也都賦予它對所有人都有約束力的普遍有效性。

乍看下很令人驚訝的是，近代世界——它顛覆了所有傳統，行動和沉思的傳統區分，以及它們在「行動生活」裡的傳統位階，歌頌勞動是所有價值的源頭，將「勞動的動物」擢升到傳統上賦予「理性的動物」的地位——居然不曾提出任何一個理論，用以清楚區分「勞動的動物」和「工匠人」，「我們身體的勞動和我們雙手的工作」。相反的，我們先是看到生產性的和非生產性的勞動的區分，接著又看到技術性和非技術性工作的劃分，最後則是看起來更根本的體力工作和知識工作的區別，凌駕於前兩個區別之上。然而這三種區分當中，只有生產性和非生產性的勞動的區別才真正切中要旨，而兩位偉大的理論家，亞當．斯密和馬克思，也不約而同地以它作為他們的論證結構的基礎。勞動在近代世界裡的地位提升，其原因在於它的「生產力」，而馬克思看起來很褻瀆的觀念，認為創造人的是勞動（而不是天 [86] 主），或者說人和其他動物不同的地方在於勞動（而不是理性），其實只是近代世界皆然的觀念極端卻邏輯一致的說法[14]。

其次，正如近代的輿論，亞當．斯密和馬克思都認為非生產性的勞動是寄生蟲，甚至是一種變態的勞動，彷彿任何沒辦法讓世界更富有的事物都不配稱為勞動。馬克思當然也和亞當．斯密一樣鄙視「僕役」，他們和「清客……不會留下任何東西以回報他們的消費」[15]。然而正如這些僕役，家奴（oiketai, familiares）他們完全是為了生存而勞動，人們只是為了輕鬆的消費而不是生產才需要他們，在近代以前，當人們把勞動和奴隸劃上等號時，總會想到 [87] 他們。他們用以回報其消費的事物，不外乎主人的自由，或者用近代的語言說，是他們的主人的生產潛能。

換言之，生產性和非生產性的勞動的區別，儘管有偏見的意味，卻包含著更根本的勞動和工作的區別[16]。勞動沒有留下任何事物，它的勞力結果在勞力付出的當下很快就被消費掉了，這的確是所有勞動的特徵。然而這個勞務雖說微不足道，卻有其迫切性，也以比任何其他事物都更強烈的驅力為其動機，因為生命本身必須仰賴它。整個近代世界，尤其是馬克思，都震懾於西方人史無前例的現實生產力。不由得把勞動推崇為工作，以更適合「工匠人」的說法去描述「勞動的動物」，總是希望下一步就能完全消除勞動和需求[17]。

讓勞動走出暗處、進入公共領域的現實歷史發展，不管是工會或是「分工」[18]，在這些理論的開展裡構成了有力的論證。然而就此而言，更重要的事實是（古典經濟學家已經意識到了，而馬克思也清楚闡述過），勞動本身，撇開歷史發展不談，也不管它是在私人領域或公共領域，它的確擁有自己的「生產力」，無論多麼微不足道，或者在產品裡存在的時間多麼短暫。這個生產力不在任何勞動的產品裡，而在人的「力量」，當它生產出生存的工具時，它的力氣就耗盡，但還是能夠生產「剩餘」，也就是它自身的「複製」所需以外的東西。誠如恩格斯所說的，馬克思提出的「勞動力」（Arbeitskraft）構成他整個體系裡最原創的、革命性的元素，那是因為能解釋勞動的生產力的，不是勞動本身，而是人的勞動力的剩餘[19]。不同於工作的生產力，它會為人的施設造作增加新的客體，勞動力的生產力只是附帶地生產出客體，它的主要任務還是自身複製的工具；既然當它的複製完成後，它的力量還沒有耗盡，它就可以用於一個生活歷程以上的複製，但是它能「生產」的也只有生活[20]。透過奴隸社會裡的威迫，或是馬克思當時的資本主義社會裡的剝削，若干人的勞動居然可以滿足所有人的生活。

這個單純的社會觀點也是整個近代世界的觀點，不過在馬克思的作品才得到最融貫而精闢的闡述，對它而言，所有勞動都是「生產性的」，而以前區分從事沒有留下一點痕跡的「鄙事」和生產恆久而足以積累的事物，也失去它的有效性。這個社會觀點相當於前述只考慮人的生命歷程的詮釋方式，在它的觀念架構裡，所有東西都成了消費的對象。在一個完全「社會化的人」身上，勞動和工作的區分會銷聲匿跡，他的唯一目的是享受生命歷程——很可惜的，這剛好是主導著馬克思理論的很不烏托邦的理想[21]；所有工作都成了勞動，因為所有事物不是就其事物的世界性的、客觀的性質被理解，而是作為使用勞動力的成果以及生命歷程的功能[22]。

耐人尋味的是，技術性和非技術性的、知識和體力的工作的區別，不管是在古典經濟學或是馬克思的作品裡，都沒有受到重視。相較於勞動的生產力，它們的確只是次要的。任何活動都需要相當程度的技術，清潔和烹飪的技術如此，寫書和蓋房子亦然。這個區分並不適用於所有活動，而只適用於它們裡頭的若干階段和性質。它可以因為近代的分工而變得重要，以前指派給年輕人和無經驗者的差事，現代都凍結成終身的職業。一個活動被拆解成許多瑣細的部分，每個專門的操作者只要一點點技術就夠了，但是誠如馬克思所預測的，這個分工的後果會有整個廢除技術的傾向。其結果是，投入勞動市場販賣的，不是個人的技術，

[89]　[90]

而是每個人都差不多一樣的「勞動力」。再者，既然非技術性的工作本身就是個矛盾的概念，該區分本身就只是對勞動行為有效，而假如試圖將它應用在更大的觀念架構裡，就意味著必須為了勞動而放棄勞動和工作的區別。

更常見的體力工作和知識工作的分類，情況則大異其趣。勞力者和勞心者的關係則仍然在於勞動過程，後者是用大腦，前者則是身體的其他部分。然而，原本應該屬於大腦活動的思考，雖說在某方面就像勞動一樣——也是一直到生命終點才會停下來的過程——它比勞動更不具「生產性」；如果說勞動沒有留下永久的痕跡，那麼思考更是沒有留下任何有形體的東西。思考本身不會體現為任何對象。每當知識工作者想要展現他的想法時，他必須用他的雙手，並且像其他工作者一樣習得手工技藝。換言之，思考和工作是兩種不同的活動，兩者從來沒有同時發生；思想家要世界知道他的思想「內容」，首先必須停止思考，回想他的想法。這其中的回想為它們最終的具體化預備了無形的、微不足道的東西。它是工作程序的開端，而就像工匠在思考他的工作模式，它也是最非物質性的階段。工作本身總是必須有若干材料，才能據此執行，而透過製作，也就是「工匠人」的活動，材料才能轉變成人間的事物。知識工作的特殊工作性質，和其他工作一樣，都得仰賴於「我們雙手的工作」。

以上古時代「自由民的」和「奴隸的」技藝的區分，附會和證成近代知識和體力勞動的區別，似乎很合理也很常見。然而自由民的和奴隸的技藝的判別特徵根本不是「知識程度更高」或是說「自由民的技藝」是用大腦工作，而「販夫走卒」則是用他的雙手。上古時代的判準主要是政治上的。涉及作為政治家的美德的「慎思」（prudentia），以及「利用厚生」（ad hominum utilitatem）的職業[23]，例如建築、醫療和農業[24]，都是屬於自由民的。所有買賣，包括文士和木匠，都是「鄙事」，會辱沒了成熟的公民，最低下的居然是我們覺得最有用的行業，例如「魚販、屠夫、廚師、家禽販子和漁民[25]」。但是就連它們也不必然只是從事勞動。還有第三個範疇，也就是苦役和勞務本身（「勞務」〔operae〕不同於「工作」〔opus〕）的付出，在這些情況裡，「工資本身就是奴隸身分的抵押金[26]」。

體力工作和知識工作的區分，雖然可以溯自中世紀[27]，它還是近代的產物，而且有兩種大相逕庭的原因，卻同樣是近代世界普遍氛圍的特徵。由於在近代的條件下，任何職業都必須證明它對整個社會的「實用性」，而由於知識性行業的實用性因為近代世界推崇勞動而被貶低，知識分子很自然地也會想躋身於工人階級。然而很矛盾的是，這個社會對於「知識性」成就前所未有的重視，唯有羅馬帝國衰亡的那幾個世紀差堪比擬。我們不妨就此回想一下在整個上古史裡，文士（抄書吏）的「知識性」服務，不管是要因應公共領域或私人領域的需求，都是由奴隸或是階級相同的人執行的。直到羅馬帝國的官僚化，以及當時皇帝在社會和政治方面的地位提升，才對「知識性」服務有了重新評價[28]。由於知識分子的確不算是工人——就像其他工人，從最卑下的工匠到最偉大的藝術家，他也致力於為人的施設造作增加一個恆久的東西——他更像是亞當．斯密所說的「家僕」，雖然他的功能不在於維繫生命歷程的完整，促進它的再生，而是負責維護龐大的官僚機器，其程序就像生物性的生命歷程一樣快速而無情地消耗他們的服務，揮霍他們的產品[29]。

十二、世界的事物性格

古代理論裡對於勞動的鄙視，以及近代理論裡對於勞動的美化，都是基於他們對於勞動者的主觀態度或活動的解釋，不認為那是多麼辛苦的付出，或是讚美他們的生產力。在區分輕鬆和辛勞的工作時，這個進路的主觀性或許會更顯著，但是我們看到，至少對於馬克思而言——作為最偉大的近代勞動理論者，他在這方面的討論必然提供了一種試金石——勞動的生產力是以生命歷程自我繁殖的種種需求加以衡量和評斷的；它存在於人類勞動力天生的潛在過剩裡，而不在於他所生產的事物的性質或性格裡。同樣的，古希臘人認為畫家的地位高於雕刻家，當然不是因為他們比較重視繪畫[30]。勞動和工作的區分，我們的理論家如此頑固地置若罔聞，而我們的語言卻又如此執拗地保存了它，如果不考慮其生產物的世界性格——它的位置、功能以及在世界裡的保存時間——那麼這個區別也就只是程度的差別罷了。麵包（它在世界裡的「預期壽命」幾乎不到一天）和桌子（它或許可以很容易地就傳了好幾代）的區別，當然比麵包師傅和木匠的區別來得顯著而明確。

我們一開頭就提到的語言和理論耐人尋味的出入，於是變成了以世界為取向的、「客觀的」語言，以及我們在嘗試理解時會利用的以人為取向的、主觀的理論之間的區分。語言以及構成其根柢的基本人類經驗（而不是理論）讓我們明白，世間的萬事萬物（行動的生活就在其中度過）性質各自不同，而且是由各種不同的活動創造出來的。就其作為世界的一部分而觀之，工作的產物——而不是勞動的產物——確保了恆久性和耐久性，否則世界根本不可能存在。我們在這個持久事物的世界裡發現了消費品，生命藉此確保了自身生存的工具。這些為了持續消費的事物，基於身體所需，而由身體的勞動生產出來，它們在一個環境裡出現又消失，在那環境裡的事物不是被消費，而是被使用，而我們在使用時也漸漸習慣且適應了它們的存在。就其本身而言，它們造就了世界的熟悉性，人和事物乃至於人與人之間的往來的習俗和習慣。消費品之於人的生活，正如使用品之於人的世界。從它們那裡，消費品得到了事物的性格；而語言（它不讓勞動形成任何如名詞一般堅實而非動詞的東西）很可能暗示著，如果眼前沒有「我們雙手的工作」，我們甚至不知道事物是什麼。

不同於消費品和使用品，最後還有行動和說話的「產物」，它們共同構成人們關係和事件的質地。就其本身而言，它們不僅不像其他事物那樣看得見摸得著，甚至比我們為了消費而生產的東西更不耐久而更加徒勞無功。它們的實在性完全仰賴於人的多元性，仰賴我們看得見聽得到的他人恆常的臨在，因而見證它們的存在。行動和說話仍然是人類生活的外顯，這樣的生活只有一種活動，雖然和外在世界有種種往來方式，卻不必然在其中開顯，也不必因為被看見、聽到、使用或消費才能成為真實的：這個活動就是思想的活動。

然而就其世界性而觀之，行動、說話和思想彼此的共同點遠高於它們各自和工作或勞動的關係。它們自身並不「生產」，也就是讓任何事物誕生，它們和生命本身一樣徒勞無功。為了成為世界性的事物，也就是思想或觀念的事蹟、事實、事件和型態，它們首先必須被看見、聽到、記得，接著蛻變或實體化為事物，變成言論或詩，白紙黑字或是印刷成書，變成繪畫或雕塑，變成所有錄音、文件或碑銘。整個人類事務的事實世界，為了它的實在性和持存，首先必須仰賴於看見、聽到、記得它的他人的臨在，其次則是讓虛無縹緲的東西蛻變成看得見摸得著的事物。如果沒有記憶，沒有實體化（記憶需要它才能存在，而正如希臘人所說的，它也讓記憶成為所有藝術之母），行動、說話和思想生機盎然的活動，到頭來會失去它們的實在性而煙消雲散，宛如不曾存在過。為了在世界裡持存而必須經歷的物質化過程，其代價就是以「死的文字」（dead letter）取代曇花一現的「有生命的精神」（living spirit）。它們必須付這個代價，因為它們的本性是完全非世界性的，因而需要一個性質迥異的活動的挹注；為了它們的實在性和物質化，它們也必須仰賴於和人類的施設造作其他事物相同的工藝。

人類世界的實在性和可靠性，主要奠基於以下的事實：我們周遭的事物比我們生產它們的活動更加恆久，甚至可能比它們的造作者的生命更長久。人類的生活如果說是在打造世界的話，那麼它就是投入一個持續實體化的歷程，而所生產的事物（整體而言，即構成人的施設造作）的世界性程度，即取決於它們在世界本身裡的恆久性長短。

十三、勞動和生命

有形事物中最不能持久的，當屬生命歷程本身所需的一切。它們幾乎在生產行為以後沒多久就消耗掉了：用洛克的話說：所有那些「對人的生活，對維持生計所需真正有用的善的事物（good things）」，「一般而言都很短暫，就算不是在使用中消耗掉，也會自己腐敗毀壞。[31]」它們在人間稍作停留即回歸自然歷程，原本自然歷程就是透過人和動物的生命歷程的吸收或是透過腐敗分解而產生它們；而作為人造的形式，它們藉此在人為世界裡有個朝菌蟪蛄的位置，比世界任何其他東西都更加短暫。就其世界性而言，它們是最不具世界性的卻又最自然的事物。雖然它們是人造的，它們來來往往，被生產和消耗，符合周而復始的自然循環運動。生物或有機體的律動也是週期性的，人的身體也不例外，只要它熬得過遍布在它的存有裡且賦予它生命的歷程。生命的歷程會耗盡耐久性、磨損生命、使它消失，直到死掉的物質（小規模的、單一的、週期性的生命歷程的結果）回歸大自然自己巨大的整個循環裡，在那裡無始無終，所有自然事物都以沒有變異和死亡的反覆方式擺盪著。

自然以及它迫使所有生命遵循的週期運動，沒有我們所理解的生死。人類的生死不只是自然的事件，而是和一個世界有關，單一的個體，獨一無二的、不可交換的、不可重複地存有者會出現在其中，也會和它告別。出生和死亡預設著一個不是恆動的世界，但是它的耐久性和相對的恆久性使得生滅成為可能，它早在任何個體踏進它以前就已經存在，而在個體和它告別以後仍然會繼續存在。如果沒有一個世界讓人類在其中生死流轉，那麼就只會有不變的永恆回歸，人類和其他動物也會沒有死滅而寂然常存。如果一個生命哲學沒能像尼采那樣以「永恆回歸」（ewige Wiederkehr）的肯定作為所有存有者的最高原理，那麼它就只是不知所云罷了。

然而如果說「生命」一詞和世界有關，指涉生死之間的間隔，那麼它的意義則全然不同。生命受限於開始和結束，也就是在世界中出現和殞滅的兩個最重要的事件，恪守著一種直線運動，其運動卻是由人類和其他生命共享的生物性原動力加以驅動，這樣的原動力永遠維持著自然的週期運動。人類生命的出現和消失構成了世界的事件，它的主要特色在於它本身充滿了可以訴說成故事的事件，形成了一部傳記；亞里斯多德所說的正是這種生命，是「bios」而不只是「zōē」，他說「生命屬於實踐」[32]。如前所述，由於在希臘的政治學理解裡，行動和言談是密不可分的，這兩種活動的結果確總會是個首尾一致的故事而讓人訴說著，不管個別的事件及其成因看起來有多麼意外或偶然。

唯有在人的世界裡，自然的週期運動才會顯現為成長和衰落。確切地說，正如出生和死亡，它們也不是自然的事件；在不眠不休、永不止息的循環裡沒有它們的位置，在其中，自然的大家庭成員永恆地擺盪著。它們唯有踏入人造的世界裡，自然的歷程才有所謂的成長和衰落；我們唯有把自然的產物，這棵樹或這隻狗，當作個別的事物，藉此把它們從它們的「自然」環境中取出，放進我們的世界裡，它們才會有成長和衰落。在人類的存在裡，自然表現為我們身體功能的週期運動，而在人造世界裡，它則表現為過度成長和敗壞的持續性威脅。兩者的共同特色，人的生物歷程和世界裡的成長和衰落的歷程，在於它們都是屬於自然的週期運動，因而是永無止盡的重複；人類因為必須因應它們而產生的所有活動，都和自然周而復始的循環息息相關，但是確切地說，它們本身其實是無始無終的；**工作**的終點是對象的完成，增益了事物的共同世界；而**勞動**則不然，它總是在相同的循環裡運行，該循環是由生命的生物歷程規定的，唯有這個生命死了，如此的「不憚辛勞不憚煩」*才會告終[33]。

[99] 當馬克思把勞動定義成「人和自然之間的物質變換（metabolism）」，在其歷程中，「人按照對自己有用的方式來改變自然物質的形態」，俾使「勞動表現為一種對象性」，他明白指出他說的是「生理學上的」，而勞動和消耗只是生物生命周而復始的循環的兩個階段而已[34]。這個循環必須透過消耗才能維繫，而提供消耗的種種工具的正是勞動[35]。勞動的任何生產都幾乎直接注入人的生命歷程，而這個使生命歷程再生的消耗則會產生——或者說是複製[100]——繼續維持身體的新的「勞動力」[36]。從生命歷程本身的迫切需求的觀點來看，正如洛克所說的「維持生計所需」，勞動和消耗的相生相待顯得如此緊密，它們幾乎是同一個動作，才剛結束就又開始了。這個「維持生活所需」主宰著勞動和消耗，而當勞動積極地將自然事物具體化、「囤積」並且在身體方面和它們「混合」[37]，它甚至比身體的消耗養分更加熟練。兩者都是擷取和毀滅物質的揮霍過程，而勞動對其材料的「施作」只是為了將來的毀滅

作準備而已。

的確，唯有從世界的觀點而且有別於工作，才看得出來勞動的這個毀滅性的、揮霍的面向，工作不是為了具體化而準備物質，而是把物質變成材料，以便對它施作，並且使用其完成產物。從自然的觀點來看，真正有毀滅性的不是勞動，而是工作，因為工作的過程把物質從自然的身上奪走，而在人體的新陳代謝（物質變換）的自然過程中不再歸還它。

同樣和自然運動周而復始的循環息息相關、但沒有「人類生命的條件」那麼迫切的[38]，是勞動的第二個任務：持續而永無止境地對抗成長和衰落的歷程，透過這個歷程，自然不斷地入侵人類的施設造作，威脅到世界的持久性以及它對人類的實用性。保護且保存世界以對抗自然歷程，是需要每日重複各種瑣事的辛苦差事之一。這個勞動的對抗，有別於滿足當下身體需求的勞動的和平實踐，雖然可能比人和自然的直接物質變換更沒有「生產性」，和世界的關係卻更加緊密，因為它幫助世界對抗自然。在古老的傳說和神話故事裡，它往往表現為英雄和懾人的逆境對抗的偉大事蹟，例如海克力斯（Hercules）的故事，他為伊利斯王奧格斯（Augeas）打掃牛圈也是十二件英勇「勞動」（功勳）之一。必須有極大的力量、勇

＊譯注：語出《馬克白》。

氣以及戰鬥精神的英勇事蹟，在「勞動」一詞的中世紀用法裡也有類似的含意：「travail」、「arebeit」（工作的意思）。然而，人的身體每天奮力維持世界的清潔、防止它的腐敗，卻和英雄事蹟大相逕庭；人們每天必須不厭其煩地清理昨天的穢物，那並不需要勇氣，使這個勞務痛苦難耐的不是危險，而是永不間斷的重複。海克力斯的「勞動」和所有偉大事蹟的共同處點在於它們都是很獨特的；但是很不幸的是，當他完成任務時，保持乾淨的只是神話裡的奧格斯的牛圈。

十四、勞動和繁殖力

勞動很石破天驚地從最低等卑劣的地位竄升到最高等第，變成最受人敬重的人類活動，始自洛克發現勞動是所有財產的起源。亞當·斯密（Adam Smith）主張說勞動是所有財富的來源，使得這個說法一路發展下去，在馬克思的「勞動體系」[39]裡達到巔峰，勞動成了所有生產力的來源以及人性的表現。然而這三個人當中，只有馬克思關心勞動本身的問題；洛克關心的是作為社會根基的私有財產制度，而亞當·斯密則是要解釋且辯護財富無限積累的隨心所欲的發展。但是他們三人都認為（雖然馬克思的說法最有說服力且邏輯一致），勞動是人至高無上的建構世界的能力，而由於勞動是人的活動中最自然的、最不具世界性的，他們因此陷入某些真正的矛盾裡，就連馬克思也不遑多讓。這些矛盾的解答，或者說為什麼這些偉大的作者對此渾然不覺的原因，在於他們把工作和勞動畫上等號，因此賦予了勞動某些只有工作才具備的能力。這個等式總是會導致明顯的荒謬，雖然不若范伯倫（Thorstein Veblen）以下這句話那麼一目了然：「生產性的勞動的恆久證據在於它的物質產物，一般而言是某種消耗品。[40]」他劈頭就提到「恆久證據」，因為他必須藉此證明所謂勞動的生產力，而它卻會立刻被產品的「消耗」消滅掉，雖然他不得不以該現象本身的事實證據作結。

因此，洛克為了讓勞動擺脫生產「短期事物」的恥辱，不得不請出貨幣——「可以持有而不變質的恆久事物」——作為「解圍之神」（deus ex machina），如果沒有貨幣，遵守生命歷程的勞動的身體就沒辦法如財產一般恆久而持續地成為任何事物的起源，因為在勞動過程的活動以後並不會留下什麼「耐久的」東西。就連其實把人定義成「勞動的動物」（animal laborans）的馬克思也必須承認，勞動的生產力始於「對象化」（Vergegenständlichung），「一個對象世界的產生」（Erzeugung einer gegenständlichen Welt）[41]。但是勞動本身絕對沒有辦法讓勞動的動物不致於從頭來過，因而落入「自然的永恆必然性」（eternal necessity imposed by nature）[42]。當馬克思主張說，勞動「過程消失在產品中[43]」，他忘了他自己把該過程定義成

「人和自然之間的物質變換」，產品被身體的生命歷程直接「體現」為該過程，被消耗且毀滅掉。

由於洛克和亞當・斯密都不關心勞動本身的問題，他們大可以承認勞動和工作的某些原則性的區別，只要它不是對於勞動的真正特徵置若罔聞的那種詮釋即可。因此，亞當・斯密把所有和消耗有關的活動稱為「不生產的勞動」（unproductive labor），彷彿這是某個東西微不足道的、可有可無的特徵，而生產力才是其真正的本性。當他輕蔑地說「僕婢的勞動……一般是在其履行的瞬間而消失；很少在其服務之後，留有痕跡或價值[44]」，那比較接近近代以前的看法，而不像是近代對勞動的歌頌。亞當・斯密和洛克都很清楚，不是每一種勞動都「對任何事物造成價值差異[45]」，有某種活動不會「使其所加的對象增加價值[46]」。的確，勞動也會把某些屬於人的東西加入自然之中，但是自然所賦予的東西（「善的事物」）以及人的參贊化育之間的比例，在勞動的產品以及工作的產品裡正好相反。提供消耗的「善的事物」從未完全失去其自然性，穀子從未消失在麵包裡，正如樹木從未消失在桌子裡。於是，雖然洛克很少注意到他的區分「我們身體的勞動和我們雙手的工作」，但是他必須承認「短期的」事物和「持續」得夠久、「使得人們可以持有而不變質」的事物之間的分別[47]。亞當・斯密和洛克的困境一樣；他們的「產品」必須在有形事物的世界裡待得夠久，才會是

「有價值的」，據此，無論價值被洛克定義成可以持有的東西而變成財產，或是被亞當．斯密定義成持存得夠久而可以交換其他事物，這些都是非物質性的。

這些當然都是小問題，相較於猶如紅線一般貫穿馬克思整個思想的根本矛盾，不管是在《資本論》第三卷或是青年馬克思時期的作品。馬克思對於勞動的態度（那是他的思想核心）一直很模稜兩可[48]。雖說它是「自然的永恆必然性」，也是人的活動中最人性的、最有生產力的，然而根據馬克思的說法，革命並不是要解放勞動階級，而是要讓人從勞動中解放出來；唯有終止勞動，「自由的王國」才能取代「必然性的王國」。因為「唯有由需求和外在目的規定的勞動終止以後，自由的王國才會開始」，也就是在「直接的生理需求的支配」終止以後[49]。在二流作者那裡很少會有如此根本而昭然若揭的矛盾；在偉大作者的作品裡，這些矛盾則會成為作品的核心。對於馬克思而言，他在如實描述眼前的現象時的忠實和正直是無庸置疑的，誠如所有馬克思學者所說的，他的作品中的重要矛盾，既不可能歸咎於「史學家的科學觀點和先知的道德觀點[50]」之間的差異，也不在於需要否定或惡以產生肯定和善的辯證運動。其實，在他所有階段的作品裡，他都把人定義成「勞動的動物」，使得他推論出一個不再需要這個最偉大且人性的力量的社會。我們只能很苦惱地在奴役和沒有生產力的自由之間做抉擇。

於是問題來了，洛克和他的繼起者雖然有各自的理解，為什麼頑固地把勞動視為財產、財富、所有價值甚至人性的起源。換言之，勞動裡究竟有什麼對於近代世界如此重要的內在經驗？

在歷史上，自十七世紀以降的政治理論家見證了史無前例的財富、財產、積蓄的成長。為了解釋這個持續的成長，他們很自然地注意到進步的歷程本身的現象，使得進步的概念成為近代以及由它發展出來的科學（歷史的和自然的）的關鍵詞，其原因我們會在下文討論之[51]。由於這個歷程看似無窮無盡，它自始即被認為是個自然歷程，甚至被比喻為生命歷程本身。近代最粗鄙的迷信，「錢滾錢」，以及最敏銳的政治洞見，「權力產生權力」，其合理性基礎皆在於生命的自然繁殖力的隱喻。在人的所有活動中，唯有勞動（既非行動也不是工作）才是無止盡的、配合生命本身自動發展的，而且不屬於人類種種有意義的目的的意志決定範圍。

最能彰顯馬克思的思想高度以及他在描述現象世界時的忠實的，或許是他把勞動和生育解釋為同一個繁殖生命的歷程的兩個模式，並以此作為他整個理論的基礎。對他來說，勞動是「自己的生命的複製」，它確保了個體的持存，而生殖則是製造「另一個生命」，它確保了種屬的延續[52]。就年代順序而言，這個見解是他的理論從未忘記的起源，其後他更加以闡述，以生物的勞動力取代「抽象勞動」，把勞動的剩餘理解為在勞動者生產了自身複製的工具以後仍然存在的勞動力總量。他藉此揭露了前人（他幾乎所有重要靈感都是受惠於他們）不曾探索過的、而後繼者也無法企及的深層經驗。他把他的理論，近代世界的理論，和關於勞動本質的最古老且最固執的看法熔於一爐，根據希伯來和古典時期的傳統，勞動和生育同樣與生命息息相關。同樣的，唯有在馬克思的作品裡才能突顯不久前才發現的勞動生產力的真正意義，其基礎在於把生產力和繁殖力畫上等號，從人的「生產力」到充滿「善的事物」的社會的著名發展，因而只遵循著唯一的法則，服從唯一的必然性，也就是原始的誡命：「你們要生養眾多」＊，它宛若自然的聲音在對我們呼喚。

人和自然之間的物質變換的繁殖力，是從勞動力的自然過剩裡成長出來的，它一直分享著自然的大家庭裡處處可見的豐盈。勞動的「福分或喜悅」是人類用以體驗我們和其他生物同享的生命幸福的方式，也是人們優游且擺盪於自然規定的循環裡的唯一方式，辛勞和休憩，勞動和消耗，正如日夜交替、生死相續一般，遵循著相同的幸福而漫無目標的規律性。辛勞和煩惱的報償即在於人的繁殖，在於人們「不憚辛勞不憚煩」正其性命的恬淡自信，相

＊譯注：《舊約聖經．創世記》1:28。

信他會存在於未來薪盡火傳的子孫當中，成為他們的本性的一部分。舊約聖經不同於古典時期傳統，認為生命是神聖的，因此無論死亡或勞動都不是惡的（一點也不像是厭惡生命的主張）[53]，在先祖的故事裡顯示他們的生活多麼不在乎死亡，既不需要個人在塵世裡的不朽，也不需要靈魂永恆不滅的保證，死亡的臨到就像是夜晚的熟悉形象，「享大歲數」*，平靜而永恆的休息。

整個生命的福分，作為勞動的底蘊，在工作裡永遠也找不到，也不可以和任務完成以後難免的短暫寬慰和喜悅混為一談。勞動的福分在於辛勞和滿足的形影不離，正如生存工具的生產和消耗一樣，幸福是該歷程本身的副產品，正如快樂是健康身體功能的副產品一樣。我們把塵世生活一直擁有的幸福概括化而庸俗化為「最大多數人的幸福」，因而把勞動的人性的基本實在性概念化為一種「理想」。追求幸福的權利的確和生命權一樣不可否認，但是那和幸運截然不同，後者既罕見也不長久，因此無從追尋，因為幸運與否全憑運氣，與奪之間純屬偶然，雖然大多數人在「追求幸福」時也會試試運氣，而運氣不好時也會不快樂，因為它們想要保有且享受運氣，宛如那是取之不盡用之不竭的「善的事物」。除了痛苦的疲憊和歡樂的再生的命定循環以外，並沒有什麼恆久的幸福，而如果破壞這個循環的平衡——如果在疲憊之後接踵而至的不是再生而是苦難，那麼就會導致貧窮和不幸，如果取代疲憊的是無聊，那麼人就會驕奢淫逸，無所事事；又或者說，種種生活所需的磨坊，也就是攝食和消化，殘忍無情而沒精打采地把人們孱弱的身體消磨殆盡——更會毀掉來自生命的根本幸福。

生命力就是繁殖力。只要生物能夠自我複製，它就不會枯竭，而它的「剩餘」就在於它潛在的增殖。馬克思始終如一的自然主義把「勞動力」視為人類特有的生命力模式，它和大自然一樣，都有能力創造「剩餘」。由於他幾乎只對這個過程有興趣，也就是「社會的生產力」的過程，在人的生命裡，如同每個物種的生命，生產和消耗總是能夠折衷妥協，因此世界性事物個別存在的問題（其持久性讓它能夠在生命的揮霍過程中倖存）根本不會發生在他身上。從物種生命的觀點看，所有活動的確都是以勞動為其共同標準，而唯一的區別判準則是注入生命歷程的財富的多寡而已。當每個事物都成了消耗的對象時，勞動的剩餘不會改變產品本身的「短期」性質的這個事實就再也不重要了，這點在馬克思對於前輩們不厭其煩地區分「生產的」和「不生產的」、或者「技術」和「無技術」勞動嗤之以鼻的作品裡清楚可見。

馬克思的前輩們為什麼沒辦法擺脫這些區分（它們基本上相當於更根本的工作和勞動的

＊譯注：《創世記》15:15。

區分），其原因不在於它們沒有那麼「科學」，而是因為它們的假設不外乎私有財產或是個人占用國家財富。光是剩餘並不足以確立財產制度；勞動的產品不會因為剩餘而更加持久，無法「囤積」和儲存而成為財產的一部分；相反的，如果它們沒有「在腐敗以前」被消耗掉，它們很可能在占用的過程中消失或是「一文不值地殞滅」。

十五、財產和財富的私有性

乍看下的確很奇怪，一個堅持以廢除所有財產為結論的理論，居然會從私有財產的理論建立為起點。但是如果我們考慮到近代世界對於財產的看法壁壘分明的面向（財產權的主張明顯是相對於共同領域和國家而言的），就不會那麼奇怪了。由於在社會主義和共產主義以前，沒有任何政治理論倡言建立一個完全無財產的社會，在二十世紀以前，也沒有任何政府認真地想要徵收公民的財產，因此，這個新理論的內容不太可能是基於保護財產權免於政府機關侵犯的需要。重點在於，現在所有財產理論顯然都是站在辯方的立場，然而當時的經濟學家根本不是站在辯護的立場，相反的，他們公然和整個政府唱反調，認為政府最多只是「必要的惡」，是「人性的反映」[54]，在最不濟的情況下，政府則是社會的健康生活下的寄生蟲[55]。近代世界激烈辯護的，從來都不是財產本身，而是隨心所欲地追求更多的財產或占用；正如它抨擊所有代表著共同世界「槁木死灰的」永存的機構，它也以生命為名，以社會的生命為名而奮戰。

正如生命的自然歷程的場域是在身體裡，無疑地沒有任何活動像勞動那樣和生命休戚與共。洛克既不滿意傳統關於勞動的解釋，也就是認為勞動是貧窮的自然而不可避免的結果，而從來都不是消滅貧窮的工具，他更不滿意傳統對於財產起源的解釋，亦即透過購買、征服或是共同世界最原始的劃分[56]。他真正關心的是占用，他必須去探索的，是一種占用世界的活動，而該活動的私有性同時必須是不容置疑的。

當然，沒有任何東西會比生命歷程的身體功能及其繁殖力更私密，令人費解的是，很少有「社會化的人」如生命歷程本身一般尊重這樣的「活動」且堅持那是完全私人的事。在這其中的勞動，由於它是個活動而不只是個功能，因此是最不私密的，是我們唯一覺得不需要隱藏的；然而它和生命歷程的關係還是密切得足以支持占用的私有性的說法，而有別於財產的私有性的主張[57]。洛克把私有財產奠基在最私人的東西上，「人身的財產」，也就是「他的身體」[58]。「我們身體的勞動和我們雙手的工作」成了同樣一回事，因為兩者都是「占用」「上帝……讓人們雨露均霑的東西」的「工具」。而這些工具，身體、雙手和嘴巴，都是自然的占用者，因為它們不是「人們共有的」，而是讓每個人私用的[59]。

正如馬克思訴諸一個自然力，也就是身體的「勞動力」，以解釋勞動的生產力以及財富增加的發展過程，洛克雖然沒有那麼明顯，卻也把財產追溯到占用的自然起源，以打破將每個人在世界裡的私有部分「從公地圈來」(enclosure from the common)的那些穩定的、世界性的界線[60]。馬克思和洛克的另一個共同點在於他想把財富增加的過程視為一個自然歷程，自動地遵循著它自身的法則，不受意志的決定和目的左右。如果有任何人類活動和這個歷程有關的話，那應該只有身體的「活動」，即使人們想要抑制其自然功能也不得其門而入。抑制這些「活動」無異於破壞自然，而對於近代世界而言，無論是極力主張私有財產制度或是認為它會阻礙財富的增加，抑制或控制財富的過程，相當於意圖摧毀社會的生命。

在近代世界的發展以及社會的興起當中，人們最私有的活動，也就是勞動，變成了公共的東西，也被容許建立它自己的共同領域，讓人不禁懷疑作為世界裡的私人空間，財產的存在是否能夠抵擋財富無限增加的過程。然而，唯有把財產變成占用，或者把它詮釋為「從公地圈來」，把它視為身體活動的結果或「產品」，才能保證個人所有物的私有性，也就是和「公地」完全獨立。在這個層面上，身體的確成了最典型的財產，因為那是唯一不能和別人分享的東西。事實上，在身體裡發生的事，它的快樂和痛苦，它的勞動和消耗，是最個殊的且不足為外人道的，因而在共同領域裡看不見也聽不到。同樣的，專注於身體的生命，例如被人奴役或承受極端的痛苦，也最能將人完全摒除於世界之外。不管基於任何理由，如果人們想要完全擁有「私有的」個人存在，遺世獨立，只意識到自身的生命，他的主張就必須以這些經驗為基礎；但是奴僕勞動無止盡的苦工是人為的而不是「自然的」，而且牴觸了「勞動的動物」的自然繁殖力（其精力和時間的消耗不是為了自身生命的複製），因此，斯多噶學派（Stoic）或伊比鳩魯學派（Epicurean）所謂與塵世獨立的「自然」經驗，就不會是勞動或奴役，而會是痛苦。與世隔絕且優游於自身生活而得到的快樂，無非是著名的「痛苦的缺如」（absence of pain），這是各種邏輯一致的感覺主義（sensualism）都會同意的定義。快樂主義（hedonism）主張唯有身體感覺才是真實的，它只不過是非政治的、完全私人的生活方式的極端形式，也就是真正實現了伊比鳩魯（Epicurus）的「隱姓埋名而不涉世事的生活」（lathe biōsas kai mē politeuesthai）。

通常，「痛苦的缺如」只不過是在經驗世界時的身體狀況，唯有身體處於平靜而沒有痛苦的狀態，或者是從擾動回復平靜，我們的身體感官才能正常運作，接收到外界的訊息。我們往往只有在痛苦和無痛苦之間的短暫間隔，才能「感覺」到「痛苦的缺如」，而和感覺主義者所謂的「快樂」概念對應的感覺，其實是來自於痛苦而不是它的缺如。這個感覺的強度是毋庸置疑的；唯有痛苦的感覺才差堪比擬[61]。基於各種理由而意欲將人們從世界中「解脫」的哲學，它需要的心靈工作一直是個想像的動作，也就是把單純的「痛苦的缺如」體現為從痛苦中解脫的感覺[62]。

無論如何，痛苦及其附屬的解脫經驗，是唯一與世界獨立的感覺經驗，其中甚至不包含對於任何塵世對象的經驗。被劍刺傷的痛苦，或是用羽毛搔弄而發癢，並沒有透露關於那把劍或羽毛的任何性質甚至它們的存在[63]。我們唯有懷疑人類感官能夠真正經驗到世界（這個懷疑尤其是近代哲學的起源）才能說明，人們以諸如痛苦和發癢之類顯然讓感官無法正常運作的現象作為所有感官經驗的典範，並且從它們推論出「次性」和「初性」的主觀性，那是多麼奇怪而荒謬的選擇。如果除了身體對自身的感覺以外，我們沒有其他感官知覺，那麼外界世界的實在性不僅變得可疑，我們甚至根本不可能有任何關於世界的觀念。

勞動是唯一和無世界性（worldlessness）的經驗或是「在痛苦中失去世界」完全對應的活動，在其中，人的身體，應該說是它的活動，也會被迫回到它自身，只專注在它自己的生命，囚禁在它和自然的物質變換裡，從來沒有超越或擺脫身體功能周而復始的循環。我們先前提到和生命歷程有關的雙重痛苦，那樣的痛苦既難以言喻，而根據聖經的說法，更是所有人的生命都要承擔的，也就是自身生命的複製以及種屬生命的複製的辛苦努力。如果生存和

[114] [115]

繁殖的辛苦努力是財產的真正起源的話，那麼這個財產的私有性的確會如擁有身體和痛苦感受的絕無僅有的私有性一樣，都是無世界性的。

然而，這個私有性雖說基本上是占用的私有性，卻絕對不是洛克所理解的財產的私有性，他的概念基本上還是屬於近代以前的傳統。無論財產的起源是什麼，對他而言，這個財產仍然是「從公地圈來的」，也就是說，那原本是世界裡的一隅，私有的東西可以隱藏其中，而且防止公共領域的入侵。就其本身而言，它一直和共同世界保持接觸，雖然不斷成長的財富和占用使得共同世界有毀滅之虞。由財產自身的世界性安全感，會緩和勞動過程和世界的冷漠關係，而不是雪上加霜。同樣的，勞動的歷程性格，生命歷程本身永不止息地催促和驅策勞動，會因為財產的取得而被抑制。在由財產主人構成的社會裡，有別於由勞工和受薪階級構成的社會，人們最關心和煩惱的，仍然是世界，而不是生命的豐盈或澈底的貧困。

如果首要興趣不再是財產，而是財富的增加和積累的過程本身，那麼情況將會大為改觀。這個過程會如種屬的生命歷程一般無窮無盡，而個體並不是永遠活下去，眼前的時間也不是無窮盡的，這個讓人難堪的事實會一直挑戰且打亂這個無窮性。唯有整個社會的生命，而不是個人有限的生命，被視為積累過程的巨大主體，這個歷程才可以絕對自由地全速前進，而不受個人壽命和個人財產的種種限制的羈絆。唯有人們不再扮演一個只關心自己的存活的個體，而是「種屬的成員」，如馬克思所說的「種屬存有者」（Gattungswesen），唯有個體生命的複製消融於人的生命歷程，「社會化的人」的集體生命歷程才能夠遵循它的「必然性」，也就是在生命繁衍的雙重意義下的自發性繁殖進程，以及生命所需的物資的日益豐盈。

馬克思的勞動哲學與十九世紀的演化及發展理論——單一生命歷程從最低等的生物形態到人類動物出現的自然演化，以及人的整體生命歷程的歷史發展——的不謀而合相當引人矚目，恩格斯很早就看出這點，他把馬克思稱為「歷史的達爾文」（the Darwin of history）。在形形色色的科學裡——經濟學、歷史、生物學、地質學——的所有這些理論，它們的共同點在於歷程的概念，那是在近代以前鮮為人知的。由於在自然科學裡的發現「歷程」和在哲學裡的發現「內省」殊途同歸，我們身體的生物歷程很自然地成為新概念的模型；在內省的經驗框架裡，我們唯一看到的歷程就只是我們身體的生命歷程，我們唯一能夠解釋它且和它對應的活動就是勞動。

因此，在近代勞動哲學把生產力和繁殖力畫上等號以後，各種以這個等式為基礎的生命哲學也銜尾相隨[64]。早期的勞動理論和後來的生命哲學的差別主要是在後者沒有看到維繫生命歷程所需的唯一活動。然而就連這個錯失似乎也和歷史發展事實合拍，該發展使得勞動越來越不費力，因而也越來越類似生命歷程的自動功能。如果說，在二十世紀之交（尼采和柏格森〔Henri Bergson〕），被譽為「所有價值的創造者」的是生命而不是勞動，對於生命歷程的絕對動力論（dynamism）的這個歌頌，卻排除了即使在諸如勞動和生育之類迫於生計的活動中也存在著的最低限度的主動性。

然而，無論是繁殖力的發榮滋長，或是歷程的社會化，亦即以社會或集體人取代個人作為其主體，都不能抹滅生命自我開顯的身體歷程經驗，或是勞動本身的不容妥協甚至殘酷無情的私有性特徵。不管是物資的充足或是實際勞動時間的縮短，都不太可能導致共同世界的建立，而財產遭到剝奪的「勞動的動物」也不會因為失去據以藏身以免共同領域入侵的私人空間而損及其私有性。馬克思一語中的地預測（雖然有點莫名所以的幸災樂禍）公共領域在「社會的生產力」狂放不羈的發展情況下的「萎縮」，而正如他所謂「勞動的動物」的人的概念，也正確地預見「社會化的人」會將他們從勞動釋放出來的自由花費在完全私有且基本上「無世界性的」活動上，也就是我們現在所謂的「嗜好」[65]。

十六、工作的工具和分工

很可惜的是，人類的勞動力的多產性唯一可能的優點，只在於它能夠掙得一個人或一個家庭以上的生活所需，這似乎是人的生活條件的本質。勞動的產品，人和自然之間的物質變換的產物，在世界裡停留的時間不夠久，而無法成為它的一部分；而只著眼於生命及其維繫的勞動本身卻完全忘記了世界，甚至到了無世界性的程度。「勞動的動物」受到身體需求的驅策，沒辦法像「工匠人」運用他的雙手那樣自由地運用他的身體，也就是他最原始的工具，此即為什麼柏拉圖認為工人和僕役不僅屈服於生計，沒有資格擁有自由，更沒辦法控制自己心裡的「動物」[66]。由勞工構成的群眾社會，例如馬克思所謂的「社會化的人」，是由人這個種屬裡一群「無世界性的」的人組成的，不管是因為他人的暴力而處境艱難的家中僕役，或是能夠主動發揮所長的自由人。

誠然，「勞動的動物」的無世界性，完全不同於主動逃離世界的公共性，我們在「行善」（good works）裡可以看到那樣的公共性。「勞動的動物」不是逃離世界，而是被逐出世界，只要他囚禁在自己的身體的私有性裡，陷溺在需求的滿足裡，那樣的需求無法讓別人分擔，也沒辦法完全表達出來。奴役般的勞動以及被流放到家政之中，大抵而言，是近代以前所有工人的社會條件，這個事實主要是歸因於人的條件本身；對於其他動物而言構成其存有本質的生命，因為人天生「厭惡虛擲生命」而成了人的負擔[67]。由於沒有任何「更高貴的欲望」具有同等的急迫性，使得這個負擔越發沉重，那其實是作為生活的基本需求的必要性加諸人的身上的負擔。奴役般的勞動成了勞動階級的社會條件，因為他們覺得那是生命本身的自然條件。「所有生活都是勞役」（Omnis vita servitium est）[68]。

生物性生命的負擔沉重地消磨著人從生到死的一生光陰，唯有使喚僕役才能消除之，古代僕役的主要功能其實是肩負起家政的消費負擔，而不是為整個社會從事生產[69]。僕役的勞動在古代社會的角色為什麼如此舉足輕重，為什麼人們一直沒有發現那既是一種浪費也沒有生產力，其原因在於古代的城邦主要是個「消費中心」，而不若中世紀的城市主要是作為生產中心[70]。讓所有市民不必肩負起生活的重擔的代價極為巨大，而且絕對不只是暴力的不義而已，也就是迫使一部分的人陷於痛苦和困境的黑暗。由於這個黑暗面是自然的，內在於人的條件裡——其中只有暴行才是人為的，當有一群人試圖擺脫將所有人和痛苦以及困境銬在一起的枷鎖時——擺脫生活所需的絕對自由，其代價就是在某個意義下的生活本身，或者說是以代理式的生活取代真實的生活。在奴隸制度的情況下，居上位者甚至可以讓人代理使用他們的感官，可以「透過他們的僕役得見得聞」，希羅多德（Herodotus）引用希臘文成語如是說[71]。

在其基本層次上，獲取生活所需的「辛勞和煩惱」以及「攝取」時的快樂，在生物的生命循環裡形影不離，其週期性的節奏使人類的生命保持其獨特而非直線的運動，因此，擺脫勞動的痛苦和辛勞最好的方法，不會只是讓生物生命失去它最自然的快樂，更會是剝奪人類生活特有的生氣和活力。由於人的條件，使得痛苦和辛勞不只是個症狀而已，可以輕易消除而不會改變生命本身；它們其實是生命據以讓人感受到它自身以及和它密切相關的生活所需的模式。對於凡人而言，「諸神的愜意生活」會是個死氣沉沉的生活。

因為對於生活的實在性以及世界的實在性，我們有著不同的信任。後者主要衍生自世界遠遠優於凡人生命的恆久性和耐久性。如果人們知道世界會在他自己死後不久即告終，它就會失去所有的實在性，正如早期基督宗教相信末日審判即將到臨。相反的，對生活的實在性的信任幾乎只取決於人們對於生活的感受強度，它給人們的衝擊程度。其強度如此巨大，其力量如此根本，當它占上風時，無論是喜樂哀愁，都會使得其他俗世實在性相形失色。人們常說有錢人失去了活力，失去接近大自然「善的事物」的機會，而它得到的只是優雅以及對於世界裡美的事物的感受力。其實，人之所以有資格活在世界裡，總是蘊含著超越生命本身的歷程且和它疏離的能力，可是人們唯有願意擔負起生活的辛勞和煩惱，才能夠保存生氣和活力。

我們的勞動工具的突飛猛進——「工匠人」用以幫助「勞動的動物」的無聲的機器人，有別於有人性的、會說話的工具（instrumentum vocale）（古代家庭裡的奴隸的稱呼），「行動人」（man of action）如果要解開「勞動的動物」的束縛，就必須控制且壓迫他們——使得生活的雙重勞動，維持生計的辛勞和生產的痛苦，比從前更輕鬆且沒有那麼痛苦。這當然沒有消除勞動的強制性或者人類生活的受制於需求和生計的情況。在奴隸社會裡，生計的「詛咒」一直是個血淋淋的現實，因為奴隸的生活每天都在見證「生活是勞役」的事實，但是不同於奴隸社會，這個條件不再那麼顯著，由於少了那樣的表面跡象，使得人們更難以注意或回想起它。這裡的危險很明顯。如果人不知道他其實是屈服於生計，他就不可能自由，因為他的自由總是從掙脫貧困的未竟努力中贏得的。而雖然他最強烈的解脫衝動或許來自於他的「厭惡虛擲生命」，但是如果這個「虛擲生命」能夠比較愜意而不費力，那麼他的衝動或許就會變弱了。因為在我們之前的工業革命的劇變，以及將來原子革命更大的變化，只是改變了世界，而沒有改變地球上人類生活的基本條件。

可以大幅減輕勞動的辛勞的工具和設備，它們本身是工作的產物，而不是勞動的產物；它們不屬於消耗的過程，卻是用品世界裡的重要部分。不管它們在任何文明的勞動裡的角色有多麼重要，都不如作為各種工作的工具那麼舉足輕重。沒有工具就不會有任何工作，而「工匠人」的誕生，以及人造事物的世界，實際上是和工具及設備的發明同步出現的。從勞動的觀點來看，工具會使人力強化且加倍，甚至於幾乎可以取代人力，正如人類役使種種自然力，例如馴獸、水力或電力，而不只是支配物質事物而已。同樣的，工具也會增加「勞動的動物」的自然繁殖力，提供大量的消費品。但是所有這些改變都是量的方面，而製造的事物的品質，從最簡單的用品到藝術傑作，都和適當的工具息息相關。

其次，工具在減輕生活的勞動時的種種侷限——廚房裡數百件小玩意兒或是地窖裡的若干機器人顯然無法完全取代僕役的服務——是它的本性之一。有個耐人尋味且出人意料的見證是，在近代工具和機械難以置信的發展的幾千年前，就有人預言它的發生。亞里斯多德以有點異想天開而嘲諷的語氣，想像一個現在早已司空見慣的情況，「所有工具，都能夠完成自己的工作……就像代達羅斯的雕像和賀斐斯托斯的三足寶座，如詩人所說，『它們自動參加諸神的集會』」，「織梭能夠自動織布，琴撥能夠自動撥弦」，他接著說，這意味著工匠就不需要幫手，但是這並不意味著主人就不需要奴隸了＊。因為奴隸不是創製或生產的工具，而是生活的工具，而生活會持續消耗他們的勞役[72]。製作事物的過程是有限度的，而工具的功能也是以完成產品作為可以預測和控制的結果；需要勞動的生命歷程是個無限的活動，而唯一和它相當的「工具」會是個「永動機」（perpetuum mobile），也就是「會說話的工具」，它和它所服務的生物一樣有生命而「主動」。正因為「從家政的工具得到的唯一結果是所有物本身的使用」，所以它們不能由工匠的器具和工具取代，「從它們那裡會得到使用工具以外的結果」[73]。

雖然器具和工具是用以生產某種和工具的使用本身完全不同的東西，因而對勞動而言不是最重要的，但是對於人類勞動過程的另一個重要原則而言則不然，那就是分工。的確，分工是直接從勞動過程中誕生的，而不可以和在工作過程中很流行的「專門化」（specialization）這個表面上類似的原則混為一談。工作的專門化和分工唯一的相同點只在於一般性的組織原則，它本身和工作或勞動都無關，而是起源於生活中相當政治性的層面，也就是人們齊心協力的行動能力。唯有在政治組織的框架裡，也就是人們不只是生存著，而更要同舟共濟，如此才可能有工作的專門化以及分工的發生。

然而，工作的專門化基本上是由所要完成的產品本身決定的，其本質在於把不同的技術匯集且組織起來，相反的，分工則預設所有個別活動在性質上都是相等的，不需要特別的技

＊譯注：亞里斯多德原文作：「那麼工匠就不需要幫手，主人也就不需要奴隸了。」

術，而這些活動本身不是目的，實際上只代表著或多或少的勞動力，它們以量的方式加總在一起。分工是基於兩個人可以把他們的勞動力匯聚在一起，「它們對待彼此的方式宛如是一體的」[74]。這個一體性和合作正好相反，它意指著種屬的統一性，其中的每個成員都是相同而可以互換的。（根據這個共同而可分割的勞動力的原則，讓勞工建立社會組織，這樣的勞動集體形式，和各式各樣的工作者的組織正好相反，從舊時的行會和公司到現代的公會，其會員是基於使他們彼此有別的技術和專業而凝聚在一起的。）既然由整個過程分割而成的所有活動，本身並不是目的，於是它們的「自然」目的和「不可分割」的勞動也就沒什麼兩樣：不是單純地複製維持生計的工具，也就是勞工的消費能力，就是人類勞動力的耗竭。但是這兩個限制都不是決定性的；耗竭的是個人生命歷程的部分，而不是集體的，而在分工的情況下的勞動過程的主體則是集體的勞動力而不是個人的勞動力。這個勞動力的永不枯竭和種屬的薪盡火傳正好一致，整個種屬的生命歷程不會因為成員個別的生死而中斷。

限制更多的，似乎是消費的能力，即使集體勞動力取代了個人勞動力，它仍然只是和個人有關。在「社會化的人」裡面，財富的積累發展或許是無限的，它擺脫了個人財產的種種限制，克服了個人占用的限度，把所有穩定的財富、對於「囤積」和「儲存」起來的事物的所有權，分解成可以花費和消耗的貨幣。在我們的社會裡，財富已經是用賺取和花費的力量去衡量的，那只是人體的雙重新陳代謝的變形而已。因此，問題是如何讓個人的消費和財富的無限積累一致。

由於整體而言，人們距離富足的上限還很遠，社會可能用以克服其多產性的自然限度的模式仍然只是假設性的，而且是以國家為規模。在那裡，答案似乎夠簡單了。他把所有用品都看成消費品，以致於桌椅的消耗速度和服裝一樣快，而服裝消耗的速度和食物一樣快。這種和世界的事物往來的模式和它們生產的方式完全吻合。工業革命以勞動取代手工藝，導致近代世界的事物都成了勞動產品，其自然命運就是被消耗掉，而不是被使用的工作產品。正如器具和工具雖然發源自工作，但也會用於勞動中，完全適合於勞動的分工也成了近代工作過程的主要特徵，也就是用品的製造和生產。取代以前所有工藝都需要的嚴格專業化的，不是日新月異的機械化，而是分工。只有模型的設計和製造才會需要工藝，然後就投入大量生產，後者也是依賴工具和機器。可是話說回來，如果不是以勞工和分工取代工匠和專業化，大量生產根本就不可能。

器具和工具可以減少痛苦和辛勞，因此改變了以前勞動處處顯現的迫切必要性模式。它們並沒有改變必要性本身；它們只是讓我們對它渾然不覺。勞動的產品也是如此，它不會因為大量生產而比較耐久。與它相互呼應的近代工作過程因為導入分工原則而造成的轉型，則是大異其趣。工作本質徹底改變，而生產的過程雖然不是生產消費品，卻也表現出勞動的性格。雖然機械迫使我們掉入比自然歷程的循環要快得多的重複節奏當中——而這個近代特有的加速度太過貼切了，使我們無法對於所有勞動的重複性格不屑一顧——過程本身的重複和永無止境卻透顯了勞動的明確特徵。在由這些勞動的技巧生產的用品裡，這點尤其明顯。它們的大量生產使得它們轉型為消費品。不斷重複的消費需求確保了勞動過程的永無止境；可是唯有產品失去了它們的使用性格，而漸漸成了消費對象，或者是使用的速率極端地加快，使得使用和消費、用品相對的耐久性和消費品的快速汰換之間的客觀差異縮小到無足輕重，如此才能保證生產的永不止息。

由於我們需要周遭俗世事物越來越快速的替換，我們再也沒辦法使用它們，也沒辦法尊重和保存它們本有的耐久性；我們必須消耗、揮霍我們的房屋、家具和汽車，宛如它們是自然界裡的「善的事物」，除非很快地被吸入人與自然的物質變換的無盡循環裡，否則就會腐敗掉。我們彷彿奮力打破了那些保護世界（人的施設造作）抵擋大自然（也就是在自然中的生物歷程及其周遭的自然循環歷程）的明顯邊界，讓人類世界飽受威脅的穩定性屈服於這些歷程。

「工匠人」，世界的製造者，其理想是恆久性、穩定性和耐久性，為了「勞動的動物」

的理想，也就是富足，那樣的理想因而被犧牲了。我們生活在勞工的社會裡，因為唯有勞動及其內在的多產性才可能給人富足；我們也早已把工作變成勞動，把它分解成許多小粒子，直到它們適合用除法計算，找到最簡單的任務的公分母，為人類勞動力（那是自然的一部分，或許是所有自然力當中最強大的）排除人的施設造作當中「不自然的」、純粹世界性的穩定性的障礙。

十七、消費者的社會

人們常說，我們生活在消費者的社會裡，而既然勞動和消費只是人迫於生計的同一個過程的兩個階段，換言之，我們其實也是生活在勞工的社會裡。這個社會的誕生不是透過勞動階級的解放，而是透過勞動行為本身的解放，它比工人的政治解放還早了好幾百年。重點不在於勞工在歷史上頭一遭被承認且賦予在公共領域裡的平等權利，而在於我們幾乎把所有人類的活動都降級到一個公分母，也就是保障生活所需，使其不虞匱乏。不管我們做什麼，都是為了「謀生」；這就是社會的判決，在職業上可能挑戰這個判決的人們也跟著驟減。藝術家是社會唯一願意容許的例外，嚴格來說，他是勞動社會裡碩果僅存的「工作者」。把所有嚴肅的活動都降級成謀生的位階的這個趨勢，在現在的種種勞工理論裡很顯著，它們幾乎不約而同地把勞動定義成遊戲的對立面。結果，所有嚴肅的活動，不管其成果是什麼，一概稱為勞動，而對於個人生活或社會生命歷程非必要的活動，則都被歸類到趣味性（playfulness）[75]裡。這些理論在理論層次上附和對於勞動社會的流行評論而且火上加油，使得就連藝術家的「工作」也不復存在；它會消融於遊戲之中，而失去了它的世界性意義。他們覺得，藝術家的趣味性在社會的勞動生活過程裡所實現的功能，其實和在個人生活裡的打網球或從事一個嗜好如出一轍。勞動的解放並沒有讓這個活動和其他「行動的生活」畫上等號，而是成就了它不可置疑的主導地位。從「謀生」的觀點來看，每個和勞動無關的活動都成了「嗜好」[76]。

為了駁斥現代人的這個似是而非的自我詮釋，我們不妨回想一下，在我們以前的所有文明都會同意柏拉圖的話：「掙錢的技藝」（technē mistharnētikē）和諸如醫術、領航或建築的技藝的實際內容完全無關，雖然它們都會藉此得到報酬。為了解釋這個報酬顯然迥異於健康的性質，也就是醫術的對象，或者是蓋房子，也就是建築的對象，柏拉圖又提到一個技藝加以佐證。這個新增的技藝絕對不能理解為其他工藝裡的勞動元素，而是「技藝人士」，也就是我們所謂的專業的工作者，藉以擺脫勞動的必要性的一個技藝[77]。這個技藝和必須知道如

[128]

[129]

何行使權威、如何在管理僕役時行使暴力的家主所需的技藝是同屬一類。它的目標是不必「謀生」，而其他技藝和這個基本的必要性更是風馬牛不相及。

勞動的解放及其勞動階級從壓迫和剝削的解放，當然意味著在非暴力方面的進步。然而它是不是在自由方面的進步，則沒有那麼確定。沒有人為的暴力（除了刑求的暴力）能夠和迫於生計而不得不使用的自然力相匹敵。此即為什麼希臘文裡的「刑求」一詞的字源來自「需要」*，稱為「anagkai」而不是「bia」，意指人對人的施暴，這也就是為什麼在歷史裡，古代東方的刑求，「沒有人能夠抗拒的需要」，只能對服從於生活所需的奴隸行使[78]。暴力的技術、戰爭的技術、海盜行為，以及專制獨裁，讓戰敗者成為戰勝者的奴隸，也使得在更長久的歷史裡的人們再也不必迫於生計[79]。到了近代世界則比基督教更顯著，隨著對勞動的推崇，極其貶抑對於這些技藝的評價，而人類事務一般也減少使用暴力工具，雖然沒那麼顯著，但是其重要性則不遑多讓[80]。勞動以及在勞動和自然的物質變換裡的內在需要的地位提昇，看起來和所有活動的貶抑密切相關，那些活動不是直接源自暴力，例如在人類關係中使用武力，就是在活動中包含了暴力的元素，例如所有的手工藝。那彷彿是整個近代世界的

*譯注：「需要」的希臘文為「anagkē」。

逐漸消弭暴力幾乎自動地為最基本層次的生計所需的重返打開了大門。羅馬帝國在衰亡的那幾個世紀裡已經發生的事，或許會重演歷史。但是即使在當時，勞動也已經成了自由階級的一種職業，「好讓他們擔負起僕人階級的責任」[81]。

近代世界的勞動解放不只不會引領所有人走進自由的時代，相反的，它會迫使所有人臣服於生活所需，而馬克思早就看到這個危險，他主張說，革命的目標不會是那早已經達成的勞動階級的解放，而必須是將人從勞動中解放出來。乍看之下，這個目標似乎是個烏托邦，而且是在馬克思的學說裡唯一可以說是烏托邦的元素[82]。用馬克思自己的話說，從勞動中解放，就是從生活所需解放出來，而這最終意味著也要從消費中解放，也就是和自然的物質變換，而那正是人類生活的條件[83]。然而過去幾十年以來的發展，尤其是自動化的日新月異所開啟的種種可能性，讓我們有理由懷疑昨日的烏托邦會不會成為明日的現實，使得人類生活的動力所繫的自然循環裡本有的「辛勞和煩惱」，最終只剩下消費的活動。

然而就連這個烏托邦也沒辦法改變基本上世界性的虛擲生命。生物性生活周而復始的循環必須經歷的兩個階段，勞動和消費的階段，或許會改變它們的比重，以致於幾乎所有「勞動力」都用在消費上，也跟著出現關於休閒的嚴肅社會問題，也就是在每天忙得精疲力竭以後，怎樣提供機會讓消費的能力完好無缺[84]。既不痛苦也不費力的消費不會改變而只會增加生物性生活的揮霍性格，直到完全「解脫」痛苦和辛勞的枷鎖的人們可以自由地「消費」整個世界，每天複製他想要消費的一切事物。在這樣的社會的生活過程裡，每天會有多少東西出現或消失，對世界而言是無關緊要的事，只要世界和它的事物性格抵擋得住全速啟動的生命歷程橫衝直撞的動力。將來的自動化的危險，不在於自然生活的大量利用機械化和人工化，而在於撇開所有人類生產力的人工性不說，它會被捲入大幅加劇的生活過程，而且既沒有痛苦也不費力地、自動地遵循它周而復始的自然循環。機械的節奏會擴大且增強生活的自然節奏，但是它不會改變生活在世界方面的主要性格，只會讓它更不擇手段而已，那就是磨損其耐久性。

從近百年來持續地減少工時到這個烏托邦，是一條漫漫長路。其次，這個發展也一直被高估，因為那是根據資本主義早期階段相當例外的不人道的剝削情況去衡量的。如果我們從更長久的時期來看，現在人們整個年度享有的休閒時間與其說是近代的成就，還不如說是很牛步地接近正常值[85]。就某方面而言，真正的消費社會的幽靈讓人擔心的地方，不在於作為現代社會的理想，而在於它早已經是既存的現實。這個理想不是什麼新鮮的東西；古典政治經濟學不容置疑的假設已經明確指出，「行動的生活」的終極目標正是財富的增加、富庶以及「最大多數人的幸福」。最後，這個近代社會的理想只不過是窮人和一貧如洗的人的古老夢想，只要它一直是個夢想，就會擁有自身的魅力，但是一旦實現了，它就成了愚人的樂園。

啟發馬克思以及各種工人運動的領袖的希望——休閒最終會將人從生計中解放出來，並且使「勞動的動物」有生產力——其實是奠基於機械主義哲學的幻覺，它假設勞動力和其他能量一樣，永遠不會消失，所以如果它沒有花費在生活的單調乏味的工作中且因而精疲力竭的話，它會自動地成為其他「更高貴的」活動的資糧。馬克思的這個願望的主要典型，無疑是伯里克列（Pericles）筆下的雅典人，而在未來，藉助於人類勞動的生產力的突飛猛進，這樣的典型再也不必由僕役來支撐它，而會成為所有人的現實世界。在馬克思一百年後，我們明白了這個推論的謬誤；「勞動的動物」省下來的時間只會花在消費上，而他剩餘的時間越多，他就越加貪得無饜，嗜欲也更深。這些嗜欲越來越優雅時髦，使得消費不再侷限於生活所需，相反的，它主要集中於生活的過剩品，並沒有改變這個社會的性格，卻暗藏著嚴重的危險，也就是到頭來世界上任何東西都難逃消費的命運，也會因為消費而湮滅。

令人憂心忡忡的事實真相在於，近代世界對於生活所需大獲全勝，必須歸因於勞動的解放，也就是說，「勞動的動物」獲准占有公共領域；然而只要「勞動的動物」一直占有它，就不會有真正的公共領域，而只是公開展示的種種私人活動而已。其結果就是說好聽一點的大眾文化，而它根深柢固的困擾就是普遍的不幸福，一方面是由於勞動和消費之間存在著很有問題的平衡，另一方面則是「勞動的動物」對於一種幸福的固執要求，而唯有耗竭和再生、痛苦和它的緩解之間的生命歷程可以獲致完美的平衡，才有可能得到那樣的幸福。對於幸福的普遍要求和我們社會裡無所不在的不幸福（它們是一體兩面的），是個最有說服力的徵兆，代表著我們已經開始生活在沒有足夠的勞動使其滿足的勞動社會裡。因為只有「勞動的動物」，既不是工匠也不是「行動人」，才要求「幸福」，或者認為凡人可以是幸福的。

我們在實現「勞動的動物」時可能遇到的明顯危險徵兆之一，是我們的整個經濟大抵上已經變成了揮霍的經濟，事物剛出現在世界裡，就要很快地被吞沒和拋棄，如果整個過程本身沒有遇到災難而戛然而止的話。但如果這個理想早就存在了，而我們其實只是消費社會的一員，那我們就再也不是活在一個世界裡，而只是跟著一個歷程隨波逐流，事物在其周而復始的循環中倏忽生滅，而無法把生命歷程包圍在它們中間。

這個世界，人造的家，在地球上建立，由地球上的大自然交到人類手裡的材料所構成，它的組成元素不是被消費的事物，而是被使用的事物。如果說自然和地球大抵上構成人類**生活**的條件，那麼世界以及世界的事物則是讓人類生活得以在地球上優游自在的條件。在「勞動的動物」眼中，自然是所有「善的事物」的偉大供應者，是自然的孩子們平等共享的，

「從自然的手裡拿走它們」，「在勞動和消耗當中和它們混合在一起」[86]。而在「工匠人」眼裡，也就是世界的建造者，同樣的自然卻「只是提供幾乎沒有價值的材料」，它們的整個價值都存在於對它們施作的工作裡[87]。如果沒有從自然的手裡拿走事物，並且消耗它們，如果沒有保護它們免於自然的生滅過程，那麼「勞動的動物」就無法生存下去。但是如果沒有辦法在事物當中優游自在，其耐久性使得它們適於使用且建造一個和生命永遠形成對比的世界，那麼這個生活就不會是符合人性的生活。

生活越是不費力地變成消費者或勞工社會的生活，它就越加難以意識到生計的促迫，當痛苦和辛勞（生計的外在顯現）難以察覺的時候，情況更是如此。其危險在於，這樣的社會惑於其日益多產的富庶，沉醉於不捨晝夜的歷程的順暢功能，再也沒辦法認識到它自身的徒勞無功——生命的虛擲，「他們的勞動終了之後並不固定或體現永久的對象」[88]。

1 見："De la liberté des anciens comparée a celle des modernes" (1819), repr. in *Cours de politique constituionnelle* (1872), II, 549。

2 Locke, *Second Treatise of Civil Government*, sec. 26。

3 因此，希臘文會區分「ponein」和「ergazesthai」，拉丁文會區分「laborare」和「facere」或「fabricari」（它們的字源相同），法文有「travailler」和「ouvrer」之別，德文則是「arbeiten」和「werken」。在這些例子裡，只有「labor」的同義詞才有勞心勞力的明確意含。德文的「Arbeit」原本只用在農奴的耕作勞動，而不是指工匠的工作，後者稱為「Werk」。法文以「travailler」取代以前的「labourer」，源自「tripalium」，是一種刑罰。見：Grimm, *Wörterbuch*, pp. 1854 ff.; Lucien Fèbre, "Travail: évolution d'un mot et d'une idée," *Journal de psychologie normale et pathologique*, Vol. XLI, No. 1 (1948)。

4 Aristotle, *Politics* 1254b25。

5 法文的「ouvrer」和德文的「werken」就是如此。在這兩個語言裡，不像是現代的英語有「labor」的用法，「travailler」和「arbeiten」幾乎失去了原本的勞心勞力的意思：格林（*op. cit.*）在十九世紀中葉說過：「以前的語言流行的是『molestia』和沉重的勞動，溯自『opus』、『opera』，現在則剛好相反，前者的意思越來越少見，而突顯了後者。」有趣的是，名詞「work」、「oeuvre」、「Werk」在這三個語言裡漸漸指稱藝術作品。

6 見：J.-P, Vernant, "Travail et nature dans la Grèce ancienne" (*Journal de psychologie normale et pathologique*, LII, No. 1 [January-March, 1955])：「『工匠』（dēmiourgoi）一詞，在荷馬和赫西奧德那裡，起初不是指如『工人』之類的手工匠：它原本是用來定義『家政』以外而為『人民』服務的人：手工匠——木匠和鐵匠——以及卜者、信使、吟唱詩人。」

7 *Politics* 1258b35 ff.。關於亞里斯多德如何討論承認「技匠」（banausoi）成為公民，見：*Politics* iii. 5。他的理論很務實：估計有八成的自由勞動、工作和交易是由非公民組成的，不是外邦人（katoikountes 和 metoikoi）就是獲得自由而進入這個階級的奴隸（見：Fritz Heichelheim, *Wirtschaftgeschichte des Altertums* [1938], I, 398 ff.）。布克哈特（Jacob Burckhardt, *Griechische Kulturgeschichte*, Vol. II, secs 6 and 8）提到當時關於誰才屬於「技匠」階級的意見，也提到說那裡面沒有任何關於雕塑的文章。有鑑於關於音樂和詩的文章汗牛充棟，許多關於畫家的優越感甚至傲慢的故事使得關於雕塑的軼事瞠乎其後，這應該不只是個偶然的傳統而已。許多世紀以外，對於繪畫和雕塑的評價一直如此。在文藝復興時期亦然，雕塑被認為是僕役的藝術，而繪畫則是介於自由和僕役的藝術之間（見：Otto Neurath, "Beiträge zur Geschichte der Opera Servillia," *Archiv für Sozialwissenschaft und Sozialpolitik*, Vol. XLI, No. [1915]）。

希臘城邦裡的民意是根據所需的勞力和時間去判斷職業的，亞里斯多德關於牧者的生活的說法可以佐證這點：「人類的生活方式相互間也不同。最懶惰的是牧民，他們過著游手好閒（skholazousin）的生活，從所馴養的動物得到其生活資糧，而不必含辛茹苦（ponos）。」（*Politics*, 1256a30 ff.）（譯按：中譯見：《政治學》，顏一、秦典華譯，中國人民大學出版社，1994）有趣的是，亞里斯多德或許順從民意，也把懶惰（aergia）和「閒暇」（skholē）混為一談。一般說來，根據現代的解讀，「aergia」和「skholē」應該是不同的。「aergia」和我們對於「懶惰」的理解大抵相同，但是「skholē」的生活則不能說是游手好閒。然而把「skholē」和懶惰畫等號，正是城邦的發展的特色。贊諾芬在提到蘇格拉底被控引用赫西奧德的詩句時說：「沒有一種工作是羞恥的，怠惰（aergia）才是。」（*Memorabilia* i. 2. 56）（譯按：中譯見：《蘇格拉底追思錄》，鄺健行譯，中文大學出版社）蘇格拉底被指控敗壞他的學生，教導他們奴性的精神。我們要記得一個區別，希臘城邦對於非政治性的職業的輕蔑（因為它們大量耗費公民時間和精力），它不同於更早更原始更一般性的對於維持生計的活動（ad vitae sustentationem）（直到十八世紀，它仍舊被定義成「勞役的工作」〔opera servilia〕）的輕視。在荷馬的世界裡，帕里斯（Paris）和奧德修斯（Odysseus）還會幫忙建造他們自己的房屋，瑙西卡（Nausicäa）會替她的兄弟洗衣服等等。這些都說明荷馬的故事裡的主角們的自給自足、人格的獨立和自主性。任何意味著更大的獨立性的工作，都不會是卑賤的；如果不是為了人格的獨立而只是為了生存，如果不是自主權的表現而只是迫於生計，那麼一模一樣的活動也會被認為是奴性的。荷馬對於工匠的評價的不同自是不在話下。關於它的真正意義的美妙闡釋，則見：Richard Harder, *Eigenart der Griechen* (1949)。

8 赫西奧德也區分勞動和工作（ponos and ergon）。伊莉絲（Eris）（有益人類的不和女神）只主掌工作（*Work and Days* 20-26），而勞動和其他從潘朵拉的盒子裡跑出來的惡一樣（90 ff.），都是宙斯懲罰「狡猾的普羅米修斯（Prometheus）欺騙了他」，自此以後，「諸神不讓人類知道生活的方法」（42 ff.），他們的詛咒成了「以五穀為生的人類之禍害」（82）。（譯按：中譯見：《工作與時日》，張竹明、蔣平譯，台灣商務印書館，民88）此外，赫西奧德也真的認為耕作是奴僕和馴獸的事情。他歌頌日常生活，這在希臘人眼裡已經是很離經叛道的事了，但是他的理想是有身分地位的農夫，而不是勞工，待在家裡，沒空理會海上的冒險或是諸如爭訟（agora）的公共事務（29 ff.），只管自己的事。

9 亞里斯多德在關於奴隸制度的著名討論裡（*Politics* 1253b25），一開頭就說：「一個人如果沒有生活必需品就無法生存，更不可能生活美好。」成為奴隸的主人是以人類的方式主宰生活所需，因此不是違反本性（para physin）；生活本身需要它。因此，提供生活所需的農民被柏拉圖和亞里斯多德歸類成奴隸（見：Robert Sclaifer, "Greek Theories of Slavery from Homer to Aristotle," *Harvard Studies in Classical Philology*, Vol. XLVII [1936]）。

10 在這個意義下，優里庇德斯（Euripides）說所有奴隸都是「壞的」：他們從口腹之欲看任何事（*Supplementum Euripideum*, ed. Arnim, frag. 49, no. 2）。

11 因此亞里斯多德說，從事「自由業」（ta eleuthera tōn ergōn）的奴隸應該得到更多的尊嚴，而不是像奴隸一樣。另一方面，在羅馬帝國的前幾百年，由公奴（servi publici）從事的若干公共事務則得到更多的尊重和重要地位，這些公奴（其實做的事和公僕沒兩樣）獲准穿著長袍和娶自由人為妻。

12 亞里斯多德說，奴隸欠缺的兩個性質（為此他不算是人）是審慮和做決定（to bouleutikon）的能力以及預測和選擇（proairesis）的能力。比起說奴隸迫於生計，這個說法當然明確得多。

13 Cicero, *De re publica* v. 2。

14 「人透過人類勞動的生產」是馬克思自青年以來最堅持的理念之一。可見於各種版本的《早期作品集》（*Jugendschriften*）（在〈黑格爾辯證法批判〉〔Kritik der Hegelschen Dilektik〕裡，他認為那是黑格爾的思想）。（見：Marx-Engels, *Gesamtausgabe*, Part I, Vol. 5 [Berlin, 1932], pp. 156 and 167）在文脈中可以看見，馬克思的意思其實是要以「勞動的動物」取代傳統的「理性的動物」的人的定義。在《德意志意識型態》（*Deutsche Ideologie*）裡有一句後來刪掉的話可為佐證：「人類藉以有別於禽獸的第一個歷史性的行動，不是思考，而是開始生產糧食。」（*ibid.*, p. 568）類似說法見："Ökonomische-philosophische Manuskripte" (*ibid.*, p. 125); "Die Heilige Familie" (*ibid.*, p. 189)。恩格斯也多次有同樣的說法，例如《家庭、私有財產和國家的起源》（*Ursprung der Familie, des Privateigentums und des Staats*, 1884）的前言或是1876年的報紙文章："Labour in the Transition from Ape to Man" (Marx and Engel, *Selected Works* [London, 1950], Vol. II)。最早主張人與禽獸之差別在於勞動的，似乎是休姆（Hume）而不是馬克思（Adriano Tilgher, *Homo faber* [1929]; English ed.: *Work: What It Has Meant to Men through the Ages* [1930]）。勞動在休姆的哲學裡無足輕重，所以這只是歷史典故的趣味而已；對他而言，這個特徵不會使人類生活更有生產力，而只會比動物的生活更嚴酷痛苦。然而耐人尋味的是，休姆不斷重申人與動物的差別不在於思考和推論，從禽獸的行為裡也可以看到這兩種能力。

15 *Wealth of Nations* (Everyman's ed.), II, 302。

16 生產性和非生產性的勞動的區別出自重農主義者（physiocrats），他們區分三個階級，有生產力的、地主和無生產力的。由於他們認為所有生產力的起源都在土地的自然力，因此他們的生產力標準也和新產品的創造有關，而不在於人的需求和欲望。因此，米哈波侯爵（Marquis de Mirabeau），著名的演說家（米哈波伯爵）的父親，把無生產力的階級稱為「工人階級，他們的工作雖然是人類所需，也對社會有幫助，卻沒有生產力」，而以裁切石頭和生產它來比喻無生產力和有生產力的工作（見：Jean Dautry, "La notion de travail chez Saint-Simon et Fourier," *Journal de psychologie normale et pathologique*, Vol. LII, No. 1 [January-March, 1955]）。

17 馬克思自始至終都懷著這個希望。我們在《德意志意識型態》裡就看到：「問題不在於解放勞動，而在於揚棄勞動。」（*Gesammtausgabe*, Part I, Vol. 3, p. 185）以及數十年後的《資本論》卷三（ch. 48）：「自由的王國始於廢除勞動……的行動。」（(Marx-Engels *Gesamtausgabe*, Part II [Zürich, 1933]), p. 873）

18 亞當・斯密在《國富論》（*Wealth of Nations* [Everman's ed.], I, 241 ff.）第二部的導論裡強調生產力歸因於分工而不是勞動本身。

19 見：恩格斯為馬克思的〈工資、勞動和資本〉所作的序言（"Wage, Labour and Capital" in Marx and Engel, *Selected Works* [London, 1950], I, 384），馬克思強調這個新名詞。

20 馬克思在青年時期就強調說，勞動的主要功能是「生命的生產」，因此把勞動和生育并舉。（見：*Deutsche Ideologie*, p. 19;

"Wage, Labour and Capital," p. 77）

21 馬克思經常用「社會化的人」（vergesellschaftlicher Mensch）和「社會人」（gesellschaftliche Menschheit）指稱社會主義的目標。（見：*Das Kapital*, Vol. 3, p. 873，以及"Theses on Feuerbach"（第十論題）：「以前的唯物論的立足點是『市民』社會；新的唯物論則是**人**的社會，或者社會人。」〔*Selected Works*, II, 367〕）重點在於消除人的個體存在和社會存在之間的鴻溝，俾使人「作為最個體性的存有者也會是個社會性的存有者（Gemeinwesen）」（*Jugendschriften*, p. 113）馬克思經常把人的這個社會本質稱為他的「種屬存有」（Gattungswesen），也就是身為社會的成員，而馬克思著名的「自我異化」首先就是從「種屬存有」的異化。（*ibid.*, p. 89：「人和他的勞動產品、他的謀生活動、他的種屬存有異化的直接結果，就是人從人那裡的異化。」）理想的社會是一個事態，在其中，所有人類的活動都是很自然地衍生自人的「本性」，正如蜜蜂分泌蜂蠟以建造蜂窩一樣；生存和為生活而勞動將變成同一回事，勞工的生命不再是「起於停止勞動」（"Wage, Labour and Capital," p. 77）。

22 馬克思對於資本主義社會的最初指控不只是它把所有東西都變形成商品，更在於「勞動和他的勞動產品的關係宛如一個疏遠的對象。」（*Jugendshriften*, p. 83）換言之，世界的事物一旦被人生產出來，就多少和人的生命獨立而「疏遠」。

23 為了方便起見，我會根據西賽羅關於自由的和僕役的職業的討論（*De officiis* i. 50-54）。關於「prudentia」、「utilitas」和「utilitas hominum」的判準，見：pars. 151, 155。（米勒〔Walter Miller, Loeb Classical Edition〕把「prudential」譯成「a higher degree of intelligence」，我認為有誤導之嫌。）

24 把農業列入自由技藝（liberal arts）裡，是羅馬人的特色。那不是因為「務農」特別的「實用性」，而是和羅馬的「祖國」（patria）觀念有關，據此，公共領域不只包括羅馬城，也包括「羅馬田地」（ager Romanus）。

25 這個單純為了生活的實用性，使得西賽羅稱之為「一般用途」（mediocris utilitas〔par. 151〕）而將它排除於自由技藝之外。英譯再次讓我覺得失焦，那不是「對社會無甚益處的職業」，而是和前述職業相反的，超越消耗品的庸俗實用性。

26 羅馬人很重視「勞務」（operae）和「工作」（opus）的差別，因此他們有兩種不同的契約：「傭工契約」（locatio operis）和「勞務契約」（locatio operarum），後者的角色重要得多，因為大多數勞動都是由奴僕執行的（見：Edgar Loening, *in*

Handwörterbuch der Staatswissenschaften [1890], I, 742 ff.）。

27 在中世紀，「自由勞務」（opera liberalia）等於知識工作或精神工作（見：Otto Neurath, "Beiträge zur Geschichte der Opera Servillia," *Archiv für Sozialwissenschaft und Sozialpolitik*, Vol. XLI, No. [1915], No. 2）。

28 瓦倫（H. Wallon）描述戴克里先（Diocletian）統治下的這個歷程說：「以前僕役的功能變得高貴了，被擢昇到全國最高位階。國家的首要考量，是把宮廷的最高僕人、國家的最高官員分發出去，下降到各個層級的公共事務……，公僕變成公務部門。最低下的事務……前述的奴隸工作，現在披上了反映著王侯個人的光輝。」（*Histoire de l'esclavage dans l'antiquité* [1847], III, 126 and 131）在這個勞役的擢昇以前，文士的地位一直和公共設施的守衛甚至是引導格鬥武士進入競技場的人（*ibid.*, p. 171）同等。值得注意的是，「知識分子」的擢昇和官僚制度的建立不謀而合。

29 「在社會中最受尊敬的若干階級的勞動，像僕婢的勞動一樣，並不生產絲毫的價值；」亞當．斯密如是說，並且讓他們位列於「全部海路軍人」、「社會公共的僕人」以及「牧師、法律家、醫生、各種文人」。他們的工作，「像演唱者的朗誦、演說家的雄辯、音樂家的曲調一樣……在其生產的瞬間即告消滅。」（*op. cit.*, I. 295-96）顯然，斯密在為我們的「白領階級」歸類時一點困擾也沒有。

30 相反的，是否有任何繪畫如菲迪亞斯（Phidias）在奧林帕斯山的宙斯雕像那麼令人讚嘆，則是很可疑的，據說它的魅力可以讓人忘記所有煩惱和悲傷；沒看過它的人，此生如同枉然。

31 Locke, *op. cit.*, sec. 46。

32 *Politics* 1254a7。

33 直到十九世紀後面三分之一，關於勞動的早期研究文獻，往往會主張勞動和生命的周期循環的關係。於是舒茨德利區（Schulte-Delitzsch）（*Die Arbeit* [Leipzig, 1863]）在一場講演的開頭就描述欲望、努力和滿足的循環過程：「在咬最後一口時，就已經開始消化。」然而，在馬克思以後關於勞動問題的大量文獻裡，唯一強調勞動的這個最根本的層面且理論化的，當屬納維耶（Pierre Naville），他的《勞動生活及其問題》（*Le vie du travail et ses problems*, 1954）或許是最有趣且最有創意的作品。他在討論工作日有別於其他工作時間的計算的特徵時說：「它的主要特徵在於它的週期和節奏的性格。」

該特徵與工作日的自然和宇宙精神有關……也和人類存有和其他高等動物並無二致的生理功能的性格有關……勞動顯然自始即和自然的節奏和功能有關。」由此推論出勞動力的耗費和複製的週期性性格，它決定了工作日的時間單位。「生命的高等本性的限制……不像工作日那樣，並不受自身複製的必要性和可能性的支配，相反的，它是受限於再生的不可能，甚至是在種屬的層級上。週期循環是一次性的，而沒辦法再生。」（pp. 19-24）

34 *Capital* (Modern Library ed.), p. 201。這個說法在馬克思的作品裡屢見不鮮，而且幾乎一字不差地重複：勞動是個永遠的自然必要性，也就是促進人和自然之間的物質變換。（見：*Das Kapital*, Vol. I Part 1, ch.1, sec. 2, and Part 3, ch. 5。權威英譯則缺少了馬克思的精確性：Modern Library ed., pp. 50, 205。）另見：*Das Kapital*, Vol. III, p. 872，我們看到幾乎一模一樣的說法。顯然，當馬克思談到「社會的生命歷程」時，他不是以隱喻的方式在思考。

35 馬克思把勞動稱為「生產性的消耗」（*Capital* [Modern Library ed.], p. 204），而且從未忽略它其實是個生理條件。

36 馬克思的整個理論都以他早期的看法為樞紐，也就是勞工首先是透過生產他的生存工具以繁衍他自己的生命。在早期著作裡，他認為「人和動物的分別始於生產他們的生存工具」（*Deutsche Ideologie*, p. 10）。這確實就是「勞動的動物」的定義內容。更值得注意的是，在其他段落裡，馬克思不是很滿意這個定義，因為人和動物的區別還不夠鮮明。「蜘蛛的活動與織工的活動相似，蜜蜂建築蜂巢的本領使人間的許多建築師感到慚愧。但是，最蹩腳的建築師一開始就比最靈巧的蜜蜂高明的地方，是他在用蜂蠟建築蜂房以前，已經在自己的頭腦中把它建成了。可見，想像是人的勞動活動和創造活動的一個必要因素，因此，它也是隨著人類勞動的發展而發展起來的。」（*Capital* [Modern Library ed.], p. 198）顯然，馬克思談的不再是勞動，而是工作——他不是很關心這點；其最佳證明在於「想像力」在他的勞動理論裡顯然無足輕重。在《資本論》卷三裡，他重申在直接需求以外的剩餘勞動有助於「再生產歷程的再擴大」（pp. 872, 278）。雖然偶爾會有所猶豫，馬克思還是相信「密爾頓寫作《失樂園》的理由和春蠶吐絲沒什麼兩樣」（*Theories of Surplus Value* [London, 1951], p. 186）。

37 Locke, *op. cit.*, secs. 46, 26 and 27。

38 *Ibid.*, sec. 34。

39 這是敦克曼的說法（Karl Dunkmann, *Soziologie der Arbeit* [1933], p. 71）。他中肯地指出馬克思的巨著命名不當，應該叫作「勞動體系」才對。

40 這個耐人尋味的說法見：Thorstein Veblen, *The Theory of the Leisure Class,* (1917), p. 44。

41 「對象化」（vergegenständlichen）一詞在馬克思的作品裡不是很常見，但都出現在關鍵的上下文裡。見：*Jugendschriften*, p. 88：「一個對象世界的實際產生，對無生命的自然的加工，是人作為有意識的種屬存有者的證明……（動物）在直接需求的支配下生產，而人的生產則是獨立於實質需求之外，如此來真正能夠自由地生產。」正如前引《資本論》的段落，馬克思於此顯然引進了完全不同的勞動概念，也就是談到了工作和製造。見：*Das Kapital* (Vol. I, Part 3, ch. 5)，也提到同樣的實體化（物化），雖然有些歧義：「（勞動）被對象化，而對象被加工。」「對象」（Gegenstand）一詞的文字遊戲模糊了歷程的真相：透過實體化，生產出新的事物，但是這個歷程所轉化的「對象」，從歷程的觀點來看，只是材料而不是事物。（英譯本〔Modern Library ed., p. 201〕沒有掌握德文原文的意思，而錯失了這個歧義性。）

42 這是在馬克思的作品裡屢見不鮮的說法，見：*Das Kapital,* Vol. I (Modern Library ed., p. 50) and Vol. III, pp. 873-74。

43 「Das Prozess erlischt im Produkt」（*Das Kapital*, Vol. I Part 3, ch. 5）。

44 Adam Smith, *op. cit.*, I, 295。

45 Locke, *op. cit.*, sec. 40。

46 Adam Smith, *op. cit.*, I, 294。

47 *Op. cit.*, secs. 46, 47。

48 見：Jules Vuillemin, *L'être et le travail* (1949)。它證明在試圖解決馬克思思想裡的核心矛盾和歧義性時會發生什麼事。我們只能放棄所有表面的證據，把馬克思的概念當作盤根錯節的抽象拼圖，才有可能解決。因此，勞動「顯然出於生活所需」，但是「實際上實現了自由的工作，肯定了我們的力量」；在勞動中，「必要性（對人而言）表現出一種隱藏的自由」（pp. 15, 16）。如果要反駁這種複雜的庸俗化，我們不妨回想一下考茨基（Kautsky）在以下的軼事裡提到馬克思如何重視他的作品：在一八八一年，考茨基問馬克思是否考慮出版他的全集，馬克思回答說：「這些作品首先得寫出來才行。」(Kautsky, *Aus der Frühzeit des Marxmismus* [1935]m p. 53)

49 *Das Kapital*, III, 873。在《德意志意識型態》裡，馬克思說，「共產主義革命要……消滅勞動。」（p. 59）而在前幾頁（p. 10），他剛剛才說過人和動物的差別只在於勞動。

50 該說法見：Edmund Wilson, *To the Finland Station* (Anchor ed., 1953)。但是在馬克思的研究文獻裡，這個批評很常見。

51 見：本書第六章四十二節以下。

52 *Deutsche Ideologie*, p. 17。

53 在舊約裡沒有「罪的工價」的說法。將人逐出樂園的詛咒也沒有以勞動和出生懲罰人；它只是讓人終身勞苦以及加增懷胎的苦楚。根據《創世記》，上帝造人（adam）是要他看守修理野地（adamah），正如其名所暗示的（「土地」的陽性名詞）（見：Gen. 2:5, 15）。「也沒有人（Adam）耕地（adamah）……耶和華上帝用地上（adamah）的塵土造人……耶和華上帝將那人安置在伊甸園，使他看守修理。」（我是根據馬丁．布伯〔Martin Buber〕和羅森克蘭茲〔Karl Rosenkranz〕的德文譯本。）「耕地」一詞後來變成希伯來文的「勞動」（leawod），有服事的意思。而詛咒（3:17-19）沒有用這個詞，但是意思很明確：人被造來服事，現在成了勞役。現在流行的誤讀是因為人們不知不覺地從希臘文的思考去詮釋舊約聖經。天主教作者一般都會避免這個誤解。例如，見：Jean Leclercq, *Leçon de droit naturel*, Vol. 4, Part 2, "Travail, propriété," (1946), p.31：「終身勞苦是原罪的結果……還沒有墮落的人愉悅地勞動，但還是勞動。」或見：J. Chr. Nattermann, *Die modern Arbeit, soziologisch und theologisch betrachtet* (1953), p. 9。在這個脈絡下比較舊約的詛咒和赫西奧德表面上很類似的「辛勤勞動」會很有趣。赫西奧德說，諸神為了懲罰人，把生活的方法藏起來，讓他必須尋尋覓覓，而在那以前，人們似乎只需以草芙蓉和常春藤為生。這裡的詛咒不只是終身勞苦，而是勞動本身。

54 近代作者都同意說，人性中的「善」、「生產性」的面向就反映在社會裡，而人的邪惡面使得政府有必要存在。誠如潘恩（Thomas Paine）所說的：「社會是從我們的需求產生出來的，而政府則是出自我們的邪惡；前者會聯繫我們的感情，積極促進我們的幸福，後者則是消極的，藉由抑制我們的邪惡……每個國家的社會都是個好事，但是政府，就算是最好的國家裡，也都是必要之惡。」（*Common Sense*, 1776）或如麥迪遜（Madison）說：「政府不就只是人性最鮮明的反映嗎？

如果人是天使，就不必有政府了。如果讓天使統治人，就不必有外在或內在控制了。」（*The Federalist* [Modern Library ed.], p. 337）

55 例如說，亞當・斯密對於「政府的公家浪費」憤憤不平：「國家的全部收入，或近乎全部的收入，在大多數國家是用以維持不事生產的勞動者的。」（*op. cit.*, I, 306）（譯按：中譯見：《國富論》，周憲文譯，台灣銀行，民57）

56 無疑的，「在 1600 年以前，沒有人知道人對於他藉由勞動產生的財產有自然權利；到了 1690 年以後，這個觀念成了社會科學的公理。」（Richard Schlatter, *Private Property: The History of an Idea* [1951], p. 156）勞動和財產的概念甚至是互斥的，而勞動和貧窮（ponos and penia, Arbeit and Armut）則是焦不離孟的，因為和窮人階級對應的活動就是勞動。因此，柏拉圖認為勞動的僕役是「壞的」，因為他們不是自己心裡的動物層面的主人，而他關於貧窮階級的說法也如出一轍。窮人不是「自己的主人」（penēs ōn kai keautou mē kratōn [*Seventh Letter* 351A]）。這些古代作者都不認為勞動是財富的可能來源。西賽羅認為（他可能只是總結當時的意見），財產來自征服、或勝利或合法的分割（aut vetere occupatione aut victoria aut lege [*De officiis* i. 21]）。

57 見：第八節。

58 *op. cit.*, sec. 26。

59 *Ibid.*, sec. 25。

60 *Ibid.*, sec. 31

61 我覺得若干比較輕微而常見的毒癮（往往歸咎於藥物的成癮性），可能是因為渴望重複因為消除痛苦而得到的強烈欣快感。在古代就知道這種現象，而在近代的文獻裡，只有狄尼森支持我的假設（Isak Dinesen, "Converse at Night in Copenhagen," in *Last Tales* [1957], pp. 338 ff.），她把「痛苦的止歇」列為「三種完美的快樂」之一。柏拉圖早就反駁過那些「被拖離痛苦，到了中間狀況時，就堅信他們業已達到滿足和快樂的目標的人」（*Republic* 585A）（譯按：中譯見《柏拉圖理想國》，侯健譯，聯經出版事業公司，民65），但是他也承認這些在痛苦或匱乏之後的「混雜的快樂」比純粹的快感（例如聞到馥郁的香味或是沉思幾何形狀）更強烈。說也奇怪，快樂主義者卻把它們混為一談，而不願意承認痛苦消除後的快感比「純粹的快感」更強烈，更不用說痛苦的缺如了。西賽羅指責伊比鳩魯說他混淆了單純的痛苦的缺如和消除痛苦後的快感（見：V. Brochard, *Études de philosophie ancienne et de philosophie modern* [1912], pp. 252 ff.）。而盧克萊修（Lucretius）也大叫說：「你沒看到本性只要求兩件事嗎，一是身體免於痛苦，二是心靈免於擔憂……？」（*The Nature of the Universe* [Penguin ed.], p. 60）

62 布羅恰（Brochard）（*op. cit.*）對於古代哲學有很精闢的總結，尤其是伊比鳩魯的哲學。不動心的感官快樂在於心靈的能力，也就是「逃遁到它自己創造的一個更快樂的世界，藉著想像力，它總能說服身體經驗一下它以及感受過的相同快樂。」（pp. 278, 294 ff.）

63 各種反對感官有建造世界的能力的理論，都會貶黜視覺最重要而高貴的感官地位，而代之以觸覺或味覺，後者的確是最私密的感官，也就是，身體在感知對象時，主要是感覺到它自己。所有否認外在世界的實在性的思想家，都會同意盧克萊修的話：「因為觸覺也只有觸覺（可以說是神聖的）是我們所有身體感覺的本質。」（*op. cit.*, p. 72）然而這還不夠；在平靜的身體裡，觸覺和味覺還是太接近世界的實在性：當我吃一盤草莓，我嘗到的是草莓而不是味覺本身，或者用伽利略的例子，「當我先觸摸大理石像再觸摸人體」，我意識到大理石像和人體，而不是摸它們的手。因此，如果伽利略想要證明諸如色彩、味道、氣味等「次性」「只是個名字，它們只存在於感知的身體裡」，他就必須放棄自己的例子，而引用以羽毛搔癢的感覺，藉此推論說：「我相信這些性質有類似於自然物體的存在，例如味道、氣味、顏色等等。」（*Il Saggiatore*, in *Opere*, IV, 333 ff.; trans. by E. A. Burtt, *Metaphysical Foundations of Modern Science* [1932]）這個論證本身只能以感覺經驗為基礎，身體顯然只能依靠自己，因而被趕出它平常活動的世界。內在身體的感覺越強烈，論證就越合理。笛卡兒也循此推論說：「刀朝我們身體割去的運動，只會引起痛苦的感覺（而不能使我們知道刀的運動或形狀），而且我們可以確知，這種痛苦的感覺所以異乎引起它的那種運動……就像我們所有的顏色、聲音、氣味、味道等等感覺所以異乎那些運動一樣。」（*Principles*, Part 4, trans. by Haldane and Ross, *Philosophical Works* [1911]）

64 柏格森的法國學生已經隱約察覺到這個關連。（見：Édouard Berth, *Les méfaits des intellectuels* [1914], ch. 1; Georges Sorel, *D'Aristote à Marx* [1935]。）義大利學者提爾格（Adriano Tilgher, *op. cit.*）的作品屬於同一個學派，他強調對於生命的新概

念和意象而言，勞動的概念是其核心和關鍵（English ed., p. 55）。柏格森學派和他們的大師一樣，也把勞動等同於工作和製造而理想化。然而生物生命的原動力和柏格森的「生命衝動」（élan vital）顯然很類似。

65 在共產主義或社會主義理論裡，所有職業可以說都會變成嗜好：再也不會有畫家，而只會有在閒暇時畫畫的人們；也就「今天做這個，明天做那個，早上打獵，下午釣魚，傍晚放牛，晚飯成了評論家，興之所至，而不必變成獵人、漁夫、牧者或評論家。」（*Deutsche Ideologie*, pp. 22 and 373）

66 *Republic* 590C。

67 Veblen, *op. cit.*, p. 33。

68 Seneca, *De tranquillitate animae* ii. 3。

69 精闢的分析見：Winston Ashley, *The Theory of Natural Slavery, according to Aristotle and St. Thomas* (Dissertation, University of Notre Dame [1941], ch. 5)，他正確地強調說：「如果主張說亞里斯多德認為僕役只是如生產工具那樣具有普遍必要性的話，那會完全誤解他的論證。他其實是強調消耗的必要性。」

70 Max Weber, "Agrarverhältnisse im Altertum," in *Gesammelte Aufsätze zur Sozial- und Wissenschaftsgeschichte* (1924), p. 13。

71 「eide te dia toutôn」（Herodotus, I 113 and passim）。（譯按：中譯見：《歷史》，王以鑄譯，台灣商務印書館，民86。）類似的說法見：Plinius, *Naturalis historia* xxix. 19：「我們用別人的腳走路；我們用別人的眼睛觀看；我們用別人的記憶辨認和問候人；我們憑著別人的勞動過活。」（alienis pedibus ambulamus; alienis oculis agnoscimus; aliena memoria salutamus; aliena vivimus opra）（引文見：R. H. Barrow, *Slavery in the Roman Empire* [1928], p. 26）

72 Aristotle *Politics* 1253b30-1254a18。

73 Winston Ashley, *op. cit.*, ch. 5。

74 見：Viktor von Weizsäcker, "Zum Begriff der Arbeit," in *Festschrift für Alfred Weber* (1948), p. 739。論文中有些零散的評論頗有可觀之處，但是整體而言不是很有用，因為懷策克接著又畫蛇添足地假設生病的人類必須「從事勞動」才能復原，因而混淆了勞動的概念。

75 雖然這個勞動和遊戲的範疇乍看下似乎太過空泛而沒有意義，在另一個方面卻很有特色：在它底下真正的反面是必然性和自由的對立，而由此可見近代思想認為趣味性是自由的來源其實有它的道理。除了這個概括化以外，近代對於勞動的理想化可以說大抵落在以下兩個範疇裡：一、勞動是獲致更高目的的工具。一般來說，這是天主教的立場，它的優點是不會完全脫離實在性，因此至於會提到勞動和生命以及勞動和痛苦之間的關係。其中出色的代表人物是魯汶大學的雷克萊，特別是他關於勞動和財產的討論，見：*Leçon de droit naturel* (1946), Vol. IV, Part 2。二、勞動是型塑的行動，「將一個既有的結構轉型成另一個更高的結構」。這是李普曼的著作主題，見：Otto Lipmann, *Grundriss der Arbeitswissenschaft* (1926)。三、在勞動社會裡的勞動是純粹快樂的，或者「可以如閒暇的活動一樣愜意」（見：Glen W. Gleeton, *Making Work Human* [1949]）。吉尼也採取這個立場（Corrado Gini, *Economica Lavorista* [1954]），他把美國視為一個「勞動社會」（società lavorista），「勞動是個快樂，所有人都想要勞動」。（以德文摘述他的立場，見：*Zeitschrift für die gesamte Staatswissenschaft*, CIX [1953], CX [1954]。）這個理論其實也不是那麼新。最早提出的是尼提（F. Nitti, "Le travail humain et ses lois," *Revue international de sociologie* [1895]），他甚至主張說，「勞動的理想是趣味性，這是心理的事實而不是生理的」，因此在一個社會裡，只要每個人都工作，痛苦就會消失。四、最後，勞動是人相對於自然的自我肯定，也就是透過勞動去支配自然。這是法國勞動人文主義的新思潮的基礎假設，不管是內隱或外顯的。它最有名的代表人物就是弗里曼（Georges Friedmann）。在所有這些理論和學術討論之後，讓人覺得很新鮮的是，大多數工作者，如果被問到「人為什麼要工作」，都只會回答說，「為了生存」或「為了賺錢」。（見：Helmut Schelsky, *Arbeiterjugend Gestern und Heute* [1935]；他的著作沒有絲毫偏見或理想化。）

76 嗜好在現代勞動社會裡所扮演的角色至為顯著，或許是勞動和遊戲理論裡的經驗基礎。在此背景下，特別值得注意的是，對此發展一無所知的馬克思，期待在他烏托邦的、沒有勞動的社會裡，都會以非常類似休閒活動的方式從事所有勞動。

77 *Republic* 346。因此，「掙錢的技術使我們擺脫貧窮，醫學使我們擺脫疾病。」（*Gorgias* 478）（譯按：中譯見：《柏拉圖全集》，王曉朝譯，人民出版社，2002）既然這些勞務的報酬是自願的（Loening, *op. cit.*），自由行業的確在「掙錢的技術」

方面相當完美。

78 對於在整個古希臘和羅馬裡的這個特有的習俗，近代流行解釋說它源自「相信奴隸只有在刑架上才會說真話」（Barrow, *op. cit.*, p. 31），這是大錯特錯的。相反的，他們相信的是任何在刑求下都沒辦法編造謊言，「人們相信在痛苦的叫聲下可以得到發乎本性的聲音，痛苦越強烈，由血肉構成的證詞也就看似越真確。」（Wallon, *op. cit.*, I, 325）古代的心理學比我們更清楚在謊言中的自由元素，也就是自由的杜撰。刑求的「必要性」是要摧毀這個自由，因此不適用於自由民。

79 希臘文裡意指奴隸的更古老的語詞「douloi」、「dmōes」，一直是指稱戰敗的敵人。關於戰爭以及戰俘的買賣作為古代奴隸的主要來源問題，見：W. L. Westermann, "Sklaverei," in *Pauly-Wissowa*。

80 現在，因為戰爭和毀滅的工具的新發展，我們可能會忽略近代世界的這個重要的趨勢。其實，十九世紀是史上最和平的世紀之一。

81 Wallon, *op. cit.*, III, 265。瓦倫很巧妙地證明斯後期斯多噶學派如何推論說，在羅馬帝國的發展下，所有人都成了奴隸，帝國政府蠶食鯨吞地廢除了舊有的自由，使得沒有人是自由的，每個人都有個主人。轉折點在於卡利古拉（Caligula）和圖拉真（Trajan）先後同意稱為「皇帝」（dominus），這個語詞原本是指家庭裡的主人。古代後期所謂的奴隸道德，以及認定奴隸和自由民的生活沒有兩樣，其實有很務實的背景。現在奴隸真的可以告訴他的主人說，沒有人是自由的，每個人都有個主人。用瓦倫的話說：「他們都是被迫到礦坑、或者程度較輕者，被迫從事磨坊、麵包店、值勤或其他行會的工作。」（p. 216）「現在他們以奴隸的法律統治公民，我們看到他們用所有為奴隸制定的法律來管理公民的人身、家庭或財產。」（pp. 219-20）

82 馬克思的無階級和無國家的社會並不是烏托邦，近代發展傾向於消除社會的階級差別，以「事物的管理」取代政府（恩格斯認為這是社會主義社會的指標），撇開這個不談，馬克思自己的理想顯然是和雅典民主一致的，除了說在共產主義的社會裡，原本屬於自由民的權利要擴及於所有人。

83 席夢・韋伊的《勞動的條件》（*La condition ouvrière* [1951]）是關於勞動問題的重要作品，她摒除了偏見和情緒在探討問題。她在日記裡的座右銘，和她在工廠裡的日常經驗有關，是荷馬的一句話：「迫於情勢，身不由己。」（poll'

aekazomenē, kraterē d'epikeiset' anagkē）（譯按：這句話出自《伊利亞德》，原意是「無可奈何，被工頭以武力威逼」。）她推論說，盼望將來能夠擺脫勞動和生計，是馬克思主義裡唯一的烏托邦元素，也是所有受馬克思影響的工人革命運動的真正原動力。這正是馬克思原本用來指摘宗教的「人民的鴉片」。

84　不消說，這種休閒不是如流行的看法那樣一以貫之的，正如古代的「閒暇」（skholē），它不是消耗的現象，不管是不是「炫耀」，而不是因為勞動的「閒暇」而產生的，相反的，它是有意識的「摒棄」所有僅僅和生存有關的活動，不管是消耗或勞動。這個「skholē」有別於現代休閒的理想，是指古代希臘生活的簡樸。因此，使雅典繁榮的海上貿易，讓他們心存疑慮，因此柏拉圖也和荷馬一樣，認為新城邦的建立應該遠離大海。

85　在中世紀，人們一年工作日數不會超過半年。官方的假日有一百四十一天（見：Levasseur, *op. cit.*, p. 329；關於法國大革命前的工作日數，見：Liesse, *Le Travail* [1899], p. 253），工作天數的劇增是工業革命以後的事，勞工必須和剛引進的機器競爭。在那以前，一天的工作時數在十五世紀的英國是十一或十二小時，在十七世紀是十個鐘頭（見：H. Herkner, "Arbeitszeit," in *Handwörterbuch für die Staatswissenschaft* [1923], I, 889 ff.）。簡言之，「在十九世紀前半葉，工人的生活條件比羅難者更悲慘。」（Édouard Dolléans, *Histoire du travail en France* [1953]）我們時代的進步程度往往被高估了，因為我們老是拿「黑暗時代」來比較。例如說，現代最文明的國家的平均壽命和古代的某個世紀有可能是差不多的。我們當然不會知道答案，但是從某些名人的死亡年齡讓我們有此揣測。

86　Locke, *op. cit.*, sec. 28。

87　*Ibid.*, sec. 43。

88　Adam Smith, *op. cit.*, I, 295。

第四章 工作

十八、世界的耐久性

我們雙手的工作，有別於我們身體的勞動——真正從事製造和「施作」的「工匠人」[1]，有別於從事勞動而且和自然事物「混合在一起」的「勞動的動物」——生產出森羅萬象的事物，加總起來就構成人類的施設造作。它們大多數（但不僅僅）是使用的對象，也擁有洛克據以確立財產的耐久性（durability），擁有亞當．斯密認為交易市場所需的「價值」，而它們也見證了馬克思藉以檢驗人性的生產力。正當的使用它們不會致使它們消失，而它們更為人類的施設造作賦予了穩定性和堅固性，否則像人這樣變化無常而終有一死的生物就沒辦法指望它們給一個棲身之處。

人類的施設造作的耐久性不是絕對的；我們對它們的使用，就算我們沒有消耗它，也有用完的時候。遍布在我們所有存有當中的生命歷程也會侵入它們，即使我們沒有使用世界的事物，它們終究也會腐敗而回歸無所不在的自然歷程，它們原本就是從自然歷程裡抽離出來對抗它的。如果不理會椅子，把它棄置於人類世界之外，它會再度變成木頭，而木頭會腐爛回到土壤裡，樹木原本就是從土壤裡長出來，被砍下來成為施作和建築的材料。儘管這或許是世界所有東西不可避免的下場，是它們來自壽數有終之凡人製造者的記號，但是它未必是人類的施設造作本身的最終命運，因為任何事物都會隨著來到這個人造世界裡居住又離開的各個世代的變化而持續被取代。再者，雖然所謂的使用不免要把這些對象耗盡，這樣的命運卻不像所有消費事物那樣以消滅告終。使用所耗損的是它的耐久性。

這個耐久性也讓世界的事物相對獨立於製造和使用它們的人，賦予它們「客觀性」，使它們能夠抵擋、「對抗」[2]和忍受（至少一陣子）它們的製造者和使用者的需索無度。就此而言，世界的事物有穩定人類生活的功能，它們的客觀性在於，和赫拉克列圖斯（Heraclitus）所謂的「同一個人不能踏入相同的溪流兩次」正好相反，撇開人變化無常的本性不談，透過和相同的桌椅的關係，人可以恢復他的相同性，也就是同一性（identity）。換言之，和人的主觀性分庭抗禮的，是人造世界的客觀性，而不是一個未受改變的大自然高高在上的漠不相關，相反的，它強勢的基本力會迫使人們在他們自己的生物運動的循環中不停地擺盪，而和大自然家族整個週期運動不謀而合。我們唯有以大自然給我們的東西建造起我們自己的世界的客觀性，讓它內建於自然環境裡，而保護我們免於她的侵入，如此我們才能把自然視為「客觀的」東西。如果人與自然之間沒有一個世界存在的話，那麼就只會有永恆運動而不會有客觀性。

雖然就像工作和勞動一樣，使用和消耗是兩回事，但是它們在若干重要的領域裡似乎重疊程度很高，使得輿論和學者們一股腦地把這兩個不同的東西畫上等號看起來很有道理。的確，使用包含了消耗的元素，因為耗損的過程是經由用品和有生命的消耗者的接觸產生的，而身體和使用的東西的接觸越緊密，兩者的相等看起來就越合理。如果有人從衣著的觀點來解釋用品的性質，他會不由自主地推論說，使用只是速度比較慢的消耗而已。前述的問題則正好相反，毀壞雖是不可避免的，但只能說是使用的附屬事件，而對消耗而言，卻是它的內在性質。一雙鞋子再怎麼不牢靠，它和消耗品的差別在於，如果我不穿它，它就不會磨損，它有自己的獨立存在，儘管很卑微，卻能讓它在主人喜怒無常的情緒中存在很長一段時間。除非它被惡意破壞，否則不管有沒有使用，它都可以在世界裡存在一段時間。

有另一個類似的論證支持工作和勞動是同一回事，而且更著名且更合理。人最必要且根本的勞動，也就是耕種，似乎可以說是勞動在過程中轉化成工作的完美例證，因為撇開耕作和生物循環的密切關係以及對於更大的自然循環的依賴性不談，在它的活動結束以後，會留下某個產物，而為人的施設造作增添了另一個持久性的事物：同樣的農事年復一年，最後會把荒地變成農田。正因為如此，在古代和近代的勞動理論裡，都會看到這個引人注目的例子。然而雖然它們有不容置疑的相似性，雖然農業歷史悠久的尊嚴來自於耕作不僅獲得了生存的工具，更為世界的建造準備了土地，即使如此，其中的差別還是很明顯：嚴格來說，農地不能算是使用品，後者有自己的耐久性，而且不需要特別的照顧就能長久保存；而農地如果要能耕作的話，就必須時時勞動。換言之，生產的事物藉以一勞永逸地保障其存在的真正實體化（reification）從來沒有發生過；它必須一再地被複製，才能夠待在人類世界裡。

十九、實體化

「工匠人」的工作，也就是製造，是由實體化構成的。所有事物本有的堅固性（solidity），即使再怎麼易碎，都來自於被施作的材料，但是這個材料本身不是一直都在那裡的，就像草原或樹上的果實，我們可以摘採它或不理會它，而不會改變自然的大家族。材料已經是人類雙手的產品，它離開了它在自然界的位置，不是扼殺了一個生命歷程，例如必須把樹砍斷才能提供木材，就是中斷自然更緩慢的歷程，例如從大地的懷抱裡挖出鐵礦、石頭或大理石。所有的製造裡都有這個侵犯和強制力的元素，而「工匠人」，人類的施設造作的創造者，一直都是自然的破壞者。「勞動的動物」以他的身體，並且藉助於馴獸，以滋養生命，他或許是所有生物的統治者和主人。既然他的生產力被視為造物神的肖像，上帝自虛無中（ex nihilo）創造萬物，而人則是從既有的實體創造，人的生產力在定義上注定要導致一種普羅米修斯的

(Promethean)反叛，因為它唯有破壞一部分上帝創造的自然才能建立人造的世界[3]。

這個強制力的經驗是人類力量最基本的經驗，也因此和在單調的勞動中體驗到的痛苦而讓人身心交瘁的辛勞正好相反。它可以給人自信和滿足，甚至成為生命自始至終的自信的泉源，這些都迥異於投入勞動和辛勞的生活的幸福，或是勞動本身短暫但強烈的快樂，如果工作的步調一致而井然有序，就會產生這樣的快樂，就像是身體有節奏的律動時的快樂一樣。大部分關於「勞動的歡悅」的描述，並不是如聖經一般關於生死的知足幸福，也不只是把工作完成時的驕傲和伴隨的「歡悅」混為一談，而是和力量的強制力展現時的欣快感有關，人藉此把自己和懾人的基本力相提並論，透過工具的精巧發明，他知道如何超越那個力量的自然限度[4]。堅固性不是「汗流滿面才得餬口」*的快樂或疲憊的結果，而是這個力量的結果，而那不只是借用或採擷大自然本身永恆歷程的免費禮物，雖然如果沒有從自然中奪取材料，就不可能有此結果；它已經是人的雙手的產物。

實際的製造工作是以那建構對象的模型為準繩而執行的，這個模型可能是心靈的眼睛看到的形象，或是這個影像透過工作據以暫時實體化的藍圖。無論如何，那指引製造工作的，是外在於製造者的東西，而且先於實際的工作過程存在，就像勞工身體裡的生命歷程的種種迫切需要先於實際的勞動過程一樣。(這個描述和現代心理學的發現大唱反調，後者幾乎異口同聲地告訴我們說，心智的形象安全地位於我們的腦袋裡，正如饑餓感位於胃部一樣。現代科學的主觀化只是反映了近代世界更極端的主觀化，在這個情況裡則有它的道理在，的確，現代世界大部分的工作都是以勞動的模式執行的，使得工作者就算願意也沒辦法「為了他的工作而勞動，而只能為了他自己」[5]，在對象的生產裡經常是工具性的，而他根本不知道最後會是什麼樣子[6]。這個情況雖然在歷史上很重要，在描述「行動的生活」的基本相互關係時卻是無關的。）我們注意到的是使所有身體感覺、快樂或痛苦、欲望和滿足——它們太過「私人」，以致於說一字即不中，更不用說在外在世界裡表現出來，因此完全沒辦法實體化——和心裡的形象區隔開來的真正鴻溝，那些形象很輕鬆自然地就實體化，我們既沒辦法想像，如果在內心的眼睛前面沒有先存在某個形象，一個床的「觀念」，我們怎麼製造一張床出來，也沒辦法想像一張床而不求助於一個實物的視覺經驗。

　　對於「製造」在「行動的生活」的位階裡扮演的角色而言，指導製作過程的形象或模式不僅必須先於它存在，更不會隨著完成的產品而消失，它會完整無缺地持存著，以利於製造的無限延續。內在於工作中的這個潛在的增殖（multiplication）原則上不同於勞動典型的反

＊譯注：《舊約聖經．創世記》3:19。

覆（repetition）。這個反覆是迫於生物性循環，而且一直屈服於它；人體的種種需求剎那生滅而流轉不已，雖然它們每隔一段時間就會再現，卻不會停留很久。增殖不同於反覆，它會讓已經在世界裡擁有相對穩定而恆久的存在的事物不斷增加。模型或形象裡的恆久性，也就是在製造開始前就存在，在它結束後也會繼續存在，這個屬性對於柏拉圖的永恆理型說影響甚鉅。他的學說是從「理型」（idea, eidos）這個語詞得到靈感的，他是第一個把這個詞用在哲學脈絡裡的人，它是以「製造」（poiēsis）*的經驗為基礎，雖然柏拉圖的理論是要表達完全不同的、或許更加「哲學的」經驗，當他要證明他的說法時，卻也總是不忘以製造為例[7]。一個永恆的理型主宰了許多倏忽生滅的事物，在柏拉圖的學說裡，它的合理性在於，許多倏忽生滅的事物是根據恆久而單一的模型製作出來的。

製造的過程本身完全取決於目的（end）和工具（means）的範疇。被製造的事物是最終產品（end product），它有雙重意義，生產過程會以它告終（「過程消失在產品中，」馬克思如是說），而生產過程也只是用以完成這個目的的工具。誠然，勞動也會為了消費的目的而生產，但是這個目的（消耗事物）欠缺了如作品一般在世界中的恆久性，所以這個過程的目的不是取決於最終產品，而是勞動力的消耗，而另一方面，產品本身又直接變成工具，也就是勞動力的存續和複製的工具。相反的，在製造的過程中，目的是毋庸置疑的：在人類的施設造作中增加了一個全新的東西，它的耐久性讓它足以在世界裡作為獨立實體而存在，如此目的就達成了。就事物而言，也就是製造的最終產品，過程並不需要反覆。反覆的衝動來自於工匠需要賺取他謀生的工具，在這個情況下，他的工作和勞動是一致的；或者是來自在市場裡增殖的需求，在這個情況下，柏拉圖可能會說，想要滿足其需求的工匠會在他的技能以外增加賺錢術。這裡的重點是，在任何一種情況下，過程本身都是因為它本身以外的理由才會反覆，而不同於內在於勞動的強迫性反覆，即一個人必須吃東西才能勞動、又必須勞動才有東西吃。

製造的特徵在於有個明確的起點以及明確而可以預測的終點，光是這點就足以使它有別於人類的所有其他活動。囿限於身體生命歷程的週期運動裡的勞動，既沒有起點也沒有終點。而我們在下文會看到，「行動」雖然或許有個確定的開頭，卻不會有個可以預測的結局。工作的這個顯著的可靠性反映在以下的事實：不同於行動，製造過程並不是不可逆的：人類雙手生產的每個東西，人都可以摧毀它們，沒有任何用品是人們在生命歷程裡迫切需要的，以致於製造者在摧毀它們以後就活不下去。「工匠人」的確是個統治者和主人，不只是

＊譯注：poiēsis：一、製造、生產；二、詩藝、詩、作詩。

因為他是主人或是僭稱自己是所有自然的主人，更因為他是自己及其種種作為的主人。「勞動的動物」則不然，他屈服於他自己的生活所需，「行動人」同樣也不是如此，他總是依賴於他的同胞。「工匠人」光是憑著對於未來的產品的想像，他就可以自由地生產，同樣的，光是面對他雙手生產的作品，他也可以自由地毀滅他們。

二十、工具性和勞動的動物

從完全依賴雙手這個原始工具的「工匠人」的觀點來看，誠如富蘭克林所說的，人是個「器具製造者」。對於「勞動的動物」而言，工具只是減輕他們的負擔，並且使勞動機械化；可是同樣的工具，「工匠人」卻設計和發明用來建造一個事物的世界。而它們的適用性和精確性則是取決於他想要發明的「客觀」目標，而不是主觀的需求。器具和工具是相當世界性的東西，我們甚至可以以它們為判準去分類所有文明。然而當人們在勞動過程中使用它們時，最能突顯其世界性的特質，它們的確是唯一能在勞動和消費的過程本身中持存的有形事物。因此，對於「勞動的動物」而言，正如他屈服且汲汲營營於生活的揮霍過程，世界的耐久性和穩定性最初是表現在器具和工具裡，而在勞工的社會裡，器具很可能不只具有工具的性格或功能。

我們經常聽到人們抱怨現代社會中目的和工具的倒錯，人們成了他們自己發明的機械的僕人，必須「適應」機械的要求，而不是為了人類的需求而把機械當作工具來使用，這些抱怨都是基於勞動的事實情況。在這些情況裡，生產主要在於為消費做準備，在「工匠人」的活動裡相當典型的目的與工具的區分，因而顯得站不住腳，而「工匠人」發明用來幫助「勞動的動物」的勞動的工具，一旦被「勞動的動物」使用，就失去了工具的性格。在生活歷程本身裡（勞動始終是其不可或缺的部分，而且從來沒有超越這個歷程），提出預設了目的和工具的範疇的問題是沒有意義的，例如說，人的生活和消費是不是為了擁有勞動的力量，或者說他們的勞動是不是為了擁有消費的工具。

如果我們從人類行為的角度去思考為什麼人們沒辦法清楚區分目的和工具，我們可以說，為了特定的最終產物而自由地配置和使用器具，被勞動的身體和它的器械有節奏的合而為一給取代了，而勞動本身的動作則表現為聯繫的力量。為了最佳結果而需要有條不紊的執行的，是勞動而不是工作，而由於許多工人總是成群結隊，因此勞動需要所有個別的動作都能有節奏地協調一致[8]。在這個動作裡，器具失去了它們的工具性格，而人和他的器械（以及他的目的）涇渭分明的區別也變得模糊了。主導著勞動的過程以及以勞動的模式進行的工作過程的，既不是人目標明確的努力，也不是他可能意欲的產品，而是歷程本身的運動，以及它要求勞工服從的節奏。勞動的器械被捲入這個節奏，直到身體和器具以相同的反覆運動擺盪，也就是說，在使用機械（所有器械中最適合讓「勞動的動物」執行的）時，不再是由身體的動作決定器械如何運作，而是機械的運作強迫身體的動作服從它。重點是沒有任何事物比勞動過程的節奏更容易且自然而然地機械化，而這個節奏也對應於生命歷程及其和自然的物質變換同樣自動的反覆節奏。正因為「勞動的動物」使用器具和工具不是為了建造一個世界，而是要減輕他自身的生命歷程的勞動，他其實是生活在自工業革命以來的一個機械世界裡，勞動的解放幾乎以機械取代了手工器具，而機械也以優勢的自然力排擠掉人類的勞動力。

器具和機械的決定性差別，或許可見於「人要『適應』機械，或是機械要為了人的『本性』而調整」這種伊於胡底的辯論。我們在第一章提到為什麼這類的討論會沒有結果：如果說人類的條件在於人是有條件的存有者，對他而言，任何事物，無論是既有的或是人為的，都會直接成為他將來的存在的條件，那麼人一旦設計了機械，他就得為了機械的環境而自我「調整」。機械作為我們的存在的條件，就像所有以往的時代裡的器具和器械一樣，當然是不可轉移的。因此，對我們而言，這個討論的旨趣其實是在於這個調適的問題隨時會出現。

人的被調整，或者是為了他所使用的器具而需要調整，這是殆無疑義的事；人也可能為了他的雙手而調整自己。但是在機械的情況裡則大相逕庭。手工藝的器具在工作過程中時時都是雙手的僕人，而機械卻是要求勞工服侍它們，要他為了機械的運轉而調整他的身體的自然節奏。這當然不是蘊含著人本身也要為機械而調整自己，或是成了機械的僕人；但是它的確意味著，只要以機械操作的工作持續下去，機械過程就會取代人類身體的自然節奏。器具再怎麼精密，都只是個僕人，無法指導或取代雙手。而就算是最原始的機械，也都會引導身體的勞動，最終完全取代它。

正如在歷史發展中處處可見的，科技的實際蘊含，也就是以機械取代器具和工具，直到最後的階段才會隨著自動化技術而浮現檯面。我們不妨回顧一下自近代世界開始以來的科技發展的若干主要階段。第一個階段，蒸汽機的發明，導致了工業革命，其特色仍舊是模仿自然歷程，利用自然力以開物成務，原則上和過往使用水力和風力沒什麼不同。蒸汽機的原理不是什麼新東西，創新的地方在於發現和使用燃煤[9]。這個階段的機械性器具反映了對於已知的歷程的模仿；他們也模仿人類雙手的自然活動，而在使用上更有效率。但是現在我們聽到的卻是「我們要避免的最大陷阱，是假設設計的目的在於複製操作員或勞工的雙手動作」[10]。

下一個階段的特色主要是電的使用，的確，電仍然決定了現階段的科技發展。這個階段再也不能形容成舊時技術和手藝的突飛猛進和延續，問題在於「工匠人」的範疇（對他而言，任何工具都是用以成就特定目的的工具）再也不適用於這個世界。因為我們再也不是使用自然提供給我們的材料，扼殺自然歷程，中斷或模仿它們。在後者的情況裡，我們為了自己世界性的目的而改變自然，對它「去自然化」（denaturalize），使得人類世界或是施設造作和大自然始終是涇渭分明的兩個實體。可是現在，我們開始「創造」，釋放我們自己的自然歷程（如果沒有我們，根本不會發生這種事），我們再也不在人類的施設造作周圍建築防禦工事以對抗自然的基本力，把它們遠遠趕出人造世界之外，相反的，我們把這些力量及其基本能量用於世界本身。其結果就是名副其實的製造概念的革命；原本的製造一直是「一連 [149]
串的分離步驟」，於此變成了「連續性的過程」，輸送帶和裝配線的過程[11]。

自動化是這個發展最晚近的階段，它的確「闡明了機械主義的整個歷史」[12]。它當然也會一直是近代發展的巔峰，即使原子時代以及核子科技的發現會加速它的結束。核子科技最早的工具，各種類型的原子彈，只要發射足夠的數量，不用很多，就可以摧毀地球上的所有 [150]
生物，這足以證明這樣的改變規模有多麼巨大。現在的問題再也不是釋放基本的自然歷程，而是在地球上、在日常生活裡，控制那些只會在地球以外、在宇宙中發生的能量和力；這件事已經成真，只不過是在核子物理學家的實驗室裡[13]。如果說現在的科技在於把自然力用於人類施設造作的世界裡，那麼未來的科技或許就是把我們周遭世界的宇宙力用於地球上的大自然。這些未來的科技改變整個自然家族的程度，是否會如自古至今的科技改變人類施設造作的世界性一般，或是尤有甚者，仍然有待觀察。

人們將自然力用於人類世界，因而撼動了世界的目的性本身，也就是說，物體是設計工具和器械的目的。所有自然歷程的特色在於它們不需要人的幫助就能夠誕生，自然的事物不是「被造的」，而是自己長成它們現在的樣子。（這也是我們所謂「自然」的真正意義，不管其字源是拉丁文的「nasci」（被生出來），或是追溯到希臘文的「physis」，它來自「phyein」，是生長或自行出現的意思。）*人類雙手的產品必須是逐步完成的，而且製造的過程和製成品的存在完全是兩回事，相反的，自然事物的存在不僅和它的誕生歷程不可分割，甚至可以說是同一回事：種子裡頭包含了樹木，甚至在某個意義下**就是**樹木，如果使樹木誕生的生長歷程中斷，樹木也會停止存在。如果我們以人類目的（有個意欲的起點以及

*譯注：「nasci」源自動詞「nascor」：誕生；開始。拉丁文的「natura」意為：本性、生成生就之事、天然秩序、宇宙一切現象；字源為「nascor」。「phyein」的名詞「phyē」：一、成長、尤指成長良好；二、（physis）自然能力、本性、天賦。

確定的終點）為背景去看這些歷程，它們其實有自動行為（automatism）的性格。我們所謂「自動的」，是指所有自行運轉的運動過程，因而在意志和目的的干預範圍之外。在由自動化引導的生產模式下，操作和產品的區別，以及產品對於生產（它只是產生目的的工具）的主導性，再也沒有意義，甚至變得過時了[14]。「工匠人」及其世界的範疇，再也不像以前適用於大自然以及自然的宇宙那樣，也適用在這裡。這剛好也是為什麼自動化的擁護者往往會強烈反對機械主義的自然觀以及十八世紀注重實際的功利主義，而它們以前是「工匠人」片面性的、堅定的工作取向的特徵。

關於科技的整個問題的討論，也就是因為機械的引進而對生活和世界造成的轉變，因為太過專注於機械對人們的服務和傷害而很奇怪地偏離了主題。這裡的假設是：每個工具和器械的設計原本是讓人的生活更輕鬆，減少人類的勞動。它們的工具性只是就這個人類中心的意義下被理解的。但是器具和器械的工具性和事物的關係遠甚於它們原本的設計，而它們絕對「屬於人的價值」也僅限於「勞動的動物」對它們的使用。換言之，「工匠人」，器具製造者，是為了建造一個世界才發明器具和器械的，至少主要不是為了幫助人類的生命歷程。因此問題不在於我們是機械的主人或奴隸，而在於機械是否仍然為世界及其事物服務，或者正好相反，它們及其過程的自動運轉是否已經開始主宰甚至摧毀世界和事物。

有一件事是確定的：製造的持續自動過程，不僅排除了「沒有根據的假設」，以為「由人腦指揮的雙手代表著最佳效率」[15]，也駁斥了更加重要的假設，也就是認為我們周遭世界的事物必須依賴於人類的設計，是根據人類的實用性或美感的標準打造出來的。我們設計的產品固然滿足了某些「基本功能」，但是它們的外型依據的既不是實用性也不是美感（那是世界的標準），而主要是由機械的操作決定的。這些「基本功能」當然都是人類動物性的生命歷程的功能，因為沒有其他功能有基本的必要性；但是產品本身——不只是它的各種款式，甚至是「整個變成新的產品」——卻完全取決於機械的效能[16]。

為了機械的操作效能而設計事物，而不是為了生產特定事物而設計機械，的確翻轉了目的和工具的範疇，如果說這個範疇還有任何意義的話。但是就算是最一般性的目的，也就是人力的免除，那通常是機械的任務，現在卻被認為是次要且過時的目標，既不適合也更可能限制了「效率的潛在驚人增長」[17]。照目前的情況來看，以目的和工具的觀點描述這個機械世界，就像以前問自然裡先有種子才有樹木或是先有樹木才有種子一樣沒有意義。同理，持續把自然的無窮歷程用於人類世界，雖然可能會破壞人的施設造作的世界本身，卻會很可靠且源源不絕地提供人這個種屬各種生活所需，正如人建造他們在地球上的人工的家，並且在自然和他們自己之間設下屏障以前，自然也提供他們生活所需一樣。

對於勞工的社會而言，機械的世界已經成了真實世界的替代品，即使這個虛擬的世界沒辦法完成人的施設造作的最重要任務，也就是提供凡人比他們自己更長久而穩定的居所。在持續的操作過程中，這個機械世界甚至正在失去那個獨立的世界性特質，而那是器具、器械以及近代世界早期的機器的主要特質。它賴以存在的自然歷程將它和生物歷程本身的關係漸漸拉近，使得我們以前自由操作的設備，漸漸看起來像是「屬於人體的外殼，就像龜殼屬於烏龜的身體一樣」。從這個發展的制高點去看，科技其實不再像是「人類有意識的努力產物以擴大物質的力量，而比較像是人的生物性發展，在其中，人類器官天生的結構日甚一日地移植到人的環境裡」[18]。

二十一、工具性和「工匠人」

「工匠人」的器械和器具是最基本的工具性經驗的來源，它們決定了所有工作和製造。的確，在這裡目的證成了工具；但是不僅於此，它更生產和規劃它們。目的證成了為了取得材料而加諸自然的強制力，正如木頭證成了樹木的砍伐，桌子證成了對木頭的破壞。為了最終產物，人們設計器具，發明器械，而同樣的最終產物也會規劃工作過程本身，決定需要哪些專家、合作的程度、助手的數量等等。在工作過程中，所有事情都是根據它們對於意圖的適用性和實用性加以評斷的。

同樣的目的和工具的標準，也適用於產品本身。雖然相對於生產它的工具而言，它是個目的，也可以說是製造的目的，但是它從來不是目的本身，因為它還是個供人使用的物品。作為木工的目的，椅子唯有再度變成工具，才能證明它的實用性，或者是由於它的耐久性而作為讓我們的生活更舒適的工具，或者是作為交易的工具。在製造活動裡的效益性標準有個難題，也就是說，製造所倚賴的工具和目的的關係很像是一個系列，每個目的在另一個脈絡裡又會變成工具。換言之，在一個完全功利主義的世界裡，所有目的沒多久就會變成下一個目的的工具[19]。

在所有邏輯一致的功利主義裡，也就是最典型的「工匠人」哲學，它的這個混淆在理論上可以歸因於它在先天上沒有能力理解效益（utility）和意義性（meaningfulness）的區別，以語言學的說法，就是「以便於」（in order to）和「為了」（for the sake）的區別。因此，實用性的理想充斥在工匠的社會裡——正如勞工社會裡的舒適生活的理想，或是瀰漫在商業社會裡的囤積居奇的理想——其實不再是效益的問題，而是意義的問題。「工匠人」從「以便於」效益的觀點判斷和行動，其實是「為了」一般性的實用性。實用性的理想本身，正如其他社會的理想，再也不能被視作「為了」另一個東西而需要某個東西；它根本無法質疑它自己的用途問題。萊辛（Gotthold Ephraim Lessing）對他當時的功利主義哲學家提出的問題顯然無解：「那麼，用途有什麼用呢？」功利主義的混淆在於深陷在目的和工具的無窮系列中，而無法找出可以證成目的和工具的範疇本身（也就是實用性本身）的原理。「以便於」變成了「為了」的內容；換言之，被認為是一種意義的實用性產生了無意義性。

在目的和工具的範疇內，以及充斥在整個使用品和實用性的世界裡的工具性經驗裡，根本沒辦法終止目的和工具的系列，也沒辦法阻止所有目的再度被當作工具使用，除非宣稱某個東西是「目的本身」。在「工匠人」的世界裡，任何東西都必須有個用途，也就是都必須作為工具而有助於成就另一個東西，因此所謂的意義，都只能表現為目的或是「目的本身」，而那其實不是適用於所有目的的同語反覆（tautology），就是矛盾的語詞。對於一個目的而言，它一旦達成了，就不再是目的，再也沒有能力引導和證成工具的選擇，沒有能力規劃或生產它們。它現在成了事物之一，也就是說，它成了巨大的彈藥庫裡的東西，讓「工匠人」自由選擇用以成就其目的的工具。相反的，意義必須是恆久的，不會失去它的性格，不管是否被人實現或發現，或是讓人失望，或是被人錯過了。由於「工匠人」只是個製造者，也只會從他的工作活動的目的和工具觀點去思考，他沒辦法理解意義的問題，正如「勞動的動物」沒辦法理解工具性是什麼。而正如「工匠人」用以建造世界的器械和器具對於「勞動的動物」而言成了世界本身，這個世界的意義，其實是「工匠人」沒辦法企及的，對他而言成了很弔詭的「目的本身」。

關於所有真正功利主義哲學裡的無意義性的兩難困境，唯一的解答就是擺脫使用品的客觀世界，回到使用本身的主觀性。唯有在完全人類中心主義的世界裡，效益本身才能獲得如意義一般的尊嚴，在那樣的世界裡，使用者，也就是人本身，成為終極的目的，因而為目的和工具的無窮系列踩剎車。然而不幸的是，就在「工匠人」似乎在他自己的活動中找到滿足時，他卻開始貶抑事物的世界，他自己勞心勞力的目的和最終產物；如果作為使用者的人是最高目的，是「萬物的尺度」，那麼不僅是被「工匠人」視為「無甚價值的材料」而加以施作的大自然，就連「有價值的」事物本身，也都成了工具，因而喪失了它們的內在「價值」。

「工匠人」的人類中心式的功利主義，在康德的學說裡表現得最清楚，他說任何人都不應該成為目的的工具，每個人自身都是目的。雖然我們發現在他之前（例如，洛克主張任何人都不可以占有他人的身體，或使用他人的身體力量）就有人意識到在政治領域濫用目的和工具的思考會導致什麼災難性的後果，但是只有康德才讓早期近代哲學徹底擺脫當「工匠人」主宰了社會的標準時到處充斥著的常識性的陳腔濫調。當然，其理由在於康德並不是要闡述當時的功利主義的信條或是把它概念化，相反的，他的初衷是要把目的和工具的範疇貶黜到屬於它的地位，避免在政治行動的領域裡利用到它。但是不可否認的，他的說法終究是源自功利主義的思考，正如就人對於唯一不是「基於使用目的」的對象的態度而言，他也曾經提出著名而同樣有內在弔詭的詮釋，也就是對於藝術作品的態度，他說那是「沒有任何利害關係的愉悅」[20]。因為如果他用同樣的方法證明人是「最高目的」，那麼人就可以「讓整個自然臣服於它」[21]，也就是把自然和世界貶抑成工具，剝奪它們的獨立尊嚴。就連康德也沒辦法解決這個混淆，或是讓盲目的「工匠人」如大夢初醒，認識到意義的問題，而不必訴諸弔詭的「目的本身」；這個混淆的原因在於，雖說只有製造及其工具性才能夠建造世界，但是如果用以建造世界的標準在完成任務以後仍舊主宰著世界，那麼這個世界就會像所使用的材料一樣沒有價值，成為下一個目的的工具。

作為「工匠人」，人會將事物工具化以利用厚生，而他的工具化則蘊含著將所有事物都貶抑為工具，使它們喪失內在而獨立的價值，以致於到頭來不只是製造的對象，甚至是不需要人的幫助就能誕生的、獨立於人類世界存在的「整個自然和所有自然力」，也喪失「其價值，因為它們並沒有呈現來自工作的實體化」[22]。正是因為「工匠人」對世界的這個態度，使得古代希臘人主張說，整個技術和工藝的領域，也就是人為了生產其他東西而以工具施作，都是「實用性的」（banausic），這個詞或許可以譯為「市儈的」（philistine），蘊含著權謀的思考和行為的庸俗性。如果我們知道就連希臘的雕塑和建築大師也無法免於這種認定，就不會對這樣猛烈的抨擊太驚訝了。

當然，問題其實不在工具性本身，也就是使用工具以成就目的，而是製造經驗的概括化，把實用性和效益視為人的生活和世界的終極標準。這個概括化是「工匠人」的活動本來就會有的，因為在製造裡呈現的目的和工具的經驗並沒有隨著產品的完成而消失，而是延伸到終點，也就是作為使用品。整個世界和地球的工具化，對於所有既存事物的無限貶黜，「無意義性」的增長過程，每個目的都變成工具，直到人把自己當作萬物的主宰才會停歇，這並不是直接肇因於製造過程；從製造的觀點來看，完成的產品就已經是目的本身，是個獨立而耐久的實體，有自己的存在，正如在康德的政治哲學裡，人自身即是目的。唯有製造主要生產的是使用品，製成品才會再度成為工具，唯有生活過程控制萬物以為己用，製造在生產方面有限度的工具性，才會變成對任何存在事物的無限的工具化。

希臘人顯然既擔心基於人類中心主義而對世界和自然的貶黜——「荒謬地」認為人是最高的存有者，萬物都是為他所用（亞里斯多德）——卻也極為鄙夷所有邏輯一致的功利主義赤裸裸的庸俗性。他們到底知不知道把「工匠人」視為人類最高的可能性會有什麼後果，這點可見於柏拉圖和普羅塔哥拉（Protagoras）及其看起來不證自明的名言「人是所有『用品』（chrēmata）的尺度，是存在者存在的尺度，也是不存在者不存在的尺度」[23]的著名辯論。（普羅塔哥拉的說法顯然不是如傳說或標準譯本所說的：「人是萬物的尺度。」）問題的重點是，柏拉圖馬上看出來，如果我們以人作為所有用品的尺度，那麼這句話裡的人指的不是說話者、行為者或思考者，而是使用者和工具化者。而既然作為使用者和工具化者的人的本性是把一切事物都視為成就目的的工具——每棵樹都是潛在的木頭——這最後必定意味著，人不僅成為其存在取決於人的事物的尺度，更是一切存在事物的尺度。

在柏拉圖的詮釋裡，普羅塔哥拉的說法活脫是康德最早的先驅，因為如果說人是萬物的尺度，那麼人就是唯一置身於目的和工具的關係以外的東西，唯一的目的本身，可以把所有其他東西都當作工具使用。柏拉圖很清楚，只要人類的需求和才能沒有極限，生產各種用品並且把所有自然事物都當作潛在的用品的可能性就會無窮無盡。如果人們准許「工匠人」用以支配建造世界的標準也可以支配完成了的世界，那麼「工匠人」最後會隨意取用任何事物，把它們都當作自己的工具。他會把所有東西都分類在「用品」的範疇裡，用柏拉圖舉過的例子來說，風不再就其本身而被理解為自然力，而只會根據人的溫暖或涼爽的需求去考慮，那當然意味著人類經驗裡再也不會有客觀存在的風。正因為如此，柏拉圖在晚年的《法律篇》再次回想起普羅塔哥拉的說法，而用弔詭的語氣回答說：「神才是用品的尺度」[24]，而不是人——出於需求和才能而想要利用萬物，最後因而剝奪了它們的內在價值。

二十二、交易市場

馬克思（再度證明他卓爾不群的歷史觀點）曾說，富蘭克林把人定義成工具製造者是典型「洋基邦」（Yankeedom）的特色，那是「近代世界對人的定義，猶如古代把人定義成政治的動物一般」[25]。這段話的重點在於，近代世界意圖將「政治人」，也就是行動和言說的人排擠在公共領域以外，正如古代意圖貶黜「工匠人」。就此二者而論，這樣的排擠都不是理所當然的事，正如勞工和無產階級受到的排斥，直到十九世紀的解放。近代世界當然很清楚，政治領域不一定是也不必僅僅是「社會」的功能，透過政府的管理以保護人性中的生產和社會面向；但是它會把超過法律和規定的執行範圍的東西視為「空談」或「虛榮」。它據以主張社會的自然生產力的人類能力，正是「工匠人」不容置疑的生產力。相反的，古代人很清楚人類各種團體的類型，其中確立和決定公共領域的內容的，不是「城邦」的公民也不是「國家」，而是將一般人的公共生活限制在「為人民的工作」上，也就是「工藝匠」（dēmiourgos），「為民眾工作的人」，而有別於「家僕」（oiketēs），有賣身契的奴僕[26]。這些非政治團體的特點是他們的公共場所，「市集」（agora），不是公民的聚會場所，而是工匠展示和販售他們的產品的市場。再者，在希臘，所有僭主都有個失敗的野心，那就是不讓公民憂心公共事務，不讓他們浪費時間在不事生產的「演講」（agoreuein）和「公民活動」（politeuesthai），並且致力於將「市集」變成商店區，就像東方專制統治下的街市（bazaar）*。這些市場以及後來中世紀城市的商業工藝區，其特色在於在展示販售的商品時也會展示它們的生產。「炫耀性的生產」（conspicuous production，我們把范伯倫的術語換個說法）其實是生產者社會的特徵，正如「炫耀性的消費」（conspicuous consumption）是勞工社會的特徵一樣。

「勞動的動物」的社會生活是無世界性的、如牧群般的，因此沒辦法建立或居住在公共的、世界性的領域，相反的，「工匠人」完全有能力擁有自己的公共領域，就算那或許不是真正的政治領域。他的公共領域是交易市場，他在那裡可以展示他雙手的產品，得到他應得的尊敬。這種譁眾取寵的傾向很接近甚或是植根於「以物易物」（truck）、交換（barter）或交易（exchange）他物的癖性」，亞當・斯密認為這是人和動物的分別所在[27]。重點在於「工匠人」，世界的建造者，事物的生產者，唯有藉由和別人交換他的產品，才能找到他和別人的適當關係，因為這些產品本身總是獨自生產的。早期近代世界將隱私視為社會成員最重要的權利，這其實就是孤立狀態的保證，否則就沒辦法生產任何作品。威脅到工作者的「光榮孤立」而最後破壞能力和卓越等觀念的，不是中世紀市場上的目擊者和旁觀者，讓與世隔絕的工匠暴露在大眾的眼光之下，而是社會領域的崛起，他人再也不滿足於觀看、評斷和讚賞，而想要加入工匠，地位平等地參與工作過程。和他人隔離是每個有師傅身分的人必要的生活條件，他必須獨自與「觀念」為伍，也就是對於創作對象的想像。這個師傅身分不同於政治上的各種支配形式，主要是對事物和材料的掌握，而不是對於群眾。其實後者對於工藝活動是相當次要的，而「工人」(ouvrier)和「師傅」(maître)原本也是同義詞[28]。

唯一直接因為工藝而形成的夥伴，是因為師傅需要助手或是他想要收學徒傳藝。但是他的技藝和沒有技藝的助手之間的區別只是暫時的，就像成人和孩子的區別一樣。沒有任何東西比團隊合作和工藝這種事更格格不入甚至有破壞性的，那其實只是一種分工而已，預設了

＊譯注：「agora」：一、公民大會，與立法會議（boulē）相對；二、大會場所，用以辯論、審判，也作市集用，如羅馬的「forum」；三、公開演講、演講的能力；四、市集上販售的商品。「agoreuō」（agoreuein）：在大會上演講；宣告。

「各種操作分解成簡單的組成動作」[29]。所有生產時根據分工原則成立的團隊或多頭主體，都具有相同的團結精神，正如部分構成整體，而團隊成員的任何獨斷獨行都可能傷害生產本身。但是師傅和工人在生產時欠缺的不只是這個團隊精神；和別人團結合作、同心協力、和別人對話的種種政治形式，都完全不在他的生產力範圍內。唯有他停止工作，他的產品也完成了，他才會放棄他的孤立狀態。

在歷史上，和「工匠人」的活動有關的最後一個公共領域，最後的集會場所，就是展示他的產品的市場。近代世界早期階段或是製造業的資本主義的開端，他們的特徵都在於商業社會，它誕生自這個「炫耀性的生產」，以及對於以物易物和交換的普遍可能性的渴望，而它的終點則是勞動和勞動社會的崛起，它以「炫耀性的消費」及其伴隨的虛榮取代了「炫耀性的生產」及其驕傲。

當然，誠如馬克思多次指出的，在交易市場上碰頭的人，再也不是製造者本身，他們不是以個人的身分集會，而是作為商品和交換價值的擁有者。在以產品交易為主要公共活動的社會裡，就連勞工也成了財產所有人，「勞動力的擁有者」，因為他們面對的是「金錢或商品的擁有者」。馬克思的著名自我異化（self-alienation），人被貶黜為商品，正是在這個情況下出現，這個貶黜也正是製造的社會裡的勞動情境，它不是把人當作個人，而是當作生產者，根據他們的產量去評斷他們。相反的，勞動的社會是依照人在勞動過程裡執行的功能去評斷他們；在「工匠人」眼裡，勞動力只是用以生產必然更高的目的的工具，也就是說，不是用品就是交易品，然而，勞動社會卻賦予勞動力相當於機械的更高價值。換言之，這個社會只是看起來更「人道」，雖然在其條件下，人類勞動的價格攀升到似乎比任何既有的材料或物質都更受重視也更有價值；但其實它只是預示了更「有價值」的東西，也就是機械更順暢的功能，它強大的處理力量先是將所有事物標準化，接著則把它們貶抑為消費品。

商業社會，或是早期著迷於狂熱競爭和貪得無饜的精神的資本主義，一直是由「工匠人」的標準支配著。當「工匠人」走出他的孤立狀態時，他就擺出商人和販子的姿態，以這個身分建立交易市場。這個市場必須在製造業階級的崛起以前就存在，如此後者才能專為市場而生產，也就是生產交易品而不是用品。在從孤立的工藝到為交易市場製造產品的過程中，完成的最終產品的性質會有些改變，但不是完全不同。決定事物是否可以作為事物而存在、並且在世界裡作為個別實體而持存著的耐久性，一直是最重要的標準，雖然它不再是為了讓事物利於使用，而是利於為了未來的交易而「事先儲存」[30]。

這就是反映在使用價值和交易價值之間的流行區分的性質改變，後者之於前者，猶如商人和販子之於製造者和製造廠的關係。就「工匠人」製造用品而言，他不僅在孤立的隱私狀態下生產它們，而且是為了使用的隱私性生產的，它們從隱私中誕生，攤在公共領域下，成為交易市場裡的商品。人們時常提及這點，很不幸地也時常忘了作為「對於人的想法而言，在擁有一個事物和擁有另一個事物之間的比例的觀念」[31]，價值「總是意味著交易中的價值」[32]。因為唯有在一切事物都可以和其他事物交換的交易市場裡，所有事物，不管是勞動或是工作的產品、消費品或是用品、身體生活所需或是讓生活和心靈更舒適，都會變成「價值」。這個價值僅僅存在於公共領域對它的重視，在那裡，事物看起來都成了商品，而為一個東西賦予價值的，既不是勞動、也不是工作、資本、利潤或材料，而僅僅是公共領域，它在裡頭看起來被重視、被需要或被忽視。價值是事物在私底下永遠無法擁有的性質，一旦事物公開出現，它就自動得到一個價值。誠如洛克明白指出的，這個「可銷售的價值」（marketable value）和「任何事物內在的自然實值（worth）」一點關係也沒有[33]，後者是事物本身的客觀性質，「在個別的買方或賣方的意志左右範圍之外；它是附著於事物本身的東西，不管他喜不喜歡都存在著，是他必須承認的東西。[34]」唯有改變事物本身，才能改變這個事物的內在實值（intrinsic worth）——因此，我們拆掉桌子的一隻腳，也就會破壞它的「實值」——然而只要「商品與其他商品之間的比例」改變*，就會改變它的「市場價值」[35]。

換言之，價值有別於事物、行為舉止或觀念，它從來都不是特定人類活動的產物，而只要任何這類的產物投入社會成員之間變動不居的交易相對性裡，就會產生價值。誠如馬克思正確的主張，沒有人會「在孤立的狀態下生產出價值」，他或許也可以接著說，沒有人會在孤立的狀態關心價值；事物、觀念或道德理想「只有在它們的社會關係中才會成為價值」[36]。

古典經濟學裡的混淆[37]，以及哲學裡因為「價值」一詞的誤用而造成的更嚴重的混淆，都是肇因於舊有的「實值」（worth）一詞（在洛克那裡還看得到）被看起來比較科學的「使用價值」（use value）取代了。馬克思也採用了這個術語，正如他對公共領域的厭惡，他也很一致地認為從使用價值到交易價值的改變是資本主義的原罪。在商業社會裡，交易市場的確是最重要的公共場所，因而所有東西都成了可以交易的價值，成了商品，但是相對於商業社會的這些罪惡，馬克思並沒有訴諸事物本身「內在」的客觀價值。他換上事物在人的消耗生命歷程中扮演的功能，在那裡既沒有什麼客觀或內在的價值，也沒有主觀或視社會而定的價值。在以社會主義的方式平等分配所有貨物給所有勞動者時，每個有形事物都分解成生命歷程和勞動力的再生過程當中的單純功能。

＊譯注：作者出處誤植，應為：Locke: *Some Considerations of the Consequences of the Lowering of Interests, and Raising the Value of Money*, sec 4。

[165]

然而語詞上的混淆只是問題的一面。馬克思之所以固執地保留「使用價值」一詞，以及鍥而不捨地找尋價值的誕生的客觀來源（例如勞動、土地或利潤），那是因為人們很難接受一個事實：在交易市場裡並不存在著「絕對價值」，那才是真正的價值層次，找尋這樣的絕對價值，無異於以方枘而內圓鑿。所有事物令人遺憾的遭到貶黜，也就是喪失所有內在價值，都是肇始於它們的蛻變成價值或商品，因此它們自此即只在和其他事物的關係中才存在，而那些事物隨時都可以取代它們而被取得。一個事物只有在和其他事物的關係中才存在，並且喪失內在價值，再也沒有任何東西擁有獨立於變動不居的供需評估之外的「客觀」價值，這樣的普遍的相對性（universal relativity）正是價值本身的概念所固有的[38]。商業社會似乎不可免的這個發展，成為憂時不安的深層來源，也構成經濟學這門新科學的主要問題，其原因不在於相對性本身，而是因為其一切活動都必須以準繩、測量、規定和標準為依歸的「工匠人」，他沒辦法忍受失去「絕對」的標準或準繩這回事。貨幣顯然是作為萬事萬物的共同標準，好讓它們能夠彼此交換，但是它根本不具備獨立而客觀的存在，超越所有用途，倖存於所有操弄之外，如同準繩或尺度擁有相對於它要測量的事物或操作者的獨立而客觀的存在。

當普羅塔哥拉說，作為事物的製造者，人以及他對事物的使用是使用物最重要的尺度，柏拉圖就看出標準和普遍規則的喪失的問題，沒有了它們，人就不可能建造任何世界。這證明了交易市場的相對性和衍生自工匠世界以及製造經驗的工具性有多麼息息相關。前者從不間斷而始終如一地從後者發展出來。然而，如果誠如近代世界所假設的，以實用性作偽裝的工具性真的完全主宰著建造完成的世界領域，正如它完全主宰著藉以使世界及其中的萬物誕生的活動的話，那麼柏拉圖回答說，「神才是萬物的尺度」而不是人，便只會是空洞的道德說教。

二十三、世界的恆久性和藝術作品

人類的施設造作有賴許多事物才能有其穩定性，否則它就不會是個可靠的家，這些事物當中有很多是沒有任何效益的，而且因為它們太獨特而無法交易，因此也不能以諸如貨幣之類的共同標準加以等化；如果它們進入市場，也只能任意定價。再者，和藝術作品真正的往來方式也不會是「使用」它；相反的，它必須很小心地從一般用品的整個脈絡抽離出來，才能找到它在世界裡的合適地位。同理，它也必須抽離自日常生活的嚴酷現實和需求，相較於任何事物，它和日常生活的交涉都要少得多。這個藝術品是否一直是無用的，或是以前藝術是否為人們所謂的宗教需求服務，正如一般用品為人的日常需求服務一樣，都不是這裡的論證重點。儘管藝術的起源都有宗教或神話的性格，但是在和宗教、巫術、神話切割以後，藝術畢竟很美好地持存下來了。

正因為藝術作品顯著的恆久性，它也是一切有形事物當中世界性格最強烈的；它們的恆久性幾乎不受自然歷程的腐蝕作用影響，因為它們不是供生物使用的，那樣的使用完全不會實現它們自身的內在目的——當有人坐上椅子，就實現了椅子的目的——而只會破壞它們。因此，它們的耐久性位階高於一切事物賴以存在的耐久性；它們可以流傳千古而永久持存。讓凡人居住且使用的人類施設造作，從來都不是絕對的，而在這個恆久性裡，它的穩定性才找到它自己的表現方式。沒有任何其他地方能讓世界的絕對耐久性表現得如此純粹而清晰；因此，沒有任何其他地方能讓事物世界如此令人驚豔地自我表現為終有一死的存有者的不死故鄉。在藝術的恆久性裡，世界的穩定性宛如變成透明的，使得不朽的前兆顯得觸手可及，它光輝璀璨而被看見，它清脆悅耳而被聽聞，它對人說話而被理解，那不是靈魂或生命的不朽，而是由凡人的雙手所成就的不朽事物。

藝術作品的直接來源是人類的思考能力，正如人的「以物易物和交換的癖性」是交易物品的來源，或者他的使用能力是使用品的來源一樣。這些都是人的能力，而不是作為動物的人類諸如感覺、需求和需要之類的屬性，雖然人的能力和這些屬性有關且構成它們的內容。這些人類特質就像其他物種的對應特質一樣，和人創造世界以作為他在地球上的家鄉一點關係也沒有，而如果它們真的要建構作為動物的人類的人造環境的話，那也會是個「非世界」（non-world），是流出的產物而不是創造的產物。思想和感覺有關，它會改變後者闇啞無聲的抑鬱，正如交易會轉化欲望赤裸裸的貪婪，使用會轉化對需求的極度渴望——直到它們都適合進入世界，轉化成事物，並且被實體化。在每個情況下，一個人類能力本質上都是對世界開放的，有溝通能力的，它會從自我的牢籠裡走出來，對著世界釋放熱情。

在藝術作品的情況裡，實體化不僅是轉化（transformation）而已；它更是變容（transfiguration），名副其實的蛻變，宛若一種自然規律，它要一切燒成灰燼的東西都恢復原狀，就連塵土都可以迸出火焰[39]。藝術作品是思想物，但是它們不會因此就不能成為事物。思想歷程本身不會生產或製造有形事物，例如書本、繪畫、雕塑或樂曲，就像用途本身不會生產或製造出房屋和家具。搖筆為文、畫出形象、雕塑造形、或是譜出旋律，在這其中發生的實體化當然和先前的思想有關，但是真正讓思想變成實在物，並且從思想製造出事物來的，正是相同的工藝，正如它也以雙手為原始的工具，打造出人類施設造作的其他耐久性事物一樣。

如前所述，沒有這個實體化和物質化，思想就不能變成看得見摸得著的東西，但是它總是有代價的，那就是生命本身：它總是「死的文字」，而「有生命的精神」在其中持存得更久，死的文字唯有不斷和願意讓它復活的生命接觸，才能從死亡狀態裡被救出來，雖然這個死而復生和所有生物一樣，終究會再次死掉。然而這個死亡狀態，雖然在藝術裡難免存在，也可以說是從思想在心靈和腦袋裡的故鄉到它在世界裡的終點站之間的距離，但是它在不同的藝術裡還是有些差別。在音樂和詩裡，由於它們的「材料」是由聲音和語詞構成的，因而是「物質化」程度最低的藝術，它所要求的實體化和工藝也一直維持最低限度。年輕詩人和音樂神童不需要太多的訓練和經驗就能成就完美的作品——這是在繪畫、雕塑或建築難以匹敵的現象。

詩的材料是語言，它似乎是最人性的、最不具世界性的藝術，其最終產物一直最接近原本啟發它的思想。詩的耐久性是透過濃縮產生的，因而彷彿密度和濃度最高的語言就是詩的語言。在這裡，繆思的母親，記憶女神涅莫西妮（Mnēmosynē）直接蛻變成回憶，而詩人用以成就蛻變的工具則是韻律，透過韻律，詩本身更加適合記誦。因為詩很接近生動的記憶，使得詩一直擁有其耐久性，而不侷限於印刷或書寫的紙頁，雖然詩的「性質」服從各式各樣的格律，但是決定其耐久性的，則不可避免的是它的「容易記誦」，也就是它有機會永久適合人類記憶。在所有思想物當中，詩是最接近思想的，而詩也比其他藝術作品更不像個事物；而就算是詩，不管它作為說出來的話語，在吟遊詩人和聽眾的記憶裡存在多久，終究會被「製成」，也就是寫下來且轉化為有形事物之一，因為記憶以及回憶的天賦（那是所有對於不朽的欲望的源頭）需要有形的東西提醒它們，才不會自己消滅[40]。

思想和認知是兩回事。思想作為所有藝術作品的泉源，不必經過轉化或變容，就在所有偉大的哲學裡大放異彩，然而我們藉以習得和儲存知識的認知過程，主要是表現在科學裡。認知總是追尋一個明確的目標，既可能是實踐性的考量，也可能是「無聊的好奇心」；但是一旦達成目標，認知過程就結束了。相反的，思想既沒有外在於自身的目標或終點，它甚至不會產生結果；不只是「工匠人」的功利主義哲學，更包括行動人或是重視科學結果的人，他們不厭其煩地指出思想是完全「無用的」——的確，就像它所啟發的藝術作品一樣無用。思想甚至沒有權利宣稱是這些無用的產物，嚴格說來，它們和偉大的哲學體系都很難說是純粹思考的結果，因為藝術家或者寫作中的哲學家必須中斷且轉化這個思想歷程，才能將他的作品實體化為物質形式。思考活動和生命本身一樣永不停歇而不斷重複，而思想究竟有沒有意義，這個問題和生命意義的問題一樣，是個無解的謎題；思考的歷程遍及於整個人類存在深處，以致於它的起點和終點和人類生命本身的起點和終點正好一致。因此，雖說思想啟發了「工匠人」最具世界性的生產力，卻不能說是他得天獨厚的能力；只有當他不自量力，開始生產無用的事物，和物質或知識需求無關的東西，和人的生理需求以及求知欲無關的東西，思想才會自稱是他的靈感來源。另一方面，認知是屬於所有過程的，而不只是屬於知識或藝術工作的過程；正如製造本身一樣，認知也是個有起點和終點的過程，它的實用性也可以接受檢驗，如果它無法產生任何結果，就不能通過檢驗，就像木匠一樣，如果他做出一張兩腳桌子，他的手藝就算不及格。科學裡的認知過程基本上和製造時的認知功能沒什麼兩樣；透過認知產生的科學結果就像所有其他事物一樣，都是增益人類的施設造作。

但是思想和認知還是要和邏輯推論的能力區分開來，後者表現在以下的操作中：例如從公理或自明的述句的演繹、將個殊事件歸類在一般性的規則下，或是延伸出一大串邏輯一致的結論的技巧。在這些人類能力裡，我們實際上面對的是一種大腦能力，它在許多方面都極為類似人類動物在和自然的物質變換時發展出來的勞動力。倚賴於腦力的心智歷程，我們通常稱為智力，而我們的確也可以用智力測驗去測量智力，正如我們以其他設備測量體力一樣。它們的法則，邏輯法則，都可以如自然法則一般地被發現，因為它們畢竟是植根於人類大腦的結構，而對於健康的個人而言，它們也擁有如同控制我們身體其他功能的自然規則一般的強制力。由於人類大腦的結構，我們才不得不承認二加二等於四。如果人真的是近代世界所說的「理性的動物」（animal rationale），也就是說人和動物的差別在於他的大腦能力更優越，那麼最近發明的電子機器，有時候讓發明者驚愕，有時候讓他困惑不已，顯然比人類更「聰明」，就可以說是「雛型人」（homunculi）。它們就像所有機器一樣，只是人類勞動力的替代品和人工改良物，根據所有歷史悠久的分工設計，將每個操作分解成最簡單的組成動作，例如說，以重複相加取代乘法。機械力量的優勢顯現在它的速度上，那比人類大腦的優勢更加明顯；因為這個速度優勢，機器可以省略掉乘法，那是在電子時代以前用以讓加法更快速的技術設計。大型計算機只是證明了近代世界誤信了霍布斯的話，以為在「考慮種種後果」的意義下的理性是人的能力當中最高等且最人性的，它也證明了致力於探討生命和勞動的哲學家們的說法，馬克思、柏格森或尼采，他們正確地把這類的智力（他們誤以為那就是理性）視為生命歷程本身的功能，或者如休姆（David Hume）所說的，只是「情感的奴隸」。這個大腦能力及其產生的有說服力的邏輯程序，都顯然沒有能力建造一個世界，和生命、勞動以及消費的強迫性過程一樣是無世界性的。

古典經濟學裡顯著的矛盾之一，就是以功利主義的觀點的邏輯一致性自豪的理論家們，卻對於其純粹的「效益」觀點不是很看好。他們一般都很清楚工作的特定生產力不在於它的實用性，而在於產生耐久性的能力。由於這個矛盾，他們暗地裡承認了他們的功利主義哲學欠缺了現實性。因為雖說日常事物的耐久性只是微弱地反映了最具世界性的事物，也就是藝術作品所能臻至的恆久性，這個性質（對柏拉圖而言，它是神聖的，因為它幾近於不朽）卻或多或少內在於每個事物本身，而具備或缺少這個性質，則會在它的外型上表露無遺，使它美麗或醜陋。的確，日常用品既談不上美麗也無意於此；但是只要有個外型，就免不了有美醜之分，或是介於其間。任何存在的事物都必定會顯現於外，而沒有自己的形狀就不能顯現；因此任何事物總是有辦法超越它的功能性使用，而它的超越性、它的美醜，就等同於它的公開顯現以及被看見。同樣的，由於其單純的世界性存在，每個事物一旦完成以後，也都會超越單純工具性的層次。判斷一個事物卓越與否的標準，從來都不是僅僅是實用性而已，宛如醜陋的桌子和漂亮的桌子會實現相同的功能，更包括它和它的外形是否相稱，而用柏拉圖的話說，則不過是它是否和「理型」相稱，也就是心裡的形象，或其實就是內在的眼睛所看到的形象，在它誕生於世界以前就存在，而在它將來毀滅以後仍然持存著。換言之，即使是使用品也不只是就人的主觀需求去判斷的，而是根據世界的客觀標準，它們在其中會找到它們的位置，好讓它們支撐下去、被看見、被使用。

人造的事物世界，「工匠人」所建立的人類的施設造作，成為壽數有終者的家鄉，它們的穩定性會比他們遷流變動的生命和活動支撐得更久，只因為它們超越了為消費而生產的事物的單純功能性，也超越了為了使用而生產的物品的單純效益。在非生物性意義下的生命，每個人從生到死的生命週期，都表現在行動和言說之中，這兩者和生命一樣，基本上都是在虛擲光陰。「創業垂統，崇論閎議」都只是雪泥鴻爪，在行動和言說過去以後，不會留下任何痕跡或產物。如果說，「勞動的動物」需要「工匠人」的幫助以減輕他的勞動，消除他的痛苦，如果說，壽數有終的凡人需要他的幫助，好在地球上建造家園；從事行動和言說的人則是需要最有能力的「工匠人」的幫助，也就是藝術家、詩人、歷史家、紀念碑建造者或作家，因為如果沒有這些人的幫助，他的活動的唯一產物，他們上演和訴說的故事，就無法流傳下去。為了讓世界成為人們希望它成為的樣子，也就是人生在世的家園，這個人類的施設造作必須是個適於行動和言說的場所，因為這些活動不僅僅對於生計一點用處也沒有，在性質上更是迥異於藉以生產世界及其中一切事物的種種製造活動。於此，我們不必在柏拉圖和普羅塔哥拉之間作抉擇，或者決定神或是人才是萬物的尺度；我們確定的是，這個尺度既不在於生物性生命和勞動的迫切需要，也不會是製造和使用的功利主義式的工具主義（instrumentalism）。

1 拉丁文的「labor」可能和「labere」（生產）有關，原本指工匠和藝術家在堅硬的材料上加工，例如石頭或木材；它和希臘文「tektōn」的意思一樣。「fabri」後面經常會加上「tignarii」，特別指稱建築工和木匠。我不確定「homo faber」在近代或中世紀後期最早出現於何處。見：Jean Leclercq, "Vers la société basée sur le travail," *Revue du travail*, Vol. LI, No. 3 (March, 1950)。作者認為直到柏格森才「讓『homo faber』的概念流行起來」。

2 拉丁文的「obicere」裡就有這個意思，我們後來的「object」是後來從它衍生出來的，德文裡的「Gegenstand」也是一樣。「object」字面上的意思是「拋出的東西」、「對立」。

3 人類創造力的這個詮釋是出自中世紀，而作為世界主宰的人，則是近代才有的。兩者都和聖經的精神相左。《舊約聖經》說，人要管理所有生物（*Gen.* 1），他們是造來幫助他的（2:15）。值得一提的是，路德刻意拒絕像士林哲學那樣和希臘文以及拉丁文譯本妥協，試圖把所有生產和製造的元素從人的工作和勞動抽離掉。他認為人類的勞動只是在「發現」上帝放在地上的寶藏。他根據聖經的說法，強調人是完全仰賴於大地，而不是它的主人：「說看看，是誰把人們發現的銀和金埋在山裡？是誰在田裡埋下如此豐美的寶藏，讓它們長出來……？那是人的作工嗎？沒錯，人是在作工；但那一定是上主的安排，如果作工發現了什麼的話……那我們會發現，我們所有的作工都只是在發現上主的寶藏，然後挖掘出來，而不可能製造或保存任何東西。」（*Werk*, ed. Walch, V, 1873）

4 例如說，德曼（Hendrik de Man）幾乎只描述製造和工藝的心滿意足，他的書名更是有誤導之嫌：*Der Kampf um die Arbeitsfreude* (1927)。

5 Yves Simon, *Trois leçons sur le travail* (Paris, n. d.)。這種理想化的類型在法國自由派或左翼天主教思想裡屢見不鮮（見：Jean Lacroix, "La notion du travail," *La vie intellectuelle* [June, 1952]; Dominican M. D. Chenu, "Pour une théologie du travail," *Esprit* [1952 and 1955]：「勞工是為了他的成果而不是為了自己而勞動的：形上學的寬大慷慨的法則定義了勞動。」）

6 Georges Friedmann, *Problèmes humains du machinisme industriel* (1946), p. 211。他提到大工廠裡的勞工經常不知道他們的機器生產的東西的名稱或確切功能。

7 亞里斯多德說（*Metaphysics*, 987b8），柏拉圖把「理型」一詞引進哲學術語。關於該語詞的早期用法以及柏拉圖的學說的精闢闡述，見：Gerard F. Else, "The Terminology of Ideas," *Harvard Studies in Classical Philology*, Vol. XLVII (1936)。艾爾瑟中肯地指出，「我們沒辦法從對話錄裡明白『理型說』的最終且完整的形式。」我們同樣也無法確定該學說的起源，但是柏拉圖把該語詞引進哲學術語，則是最確定的事，雖然它在雅典語言裡不是很流行。「eidos」和「idea」顯然和可見形式或外形有關，尤其是生物的；因此柏拉圖不太可能是以幾何學的形式在思考理型說。見：Francis M. Cornford, *Plato and Parmenides* (Liberal ed.), pp. 69-100。作者認為該學說可能是源自蘇格拉底，因為蘇格拉底致力探索正義自身和善自身，而那是感官無法知覺到的，以此還有畢達哥拉斯（Pythagoras），他認為理型是永恆而獨立於所有易朽事物的存在（chōrismos，分離），這個學說旁涉了「一個有意識而能認知的靈魂的獨立存在」，他的說法對我很有說服力。但是這些假設都不在本書討論範圍內。比較有關是柏拉圖《理想國》卷十，他以工匠的「普通例子」解釋他的學說，工匠製造床和桌子，是根據「它們的理型」，又說「依我們慣常的方式來開始研討」。對於柏拉圖而言，「理型」一詞顯然有暗示性，他要它暗示說「工匠不是看別的沙發或桌子在製造沙發或桌子的……而是看見沙發的理型」。（Kurt von Fritz, *The Constitution of Athens* [1950], pp. 34-35）不消說，這些解釋都沒有切中要旨，也就是理型概念及其明顯特質——它們的開顯能力，「最明亮的」（to phanotaton）或「最閃亮的」（ekphanestaton）——底下的哲學經驗，

8 畢雪（Karl Bücher）於 1897 年出版的著名的勞動歌集（*Arbeit und Rhythmus* [6th ed.; 1924]）收錄大量科學研究文獻。有個傑出的研究（Joseph Schopp, *Das deutsche Arbeitslied* [1935]）指出只有所謂勞動歌曲，但沒有工作歌曲。工匠的歌曲是社會性的；那是在工作以後唱的。當然，其實沒有工作的「自然」節奏。除了不斷地抱怨機械加諸工人的「人工」節奏以外，有時候人們還會注意到在勞動裡的「自然」節奏和機械的節奏很明顯的相似度。勞工則很少有這樣的抱怨，就像其他反覆性的勞動，他們似乎在反覆的機械工作裡找到一樣的快樂（見：Georges Friedmann, *Où va le travail humain?* [2nd ed.; 1953], p. 33; Hendrik de Man, *op. cit.*, p. 213）。這證實了二十世紀初福特（Ford）在工廠裡的觀察。畢雪相信「有節奏的勞動是很有精神（vergeistigt）的勞動」，並且說：「只有無法形成節奏的單調工作才會消磨人。」（*op.cit.*, p. 443）因為儘管機器的速度比「自然的」本能勞動更快速、重複性也更高，節奏性的行動本身的確使得機器勞動和前工業時期的勞

動的相似性高於它們和工作之間的相似性。例如說，德曼很清楚「畢雪歌頌的世界……與其說是手工製造業，不如說是簡單而純粹的徭役」。（*op. cit.*, p 244）

所有這些理論似乎都很可疑，因為工人偏好反覆性的勞動的理由完全不同。他們偏好它的原因是他是機械性的，不必很專注，因此在操作時可以一心二用（正如柏林的工人所說的，他們可以「心不在焉」。見：Thielicke and Pentzlin, *Mensch und Arbeit im technischen Zeitalter: Zum Problem der Rationalisierung* [1954], pp. 35 ff.。他也提到，根據蒲朗克勞工心理學研究所的研究，大約九成的工人偏好單調的任務）。這個解釋特別重要，它和早期基督教推崇體力勞動的價值不謀而合，因為它不必很專心，因此不會像其他職業和專業那樣干擾沉思（見：Étienne Delaruelle, "Le travail dans les règles monastiques occidentales du 4e au 9e siècle," *Journal de psychologie normale et pathologique*, Vol. XLI, No. 1 [1948]）。

9 工業革命最重要的物質條件之一，是森林的消滅和以煤取代木頭的發現。貝羅（R. H. Barrow, *Slavery in the Roman Empire* [1928]）對於「在古代經濟史研究上的著名難題，也就是它的工業發展到一個程度，但是成長不如預期」的解答很有趣而且很有說服力。他主張說，「阻礙工業的機械化應用的唯一因素……是因為缺少又好又便宜的燃料，……眼前沒有足夠的燃煤。」（p. 123）

10 John Diebold, *Automaton: The Advent of Automatic Factory* (1952), p. 67。

11 *Ibid.*, p. 69。

12 Friedmann, *Problèmes humains du machinisme industriel*, p. 168。事實上，這是迪波（Diebold）的書裡最明顯的結論：裝配線是「作為連續性過程的製造的概念」的結果，而自動化則是裝配性的機械化的結果。除了工業化早期人類勞動力的釋放，自動化更釋放了人的腦力，因為「現在由人執行的監控任務將會由機器來做」（*op. cit.*, p. 140）。兩者都是釋放勞動而不是工作。工人或「自重的工匠」，其「人性和心理價值」（p. 164）是幾乎任何領域的作者都亟欲拯救的——有時候會有一點不自覺的諷刺，正如迪波和其他作者煞有介事地相信，修理的工作或許不會完全自動化，可以像製造和生產新產品一樣讓人滿足——，但是那是兩回事，只因為早在人們知道自動化這回事以前，他就被排除在工廠之外了。工廠裡的工人一直是勞工，儘管他們有理由尊重自己，但那當然不會是源自他們的成果。我們只能期待他們不會接受勞動理論家以社會性替代品取代滿足和自重，那些人到現在都還真的相信，「人類關係」和尊重工人「從和他們一樣的工人那裡」贏得的尊重可以取代對於工作的興趣和技藝的滿足感。畢竟，自動化至少有個優點，它能夠證明所有「勞動人文主義」的荒謬；如果考慮到「人文主義」的字面和歷史意義的話，「勞動人文主義」顯然是個矛盾語詞。（對於時下流行的「類關係」的精采批評，見：Daniel Bell, *Work and Its Discontents* [1956], ch. 5, R. P. Genelli, "Facteur humain ou facteur social du travail," *Revue française du travail*, Vol. VII, Nos. 1-3 [January-March, 1952]，我們可以看到對於「勞動的歡悅」的「可怕幻覺」的關鍵性駁斥。）

13 安德斯在論及原子彈的一篇文章裡（Günther Anders, *Die Antiquiertheit der Menschen* [1956]），很合理地主張說，「實驗」一詞不再適用於涉及新炸彈的試爆的核子實驗。因為實驗的特徵在於發生的空間是嚴格限定和孤立於周遭世界之外的。但是炸彈的威力太大了，使得「整個地球成了它們的實驗室」（p. 260）。

14 Diebold, *op. cit.*, pp. 59-60。

15 *Ibid.*, p. 67。

16 *Ibid.*, pp. 38-45。

17 *Ibid.*, pp. 110, 157。

18 Werner Heisenberg, *Das Naturbild der heutigen Physik* (1955), pp. 14-15。

19 關於目的和工具的無窮延伸（Zweickprogressus in infinitum）及其對於意義的破壞，見：Nietzsche, Aph. 666 in *Wille zur Macht*。

20 康德的用語是「沒有任何利害關係的愉悅感」（ein Wohlgefallen ohne alles Interesse）（*Kritik der Urteilskraft* [Cassirer ed.], V, 222）。

21 *Ibid.*, p. 515。

22 「瀑布和土地一樣，和所有自然力一樣，都沒有價值可言，因為它沒有表現出在其中對象化（vergegenständlichte）的勞動。」（*Das Kapital*, III [Marx-Engels *Gesammtausgabe*, Abt. II, Zürich, 1933], 698）

23 *Theaetetus* 152, *Cratylus* 385E。在這些例子裡，以及其他古代的名言中，普羅塔哥拉的引文一直是「pantōn chrēmatōn metron estin anthrōpos」（見：Diels, *Fragmente der Vorsokratiker* [4th ed., 1922], frag. B1）。可是「chrēmata」一詞的意思根本不是「萬物」，而是特指人所需要和擁有的事物。如果普羅塔哥拉說的是「人是萬物的尺度」，那麼希臘文應作：「anthrōpos metron pantōn」，正如赫拉克列圖斯所說的「衝突是萬物之父」（polemos patēr pantōn）。

24 *Laws* 716D。文中也提到普羅塔哥拉這句話，不過以「神」（ho theos）取代「人」（anthrōpos）。

25 *Capital* (Modern Library ed.), p/ 358, n. 3。

26 中世紀早期歷史，尤其是工匠行會的歷史，清楚說明了為什麼古代把勞工理解為家奴，而工匠則是為大多數人工作的。因為「行會的出現意味著工業史的第二個階段，也就是從家庭系統轉型到手工藝和行會系統。在前者，並沒有真正稱為工匠的階級……因為家庭或其他家族的所有需求……都由家族成員的勞動滿足之。」（W. J. Ashley, *An Introduction to English Economic and Theory* [1931], p. 76）

在中世紀的日耳曼，「Störer」相當於希臘文的「dēmiourgos」。「希臘文的『dēmiourgos』意思就是『Störer』，關乎人民的勞動，關於人民（Stör, dēmos）。」（見：Jost Trier, "Arbeit und Gemeinschaft," *Studium Generale*, Vol. III, No. 11[November, 1950]）

27 他強調說：「從未有人看過一隻狗和別的狗公平熱心地交換自己所有的肉骨。」（*Wealth of Na*tions [Everyman's ed.], I, 12）（譯按：中譯見：《國富論》，周憲文譯，台灣銀行，民 57）

28 E. Levasseur, *Histoire des classes ouvrières et de l'industrie en France avant 1789* (1900)：「在十四世紀時，師傅和工人仍然被視為同義詞。」（p. 564, n. 2），而「在十五世紀……師傅成了一般人不敢奢望的稱呼」（p. 572）。原本「工人」一詞指的是一般勞動和製造產品的人，不管是師傅和雇工都一樣」（p. 309）。在他們自己的工坊以及外頭的社會生活裡，師傅或店家和工人並沒有太大的差別（p. 313）。（另見：Pierre Brizon, *Histoire du travail et des travailleurs* [4th ed., 1926], pp. 39ff.）

29 Charles R. Walker and Robert H. Guest, *The Man on the Assembly Line* (1952), p. 10。亞當・斯密以「製針」說明這個原理的著名描述（op. cit., I, 4 ff.）清楚顯示在機器發明以前，就已經有分工的原理，而且是從它的原則衍生出來的。

30 Adam Smith, *op. cit.*, II, 241。

31 這個定義出自義大利經濟學家加里安尼（Abbey Galiani）。引文出自：R. Sewall, *The Theory of Value before Adam Smith* (1900)("Publications of the American Economic Association," 3d Ser., Vol. II, No. 3), p. 92。

32 Alfred Marshall, *Principles of Economics* (1920), I, 8。

33 "Considerations upon the Lowering of Interest and Raising the Value of Money," *Collective Works* (1801), II, 21。

34 W. J. Ashley (op. cit., p. 140)。作者說，「中世紀和近代觀點的主要差別在於……我們認為價值是完全主觀的東西：它取決於我們有多麼在乎一樣東西。而聖多瑪斯則認為那是客觀的。」這個說法不完全為真，因為「中世紀的思想家們堅持的是價值不取決於事物本身的內在優越性，因為若是如此，蒼蠅因為內在優於珍珠，所以比它有價值。」（Gerge O'Brien, *An Essay on Medieval Economic Teaching* [1920], p. 109）如果我們引進洛克對於「worth」和「value」的區分，問題就會迎刃而解，他把前者稱為「自然價值」（natural valor），而後者則是「價格」（pretium），也是一種「價值」（valor）。當然，這個差別存在於所有原始社會裡，但是到了近代世界，前者漸漸消失而偏向後者。（關於中世紀的學說，見：Slater, "Value in Technology and Political Economy," *Irish Ecclesiastical Record* [September, 1901]）

35 Locke, *Second Treatise of Civil Government*, sec 22。（譯按：這段引文出處有誤植，應該是：*Some Considerations of the Consequences of the Lowering of Interests and Raising the Value of Money*, sec 4。）

36 *Das Kapital*, III, 689 (Marx-Engels *Gesamtausgabe*, Part II [Zürich, 1933])。

37 關於這個混淆最清楚的闡述，是李嘉圖（Ricardo）的價值理論，尤其是他對於絕對價值的堅定信仰。（見：Gunnar Myrdal, *The Political Element in the Development of Economic Theory* [1953], pp. 66 ff.; Walter A. Weisskopf, *The Psychology of Economics* [1955], ch. 3。）

38 前引艾胥黎（Ashley）的說法之所以成立，是因為在中世紀還沒有正確意義下的交易市場。對於中世紀思想家而言，一個東西的價格不是取決於它的價值，就是人的客觀需求，例如布里丹（Buridan）之驢：「價格的估算取決於有需求的人」（valor rerum aestimatur secundum humanam indigentium），「而公平的價格」往往是共同估算的結果，除非是「考慮到人們各自不同而墮落的欲望，它成了根據智者判斷而折衷的權宜之計。」（Gerson *De contractibus* i, 9；引自：O'brien, *op. cit.*, pp. 104 ff.）在沒有交易市場的情況下，很難想像一個東西的價值只在於和其他東西的關係或比較之下。因此，問題不在於價值是主觀或客觀，而在於它是絕對的或者只是意指著事物之間的關係。

39 本文參考里爾克（Rilke）論藝術的詩，詩的標題是「魔術」，形容這個蛻變：「從難以形容的蛻變出現，這樣的形象——：感受！且相信！我們經常承受的：火燄變成灰；可是在藝術裡，灰燼變成火燄。此處就是魔術。在魔法的領域裡，有個常見的語詞脫穎而出……那真的像是雄鴿的叫聲，他在呼喚看不見的雌鴿。」（*Aus Taschern-Büchern und Merk-Blättern*）

40 用以形容詩人的活動的「作詩」（making poem, faire des vers）這個慣用語，就提到了這個實體化。德語裡的「作詩」（dichten）也是如此，它可能衍生自拉丁文的「dictare」：「把搜腸刮肚的精神成果寫下來，或是用吟誦的方式寫下來。」（Grimm's Wörterbuch）如果說它的字源是「tichen」，「schaffen」的古字；可能和拉丁文的「fingere」有關，情況也是一樣（Kluge/ Götze, Etymologisches Wörterbuch [1951]）。在這個情況下，在詩寫下來以前的生產詩的活動，也被理解為「製造」。因此，德謨克里特在歌頌荷馬的神性天才時說他「用各種話語創造一個世界」（epeōn kosmon etektēnato pantoiōn）（Diels, *op. cit.*, B21）。希臘文裡指稱詩藝的慣用語「tektōnes hymnōn」也同樣強調詩的工藝性。-

第五章

行動

所有悲傷都可以忍受，如果你把它們放在故事裡，或是訴說一個關於它們的故事。

——狄尼森（Isak Dinesen）＊

因為在任何行動中，行為者的原始動機無論出於其本性或者出於什麼意圖，都是為了表現自己的意象。因此，行為者能如此行動也就感到喜悅，人人都是希望自己得以存在，而行為者就是在行動中表現其存在的，這樣，喜悅之情油然而生，為想望的事物總是使人喜悅的事物。……凡是從可能性變成現實性的東西，都是由於某種因素起了作用。

——但丁†

二十四、行為者在言說和行動中的開顯

人類的多元性，作為行動和言說的基本條件，有平等和分別的雙重性格。如果人不是平等的，他們就沒辦法相互理解，也不能了解他們的前人，更不能規劃未來，預見後人的種種需求。如果人不是有分別的，也就是說，每個人都不能有別於其他在過去際、現在際、未來際的人，那麼他們就沒有必要言說或行動以了解彼此。只要以記號或聲音以傳達直接而相同

的需求就夠了。

人類的特異性（distinctness）不同於他者性（otherness）——每個存在事物都擁有這個奇怪的「他者」（alteritas）性質，因而在中世紀哲學裡，被視為「存有」的四大基本而普遍的特徵，超越所有個殊的性質。的確，他者性是多元性的一個重要面向，也是為什麼所有的定義都是一種分別，為什麼我們如果沒有和其他東西有所區別就沒辦法說某物是什麼。最抽象形式的他者性只會出現在無生命物的單純增加，而所有生物都已經展現了變異和分別，甚至在同一個種屬的樣本之間也是如此。但是只有人才能表達這個分別而使自己有別於他者，只有他才能表達自己，而不只是表達事物——口渴或飢餓、喜好或厭惡或害怕。人和所有存在的事物都擁有的他者性，以及人和其他生物都擁有的特異性，在人與人之間，就成了獨特性（uniqueness），而人的多元性也就成了獨一無二的存有者弔詭的多元性。

言說和行動揭露了這個獨一無二的特異性。透過它們，人們才有別於（distinguish）彼此，而不只是自成一格（distinct）而已；它們是人類在彼此面前表現的模式，而且不是作為

---

* 譯注：Karen von Blixen-Finecke (1885-1962)(Isak Dinesen), Interview with Bent Mohn in The New York Times Book Review (3 November 1957)。

† 譯注：《論世界帝國》（*De Monarchia*, 13）。（中譯見：朱虹譯，台灣商務印書館，民89）

物體，而是作為人。這個開顯不同於單純的身體存在，那是奠基在人的主動性上，人要是壓抑了這個主動性，就不能成為人了。可是對於「行動的生活」的其他活動而言卻不然。人不用勞動還是可以活得很好，他們可以強迫別人為他們勞動，他們也可以選擇只要使用和享受事物世界，自己卻不為它增加任何有用的東西；剝削者、奴隸主和寄生蟲的生活或許不公不義，但他們當然都是人。另一方面，沒有言說和行動的生活——這是嚴肅地放棄一切顯現和聖經所謂「虛空」（vanity）的生活方式——對世界而言，可以說是死了；那不再是人類的生活，因為那再也不是生活在人群中。

藉由語詞和行為，我們把自己嵌進人類世界，這個嵌入就像第二次誕生，我們在其中證實且承擔我們最初的身體外型的明顯事實。這個嵌入並不是如勞動一般迫於生計，也不是像工作那樣基於效益考量。它或許是受到我們想要躋身其中的人們的刺激，但從來都不受他們制約；它們發源自一個起點，當我們出生時，這個起點就來到世界，而我們更以自己的主動性創造了新的起點以回應它[1]。在最廣義下的行動，意思是「發起」、「開始」（正如希臘文的「archein」，意思是「開始」、「引導」、「主宰」）、「發動某個東西」（這就是拉丁文的「agere」的原始意義）。因為人們是「開始」（initium），透過出生而加入的新手和入門者，他們會發起、投身於行動。「為使它存在，天主造了人，以前並無別人。」（[Initium] ergo ut esset, creatus est homo, ante quem nullus fuit）＊奧古斯丁在其政治哲學裡如是說[2]。這個開始不同於世界的開端[3]；它不是某個事物的開端，而是某個人的開端，他自己就是個入門者。隨著人的創造，開端的原理也進入世界本身，當然那只是說，當人被造時，自由的原理也跟著被造，不早也不晚。

我們沒辦法從以前發生的事預期會開始什麼新的事物，這就是開端的本質。這個難以逆料的性格是內在於所有開端和起源的。從無生命的物質迸發出生命，對於無生命的歷程而言是機率極低的，正如從宇宙歷程的觀點看地球的誕生，或是從動物看人類的演化。新事物的發生總是讓統計法則和它們的機率跌破眼鏡，在日常生活裡，後者幾乎就等於確定性；因此，新事物總是以神蹟的模樣出現。人有行動的能力，意味著可以指望他成就出人意表的事，他可以做出機率微乎其微的事。而唯有每個人都是獨一無二的，隨著每個人的誕生，世界上就出現了一個獨一無二的新事物，如此才有可能；對於這個獨一無二的某人而言，的確可以說「以前並無別人」。如果行動作為一個起點而對應於誕生的事實，如果它是人類新生

[178]

＊譯注：《天主之城》原文是：「而這開始，總未存在過（quod initium eo modo antea numquam fuit）。為使它存在，天主造了人，以前並無別人。」（中譯見：吳宗文譯，台灣商務印書館，民60）

的這個條件的實現，那麼言說則是對應到特異性的事實，也實現了人類的多元性條件，也就是在同類當中作為一個自成一格的、獨一無二的存有者而活著。

行動和言說總是形影不離，因為人類原始且獨特的行動總是必須包括回答對於初來乍到的人的問題：「你是誰？」他的言行會揭露他是誰；然而言說和揭露的關係顯然遠甚於行動和揭露（disclosure）的關係[4]，正如行動和開端的關係比言說和開端的關係要緊密得多，雖然許多行動，甚至是大部分行動，都是透過言說實踐的。再怎麼說，如果沒有言說相伴，行動不僅會喪失它的揭露性格，它更會喪失它的主體；那完成對人類來說始終不能理解的事的，不會是行動的人，而只是執行指令的機器人。沒有言說的行動不再是行動，因為再也沒有行動者，而這個行動者，行為舉止的造作者，唯有同時也是語詞的說話者，他才可能存在。他發起的行動透過話語對人揭露，雖然他的舉止不必說些什麼也可以從粗野的肢體表現察覺得到，但是唯有透過他藉以自認是行動者的言語，訴說他現在正在做什麼、以前做過什麼、未來想要做什麼，他的行為舉止才有意義。

沒有任何其他人類行為像行動這般需要言說。在所有其他行為裡，言說只是配角，作為溝通的工具或一些也可以默默完成的事物的附屬品。的確，言說是相當實用的溝通和資訊工具，但是它本身可以被一種手語取代，在傳達某些意義時更實用方便，例如數學或其他學科，或是某些團隊合作的形式。因此我們也可以說，人的行動能力，特別是一致行動，對於自我防衛或是追求利益極為有用；但是如果關鍵在於把行動當作目的的工具，那麼顯然以心照不宣的暴力更容易達成相同的目的，使得行動看起來只是暴力不怎麼有效率的替代品，正如僅僅從效益考量，言說似乎是手語很笨拙的替代品。

在行動和說話時，人們會透露他們是誰，主動顯露他們獨特的個人同一性，在人類世界裡表現出來，而他們的身體同一性則不需要他們的任何活動，就能表現在獨特的身體外型和語音上。從他的一切言行，可以顯露一個人是「誰」——他可能想炫耀或隱藏的特質、天賦、才能和缺點——而不同於「是什麼」。唯有默不作聲或是消極被動才能隱藏他是誰，但是他也幾乎不曾刻意揭露它，彷彿擁有或拋棄這個「誰」，就像他可以擁有或拋棄他的特質一樣。相反的，在別人面前昭然若揭的這個「誰」，他自己反而一直看不到，正如希臘宗教裡的「守護神」（daimōn），一輩子陪伴著每個人，總是從後頭俯視著他，因此只有他對面的人才看得見。

當人僅僅是與他人為伍，對他人不依不違，而只是和睦相處，言說和行動的這個顯露的特質就會出現。雖然沒有人知道他以言行舉止自我揭露時顯現出來的是誰，但是他必須冒著揭露的風險，而願意冒這個風險的，既不會是為善不欲人知的無名英雄，也不會是東躲西藏的罪犯。這兩種人都是孤單的角色，一個是為了所有人著想，另一個則是與所有人為敵；因此，他們很少與人來往，在政治上也是個小人物，往往只有在墮落腐敗、分崩離析、政治破產時才會登上歷史舞台。由於行動傾向於隨著行為而揭露行為者，為了表露無遺，它需要我們以前稱為「榮光」的耀眼的鎂光燈，而那只有在公共領域才可能實現。

如果行為者沒有在行動中被揭露，行動就會喪失其特有性格，成為眾多成就形式之一。如此一來，就像製作是生產一個對象的工具，它也會成了一個目的的工具。當人不再和睦相處，非友即敵，就像現代戰爭一樣，當人們投入戰鬥，使用暴力工具，以打擊敵人，成就自己的目標，就會發生這種情況。在這些已經存在很久的情況裡，言說的確成為「空談」，只是目的的另一個工具，不管是欺敵或是用宣傳迷惑每個人；在這裡，話語不會顯露任何事物，揭露只來自行為本身，而這個成就也不能揭露「誰」，也就是行為者獨特而殊異的同一性。

在這些情況裡，行動喪失了它藉以超越單純的生產活動的特質，從卑微地製造使用品到藝術作品靈光乍現的創造，其意義只顯露在完成的產品裡，當生產過程結束，除了眼前看得見摸得著的東西之外，也無意展示其他事物。如果行動沒有一個名字，沒有一個附著其上的「誰」，那麼它就沒有意義可言，然而一件藝術作品的重要性始終存在著，即使我們不知道大師的名字。一次大戰後的「無名戰士」紀念碑，見證了當時仍然存在的「歌頌」需要，找到一個「誰」，一個可以指認的人，四年的大屠殺應該彰顯的人。由於希望的落空，由於人們不願意接受戰爭的行為者其實是個無名小卒的這個殘忍事實，讓他們想到建造一座「無名氏」的紀念碑，紀念那些沒有因為戰爭而讓世人認識他們的人，他們不只被剝奪了他們的成就，更被剝奪了他們的人性尊嚴[5]。

二十五、關係網路和上演的故事

究竟誰是說話者和行為者，關於這個問題的表現形式既近在眼前又撲朔迷離，使人難以說清楚講明白。我們每當要說一個人是「誰」的時候，我們的詞彙往往會誤導我們說成他是「什麼」；我們陷入他和其他類似的人必然相同的特質的描述裡，我們開始描述一個類型或一種「人物」（「character」的古老意思），其結果就是忘記了他的獨特性。

這個挫敗和哲學裡的一個著名說法很類似，即我們沒辦法為「人」下一個定義，所有定義都是在說明和詮釋人是「什麼」，因而是他可能和其他生物共同的性質，而他的個別差異只有在關於他是「誰」的說明裡才看得到。不過除了這個哲學上的混淆以外，人在遷流不息的行動和言說裡表現出來的生動本質，也不可能形諸語言，這對整個人類事務的領域影響甚鉅，我們在其中主要是作為行動和言說的存有者而存在的。我們因而沒辦法如同處理其他東西那樣處理這些事務，我們因為知道那些東西的名字，所以能夠掌握它們的性質。重點是這個「誰」的表明方式和古代神諭出了名的不可靠的啟示如出一轍，赫拉克列圖斯說，那個發神諭的神「既不說話也不掩飾，只是暗示」[6]。不只是所有政治事務，還有所有直接發生在人與人之間的事務，它們出了名的不確定性，正是一個基本的事實，不受事物中介的、穩定化的、具體化的影響[7]。

這只是困擾著人的行動以及其後的團結和交流的種種挫折之一。那或許是我們將會面對的最根本的挫折，因為那不是和其他更可靠而更有生產力的活動比較之下產生的，例如製造、沉思、認知甚或勞動，而是意指著行動出於自身之目的所遭受的挫折。這裡受到威脅的，是行動的揭露的特質，違此，行動和言說就會喪失所有人性的意義。

行動和言說會在人與人之間進行，正如它們也是針對人們的，而它們一直擁有揭露行為者的能力，即使它們的內容完全是「客觀的」，涉及人在其中活動的器世間的問題，這個世界在物理上位於人們之間，由該世界產生他們特定的、客觀的、世界性的利害關係。就其字面意義而言，這個利害關係（interest）構成了「居間存在」（inter-est），位於人與人之間，因而可以為他們建立關係，把他們凝聚在一起＊。大部分行動和言說就是關乎這個「居間」（in-between），每個族群各異，因此大部分的話語和行為除了揭露行動或言說的行為者以外，都是關乎某個世界性的客觀實在界。由於這個主體的揭露是最不可或缺的一部分，甚至是最「客觀的」往來，身體的、世界性的「居間」及其利害關係，被另一個迥然不同的「居間」覆蓋而蔓生其上，後者是由行為和話語構成的，其源頭正是人們彼此的行動和說話。這個第二個、主觀的「居間」是無形的，因為沒有什麼有形的對象可以讓它在其中具體化；行動和說話的歷程沒辦法留下這類的結果和最終產物。但是雖然它看不見摸不著，這個「居間」和我們眼前的事物世界一樣真實。我們把這個實在界稱為人際關係的「網」（web），以這個隱喻意味著它的非物質性的特質。

誠然，正如言說和一個有生命的身體的存在關係密切，這個網也和事物的客觀世界形影不離，可是這個關係並不是表面的關係，或者如馬克思所說的，基本上多餘的上層結構加蓋在建築本身真正有用的結構上面。所有在政治學裡的唯物論——這個唯物論不是馬克思主義的，也不是源自近代世界的，而是和我們的政治理論歷史一樣源遠流長[8]——的基本錯誤，

＊譯注：這個說法沿襲自海德格。見：Martin Heidegger, *Sein und Zeit* (1927)。

是忽略了人不可避免地要自我揭露為主體，特別而獨一無二的人，即使他們一心一意地在追求完全世界性的、物質性的對象。如果放棄這個揭露，如果說他們真的這麼做過，那會意味著把人變成不同於他們自己的東西；另一方面，如果人們否認這個揭露是真實的，有它自己的影響力的，那則是不切實際的想法。

嚴格來講，人類事務的領域是由人際關係網構成的，只要人生活在一起，就會有它的存在。透過言說揭露「誰」，透過行動啟動一個新的開端，總是會落入一個既存的網，而可以感覺到它們在其中的直接影響。它們一起開啟一個新的歷程，它最後會形成新進者獨一無二的生命故事，以絕無僅有的方式影響到他接觸到的每個人的生命故事。因為這個既有的人際關係網及其無數相互衝突的意志和意圖，使得行動幾乎事與願違；但是也因為這個媒介的關係，在其中，唯有行動才是真實的，使得它不管有意無意，都會「生產」許多故事，就像製造生產了有形事物一樣自然。這些故事或許會記錄在文獻和紀念碑上，它們或許可見於用品或藝術作品之中，它們或許會傳誦不絕，加工成各種素材。它們作為有生命的實在事物，和這些實體化的東西在性質上迥然有異。它們對我們訴說它們的主體（每個故事核心裡的「主角」），遠勝於人類雙手的任何產品對我們訴說關於生產它的主人的故事，而真正說起來，它們也不是產品。雖說每個人都透過行動和言說而躋身於人類世界，藉此開啟他的人生，但是沒有人是他自己的生命故事的作者或生產者。換言之，這些故事，行動和言說的種種結果，的確透露了一個行為者，但是這個行為者既不是作者也不是生產者。有人啟動了它，因而成為它的「主體」（subject）（這個詞有兩個意思，既是造作者也是其接受者），但是沒有人是作者。

每個人的一生最後都可以訴說成一個有開場和結局的故事，這是歷史的前政治（prepolitical）和前歷史（prehistorical）的條件，而歷史本身則是沒有開始也沒有結束的偉大故事。可是為什麼每個人生都在訴說它的故事，為什麼歷史到頭來成為人的故事書，有許多行動者和說話者，卻沒有任何有形的作者，其原因在於這兩者都是行動的成果。困擾著近代歷史哲學很久的歷史中的未知數，不僅出現在人們把歷史視為一個整體，發現它的主體（也就是人）是個從來都沒辦法成為主動的行為者的抽象概念；同樣的未知數也困擾著自古以來的政治哲學，也因此使得自柏拉圖以降的哲學家們對於人類事務領域普遍感到不屑。這個困惑在於，在一起構成意義獨特的故事的一連串事件裡，我們最多只能找出啟動整個過程的行為者；而儘管這個行為者往往是個主體，也就是故事的「主角」，我們卻沒辦法明確地說他就是最終結局的作者。

職是之故，柏拉圖認為人類事務（ta tōn anthrōpōn pragmata），行動（praxis）的後果，

不必太過嚴肅對待；人的行動就像是傀儡的動作，由幕後看不見的手在操控，使得人似乎是一個神的玩偶[9]。值得注意的是，對於近代史觀一無所知的柏拉圖，原本應該是第一個發明幕後行動者的隱喻的人，也就是在表演的人背後牽引著繩子，因而要對整個故事負責。柏拉圖所謂的神只是個象徵，意味著真實的故事，有別於我們虛構的故事，它並沒有一個作者；他可以說是「天意」（Providence）、「看不見的手」、自然、「世界精神」、階級利益等諸如此類概念的真正先驅，基督宗教和近代歷史哲學家試圖以它們解答一個讓人困惑的問題：雖然歷史的存在要歸功於人，但是顯然它不是人們「製造」出來的。（關於歷史的政治性本質，也就是說，歷史是由行動和事蹟組成的故事，而不是趨勢、力量或觀念，說明得最清楚的，莫過於「幕後看不見的行動者」這個概念的引進，我們在所有歷史哲學裡都看得到它，正因為如此，歷史哲學可以說是政治哲學的偽裝。同樣的，亞當·斯密也需要一隻「看不見的手」引導交易市場裡的經濟行為，這清楚證明了交易中不只涉及單純的經濟活動，而在市場上亮相的「經濟人」更是個行動的存有者，而不僅僅是個生產者、商人或交易者。）

「幕後看不見的行動者」這個構想是出於心裡的困惑，並不符合現實經驗。多虧了它，由行動構成的故事被曲解為虛構的故事，裡頭的確有個行動者牽引著繩子，主導整齣戲。虛構的故事透露著有個製造者，正如每件藝術作品都暗示著有人創作它們；這並不屬於故事本

[186]

身的性格，而只是涉及它們誕生的模式。真實故事和虛構故事的差別正是在於後者是「編造」出來的，而前者和製造完全無關。我們一輩子都投入其中的現實故事，並沒有什麼有形或無形的製造者，因為它不是製造出來的。它唯一透露的「人」是故事的主角，它也是唯一的媒介，讓一個獨一無二的「誰」原本看不見摸不著的表現方式，透過行動和言說，成為「事後」（ex post facto）的有形表現。一個人現在或過去是「誰」，我們只能從他擔綱演出的故事裡得知——也就是他的生平；我們對他所知的一切其他事物，包括他可能生產且留下來的作品，只會跟我們說他是「什麼」。因此，雖然我們對於蘇格拉底所知遠遠不如對於柏拉圖或亞里斯多德，因為他沒有寫下隻字片語，或是留下任何作品，但是比起我們對其觀點倒背如流的亞里斯多德，我們卻更清楚更熟悉蘇格拉底是誰，因為我們知道他的故事。

故事揭露的主角不一定要有「英雄」特質；「英雄」（hero）一詞在荷馬史詩裡原本只是指每個參與特洛伊戰役的自由民[10]，以及故事所講述的人。我們現在覺得「勇氣」是英雄的必備特質，它的涵義其實早就表現在行動和說話的意願裡，表現在躋身於世界、開始自己的故事的意願裡。而這個勇氣和承擔後果的意願並沒有必然關係，甚或不是主要關係；勇氣和鹵莽已經表現在離開自己的藏身處、證明自己是誰、揭露和暴露自己上面。這個最初的勇氣（違此，行動和言說，乃至於自由，都不可能實現，希臘人如是想）其實沒有那麼偉大，如果「主角」剛好是個懦夫，或許還更偉大一些。

行動和言說的具體內容和一般性意義，可能採取藝術作品各式各樣的實體化形式，他們歌頌一個事蹟和成就，透過轉換和沉澱，證明一個不平凡的事件的重要意義。然而，行動和言說的具體顯露特質，含蓄地透露行為者和說話者是誰，和遷流不息的行動和說話密不可分，因此它的表現和「實體化」，只能透過一種重複，一種模仿（mēmēsis），亞里斯多德認為它充斥在所有藝術裡，但是其實只有真正適用於戲劇（drama），這個詞（字源是希臘文的動詞「dran」，意為行動）＊意味著戲劇動作其實是對行動的模仿[11]。但是模仿的元素不僅僅在於演員的技巧，更是如亞里斯多德正確地指出的，在於戲劇的製作或寫作，讓戲劇只有在舞台上演出才能完全獲得生命。唯有重演故事情節的行動者和說話者，才能傳達完整的意義，而它與其說是故事本身的意義，不如說是在故事中自我揭露的「主角們」的意義[12]。對希臘悲劇而言，這會意味著故事直接而普遍性的意義是由合唱隊透露的，這個部分不是模仿[13]，其評論也是純粹的詩，而故事裡的行為者的不可觸知的同一性，因為既不能概括化也不能實體化，而只能透過模仿其行動去傳達。此即為什麼戲劇是最典型的政治藝術；只有在那裡，人類生活的政治領域才會轉變成藝術。同理，它也是唯一以人及其人際關係為主體的藝術。

二十六、人類事務的脆弱性

行動有別於製造，它不可能在孤立狀態下實現；被孤立意味著被剝奪行動的能力。正如製造需要周遭的自然作為其材料，也需要一個世界以安置完成的產品，行動和言說同樣需要周遭他人的存在。製造有個世界圍繞著它，而且持續和世界接觸；行動和言說則是有個他人的行動和說話的關係網圍繞著它們，並且持續和這個關係網接觸。人們都相信離群索居的人是個「強人」，因為堅強才能忍受孤寂，這或者是個迷信，誤以為我們在人類事務的領域裡可以「製造」（make）出什麼東西——例如說，「製造」出制度或法律，就像我們製造桌椅一樣，或者是把人變好或變壞（to make men "better" or "worse"）[14]——不然就是有意地對所有政治或非政治的行動的絕望，加上很烏托邦地期望可以像人處理其他「材料」一般地處理其他人[15]。一談到行動時，個人在生產過程中所需的力氣就一點價值也沒有了，不管是知識的力量或是純粹的物質力。歷史上不乏強人和在上位者感到無力的例子，他們不知道怎麼求

---

* 譯注：希臘文「drama」意為：行為、舉止；舞台上的動作，戲劇。動詞為「draō」（不定式「dran」），意為「做」，特別指做大事，不管好或壞。

取同儕的幫助和合作。他們的失敗往往被歸咎於眾人天生的自卑感，以及優秀的人讓平庸者在心裡產生的怨懟。可是就算這樣的說法有它們的道理，卻沒有觸及問題的核心。

為了說明這裡問題的關鍵是什麼，我們或許可以回想一下，希臘文和拉丁文，不同於現代語言，它們有兩組完全不同卻相關的動詞，同樣意指著「行動」。有兩個希臘文動詞，「archein」（「開始」、「領導」以及最後的「主宰」）以及「prattein」（「通過」、「成就」和「完成」），對應於拉丁文的動詞「agere」（「啟動」、「引導」）和「gerere」（它原本的意思是「擔負」）[16]。在這裡，每個行動似乎都區分成兩個部分，先是由一個人發動，然後由眾人「承擔」、「完成」整件事，把它做到底。不僅僅是這些語詞的相互關係很類似，它們的用法也大同小異。在這兩個語言裡，原本只是意指著行動的第二個部分的語詞，也就是它的成就（「prattein」和「gerere」），成了一般習慣意指「行動」的語詞，而指稱行動的發起的語詞則變成特別的意思，至少在政治語言裡是如此。狹義的「archein」變成「主宰」和「領導」，而「agere」則意指「領導」而不是「發動」。

因此，發起者和領導者的角色，也就是「同儕之首」（primus inter pares）（在荷馬史詩裡則是指萬王之王），因此變成了統治者的角色；原本行動相互依賴，發起者和領導者必須仰賴他人的幫助，他的跟隨者仰賴他為他們創造行動的契機，現在分裂成兩個完全不同的功能；發號施令的功能（變成統治者的特權），以及執行指令的功能（變成臣民的義務）。這個統治者是孤單的、藉著權勢和他人隔離，正如發起者透過他一開始的主動性而和他人隔離，在他找到別人加入他以前。然而發起者和領導者只能藉著他的主動性和他所冒的險證明自己的力量，而不是透過實際的成就。就成功的統治者而言，他可能主張說眾人的成就都是他自己的，例如阿加曼儂（Agamemnon）就不容許這種事發生，他是個國王但不是統治者。透過這個主張，統治者壟斷了眾人的權力，而如果沒有他們的幫助，他根本沒辦法成就任何事。於是人們產生了超級強人的妄想，以及以為強人是因為孤獨才有力量的謬誤。

因為行動者總是穿梭在其他行動的存有者之間，並且和他們有關，他從來都不只是個「造作者」，也一直是個接受者。造作或接受是一體兩面的，而由一個行動起頭的故事，是由後續的造業和受果構成的。這些後果無窮無盡，因為雖然行動原本微不足道，卻會對一個中介產生影響，而使得每個反應都變成連鎖反應，每個過程都成了新的過程的原因。由於行動會影響到自身有行動能力的存有者，因此反應除了是對行動的回應以外，它也一直是另一個自動自發的行動，而影響到其他行動。因此，人們之間的行動和反應，從來都不是封閉的循環，也不一定限於兩造之間。這個無限性不僅僅是狹義的政治行動的特徵，彷彿人類相互關係的無限性只是當事者無窮無盡的結果而已，只要將就著接受在有限而可以掌握的環境框架內的行動，就可以避開這個無限性；相反的，在最有限的環境裡最微不足道的行動，都蘊藏著同一個無限性的種子，因為一個行為，有時候是一句話，就足以改變一連串的行動。

再者，不管行動的具體內容是甚麼，它總會建立各種關係，因此有個內在傾向，它會突破所有限制，跨越所有界線[17]。限制和界線存在於人類事務的領域內，但是它從來沒有給我們一個框架，用以有效抵擋新生代的大批湧入。人類的制度、法律以及人們共同生活的一般性事務的脆弱性，來自於人類不斷出生的這個條件，而和人性本身的脆弱性無關。用以圈起私有財產且確保每個家庭的限制的圍籬，用以保護且確認一個民族的政治認同的邊界，藉以保護且確立其政治性存在的法律，它們之所以對於人類事務的穩定性至關重要，正是因為從人類事務領域本身的活動裡不能形成這類限制和保護的原則。法律的限制從來都不是防範國家內部變生肘腋的行動的可靠保障，正如邊界從來不是抵禦外侮的可靠保障。行動的無限性只是它建立關係的巨大能力的另一面，也就是它具體的生產力；此及為什麼舊時的中庸的德行，也就是知所節制，是最重要的政治德行，正如最典型的政治誘惑是「傲慢」（hubris）（對於行動的潛能感受甚深的希臘人很清楚這點）而不是我們習以為的權力意志。

然而儘管國家或許會設置各式各樣的限制，以防範行動的內在無限性，卻無力抵銷行動的第二個顯著性格：它內在的不可預測性。這不只是沒辦法預言個別行為的邏輯後果而已，這種事只要用電子計算機就可以預言未來了，問題在於作為行動的結果，故事是在行為過去的轉瞬間開始且建立的。麻煩的是，不管後續的故事的性格和內容是什麼，不管它是在私人或公共生活裡上演，不管是涉及的行動者是多是少，只有到了故事的結局，它的意義才會自我開顯。對於製造而言，據以判斷製成品的觀點，是工匠預想的形象或模型，相反的，藉以解釋行動的過程乃至於歷史之歷程的觀點，則只會在它們的結局裡出現，且相關人等往往都已消亡。只有說故事的人才能看到全部的行動，也就是歷史學家的回顧，他的確比參與者更能洞悉全局。行動者自己的所有解釋，就算在少數的情況下，他們關於意圖、目標和動機方面的說法可信度很高，也不過是歷史學家手上實用的材料而已，在重要性和可信度方面，從來都沒辦法和史家所說的故事媲美。說故事的人的敘事必定是行動者自己看不到的，因為他在行動當中，而且深陷在它的種種影響裡，因為對他而言，他的行為的意義不在後來的故事裡。即使故事是行動的不可避免的結局，然而看到故事且「製造」故事的，不是行動者，而是說故事的人。

二十七、希臘人的解答

這個結果的不可預測性，和行動以及言說的揭露性格息息相關，人揭露自我，但是他既不知道自己，也沒辦法事先料想到他會揭露誰。遠古的人說在大限到來以前，沒有人可以說是「完人」（eudaimōn），或許就是指這點，如果經過兩千五百多年的老調重彈以後，我們還聽得到它的原始意義的話；就連它的拉丁文翻譯，在羅馬家喻戶曉的「在死亡以前，沒有人是幸福的」（nemo ante mortem beatus esse dici potest），都沒有傳達這個意義，雖然它或許影響到天主教的禮儀，只在他們的聖人長眠以後才會將他列真福品。因為「至善」（eudaimonia）的意思既不是快樂也不是幸福；它是沒辦法翻譯的，或許甚至沒辦法解釋。它的確有「至福」的含意，但是沒有任何宗教上的暗示，而它真的意指著宛如「守護神」（daimōn）的幸福一般的東西，祂一輩子陪伴著每個人，代表著他判然分明的同一性，但是只有別人才看得見[18]。不同於轉瞬即逝的快樂情緒，也不同於生命中某個時期會擁有、而在另一個時期會失去的運氣，「至善」和生命一樣，是個持久的存有狀態，既不會被改變，也沒辦法造成改變。亞里斯多德認為，成為「完人」或已經是個「完人」，兩者是同一回事，正如「幸福的生活」（eu zēn）和「過得很幸福」是同一回事＊，只要生命持續下去的話；它們不是會改變一個人的特質的狀態或活動，例如學習和學成，兩者意味著同一個人在不同的片刻裡的兩個迥然有異的屬性[19]。

人的這個不變的同一性，雖然在行動和言說當中以無形的方式揭露自己，只有在行動者和說話者的生命故事裡才會變成有形的；但是就其本身而言，唯有到了盡頭，它才能被認知和把握為察覺得到的實體。換言之，唯有到了生命逝去而只留下故事，人類的本質——既不是一般的人性（它並不存在）也不是個人的特質和缺點的總和，而是訴說著一個人是誰的本質——才會出現。因此，執意要實現其「本質」，留下一個將會「名垂不朽」的故事和同一性，不僅必須出生入死，更要明白地選擇短暫的青春，英年早逝，就像阿基里斯（Achilles）一樣。人唯有功成身死，才能永遠不容置疑地擁有他的同一性以及可能的榮耀，因為他放下了由他起頭的種種可能結局和後續事件而歸於塵土。阿基里斯的故事之所以有其典範性的意義，那是因為它要言不煩地證明了唯有以生命為代價才能買得到「至善」，我們唯有放棄我們在其中零零碎碎地揭露自己的那種相續不絕的生活，以單一的行為總結我們的生命，行動的故事才會和生命攜手走到終點。誠然，即使是阿基里斯，也是依靠故事作者、詩人或歷史學家，如果沒有他們，他的一切作為終究是一場空；但是他是唯一的「主角」，因而是典型的主角，把他的事蹟的完整意義交到敘事者手裡，宛如他不僅演出了他一生的故事，同時也

＊譯注：Eudemian Ethics 1219b3：「因為行為好和生活好與幸福相同。」

「製造」了這個故事。

我們現在會說，這個行動的概念無疑地有濃厚的個人主義色彩[20]。它強調為了自我揭露而不惜犧牲所有其他因素的衝動，因而相對地沒有受到不可預測性的困境的影響。它本身成了希臘古典時期的行動典範，並且以所謂「爭勝精神」的形式和他人分庭抗禮而證明自己的熱情衝動，那正是盛行於城邦的政治概念的基礎。這個無遠弗屆的影響有一個明顯的徵兆，那就是希臘人不同於所有其他後來的發展，不認為立法屬於政治活動。在他們看來，立法者就像是城牆版築工人，在政治活動開始前就必須完成他的工作。他的待遇就像任何其他工匠或建築師一樣，可以從外邦聘雇，而不必是公民，而「公民活動」的權利，也就是最終在城邦進行的許多活動，則僅限於公民才能參加。對他們而言，法律就像城牆一樣，並不是行動的結果，而是製造的產品。在人開始行動以前，必須預留一個確定的空間，並且建立一個結構，讓所有後續活動得以進行，這個空間就是城邦的公共領域及其法律結構；立法者和建築師都屬於同一個範疇[21]。但是這些有形實體本身並不是政治的內容（城邦指的不是雅典而是雅典人）[22]，它們也不要求如羅馬的愛國情操那樣的忠誠。

雖然柏拉圖和亞里斯多德的確把立法和建城擢昇到政治生活的最高層次，這並不意味著它們擴大了希臘人基本的行動和政治經驗，以涵攝後來羅馬的政治才能：立法和建城。相反的，蘇格拉底學派之所以轉向這些對希臘人而言是「前政治的」活動，那是因為他們對政治以及行動很反感。對他們而言，立法和執行投票表決的決定，是最合理的政治活動，因為人們在其中「像手工匠人一樣」：他們活動的結果是一個有形的產品，它的過程也有個清晰可辨的終點[23]。確切地說，這已經不再是（或者還不算是）行動（praxis），而是「製造」（poiēsis），他們偏好後者，因為它更加可靠。他們彷彿是說，只要人放棄他們的行動能力，它的徒勞無功、無窮無盡以及結果的不確定性，人類事務的脆弱性就有了個補救辦法。

至於這個補救辦法如何破壞人類關係的實質內容，亞里斯多德很罕見地以私人生活領域的行動中施恩者與受恩者的關係為例，或許是最好的說明。他擺明了不想要說教，這是希臘人的特色（羅馬人則不然），他首先陳述一個事實，施恩者對受恩者的愛遠甚於受恩者之於施恩者。他接著解釋說這是很自然的事，因為施恩者成就了一個作品（ergon），而受恩者只是接受了他的恩惠。根據亞里斯多德的說法，施恩者愛他的「作品」，他「製造」出來的受恩者的生活，正如詩人愛他的詩一樣，他又提醒他的讀者說，詩人對他的作品的熱愛不亞於母親對孩子的愛[24]。這個解釋清楚顯示他是以製造的觀點去思考行動，而從完成的「作品」的角度去思考行動的結果，也就是人與人的關係（可是他又大費周章地區分行動和製造的差別）[25]。在這個例子裡，他假設施恩者和受恩者都同意以製造的觀點去詮釋行動，因而或許可以從心理學去解釋忘恩負義的現象，但是其實是使行動本身及其真正的結果（它原本應該建立的關係）變質了。對我們而言，立法者的例子沒有那麼合理，只因為希臘人關於立法者在公共領域的任務和角色的觀念和我們自己的觀念相去太遠了。諸如希臘人所認為的立法活動之類的「工作」，唯有在後續的行動不如人意或是根本不可能出現的情況下，才可能成為行動的內容；而唯有在行動自己真實的、不可觸知的、很脆弱的意義被破壞的情況下，行動才可能得致一個最終產品。

在哲學萌芽以前的希臘人對於這個脆弱性的原始解決之道，一直就是城邦的建立。城邦發源自且一直植根於「前城邦時期」的希臘人關於共同生活（syzēn）對於人們有什麼價值的經驗和看法，也就是「言談和行為」[26]，它其實有雙重的功能。第一，那些在沒有城邦的情況下必須離鄉背井去追求的驚世駭俗的事業，城邦要讓人再怎麼形格勢禁都永遠都做得到。城邦應該是要創造更多的機會，讓人「名聲不朽」，創造更多機會讓人脫穎而出，以行為和言談證明他有多麼傲岸不群。雅典之所以能成就如此不可思議的才能和天賦，而城邦更同樣讓人咋舌地迅速沒落，其原因（即使不是主因）正是在於，從頭到尾，它的首要目標就是要讓日常生活的平凡事物變得不平凡。城邦的第二個功能，還是和行動在實現以前感受到的未知因素有關；因為一個使人聲名遠播的事蹟是否從此不會被遺忘，它是否真的會「名聲不朽」，這個機會不是很多。荷馬不只是在詩人的政治功能方面的熠熠之星，因而成為「教育希臘的人」*；即使如特洛伊戰爭如此波瀾壯闊的功業，如果數百年後沒有詩人讓它名垂千古，到頭來也很可能被遺忘，這正好說明了，如果人類的偉大事蹟只能依賴詩人才能成就其永恆，那會是什麼情況。

我們在這裡在乎的不是希臘城邦興起的歷史原因；希臘人自己對它的看法以及它的存在理由（raison d'être），他們都已經說得很明白了。城邦（polis）——如果我們信任伯里克利（Pericles）在「國殤演說辭」裡的說法的話——保證說，那些攻占每個海域和陸地以成為它們英勇事蹟的見證現場的人們，不會一直沒沒無聞，也不需要荷馬或其他作者來歌頌他們；行動者不需要他們的幫助，他們會為他們的善行和壞事協力建造永久的紀念碑，在當下或後世贏得人們的讚嘆[27]†。換言之，人們以城邦為形式的共同生活，似乎讓人相信，人類的活

---

* 譯注：Plato, Republic 10.606c。

† 譯注：「真的，我們所遺留下來的帝國的標誌和紀念物是巨大的。不但現代，而且後世也會對我們表示贊嘆。我們不需要一個荷馬的歌頌，也不需要任何其他人的歌頌，因為他們的歌頌只能娛樂我們於一時，而他們對於事實的估計不足以代表真實的狀況。因為我們的冒險精神沖進了每個海洋和每個陸地；我們到處對我們的朋友施以恩德，對我們的敵人給予痛苦；關於這些事情，我們遺留了永久的紀念於後世。」（中譯見：修西的底斯《伯羅奔尼撒戰爭史》，黃文龍譯，權力書局，民73。）

動，行動和言說，再怎麼徒勞無功，人造的「產物」再怎麼難以捉摸而稍縱即逝，作為他們的成果的種種事蹟和故事還是會永垂不朽。「城邦」的結構是一種結構完整的紀念碑，由周圍的城牆作為實體的保障，由法律作為表面的保護，如此後世才不會改變它的同一性而再也認不得。它讓身為凡人的行動者相信，他有如浮雲朝露般的存在，轉瞬即逝的偉大事蹟，永遠不會喪失其實在性，這個實在性來自於人們所見所聞，更一般地說，則是出現在同胞們眼前，那些在城邦外的人只能道聽塗說，因而需要荷馬以及「其他和他技藝相當的人」為那些不在現場的人細說當年。

根據這個自我詮釋，政治領域是直接發源自共同的行動，「言談和行為」。因此，行動不僅和眾人世界的公共部分關係至為緊密，更是建構它的那個行動。城邦的城牆和法律的界限宛若把既存的公共空間圍起來，後者如果沒有這樣穩定的保護，在行動和言說過後也就煙消雲散。這當然不是就歷史而言，而是隱喻和理論的層次，宛若從特洛伊戰爭回來的人想要讓那個由他們的事蹟和苦難創造出來的行動空間萬古長存，不會因為他們的解甲歸田而消滅。

確切地說，城邦不是有實體地點的城市國家；它是發源自有共同的行動和言說的人民組織，它的真正空間是在為此而共同生活的人群之間，不管他們身處何處。「不管你到哪裡，你都會在城邦裡」：這句名言不僅成為希臘殖民的口號，它更透露了人們相信行動和言說在參與者之間創造了一個空間，不管在何時何地都可找到屬於它的適當地點。它是最廣義的「顯露」（出現，appearance）的空間，也就是我出現在別人面前、別人出現在我面前的空間，在其中，人不像其他有生命或無生命的東西那樣單純地存在著，而會公開出現。

這個空間不會一直存在著，雖然所有人都有行為和言談的能力，但是大部分的人都不會生活在那個空間裡——就像是古代的奴隸、外邦人和蠻族，近代世界以前的勞工或工匠，我們這個時代裡的雇員和商人。沒有人可以永久住在那裡頭。失去了它就意味著失去了實在性，從人性和政治的角度來說，實在性和開顯是同一回事。對人而言，有他人在場，世界對所有人開顯，它才有實在性；「那對所有人開顯的，我們叫它做存有者」[28]*，缺少了這個開顯的東西，就會像夢境一般眇眇忽忽，雖然既熟悉又完全屬於我們，卻沒有實在性[29]。

* 譯注：原文其實是：「ha gar pasi dokei taut' einai phamen」（凡是全體看來是善的東西，就是這種東西）。

二十八、權力和顯露的空間

只要人以言說和行動的方式聚在一起，就會產生顯露的空間，因而在時間和順序上都先於公共領域的所有形式構造以及各式各樣的政府形式，也就是公共領域的各種建構形式。它的獨特之處在於，不同於我們以雙手工作的空間，當那使它誕生的動作的現況消失後，它就不復存在，但是它不僅隨著人的解散而消失——例如一個民族的政體瓦解時的大災難——也會隨著活動本身的消失或停止而銷聲匿跡。只要人們聚集在一起，它就可能存在，但只是潛態的存在，既不是必然的也不是永遠的。文明之所以可能有興盛和沒落，強大的帝國和偉大的文化沒有任何外在災難就滅亡——而在這些外在「原因」之前，更往往有招致災難的難以察覺的內在腐敗——那是因為它終究屬於行動和言說，從來沒有完全喪失其潛態的性格。最早損害且破壞政治團體的，是權力的喪失和最終的不起作用；權力不像武器，不能儲存起來以備不時之需，它只存在於權力的實現（actualization）。如果權力沒有實現，它就會消失，歷史上有太多的例子說明，即使富可敵國，也不能彌補這個損失。而唯有行動和言說還沒有分家；唯有言語不是夸夸空談，行為不是殘忍暴行；唯有言語不是用來掩飾意圖而是要揭露真相，行為不是用來燒殺擄掠，而是用來建立關係，創造新的實在，如此權力才可能實現。

權力會維繫公共領域的存在，也就是行動和言說的人們之間潛態的（potential）顯露空間。「權力」（力量）一詞相當於希臘文裡的「dynamis」，它和拉丁文的「poentia」以及各種近代的衍生詞或德文的「Macht」（這個詞則衍生自「mögen」和「möglich」，而不是「machen」）一樣，都意指著它的「潛態」性格。我們會說，權力總是個潛態的力量，而不是不變的、可以測量的、可靠的實體，宛如武力或力氣一般。力氣是單獨的個人所表現的自然性質，而權力則發源自同心協力的人們之間，一旦他們解散了，權力就會消失無蹤。因為權力和所有只能實現而不能物質化的潛態都具有的這個特質，權力和所有物質因素都無關，也沒有數量或平均值可言。一個少數但組織嚴密的團體，幾乎可以無限期地統治龐大而人口眾多的帝國，歷史上也不乏貧窮的小國戰勝富有的大國的例子（大衛和歌利亞〔Goliath〕的故事只是個隱喻；少數人的力量可能大過許多人的力量，但是兩個人間的較勁，就不是取決於權力，而是力氣，而聰明才智，也就是腦力，則和膂力的層次一樣，對於競賽結果有實質上的影響）。另一方面，人民起義推翻堅甲利兵的統治者，或許會產生沛然莫可禦的力量，即使他們在面對強大得多的武力的時候放棄使用暴力。把它叫作「消極抵抗」，當然是個諷刺的觀念；它其實是最積極且有效率的行動規劃，因為統治者不能以有輸有贏的戰鬥反擊它，而只能以大屠殺回應，在其中，勝利者全盤皆墨，他的戰利品其實被騙走了，因為沒有人可以統治死人。

在權力的生成中唯一不可或缺的物質因素，是人民的同舟共濟。人們唯有心手相連，因而一直存在著行動的各種潛態，權力才能始終與他們同在，而城市（作為城邦，它一直是西方政治組織的典範）的建立，因而的確是權力最重要的物質性先決條件。在行動轉瞬間消逝以後還能將人們凝聚在一起的事物（我們現在稱為「組織」的東西），以及人們藉以共同生活而維繫其於不墜的東西，那就是權力。任何人，基於任何理由而和他人息交絕游，會因而喪失權力而不起作用，不管他的力氣有多大，他的理由有多麼正當。

如果力量不只是和衷共濟裡頭的這個潛能而已，如果它可以如力氣一般被人們擁有，如果它可以如武力一般加以應用，而不是取決於眾多意志和意圖不可靠的、暫時的協議，那麼「全能」（omnipotence）就會是人類的具體可能性。因為力量正如行動一樣，是無邊無際的；它沒有人性或人的身體存在的實體限制，例如力氣大小。它唯一的限制是他人的存在，但是這個限制不是偶然的，因為人類的力量自始即和多元性的條件相互呼應。同理，權力可以分割而不稍減，權力分立制衡的互動甚至可能創造更多權力，只要這個互動順暢而不會陷入僵局。相反的，力氣是不可分割的，而雖然它會因為他人的存在而受到制衡，在這個情況下的多元性互動卻很明確地侷限在個人的力氣上，它會受到約束，也可能被多數人的潛在權力壓倒。把生產事物必備的力氣等同於行動所必需的權力，只有在唯一的神的神聖屬性裡才有可能想像。因而「全能」不會是多神論裡的諸神的屬性，不管諸神的力氣比人們的武力高出多少。反過來說，對於全能的渴望——撇開它烏托邦式的「傲慢」不談——總是蘊含著多元性的毀滅。

在人類生活的種種條件下，唯一能取代權力的，不是力氣——相對於權力，它顯得很無助——而是武力，那的確是一個人就可能對他的同胞行使的，也是寡夫或少數人可以透過暴力工具而壟斷的。但是儘管暴力可能會摧毀權力，它卻絕對不能取代權力。在政治上不乏擁有武力卻沒有權力的這種組合，正是這個原因，許多功虧一簣的武力爭戰，往往如狂風暴雨般的讓人嘆為觀止，但只是徒勞無功，既不會留下紀念碑也沒有故事可言，幾乎沒辦法在歷史裡記上一筆。在歷史經驗和傳統理論裡，這種組合（即使它本身不被承認）就被稱為專制，而對於這種政府形式由來已久的恐懼，不只是因為它的殘暴，那並不是它不可避免的特徵（畢竟還是有許多仁民愛物的僭主以及開明的專制君主），更是因為它迫使統治者和被統治者陷於徒勞無功的泥淖。

而就我所知，孟德斯鳩（Montesquieu）獨樹一格的發現尤為重要，他是最後一個認真探討各種政府形式的問題的政治思想家。孟德斯鳩明白，專制政府最醒目的特徵在於它是奠基在孤立之上——專制者孤立於他的臣民，以及透過相互的恐懼和猜忌讓臣民彼此孤立——因此專制政府不只是眾多政府形式之一，更牴觸了多元性的基本人性條件，也就是共同行動和言說，那正是所有形式的政治組織的條件。專制阻礙了權力的發展，不只是在公共領域的一個特殊環節的發展，而是它的整個發展；換言之，專制很自然地造成無能，正如其他政體很自然地產生權力。在孟德斯鳩的詮釋裡，這使得專制在政體理論裡佔有很特殊的地位：光憑它並沒有辦法發展出足以待在顯露的空間（公共領域）裡的權力；相反的，在它誕生的那一剎那，就會發展出自我毀滅的禍端[30]。

說也奇怪，相較於力氣，權力更容易被暴力摧毀，雖說專制政體是以其臣民的失能（他們喪失了一起行動和言說的人類能力）為特色，但是不必然會造成積弱不振和民生凋敝；相反的，如果統治者能夠「仁民愛物」，讓百姓各安其命而不擾民，工藝和技術或許會蓬勃發展。另一方面，力氣是自然賜予個人的禮物，沒辦法和別人分享，相較於權力，它更有辦法對付暴力——不管是很英雄式地奮戰而死，或是很犬儒地自得其樂和遠離人間，藉此接受苦難並且挑戰所有煩惱；在這種情況裡，個人的完整性和他的力氣都沒有遭到損害。其實只有權力才會瓦解力氣，因而總是會受到眾人結集的武力的威脅。當弱者結集起來打擊強者時，權力的確會敗壞，但不是在那之前。近代世界從霍布斯到尼采或褒或貶的權力意志（the will to power），根本不是強者的特徵，它就像妒嫉和貪婪一樣，是弱者的眾多缺陷之一，甚至是其中最危險的。

如果說專制政府是企圖以暴力取代權力的失敗嘗試的話，那麼「暴民政治」（ochlocracy）則是無獨有偶，它也企圖以權力取代力氣，而且更有希望成功。權力的確有辦法摧毀所有力氣，而且我們知道，當社會成為主要的公共領域時，藉由扭曲「一致行動」的形式——透過影響力、壓力和黨派的把戲——，那些居上位者很可能什麼事也不懂，什麼事也不會做。對於暴力的強烈渴望是近代最有創意的藝術家、思想家、學者和工匠的特徵，它其實是那些被社會騙走其力氣的人們很自然的反應[31]。

權力保存了公共領域和顯露的空間，它更是人類的施設造作的生命力所在，後者如果不是作為行動和言說的現場，人類事務和關係網以及由它們產生的故事的現場，就會喪失其存在理由。如果沒有人們訴說這個世界，如果沒有人居住在其中，它就不再是人類的施設造作，而只是一堆無關的事物，每個單獨的個人都可以任意在上面增加更多的東西；如果沒有人類的施設造作可以安置人類事務，那麼後者就會像居無定所的游牧民族一樣漂流不定、徒勞無功而沒有意義。《傳道書》說：「虛而又虛，萬事皆虛。……太陽之下決無新事，……

只是對往者，沒有人去追憶；同樣，對來者，也不會為後輩所記念。」這個令人感傷的智慧不一定是出於特定的宗教經驗；但不管何時何地，只要人們不再信任世上有個地方適合人類的「顯露」，適合行動和言說，難免就會有此感慨。如果沒有行動讓每個人透過出生而得以在世界的劇本裡加入新的開端，那麼「太陽之下決無新事」；如果沒有言說將大放異彩的「新鮮事」具體化且憶念它們，不管再怎麼短暫，那就「沒有人去追憶」；如果沒有歷久不衰的人類的施設造作，那麼「對來者，也不會為後輩所記念」。而如果沒有權力，那麼藉由行動和言說而產生的顯露的空間也會如活生生的行為和話語一樣，只是曇花一現。

在我們的歷史裡，或許沒有任何事物如對於權力的信任一般短暫，也沒有任何事物如柏拉圖和基督教對於其顯露空間的光輝燦爛的不信任那樣持久，到了近代世界，也沒有任何東西如「權力讓人腐敗」的信念那麼眾所皆知。根據修西的底斯（Thucydides）的記載，伯里克利的演講辭的獨特性或許在於他堅信人可以透過同一個動作同時演出且保存他們的偉大事蹟，而且表演本身就足以產生「權力」（dynamis），不需要工匠人改頭換面的實體化以維繫其實在性[32]。伯里克利的言說固然呼應且表現了雅典人民內心的信念，但是知道他的演說是發表於由盛轉衰的年代的人們，總會以滿懷感傷的事後諸葛去解讀它。不過儘管這個對於「權力」（以及對於政治）的信仰轉瞬即逝——在最早的政治哲學出現的時候，它就銷聲匿跡了——，但是光是它的存在，就足以把行動擢昇到最高位階的「行動的生活」，將言說突顯為人類和動物生活的判別標準，兩者都賦與政治一個至今都沒有完全消失的尊嚴。

伯里克利在演說裡明白透露（在荷馬的史詩剛好也清楚提到），做過的行為和說過的話語的內在意義和勝負成敗無關，也不受最後的結局的影響，不管結果是好是壞。不同於人類的行為舉止（希臘人和所有文明人一樣，都以「道德標準」去判斷它，一方面要考慮動機和意圖，另一方面則要考慮目標和後果），行動只能以「偉大性」為判準，因為它在本質上就是要打破成規，成就非凡，庸庸碌碌的生活裡信以為真的事物再也沒有那麼理所當然，因為一切存在的東西都是自成一類的（sui generis）[33]。修西的底斯（或伯里克利）很清楚他的說法牴觸了日常行為的規範，當他說雅典的光榮在於「我們到處對我們的朋友施以恩德，對我們的敵人給予痛苦；關於這些事情，我們遺留了永久的紀念（mnēmeia aidia）於後世」。政治藝術教導人們如何成就偉大而光輝燦爛的事物（ta megala kai lampra），如德謨克里特（Democritus）所說的；只要有城邦存在以鼓舞人們冒險犯難，那麼一切都是安全的；如果它毀滅了，那麼什麼都會失去[34]。不管動機和目標有多麼純潔或壯闊，它們都不會是獨一無二的；就像生理特質一樣，它們是各種人的典型。因此，偉大性或者每個行為的具體意義，都只在於行為的履踐本身，而不在於它的動機或成就。

亞里斯多德所謂「實現」（energeia）的觀念，正是強調當下的行為和說出來的話語是人類所能達到的最高成就，他以這個觀念指稱一切不追求一個目的（它們都是「未完成的」〔ateleis〕）、沒有留下成果（不是「（活動）自身以外的結果」〔par' autas erga〕）*的活動，而在履踐本身就窮盡了它的完整意義[35]。弔詭的目的本身（end in itself）的原始意義就是衍生自這個完整「實現」的經驗；因為在這些行動和言說[36]的情況裡，目的不是向外馳求的，而就在活動本身裡，後者因而成為「圓現」（entelecheia），而成果不是在過程之後且讓過程消失，而是埋藏在其中；履踐本身就是成果，也就是「圓現」[37]。亞里斯多德在他的政治哲學裡很清楚政治的問題重點是什麼，包括「人的功能」（ergon tou anthrōpou）[38]（身而為人的功能），而如果他把這個「功能」定義為「幸福的生活」，他顯然認為這裡的功能（work）不是工作的產品，而只存在於單純實現本身。這個人類特有的成就，完全不在目的和工具的範疇內；「人的功能」不是目的，因為用以成就目的的工具——各種「德性」（卓越，aretai）——不是可能實現也可能不會實現的性質，而是「實現」本身。換言之，用以成就目的的工具已經是目的了；而反過來說，這個「目的」不能在其他方面被視為工具，因為沒有比實現本身更高的東西。

那就像是希臘前哲學時期把行動和言說視為單純的實現的微弱回響，當我們在從德謨克利特到柏拉圖的政治哲學裡一再讀到說，政治是一種技術（technē），和醫療和航海一樣都是技藝之一，正如舞者或戲劇演員的表演，「產品」就等同於表演本身。但是當我們聽到近代社會以其早期階段典型的奇怪而堅定的邏輯一致性在討論行動和言說時，我們就可以判斷行動和言說遭受什麼樣的待遇，它們只存在於實現當中，因而是政治領域的最高活動。因為這個對於行動和言說至關重要的貶黜，就蘊含在亞當．斯密把所有基本上奠基於職務行使的職業——軍人、「牧師、法律家、醫生和歌劇演員」——和「最卑微的僕役」，都歸類成最下等的、最沒有生產力的「勞動」[39]。而古代認為人最高貴而偉大的活動，正是這些職業——醫療、吹笛子、演戲。

二十九、工匠人和顯露的空間

古代對於政治的看法植基於以下的信念：身而為人，每個特異的個人都在言說和行動中

＊譯注：Aristotle, Nicomachean Ethics 1904a5：「但目的的表現卻是各自不同，有時候它就是活動本身，有時候它是活動之外的結果，在目的是活動之外的結果時，其結果自然比活動更有價值。」

顯現且肯定他自己，這些活動雖然在物質方面是徒勞無功的，卻擁有自己的恆久性質，因為它們創造了屬於自己的回憶[40]。政治領域，人賴以在世界裡顯露的空間，相較於他雙手的工作和身體的勞動，更是屬於「人的功能」。

人最偉大的成就是他的顯露和實現，這個信念絕非理所當然的事。相反的，「工匠人」的信念認為人的產品可以多過他自己，也更持久，而「勞動的動物」的信念則認為生活是最高善。因此，這兩者嚴格說來都和政治無關，也往往會把行動和言說斥為遊手好閒、愛管閒事、徒托空言，一般都會從公共活動對於更高的目的的實用性去判斷它們——在「工匠人」的情況裡，是使世界更有用、更美好；對「勞動的動物」而言，則是要讓生活更輕鬆一點，活得更久一點。然而這不是說他們可以完全放棄政治領域，因為如果沒有顯露的空間，不信任作為共同生活模式的行動和言說，那麼不管是一個人的自我和同一性或者是周遭世界，都沒辦法不容置疑地證實其實在性。人類的現實感要求人將他們消極而既有的存有予以現實化，不是為了改變它，而是把他們原本被動接受的東西大聲說出來，將它發揮到極致[41]。這個實現就蘊藏且發生在那些只以現實的狀態存在的活動裡。

我們唯一據以評斷世界的實在性的特徵，就是它是我們所有人共有的，而「共感」（common sense）在各種政治性質當中特別重要，因為將我們五種各自獨立的感官以及知覺到的

[208]

個殊訊息嵌進整個實在界的，正是這個共感。多虧了這個共感，其他感官知覺才知道要揭露實在性，而不只是我們的神經的活躍或者身體的阻力感。因此，任何團體裡的共感的顯著減少，以及迷信和輕信的顯著增加，都是和世界疏離的準確徵兆。

相較於生產者的社會，在勞動的社會裡，這個疏離——顯露的空間的萎縮和共感的衰弱——會更加嚴重。「工匠人」塊然獨處，不只沒有別人的干擾，更是無人聞問，沒有他人的肯定，他不只和他製造的產品為伍，也和他將要把他的產品加進去的事物世界在一起；雖說是以間接的方式，他還是和其他人在一起，他們建造了世界，同時也是事物的製造者。我們曾經提到工匠和他們的同行碰面的交易市場，那代表了他們共同的公共領域，因為他們每個人都出了力。這個交易市場的公共領域雖說最適於製造的活動，但是交易本身已經屬於行動的範圍，而絕不只是生產的延伸。它更不是自動過程的一個功能，正如購買食物和其他消耗工具必然是勞動免不了的事。馬克思主張說，經濟法則就像自然律一樣，它們不是人創設出來管理自由的交易行為，而是整體社會的生產力情況的一個功能，這個主張只有在勞動社會裡才成立，在那裡，所有活動都會降級為人類身體和自然的物質變換，不會有交易存在，而只會有消耗。

不過，在交易市場上熙來攘往的人們，他們主要不是作為個人，而是產品的生產者，他們在那裡展示的不是他們自己，更不是他們的技能和特質，一如中世紀「炫耀性的生產」，而是他們的產品。驅使製造者走進公共市集的衝動是對產品的欲望，而不是對人群的欲望，而維繫這個市場的存在的力量，不是人們在一起行動和說話產生的潛能，而是每個參與者各自得到的組合性「交易力量」（亞當・斯密語）。馬克思指摘商業社會的去人性化和自我異化，正是因為它缺少和他人的關連，而且以可交易的商品為首要事務，它的確排除了人的同一性，而且和古代公共和私人的關係正好相反，它要求人們只有在他們家庭的隱私性或是和朋友的親密關係裡才能顯現他們自己。

在一個生產者的團體甚或商業社會裡的位格人（human person）的挫折，從天才的現象最能說明，從文藝復興到十九世紀末，在近代世界發展出天才的最高理想（有創造力的天才是人的偉大性的典型表現，在上古時代或中世紀都還沒有這個觀念）。一直到了二十世紀初，偉大的藝術家不約而同地抗議被稱為「天才」，而強調技藝、能力以及藝術和手工藝的密切關係。誠然，這個抗議有一部分只不過是對於「天才」的觀念漸趨庸俗化和商業化的反彈；但是那也是由於晚近勞動社會的興起，對於該社會而言，生產力或創造力不是什麼理想，它也缺少足以誕生偉大性的觀念的一切經驗。在我們的討論裡，重要的是天才的作品，有別於工匠的產品，似乎已經吸收了只有在行動和言說裡才能直接表現出來的特異性和獨特性的那些元素。近代世界對於藝術家獨特的落款的著迷，對於風格史無前例的重視，在在透露了對於藝術家藉以超越其技巧和工藝（就像每個人的獨特性超越他的特質的總和）的那些特徵的熱中。由於這個使偉大的藝術作品和人類雙手所有其他的產品迥然不同的超越性，有創造力的天才的現象似乎最能證明「工匠人」的信念，也就是說，一個人的產品可以多過他自己，而且基本上比他自己更偉大。

然而，就算近代世界對天才的極力推崇往往幾近於偶像崇拜，卻很難改變一個基本事實，那就是人是「誰」的本質不能由他自己加以實體化。當這個本質「客觀地」顯現時——無論是以藝術作品或以手跡的方式——它會透顯出一個人的同一性，因而有助於辨識作者的同一性，但是它本身是喑啞的，如果我們試著把它詮釋成一個活生生的人的鏡像，就會錯過了它。換言之，天才的偶像化和商業社會裡的其他基本原則一樣，也隱藏著對於位格人的貶黜。

相信「一個人是誰」在偉大性和重要性方面超越他所能成就和生產的一切事物，這個信念是人性尊嚴不可或缺的元素。「讓醫生、甜點師傅和大宅院的僕人根據他們的作為甚或意圖去接受評判吧；至於偉大的人自己，人們是從『他們是什麼』加以論斷的。[42]」只有庸俗的人才會低聲下氣地從他們的所作所為那裡贏得他們的尊嚴；因為這樣的低聲下氣，他們成了自己的種種才能的「奴隸和囚徒」，而如果他們腦袋裡除了愚駿的虛榮以外還有其他東西的話，他們會發現，相較於充當別人的廝役，當自己的奴隸和囚徒其實一樣痛苦，甚至更可恥。對於有創造力的天才而言，那不是什麼光榮的事，而是一種困境，如果人相對於其作品的優越性真的被翻轉過來，使得身為有生命的創作者的他必須和他的產物爭長競短，雖然他的歲數比它們大，但是它們的存在終究會比他長久。所有真正偉大的天賦聊勝於無的光榮在於，背負著天賦的人一直比他們的成就更優越，只要他們的創造力仍然源泉不竭；因為這個泉源來自他們是「誰」，既不在現實的工作過程裡，也和他們可以成就「什麼」無關。然而天才的困境變成真實的情況，這個現象在文壇特別顯著，人和他的作品之間的地位翻轉已經大局底定了。令人髮指的是（時或甚至比知識分子的優越感更讓大眾反感），即使是他們最拙劣的產品，很可能都好過他們自己。「知識分子」的特徵在於他不受「惡劣的羞辱」的影響，而真正的藝術家或作家則是在那羞辱之下辛勤勞動，也就是「覺得他成了他的作品的兒子」，注定要「從一面鏡子裡看自己，踻天蹐地，如此這般」[43]。

三十、勞工運動

工作的活動以和他人息交絕游為必要條件，雖然沒辦法建立一個自主性的公共領域，讓人能夠以人的身分出現其中，但是它在許多方面還是和這個顯露的空間息息相關；至少，它和它所生產的有形事物世界有關。因此，手工業或許是與政治無關的生活方式，但是它當然也沒有違反政治原理（anti-political）。不過在勞動的情況裡剛好就是如此，人在那樣的活動裡既不與世界往來，也不和他人為伍，只和他的身體形影不離，面對殘酷赤裸的生計問題[44]。當然，他也和他人一起生活，出現在他人面前，但是這樣的列屋而居並沒有任何真正多元性的特徵；它不是不同的技術和職業有目的的組合，一如手工藝（更談不上獨特的人們之間的關係），而只是某種類型的人的增殖，他們基本上都是同類的，因為他們的本質只不過是個生物而已。

勞動在本質上的確是要以勞動團體的形式把人們集結起來，任何數量的個人「一起勞動，宛如他們是一體的」[45]，在這個意義下，勞動比任何其他活動都更重視團結[46]。但是這個「勞動的集體性質」[47]，並沒有為勞動團體的每個成員建立一個可辨識的、可指認的實在性，反而要求他們放棄對於個體性和同一性的意識；正因為如此，所有那些衍生自勞動的「價值」，除了生命歷程的明顯功能以外，就完全只是「社會性的」，基本上無異於一起吃吃喝喝的衍生性快樂。人體和自然之間的物質變換的活動所產生的社會性，其基礎不是平等，而是呼朋引類，根據這個觀點，「在天分和資質上，學者和挑夫的差異，遠不及家犬和獵犬的差異」真的很有道理。馬克思欣然引用亞當．斯密的這段話[48]，比起人們在交易市場上的集會，這句話更貼近於消費者的社會，在交易市場上，生產者的技術和特質得以突顯，因而總是能夠提供鑑別的基礎。

這個遍在於社會裡的同類性，以勞動和消費為基礎，以從眾為其表現形式，它和共同勞動的身體經驗關係密切，勞動的生物性節奏把一群勞工統一起來，讓每個人都覺得他不再是一個個體，而是和其他人合而為一的。誠然，這會減少勞工的辛勞和煩惱，正如集結行軍會減輕每個士兵的行走負擔。因此，對於「勞動的動物」而言，「勞動的意義和價值完全取決於社會情況」，也就是勞動和消費的過程是否功能順暢，而和「確切意義下的專業態度」無關[49]；麻煩在於最理想的社會狀況居然是要犧牲一個人的同一性。讓許多人成為一體，基本上是違反政治原理的；它和在政治的或商業的共同體裡很普遍的團結精神正好相反，以亞里斯多德舉的例子來說，後者不在於兩個醫生之間的互通（koinōnia），而在於醫生和農民之間，「而且總的來說，在不相同、不相等的東西之間才互通」[50]。

[214]

[215]

在參與公共領域方面的平等必然是不平等者的平等，他們在某些方面、基於特定目的而有必要「平等化」。而平等化的因素不是來自人的「本性」而是來自外界，正如人們需要貨幣——延續亞里斯多德的例子——將醫生和農民的不平等的活動予以等價化。因此，政治上的平等和我們面對死亡的平等正好相反，後者是所有人由於人類的條件而都要面對的命運，或者說是在上帝面前的平等，至少基督徒是這麼說的，我們都得面對人性本具的罪惡的平等。在後面兩個情況裡，並不需要平等化的東西，因為所有人都是相同的；然而，同理，這個相同性的現實經驗，生死的經驗，不只是在單獨的狀態下發生的，更是在絕對的孤寂下臨到，既不足為外人道，更不用說什麼互通或共同體了。根據世界和公共領域的觀點，生死和一切見證相同性的事物，都是非世界性的、違反政治原理的、真正超越性的經驗。

「勞動的動物」既沒有辦法與眾不同，也沒有行動和言說的能力，關於這點，似乎可以從上古時代和近代顯然沒有什麼重大的奴隸叛亂得到證實[51]。然而同樣明顯的是，在近代政治裡，勞工運動扮演著猝不及防而往往極具建設性的角色。從一八四八年的革命到一九五六年的匈牙利革命，歐洲的工人階級，由於是唯一有組織的團體，因此成為人民的領導者，他們為近代歷史寫下最光榮而且或許是最有前景的一頁。然而，儘管政治和經濟的需求，政治組織和工會，它們之間的界線已經很模糊了，但還是不能混為一談。捍衛工人階級利益的工會最後融入了近代社會，特別是在經濟保障、社會聲望和政治權力方面，都大有斬獲。工會從來都不是革命性的，因為他們渴望的社會的蛻變是和代表這個社會的政治體制的轉型結合在一起的，而工人階級的政黨在大部分的時代裡一直是利益團體，和代表其他社會階級的政黨沒有什麼不同。只有在很罕見卻重要的時刻才會顯現出區別，在革命的過程中，這些人對於現代情況下的民主政府的可能性突然有了自己的想法，即使不是基於正式的黨綱和意識型態。換言之，兩者的分界線不是社會和經濟需求的問題，而只是新的政府形式的主張問題。

當現代歷史學家在面對極權主義體系的崛起，特別是在探討蘇聯的發展時，很容易忽略一點：正如現代的群眾及其領導者以極權主義成功地（至少是暫時地）催生了一個真正的、毀滅性的、新的政府形式，至今已經有一百多年歷史的人民革命也出現了另一種新的政府形式，雖然從未成功過：以人民議會的體系取代歐陸的政黨體系，它在誕生以前就已經聲名狼籍[52]。工會運動和人民的政治訴求這兩個工人階級的潮流，它們的歷史命運有著淵壤之別：工會，就其僅僅是近代社會的階級之一而言，可以說連戰皆捷；而政治上的勞工運動每次大膽提出不同於黨綱和經濟改革的要求，則總是鎩羽而歸。只要匈牙利革命的悲劇能告訴世界說，雖然經歷了種種挫敗和假象，他們的政治熱忱永遠不死，那麼這個犧牲就不算是白費了。

只要更深入地探討勞工運動的發展和內容，在歷史事實——工人階級的政治產能——和從勞動的分析得到的現象資料之間的嚴重矛盾自然就會煙消雲散。奴工和現代的自由勞動的主要差別不在於勞工擁有個人自由——遷徙、經濟活動和人身不受侵犯的自由——而在於他可以進入公共領域，作為公民而得到完全的解放。以財產作為投票權條件的廢除，是勞動史的轉捩點。在此之前，自由人的勞動的地位很類似古代漸漸得到解放的奴隸的地位；這些人是自由民，被同化為外籍居民，但不是公民。在古代的奴隸解放，當奴隸不再是奴隸時，他往往也不再是勞工，而且不管有多少奴隸得到解放，奴隸制度一直是勞動的社會條件；相反的，近代的勞動解放旨在提升勞動本身的地位，而早在身而為人的勞工得到人身權和公民權以前，就已經達成這個目標了。

然而，現實裡的勞工解放有個很重要的副作用，那就是有一大群人突然獲准進入公共領域，也就是公開**出現**[53]，卻沒有同時獲准進入社會，不能在這個社會裡至關重要的經濟活動裡扮演要角，因而也不能被社會領域接納，可以說在大眾面前神隱了。完全的嶄露頭角，在人類事務的領域脫穎而出，成為目光的焦點，這個決定性的角色有個最好的例證，那就是當勞工登上歷史舞台時，覺得有必要穿著屬於他們自己的服裝，所謂的「無套褲漢」（sans-culotte），法國大革命時激進的共和黨員便以此為名[54]。透過這樣的服裝，他們有了自己的特色，而這個特色是用以和所有其他人作區別的。

早期勞工運動的情操——這個早期階段是指在所有資本主義還沒有發展到巔峰的國家，例如說東歐，但是也包括義大利或西班牙，甚至法國——是誕生自它和整個社會的對抗。這些運動在短期內、而且往往是在逆境中獲得巨大的潛力，那是因為不管各種說法和理論怎麼說，他們畢竟是在政治舞台上唯一不僅是捍衛其經濟利益、更著眼於全面性的政治作戰的團體。換言之，當工運出現在政治舞台上時，那是唯一能讓人以人的身分而不是社會成員的身分行動和說話的團體。

對於勞工運動的這個政治性和革命性的角色而言（它很可能正在接近尾聲），關鍵在於它的成員的經濟活動只是附屬的，而且它的吸引力從來都不限於工人階級的範圍。如果說，勞工運動有時候看似以新的政治標準成功地建立新的公共空間，至少是在他們自己的階層，這些企圖的泉源不在於勞動——既不是勞動本身也不是對於生活所需的烏托邦式的叛變——而是那些不義和偽善，隨著階級社會的轉型成群眾社會、隨著以有保障的年薪取代日薪或週薪，它們也跟著消失了。

現在的工人不再被排擠在社會之外；他們是社會的成員，和別人一樣，都是受薪階級。現在勞工運動的政治意義和其他壓力團體沒什麼不同；將近一百年前，它可以代表所有人民，但那個時代已經不再——如果我們把「le peuple」理解成真正的國家，而有別於全體人民和社會[55]。（在匈牙利革命裡，工人和其他人民完全沒有差別；從一八四八年到一九一八年，幾乎是工人階級獨占的東西——以議會取代政黨的國會體系的觀念——現在成了所有人民無異議的主張。）只要工人階級成了社會不可或缺的一部分，成為自成一格的社會和經濟力量，一如在西方世界最發達的經濟體系裡，或者說，只要勞工運動讓全體人民「成功」轉型成勞動社會，一如俄羅斯甚至其他沒有極權主義的地方，那麼起初內容和目標相當明確的勞工運動就會喪失它的政治角色。即使是在廢除自由市場的情況下，在整個近代世界裡相當引人注目的公共領域的凋零，也可能積重難返。

三十一、傳統上的以製造取代行動

近代世界早期專注於有形的產物以及可以證明的獲利，後來則醉心於順暢的運轉和社會性，那並不是最早譴責行動和言說乃至於說政治是無益戲論的時代[56]。對於行動的三個不滿幾乎是自有歷史以來即存在的：行動的結果的不可預測性、過程的不可逆性以及行動者的匿名性。對於行動者和思考者而言，一直存在很強烈的衝動，要為行動尋求替代品，期望人類事務的領域能夠免於許多行為者都具有的任意性和不負責任。在我們整個歷史裡提出的解答的千篇一律，證明了問題其實很簡單。一般來說，它們不外乎避免行動造成的災難，只要人和他人隔離，從頭到尾都能控制自己的行為。這個企圖以製造取代行動的衝動，表現在所有反對「民主」的論證上，當它們在邏輯上更一致，立論更嚴謹，就會轉而成為反對政治的基本要素的論證。

行動的災難都是出自人類的多元性條件，後者是顯露的空間（它是公共領域）的必要條件。因此消滅這個多元性的企圖，總是無異於廢除公共領域本身。對於多元性的危險最明顯的解決之道，就是形形色色的「一人統治」（mon-archy, one-man-rule），從一人對所有人的暴政，到仁民愛物的君主專制，到種種民主形式，也就是由多數人形成一個集體，使得人民是「由多數人合而為一」，儼然以「君主」自居[57]。柏拉圖的哲人王的解決之道，以他的「智慧」解決行動的種種困惑，宛若那些都是可以解答的認知問題，那只是各種形式的「一人統治」其中之一，而且不算是最不專制的一種。這些政府形式的問題不在於它們是否殘暴（情況往往不是如此），而是在於它們太有效了。僭主如果克盡其職，也可以「在其他各方面都仁愛而溫和」，就像佩西斯特拉托（Peisistratus），即使是在古代，他的統治也被比擬為「克羅諾斯的黃金時代」（Golden Age of Cronos）[58]；從現代來看，他們的施政或許很「不暴虐」而仁慈寬厚，尤其是我們聽到古代唯一試圖廢除奴隸制度的，居然是科林斯的僭主柏利安得（Periandros）[59]。但是他們也都將公民排除在公共領域之外，堅持說他們管好自己的私人事務就行了，只有「統治者才應該參與公共事務」[60]。誠然，這無異於促進私人產業和勤奮精神，但是公民只覺得這個政策是企圖剝奪他們參與共同事務的所需的時間。人們要提防的顯然是僭政的短期優點，穩定、安全和生產力，因為它們會導致權力不可避免的喪失，即使真正的災難可能在很久以後才會發生。

事實上，從人類事務的脆弱性逃遁到寧靜和秩序的堅固性，一直很吸引人，因此自柏拉圖以降的政治哲學，都可以毫不費力地解釋成為了逃避整個政治而尋求理論基礎和實踐方法。統治的概念是所有這些逃避的特點，也就是主張唯有授權某些人發號施令，而迫使其他人遵從，人們才能合法的、以政治的方式共同生活。這個陳腐的觀念早在柏拉圖和亞里斯多德那裡就看得到了，也就是說，每個團體都是由治人者和治於人者組成的（目前政府形式的定義即是以該假設為基礎——由一人統治的，或即君主專制；由少數人統治的，或即寡頭政體；由多數人統治的，或即平民政體〔democracy〕），那是奠基於對行動的不信任，而不是對人的蔑視，源自企圖找尋行動的替代品，而不是任何不負責的、專橫的權力意志。

關於從行動逃遁到統治的理論，《政治家篇》（*Statesman*）可以說是最簡短而根本的版本，柏拉圖在兩種行動模式之間分判鴻溝，也就是「發起」（archein）和「成就」（prattein），希臘人認為這兩者是互通的。而柏拉圖認為問題在於創始者必須自始至終主導他所發起的事物，而不假借他人的幫助完成它。在行動的領域裡，這個自我隔離的主導權要能夠實現，他們就必須不需要別人參與他們自己的事務，過問他們的動機和目標，而只是利用他人執行指令，如果發起者自己沒辦法涉入行動本身的話。「發起」（archein）和「行動」（prattein）因而成了兩種迥然不同的活動，而發起者變成統治者（「執政官」〔archōn〕一詞有兩個意思），他「不必自己行動（prattein），而是統治（archein）那些有執行能力的人」。在這些情況下，政治的本質是「明白什麼是採取行動的正確時機，以此推動國家的偉大事業向前發展」；行動本身完全被排除，變成了僅僅是「執行命令」而已[61]。柏拉圖是第一個區分「知之而不為之者」和「為之而不知之者」的人，而不像前人那樣把行動的發起和成就連接在一起，使得知道該做什麼和執行變成兩個迥異的行為。

柏拉圖以治人者和治於人者的區分在思想和行動之間直接劃下分界線，他的區分所依據的經驗顯然是家庭的經驗，如果主人不知道該做什麼，也沒有命令只會執行而不知其所以然的奴隸，那麼什麼事都做不成。在這個情況下，知之者不必自己為之，而為之者也不需要什麼思考或知識。柏拉圖很清楚當他把家喻戶曉的治家箴規應用到執政上面時，其實是對城邦提出了革命性的轉型計畫[62]。（人們經常誤解柏拉圖是要廢除家庭和家政；正好相反，他心裡想的是把這個生活型態擴而充之，直到所有公民都是一家人。換言之，他要排除家庭的私人性格，為此他提議廢除私有財產以及個人的婚姻狀況。[63]）希臘人認為，治人者和治於人者的關係，命令和服從的關係，在定義上等同於主人和僕役的關係，因而排除了行動的可能性。因此，柏拉圖主張說，公共事務的行動規則應該衍生自家政裡的主人和奴隸的關係，這其實就是說行動不應該在人類事務裡扮演任何角色。

相較於僭主主張說，除了他自己，每個人都必須排除在公共領域之外，柏拉圖的架構顯然更有機會為人類事務建立恆久的秩序。雖然每個公民還是會在公共事物的處理上扮演某個角色，他們其實是一體「行動」，而不可能有任何內部爭論，更不用說什麼派系衝突了：透過規則，除了身體的外型以外，「一切統合在一起，不再是不同的雜多」[64]。雖然規則的概念在歷史上源自家政和家庭領域，但是它在公共事務的組織上扮演了關鍵的角色，對我們而言，也總是和政治脫不了關係。我們不應該因此就忽略了，對於柏拉圖而言，那是個普遍得多的範疇。他認為那是用以規範和判斷各方面的人類事務的主要方法。這不僅可見於他主張把城邦視為「以大見小的人」，以及從他的理想國的公共秩序推論出心理結構，從他一以貫之地把治國的原理應用到人的自處之道上，更是可見一斑。對於柏拉圖以及西方貴族政體的傳統而言，駕馭自己的能力是判斷是否適於統治別人的最高判準。正如哲人王統御城邦，靈魂統御身體，理性統御感情。和人有關的一切事物的僭政、他對自己的作為以及他對別人的作為，其正當性都植根於「archein」一詞的歧義性，它有「發起」和「統治」兩種意思；正如柏拉圖在《法律篇》（*Laws*）尾聲裡強調的，只有開端（archē，或譯始基）才有統治（archein）的權力*。在柏拉圖的思想傳統裡，統治和開端在語言上預先決定了的原始同一性，會使得所有開端都被理解為統治權的證明，直到開端的元素最後完全從統治權的概念中消失為止。同樣的，對於人類自由最根本且真實的理解，也從政治哲學裡徹底消失。

柏拉圖的區分知與行，一直是所有關於宰制的理論的基礎，那些理論不只是在為不可還原的、不負責任的權力意志辯解而已。透過概念化和哲學釐清的力量，柏拉圖把知識等同於命令和統治權，把行動等同於服從和執行，推翻了以前在政治領域裡的所有經驗和闡述，成為整個政治思想傳統的權威，即使人們忘記了柏拉圖藉以衍生出他的概念的那些經驗基礎是什麼。除了柏拉圖匠心獨運的揉合深邃和美感（其影響力使他的思想歷經數百年而不墜），他的作品的這個部分之所以歷久不衰，原因在於他以製作和製造的角度提出更合理的解釋，藉此支持他以統治權取代行動的想法。柏拉圖哲學的關鍵詞「理型」就是出自製造領域裡的經驗，他應該是第一個注意到，在行動領域裡格格不入的知與行的區分（一旦思想和行動仳離，行動的有效性和意義就會被消滅），其實是日常生活的製造經驗，其過程顯然分成兩個部分：首先是知覺到未來的產品的形象或理型（eidos），然後籌措種種工具開始執行。

柏拉圖意欲以製造取代行動，藉此賦予人類事務領域在工作和製造裡才有的堅固性，這點在他的哲學核心「理型說」裡表現得最清楚。柏拉圖不是在探討政治哲學時（例如《饗宴篇》〔*Symposium*〕及他處），他形容理型是「最閃亮的」（ekphanestaton），因而是美的各種變形。只有在《理想國》裡，理型才轉變成行為的標準、尺度和規則，而它們都是希臘文裡的「善」的理型的變形或衍生詞，也就是「有益」或適用性[65]。在將理型說應用到政治時，這個轉變有其必要，而它是基於政治考量，也就是要消除人類事務的脆弱性，為此，柏拉圖發現有必要主張說，最高理型是「善」而不是美。但是這個善的理型並不是哲學家的最高理型，他想要沉思存有的真正本質，因而走出人類事務的洞穴，來到理型的明亮天空下；即使是在《理想國》裡，哲學家還是被定義成美的愛好者，而不是善的愛好者。善是哲人「王」的最高理型，他想要成為人類事務的統治者，因為他必須與世沉浮，而不能一輩子待在理型的天空下。他唯有回到人類事務的洞穴裡，再度和同胞們一起生活，才會需要作為標準和規

＊譯注：關於「始基」的闡述，見：Martin Heidegger, Wegmarken (Frankfurt, 1967)。

則的理型的引導，藉此衡量森羅萬象的人類行為和話語，並且涵攝在理型底下，其絕對而「客觀的」確定性，正如工匠在製造個別的床，或是一般人對它的品頭論足，都是憑藉著永遠存在的模範，也就是床的普遍「理型」[66]。

嚴格說來，這個轉變以及把理型說應用到政治領域的最大好處，在於消除柏拉圖的理想統治觀念裡的個人元素。柏拉圖很清楚，他喜歡從家庭生活引用的類比，例如主人和僕役、牧羊人和羊群的關係，到了統治者那裡，會需要類似神性的特質，使他和臣民之間判然有別，正如僕役之於主人，羊群之於牧羊人[67]。相反的，以製成品為模型建構的公共空間，則只有一般主人身分的涵蘊，政治技藝的經驗如同所有其他技藝一般，其中最有說服力的因素不在於藝術家或工匠這個人，而在於他的技藝或工藝的非人產物。在《理想國》裡，哲人王使用理型，正如工匠使用他的尺規和度量衡一樣；他「打造」城邦，正如雕塑家製造雕像一樣[68]；而在柏拉圖最後的作品裡，這些理型變成了只需要執行即可的法律[69]。

在這個觀點下，由精擅人類事務技術的人根據一個模範加以解釋的理想政治體系，它的誕生幾乎是理所當然的事；柏拉圖是第一個為國家的結構設計藍圖的人，他一直是所有後來的烏托邦的啟發者。而儘管這些烏托邦在歷史上不曾扮演什麼要角——少數實現了的烏托邦架構，也因為現實的壓力而迅即崩壞，他們無法掌握的，不在於外在環境的現實，而是現實人類關係——它們卻很有效率地保存且發展了一個政治思想傳統，在其中不管是有意或無意的，他們都以製造和製作的角度詮釋行動的概念。

然而在這個發展裡，有一點是值得注意的。誠然，如果沒有強制力，就不會有製造這回事，在以製造的角色詮釋行動的政治架構和思考裡，它總是扮演重要的角色；但是直到近代世界以前，這個強制力的元素始終只是工具性的，是需要有個目的加以證成和規限的工具，所以在近代以前的政治思想傳統裡完全看不到對於強制力本身的讚美。一般而言，只要沉思和理性被視為人的最高能力，就不會有人歌頌強制力，因為在這個認定之下，對於「行動的生活」的一切闡述，包括製造和行動，更不用說勞動，一直都是次要的、工具性的。在政治理論更狹隘的層次上的結果就是，相較於對行動本身的理解和詮釋，支配的觀念以及伴隨而來的合法性和正當權威的問題扮演更重要的角色。近代世界的人們相信，人只能認識他自己製造出來的東西，他所謂更高的能力則是取決於製造，因此他主要是個「工匠人」而不是「勞動的動物」，這才突顯了在以製造的層次去理解人類事務領域的詮釋裡難免會有的更古老的強制力意味。這在近代特有的一連串革命裡特別醒目，它們一方面充滿了古代羅馬對於建立新國家的狂熱，另一方面則把暴力歌頌為「製造」它的唯一工具。馬克思的名言說「暴力是一切舊社會在孕育新社會時的助產婆」[70]，也就是所有歷史和政治的改變的催生者，只是總結了整個近代世界的信念，並且把它的內在信仰擴而充之，亦即歷史是人「製造」出來的，正如人是上帝「製造」出來的。

從行動到一種製造模式的轉變有多麼堅持不懈而大放異彩，從政治理論和政治思想的術語就很容易看得出來，我們如果不使用目的和工具的範疇，不從工具性的角度去思考，就幾乎無法討論這些問題。更有說服力的或許是：所有近代語言裡的通俗諺語不約而同地建議我們說，「工欲善其事，必先利其器」、「不打破雞蛋就煎不出蛋餅來」（有失才有得）。有一種思考路線迫使我們承認為達目的不擇手段的合理性，而我們或許是第一個深受其害的世代。然而，為了迴避這些老舊的思考途徑，僅僅加上某些限制條件還是不夠的，例如說，不是所有手段都是許可的，或者說，在某些情況下，手段可能比目的更重要；這些限制條件把一個道德體系視為理所當然，而從那些道德說教就看得出來它們本身一點也不那麼理所當然，或者說它們被自己的語言和類比給打敗了。因為說「目的不能決定手段」，這句話本身就是弔詭的，目的在定義上本來就是要證成手段的；而弔詭總是意味著困惑，它們沒有解決這個問題，因此不具說服力。只要我們相信我們在政治領域裡處理的是目的和手段的問題，我們就無法阻止別人利用所有手段以追求被承認的目的。

以製造取代行動，以及把政治貶黜成獲取所謂「更高」目的的工具——在古代是保護好人不受壞人支配，特別是哲學家的人身安全[71]；在中世紀則是靈魂的救贖；在近代是社會的生產力和進步——它和整個政治哲學的傳統一樣久遠。的確，只有近代世界才把人主要定義成「工匠人」，工具的製造者、事物的生產者，因而可以克服傳統對於整個製造層面根深柢固的蔑視和疑慮。是的，同樣是這個傳統，由於它也仇視行動——當然，沒有那麼明顯，卻同樣影響甚巨——，因而被迫以製造的角度詮釋行動，雖然心懷鄙視和疑慮，卻也為政治哲學引進了某些思想潮流和模式，而讓近代世界有所依靠。在這個方面，近代世界並沒有顛覆傳統，而只是讓它擺脫「偏見」，後者使它沒辦法公開說工匠的工作應該高於構成人類事務領域的「無意義的」意見和行為。重點在於，柏拉圖，乃至於亞里斯多德（雖然他沒有那麼堅持），他們認為工匠甚至不夠格擁有完整的公民權，卻是最早提出以製造模式處理政治事務和治理國家的人。這個表面上的矛盾突顯了對於人類的行動能力的真實困惑有多麼根深柢固，以及人們有多麼想要將我們藉以對抗自然、打造人類施設造作的世界的活動裡更可靠而堅固的範疇引進人類關係網，以排除行動的風險和危害。

[230]

三十二、行動的歷程性格

行動的工具化以及政治的貶黜成其他事物的工具，當然從來沒有真正排除行動，不讓它成為人類的決定性經驗，或是整個摧毀人類事務的領域。先前我們看到，在我們的世界裡，表面上的排除勞動，那束縛著所有人類生活的辛勞努力，它的第一個影響就是現在工作以勞動的模式進行，而工作的產物，使用品，宛如僅僅是消費品一般被消耗。同樣的，因為行動的不確定性就要排除它，或者把人類事務視為有計劃的製作產物，因而讓它們擺脫其脆弱性，首先會導致人類的行動能力，開啟嶄新的自發性歷程（沒有人就不可能出現這樣的歷程）的能力，集中在對於自然的態度上，直到近代後期，它一直是探索自然法則和以大自然的材料製造物品的態度。我們開始介入自然的程度有多深，或許可以從一個科學家最近的閒聊中看得最清楚，他很認真地說：「所謂基本的研究，就是當我在做事時，我不知道自己在做什麼。[72]」

這一切就很無傷大雅地從實驗開始，在其中，人們再也不滿足於觀察、記錄和沉思大自然願意展現的任何東西，而開始要設定各種條件，引發自然歷程。日新月異的技術發展原本是要釋放基本歷程（如果沒有人的介入，很可能會一直沉睡而不會出現），最後卻變成了名副其實的「製造」自然的技藝，也就是創造「自然」歷程，後者如果沒有人就不可能出現，而由於地球的性質而無法獨力完成，雖然在地球周邊的宇宙裡，類似或相同的歷程可能是很常見的現象。透過實驗的引進，我們在其中把人們構想出來的條件指定給自然歷程，強迫它們落入人為的模式裡，我們最後學到了如何「複製在太陽裡發生的歷程」，也就是從地球上的自然歷程獲取那些如果沒有我們就只有在宇宙裡才能釋放的能量。

自然科學成為唯一關於歷程的科學，最後成了關於不可逆的、不可挽救的「不歸路的歷程」的科學，這個事實明顯意味著，無論從事這些科學需要什麼樣的腦力，真正能實現這的發展的人類能力，既不是「理論性」的能力，也不是沉思或理性，而是人類的行動能力——開啟一個前所未有的歷程，其結果總是不確定的、不可預測的，不管它們是在人類的領域或自然的領域爆發出來。

在這個行動面向裡——不管是就近代世界、它對於人類能力的大幅增進，或是它對於歷史前所未有的概念和意識而言——歷程的結局總是難以逆料的，因此人類事務的決定性特徵就成了不確定性而不是脆弱性。上古時代並沒有注意到行動的這個特質，而且大抵上，至少在古代哲學裡幾乎看不到相關的論述，我們現在所知道的歷史概念，對他們而言是很陌生的。近代世界兩種嶄新的科學，自然科學和歷史科學，它們的核心概念就是歷程的概念，而構成其基礎的現實人類經驗就是行動。只因為我們有行動的能力，有啟動屬於我們自己的歷程的能力，我們才能把自然和歷史視為歷程的體系。誠然，近代思想的這個性格最早是出現在歷史科學裡，自維柯（Giambattista Vico, 1668-1744）以降，便有意識地把歷史表現為一個「新科學」，直到數百年後，由於自然科學的勝利成就，迫使它以極為類似於歷史科學的概念架構取代過時的架構。

無論如何，只有在某些歷史環境裡，脆弱性才會表現為人類事務的主要特徵。希臘人是以所有自然事物的恆久性或生生不息對比於脆弱性，他們最關心的是怎樣才有資格獲得不朽，它就在人的周遭世界裡，但是終有一死的人並不擁有它。對於不關心不朽的問題的人們而言，人類事務就必定會展現迥然不同甚至有點矛盾的面向，也就是非凡的韌性，它們在時間上的持存力和延續力遠勝於堅固的事物世界穩定的耐久性。雖說人總是有能力摧毀人的雙手的產物，將來甚至有能力摧毀不是他製造出來的東西，如地球和大自然，但是無論過去或將來，人絕對沒辦法改變甚或有效控制他們透過行動展開的任何歷程。就算遺忘和混亂可以遮掩個別行為的源頭及其責任，也沒辦法改變行動或防範它的後果。已經做了的事如江河行地，人是沒有能力改變的，同樣的，人也幾乎無法預知任何行為的後果，甚至搞不清楚它的動機何在[73]。

生產過程的力量會完全被最終產物吸收和消耗掉，而行動歷程的力量卻從來不會在個別的行為裡耗盡，相反的，當它的後果層出不窮時，它的力量還會擴大；在人類事務領域裡歷久不衰的，就是這些歷程，正如人類本身的綿延不絕，它們的持久性也是無窮盡的，而且不因為物質的可能腐敗以及人的必朽性而受到任何影響。我們之所以無法很確定地預知任何行動的後果和結局，其原因只是在於行動沒有終點。個別行動的歷程可以不捨晝夜，直到人的盡頭到來。

行為擁有如此巨大的持續力，而遠勝於任何其他人造產物，這或許是值得驕傲的事，如果人有辦法承擔它的不可逆以及不可預測的話（行動歷程的力量正是源自於此）。而人一直都知道那是不可能的。他們一直都知道，行動的人從來都不知道他在做什麼，他總是要為事與願違的、始料未及的後果「承擔過失」，不管他的行為的後果有多麼災難性，有多麼出人意料，他都沒辦法改變它，他啟動的歷程從來不會在單一的行為或事件當中真正的完成，它的意義也不會對行為者揭露，而只有自身沒有參與行動的歷史學家的回顧才能一窺究竟。這些原因就足以讓人心灰意冷地放棄人類事務的領域，鄙視人類擁有自由的能力，透過產生人類關係網，這個能力似乎糾纏著它的生產者，使得他更像是他的行為的犧牲者和承受者，而不是造作者。換言之，比起那些以自由為其本質的能力，或是其存在完全憑藉於人的領域，不管是在迫於生計的勞動，或是在依賴於既有材料的製造裡，人似乎也沒有更不自由。

這樣的思考和西方思想的偉大傳統若合符節：指控說自由讓人陷入必然性的陷阱，譴責行動，也就是自發性地啟動新的事物，因為行動的結局總是落入預定的關係網裡，一成不變地羈絆著行為者，他似乎在一開始行使他的自由時就拋棄了它。從這種自由解脫出來的唯一方法，似乎就是無所事事地躺著，放棄整個人類事務的領域，作為保衛身而為人的主權和完整性的唯一手段。撇開這些建議的災難性後果不談（只有在斯多噶主義〔Stoicism〕裡，它才具體化為關於人類行為的一致系統），它們的基本謬誤似乎在於把自主權等同於自由，那在政治思想和哲學思想裡一直是理所當然的事。如果自主權真的等於自由的話，那麼就沒有人是自由的，因為自主權，即不妥協的寧靜自足和掌控權的理想，和多元性的條件正好互相衝突。沒有人是獨立自主的，因為住在地球上的，不是一個人，而是許多人，而不是如自柏拉圖以降的傳統所認為的，因為人的力量有限，使得他必須依賴於他們的幫助。傳統提供人們一切建議以克服非自主性的狀態，贏得不可侵犯的人身完整性，那都只是在補償多元性的內在「弱點」。如果人遵循了這些建議，真的克服了多元性的影響，其結果與其說是獨立自主地支配他的自我，不如說是獨斷地支配所有其他人，或者如斯多噶學派所說的，以現實世界換來一個想像的世界，在其中，這些別人根本不存在。

換言之，這裡的重點不是寧靜自足的優點或缺點。例如說，在多神論的體系裡，就算是神也不是至高無上的，不管祂有多麼大能；只有在一神論的假設下（「一即是一，寂然獨存，永遠如此」），自主權和自由才會是同一回事。在其他狀況下，自主權只在想像裡才可能存在，而必須犧牲其現實性。正如一個人受「法拉里斯銅牛」的炮烙之刑時，伊比鳩魯學派是以快樂的幻想為基礎，當人遭受奴役時，斯多噶學派則是以自由的幻想為基礎。這兩種幻想都見證了想像的心理力量，但是唯有世界和生命（人在其中不是快樂就是不快樂、不是自由就是奴役）的實在性被排除，使得他們甚至沒辦法旁觀自我的幻想，這個力量才可能發揮作用。

[235]

如果我們以傳統的眼光看待自由，把自由等同於自主權，那麼自由和非自主性的同時存在，也就是既有能力啟動新的事物，卻沒辦法控制甚或預見其後果，這幾乎使我們不得不推論說，人的存在是荒謬的[74]。從人的現實世界和它的現象證據來看，不管是因為行動者沒辦法掌控他的行動就否認人有行動的自由，或者是因為人的自由是不可否認的事實就主張人有自主權，兩者都是站不住腳的[75]。問題是，我們所謂自由和非自主性是互斥的想法，是否經得起現實的考驗，或者換個說法，行動的能力並不蘊藏著足以讓它免於因非自主性而失能的潛力。

[236]

三十三、不可逆性以及寬恕的力量

我們在前面看到，人類有另一種能力，也就是「工匠人」的製作、製造和生產的能力，作為工具製造者，他不僅減輕勞動的辛勞，更建造了一個耐久的世界，而唯有發動這個能力，「勞動的動物」才能從被囚禁於周而復始的生命歷程的困境裡解放出來。由勞動支撐的生活，它的解脫就是世界性，後者則是由製造支撐它。我們也看到，唯有透過行動和言說彼此相關的能力（它們生產有意義的故事正如製造生產使用品一樣的自然），「工匠人」的無意義性的困境，「所有價值的貶黜」，在由目的和工具的範疇決定的世界裡找不到有意義的標準，才能得到解脫。如果延伸這個思考範圍，我們還可以加上思考的困境；因為思想沒辦法透過「思考本身」脫離思考的行動所造成的困境。在這些情況裡，人，身為「勞動的動物」、「工匠人」和「思考者」，賴以得到解脫的事物迥然不同；它是來自外部，不是外在於人，而是外在於各自的活動。對於「勞動的動物」而言，明白到他同時也是個認識且居住在一個世界裡的存有者，那有如神蹟一般；對於「工匠人」來說，意義居然在這個世界裡占有一席之地，也宛如神蹟一般，簡直就是神的啟示。

行動及其困境的情況則完全不同。由行動發起的歷程的不可逆性和不可預測性，其解決之道不是來自另一個可能更高的能力，而是來自行動本身的種種潛能之一。從不可逆性的困境——人沒辦法改變他所做的事，雖然他不知道也不可能知道他在做什麼——解脫出來的方法，就是寬恕的能力。至於不可預測性、未來混沌不明的不確定性，其解決之道則是包含在做出承諾且履行它的能力裡。這兩種能力形影不離，其中的寬恕可以改變過去的行為，它的「罪」宛如達摩克里斯的劍（Damocles）一般威脅著每個新世代；至於以承諾約束自己，則可以在不確定性（未來在定義上就是不確定的）的大海中打造安穩的島嶼，如果沒有它，人際關係就不會有連續性，更不會有任何形式的耐久性。

如果沒有得到寬恕，沒辦法從我們的所作所為解放出來，我們的行動能力就會受限於覆水難收的個別行為；我們永遠都是它的種種後果的受害者，就像是不知道解開咒語的魔法的魔術師學徒一樣。如果沒辦法遵守承諾，我們就沒辦法維持我們的同一性；我們會注定要在每個人寂寞心靈的黑暗裡無助地流浪而迷失方向，困在它的矛盾和多義性裡——唯有透過他人的臨在（他們可以證實做出承諾的人和履行承諾的人之間的同一性）而照亮公共領域，才能驅散這個黑暗。因此，這兩種能力都依賴於多元性，依賴於他人的臨在和行動，因為人沒辦法自己寬恕自己，也不會覺得有義務要遵守只對自己提出的承諾；在獨處和孤立的狀態下提出的寬恕和承諾，既不會有實在性，也只不過是在自我面前演出的角色而已。

由於這些能力和人的多元性條件息息相關，它們在政治上的角色也建立了和柏拉圖的統治觀念裡的「道德」標準正好相反的指導原則。因為柏拉圖的統治者地位（他的合法性奠基於自律的能力）的主要原則是衍生自我和我自己的關係，以致於和他人的關係的是非對錯，都取決於對自我的態度，直到整個公共領域都是從「以大見小的人」的意象加以審視，也就是人的身心靈個別能力之間的正確秩序。另一方面，由寬恕和承諾推論出來的道德規範，則是基於人們無法在自處時擁有的、而只有在他人存在時才會出現的經驗。而正如自律的程度和模式可以證且決定對於他人的支配——人怎麼律己，就會那麼統御別人——，而人得到寬恕和承諾的程度和模式，也會決定他能夠寬恕自己以及遵守對自己的承諾的程度和模式。

因為對於行動歷程中的巨大力量和韌性的補救方法只有在多元性的條件下才能發揮作用，因此在人類事務的領域以外使用這個能力，會是很危險的事。現代的自然科學和科技，不再觀察或擷取自然歷程的材料，或是模仿自然的歷程，而似乎是真正介入它，同理，它也似乎把不可逆性和不可預測性引進自然領域，在該領域裡，沒有任何補救辦法可以改變已經做過的事。同樣的，以製造為模式、並且在目的和工具的範疇架構裡的行動，其嚴重的危險在於那裡只存在於行動裡的補救措施的自我剝奪，讓人們不僅必須以所有製造必需的強制力手段為之，也不得不以破壞的手段改變他已經做過的事，正如他銷毀失敗的產品一樣。在這些嘗試裡，最引人注目的莫過於人類力量的偉大，它源自行動的能力，而如果沒有內在於行動的補救措施，這個能力不僅會壓垮且毀滅人自己，更會波及他所擁有的生活的種種條件。

在人類事務的領域裡發現寬恕的角色的，正是拿撒勒的耶穌。雖說他是在宗教的脈絡下發現寬恕，並且以宗教語言闡述之，這不表示我們因此就不必在嚴格的俗世意義下認真探討它。在我們的政治思想傳統的本質裡（我們無法在此探討其原因），對於許多真正的政治性經驗總是很有選擇性，而不願意明確地闡述其概念，而我們如果在這些經驗發現很根本的性質，應該也不足為怪。耶穌的教義的某些面向，原本和基督教的福音沒有什麼關係，而只是出自他的門徒規模很小但很緊密的團契經驗，這些面向旨在挑戰以色列的公共權威，當然包括它們自己，即使因為它們表面上僅限於宗教的特質而始終被忽略。唯一還意識到寬恕或許可以補救行動造成的不可避免的危害，或許是羅馬人的「寬恕向你臣服的人」（parcere subiectis）的原則*——希臘人完全不知道這樣的智慧——或是赦免死刑的權力，這或許也是源自羅馬，而成為幾乎所有西方國家元首的特權。

在我們的文脈裡，重點是耶穌和「文士和法利賽人」的論戰，他首先反駁只有上帝才能

---

*譯注：見：Virgil, Aeneid: VI 853。

赦罪的說法[76]，其次他認為這個權柄不是來自上帝——彷彿會透過人類為中介而赦罪的是上帝而不是人——相反的，人們要能夠彼此寬恕，才能盼望也得到上帝的寬恕。耶穌的說法更加極端。福音裡的人之所以要學會寬恕，不是因為上帝赦了罪，他們才必須「照著做」；而是「若（不）從心裡饒恕你的弟兄」，天父「也要這樣對待你們了」[77]。堅持寬恕的義務的理由，顯然是「因為他們不知道他們在做什麼」，而這不適用於重大罪行和蓄意的惡行，否則就沒有必要教誨說：「倘若他一天七次得罪你，又七次回轉說：我懊悔了，你總要饒恕 [240] 他。[78]」犯罪和蓄意的惡行是很少見的，甚至比善行更罕見；根據耶穌的說法，上帝會在末日的審判上處理它們，那不屬於塵世的事，而末日審判的重點也不是寬恕，而是正義的「報應」（apodounai）[79]。但是過犯是每天都會發生的事，那是由於行動在關係網裡不斷建立新關係，它需要寬恕、赦罪，人才能從他無意中所做的事裡得到赦罪而繼續生活[80]。唯有不斷對他們的所作所為相互赦罪，人才能一直是個自由的行為者，唯有隨時都願意改變他們的心意而重新開始，他們才能被付託足以啟動新事物的偉大能力。

在這個方面，寬恕和報復正好相反，其行動是針對最初的過犯的「重演」（re-acting），因而絕對不是把第一個罪行的種種後果畫上句點，每個人仍然都困在該歷程中，讓每個行動裡的連鎖反應一路順暢無阻。報復是對於過犯的自然而自發性的反應，由於行動歷程的不可 [241]

逆性而變得可以預料和推測到的，相反的，寬恕的行動則是絕對無法預測的；它是唯一以無法預期的行動方式做出的反應，因而雖說是一種反應，卻多少保存了行動的原始性格。換言之，唯有寬恕的反應，才不僅僅是「重演」，更是重新來過的、出乎意料的行動，不受制於那激發它的行動，因而讓寬恕者和被寬恕者都能夠豁免於它的種種後果。在耶穌關於寬恕的教義裡所包含的自由，是免於報復的自由，包括了在行動歷程永不停歇的、沒有盡頭的自動作用裡的造作者和承受者。

寬恕有另一個選項，但不是它的對立面，那就是懲罰，兩者都是要替如果不加截斷就會永無止境的事物畫上句點。因此，人類事務領域有個結構性的元素，那就是人沒辦法寬恕他們不能懲罰的事，他們也沒辦法懲罰無法寬恕的事。此即那些過犯的真正特徵，自康德以降，我們稱之為「根本惡」（radical evil），可是對其本性卻所知甚少，甚至對於和它在公共舞台上很罕見的爆發有過接觸的我們而言也是如此。我們只知道我們既不能懲罰也沒辦法寬恕這樣的罪行，它們因此超越了人類事務的領域以及人類力量的潛能，這些罪行所到之處，就會澈底摧毀這兩者。於此，當行為本身剝奪了我們所有的力量時，我們的確只能跟著耶穌說：「倒不如把大磨石栓在這人的頸項上，沉在深海裡。」＊

＊譯注：《新約聖經．馬太福音》18:6。

主張說寬恕和行動如同破壞和製造一般關係緊密，其最合理的證明或許在於，寬恕在改變已經做過的事情這個方面，和行為本身一樣都表現出開顯的性格。寬恕以及它所建立的關係，始終是相當個人的事務（雖然不必然是個體的或私人的），我們因為是「誰」做的，而寬恕他做了「什麼」。耶穌自己也很清楚這點（「他許多的罪都赦免了，因為他的愛多；但那赦免少的，他的愛就少」）＊，這也是為什麼現在我們相信愛擁有寬恕的力量。因為愛雖說是人類生活裡最罕見的事情之一[81]，卻擁有無可比擬的自我開顯的力量，也讓人清楚看見揭露了「誰」，因為愛是完全無世界性的，它根本不在乎被愛的人是「什麼」，不關心他的特質和缺點，更不用說他的成就、缺陷和過犯。由於它的激情，愛會摧毀那讓我們和他人若即若離的中間者。只要它的魔咒持續，唯一能夠介入兩個愛人之的中間者就是孩子，也就是愛的產物。孩子，這個讓愛人產生連結並且共同擁有的永遠的中間者，是世界的代表，因為它也會讓他們分開；孩子的出現意味著他們將在既存的世界裡插入一個新的世界[82]。愛將愛人們放逐到世界之外，而透過孩子，他們宛如回到世界裡來。但是這個新的世界性，一段愛情的可能結果以及唯一的美好結局，在某個意義下，正是愛的終點，它或者必須重新征服戀人，或者必須轉型成另一種相處的模式。愛在本質上是無世界性的，基於這個原因而不是它的罕見性，它不只是無關政治或違反政治原理的，或許更是所有違反政治原理的人類力量當中最強大的。

如果真的如基督教所假設的，唯有愛才能寬恕，因為唯有愛才能全心全意接受一個人是「誰」，甚至不管他做了什麼都願意原諒他，那麼寬恕就會完全在我們的探討範圍之外。然而如果說愛只在它狹窄而有限的層次上，那麼在人類事務更大的範域裡的，就是「尊重」。尊重，誠如亞里斯多德所說的「公民情誼」（philia politikē），是一種既不狎暱也不親密的「友誼」；那是對人有距離的尊重，這個距離是世界的空間在我們之間拉出來的，而這個尊重也和我們讚美的特質或我們極為推崇的成就無關。因此，現代人對尊重的漠視，或是相信我們只應該尊重值得讚美或推崇的人，這就是公共生活和社會生活漸趨嚴重的去人格化的明顯症狀。無論如何，由於尊重僅僅涉及個人，往往足以讓人為了個人的緣故而寬恕他的所做所為。但是在行動和言說裡開顯的那個「誰」，同樣也是寬恕的對象，這正是為什麼沒有人可以寬恕自己的最深層的理由；正如在一般的行動和言說當中，我們於此也依賴於他們，我們以一種特異性出現在他們面前，而我們自己並不知道這點。如果我們封閉在自身當中，就沒辦法原諒自己的任何缺失或過犯，因為我們對於要寬恕的人將會沒有任何經驗。

＊譯注：《新約聖經．路加福音》7:47。

三十四、不可預測性和承諾的力量

在公共領域裡，寬恕總是被視為不切實際而不容許的事，或許是因為它的宗教脈絡，或許是因為寬恕的發現總是和愛有關，相反的，在承諾的能力裡的穩定力量，則是我們的傳統一直很熟悉的。我們可以追溯到羅馬的法律體系，協議或條約的不可侵犯性（「公約必須信守」〔pacta sunt servanda〕）；或者我們也可以把來自烏珥（Ur）的亞伯拉罕視為它的發現者，正如聖經所述，他的一生故事都顯示了對於立約的狂熱衝動，他離鄉背井，只是為了在世界的曠野裡試驗相互承諾的力量，直到上主自己同意和他立約。無論如何，自羅馬人以來的各式各樣的契約理論，證明了承諾的力量在幾個世紀之間一直是政治思想的核心。

承諾的行為至少可以局部消除的不可預測性，它有兩個本性：它既出自「人心的黑暗面」，也就是說，人們基本上的不可靠，他們今天絕對沒辦法保證明天他們會是誰，同時也是由於在每個人都有相同的行動能力的團體裡，他們無法預測一個行為的種種後果。人沒辦法依靠自己，或是無法完全相信自己（兩者是同一回事），這是人類為了自由所付出的代價；而他們不可能一直主宰著他們的所做所為，也不可能知道其後果而信任未來，這是他們為了多元性和實在性付出的代價，為了和其他人一起在一個世界裡的歡喜，對每個人而言，所有人的存在是其實在性的保證。

承諾的能力的功能，在於掌握人類事物的這兩個黑暗面，因此是那以律己和御眾為基礎的掌控的唯一替代選項；它準確地呼應了一種在非自主狀態下才會出現的自由。以契約和條約為基礎的國家，其危險和優點正是在於他們不同於以統治和自主權為基礎的國家，對於人類事務的不可預測性和人的不可靠順其自然，只把它們當作媒介，把若干可預測性的島嶼扔到那裡頭，在其中設置若干可靠性的路標。當承諾不再是在不確定性的大海裡的確定性的孤島時，也就是說，當這個能力被濫用以遍覆未來的土地，因而畫出一條通往四面八方的道路時，它們就喪失了約束力，而整件事就弄巧成拙了。

我們在前面提過，當人們集結在一起「一致行動」，就會產生力量，當他們四分五裂，力量就會消失。讓他們聚集在一起的力量，是相互承諾或契約的力量，而不同於他們齊聚其中的顯露的空間，也不同於那維繫公共空間之存在的力量。如果一個孤立的實體主張擁有自主權，那總是站不住腳的，不管是個別的人或是集體的民族，而在許多人以承諾相互約束的情況裡，自主權則會呈現出有限的實在性。自主權取決於最後是否能夠有限地獨立於未來的不可預測性之外，而自主權的限度也正是承諾以及履行它的能力本身的限度。一群人團結在一起，不是基於很神奇地啟發所有人的共同意志，而是基於一個合意的目標，對它而言，只有承諾才是有效而具約束力的，這群人的自主權顯然高於那些完全自由的人，後者既不受任何承諾的約束，也不會兌現任何目標。這個優越性衍生自把未來當成現在來處置的能力，也就是很神奇地大幅擴展力量的有效範圍。對於道德現象有獨到的見解的尼采，儘管以現代的偏見，主張所有權力都出於孤立的個人的權力意志，卻也認為承諾的能力（他稱為「意志的記憶」）是人與禽獸的區別所在[83]。如果自主性之於行動和人類事務的領域，正如掌握性之於製造和事物世界的領域，那麼它們的差別就僅僅在於前者必須由許多人齊心協力完成，而後者則只有在孤立的狀態下才有可能。

由於道德不只是「習俗」（mores）的總和（也就是經由傳統確立的、基於協議而有效的風俗習慣和行為標準，而它們都會隨著時間而改變），因此道德至少在政治上不必證明自己，正如善意因為願意寬恕和被寬恕、願意做出承諾和履踐承諾而不必面對行動的極大風險。只有這些道德規範才不是從外部影響行動，或是從某種所謂更高的能力或是行動範圍以外的經驗。相反的，它們直接出自渴望以行動和言說的形式和他人相處的意志，因此很像個控制機制，它內建於啟動嶄新而無窮盡的歷程的能力裡。如果沒有行動和言說，沒有相續不斷的生命誕生，我們將會注定永遠在周而復始的生成變化中擺盪不已，如果沒有改變我們已經做過的事的能力，至少局部控制我們所啟動的歷程，那麼我們就會成了自動的必然性的受害者，它具有絕不動搖的法則的一切特徵，根據我們之前的自然科學的說法，它也是自然歷程的顯著特性。我們在前面看到，對於必朽的存有者而言，這個自然的宿命，雖然在自身中來回擺盪而可能是永恆的，卻只能意味著死亡。如果說，宿命是歷史歷程推託不掉的特徵，那麼歷史裡發生的任何事也都是命中注定的了。

或多或少，這的確如此。如果聽任自然，人類事務只能服從於生死流轉的法則，那是一個生命從生到死唯一可以信賴的法則。而截斷這個法則的，正是行動的能力，因為它中斷了日常生活不容更改的自動流程，而後者也曾經中斷且干預生物性生命歷程的周期循環。人奔向死亡的一生難免會讓一切屬於人的東西傾圮和毀滅，如果沒有截斷眾流且開啟新事物的能力的話；這個能力就在行動裡，不斷地提醒人說，雖然死生有命，但是他活著不是為了死亡，而是為了開始。然而，從自然的觀點，人從生到死的直線過程看似偏離了週期運轉的一般自然律，同樣的，從表面上決定世界發展方向的自動過程的觀點，行動看起來就像神蹟一樣。用自然科學的語言說，那是「有規律地發生的無限不可能」。事實上，行動是人行神蹟的能力，正如拿撒勒的耶穌，他對於這個能力的看法，就其原創性和史無前例而言，可以和

＊譯注：《舊約聖經．以賽亞書》9:6。

蘇格拉底對於思想的可能性的看法相互輝映，當他把寬恕的力量比擬成更普遍的行神蹟的力量，把兩者擺在人的範圍內的同一個層次上，他應該已經看到這點了[84]。

拯救世界，也就是人類事務的領域，使其免於正常狀態的、「自然的」毀滅，歸根究底，這樣的神蹟其實就是生命誕生的事實，就存有學而言，行動的能力正是植根於此。換言之，那是嶄新的人和嶄新的起點的誕生，是他們與生俱來的行動能力。唯有充分體會這個能力，才能對人類事務心懷信心和盼望，那是人類存在的兩個本質性特徵，而古代的希臘人卻完全忽視它們，對於心懷信念不屑一顧，把它視為很罕見的而不是很重要的德行，認為盼望是潘朵拉的盒子裡的罪惡之一。而福音書裡以隻字片語宣告他們的「佳音」（glad tidings）：「因有一嬰孩為我們而生。」*這正是對於世界的信心和盼望最波瀾壯闊而簡潔有力的表現。

1 這個說法有心理學和生物學的最新發現足以佐證，它們都強調言說和行動的內在關係、它們的自發性以及在實踐上的無目的性。見：Arnold Gehlen, *Der Mensch: Seine Natur und seine Stellung in der Welt* (1955)，精采摘述最近科學研究的成果和詮釋，並且包含了許多很有價值的見解。蓋倫和作為其立論依據的其他科學家一樣，都相信這些人類特有的能力也是個「生物必需性」，也就是在生物學看來弱勢而適應較差的生物如人類所必需的，不過這不在我們的討論範圍之內。

2 *De civitate Dei* xii. 20。

3 奧古斯丁認為這兩者是迥然不同的，因此他用另一個語詞意指人的開端（initium）而以「起初」（principium）意指世界的開端（這是最早聖經版本的標準譯法）。見：*De civitate Dei* xi. 32；奧古斯丁的「principium」的意思沒有那麼極端；世界的開端「並非說這是最早的，因為先已有天使」（譯按：中譯見《天主之城》，吳宗文譯，台北市，商務印書館，民60），可是他又明白講到前揭「以前並無別人」。

4 此即為什麼柏拉圖說「言說」（lexis）比「行動」（praxis）更接近真理。

5 福克納（William Faulkner）的小說《寓言》（*A Fable*, 1954）在洞察力和思路清晰方面超越了第一次世界大戰期間的文學，因為裡頭的主角是「無名戰士」。

6 原文作：「Oute legei oute kryptei alla sēmainei」（Diels, *Fragmente der Vorsokratiker* [4th ed., 1922], frag. B93）。

7 蘇格拉底和赫拉克列圖斯都用同樣的語詞「sēmainein」（暗示，顯露跡象）以形容他的「內在靈魂之聲」（daimonion）的顯現（Xenophon *Memorabilia* i. 1.2,4）。（譯按：原文作：「蘇格拉底說神靈向他作提示。」）。如果贊諾芬可信的話，蘇格拉底把他的內在靈魂之聲比方為神喻，主張說兩者都只應該用於沒有確定性可言的（不明朗的）人類事務，而不能用於可以預測的技術和工藝的問題。（ibid. 7-9）

8 政治理論裡的唯物論可以上溯到柏拉圖和亞里斯多德的假設，國家（poleis）而不只是家庭生活或若干家政（oikai）的共存，其存在在依賴於物質（Plato, *Republic* 369；國家的興起是由於人類的需要和無法自給自足。亞里斯多德的意見比柏拉圖更接近當時希臘的看法：「為了滿足生活需要，以及為了生活得更美好，……城邦就產生了。」〔*Politics* 1252b29〕）

亞里斯多德的「益處」（sympheron）概念，和我們後來在西賽羅那裡看到的「效益」（utilitas），都必須在這個脈絡下理解。兩者都是在博丹（Bodin）那裡得到完整闡述的利益理論的前身，正如國王主宰人民，利益也主宰著國王。在近代發展裡，馬克思與眾不同的地方不在於他的唯物論，而是因為他一貫性地把物質利益理論奠基在人類明顯的物質性活動上，在勞動上，也就是人類身體與自然之間的物質變換。

9 *Laws* 803, 644。

10 在荷馬那裡，「hērōs」當然有「優秀」的意思，但那是每個自由民都有能力為之的。它完全沒有後來的「半神」的意義，那或許源自古代史詩英雄的神化。

11 亞里斯多德已經提到，他用戲劇（drama）一詞，是因為要模仿「處於行動中的人」（drōntes）（*Poetics* 1448a28）。從文章中可以看出，戲劇是亞里斯多德在藝術中的「模仿」典範，而把這個概念概括化以適用於所有藝術則顯得很笨拙。

12 因此，亞里斯多德通常不會說一個「行動」（praxis）的模仿，而會說是模仿一個「行動中的人」（prattontes）（*Poetics* 1448a1 ff., 1448b25, 1449b24ff.）。關鍵在於悲劇不是探討人的屬性（poiotēs），而是探討他們發生了什麼事，他們的行動和生活，幸福或不幸（1450a15-18）。因此，悲劇的內容不在於性格，而在於行動或情節。

13 亞里斯多德在《問題集》（*Problemata*, 918b28）提到：「合唱隊員不大模仿」。

14 柏拉圖指責伯里克利，說他沒有「讓公民變得更好」，因為雅典人在他執政後期生活得比以前更悲慘（*Gorgias* 515）。

15 最近的政治歷史裡有許多例子證明，「人體材料」絕對不是無傷大雅的隱喻，整個近代科學在社會工程、生物化學和大腦手術等等的實驗也是如此，他們往往把人類材料當成其他物質來處理和改變。這個機械主義的作法是近代世界的特徵；古代在類似的事情上則會把人當作必須馴服豢養的野獸。這兩者唯一可能的成就則是殺人，不一定是作為生物的人，而是身而為人的人。

16 關於「archein」和「prattein」，另見荷馬的用法。（見：C. Capelle, *Wörterbuch des Homeros und der Homeriden* [1889]）

17 值得一提的是，孟德斯鳩關心的不是法律，而是法的精神會引起的行動，他把法律定義成不同的存有者之間的和諧關係（rapports）（*Esprit des lois*, Book I, ch. 1; cf. Book XXVI, ch. 1）這個定義很讓人訝異，因為法律一直是被定義為界限和限制。其理由是孟德斯鳩不是很關心他所謂的「政府的性質」，不管是共和或君主制，而比較關心它藉以行動的「原理……以及推動它的人類心聲」。（Book III, ch. 1）

18 關於「daimōn」和「eudaimōn」的這個詮釋，見：Sophocles, *Oedipus Rex* 1186ff.。尤其是以下的詩段：「有誰，有誰爭來的幸福，不是浮光掠影，一時燦爛奪目，隨即就走下坡？」歌隊要說的，就是反對這種曲解：這些旁觀者看到了，他們眼前「擁有」伊底帕斯王的命星（daimōn）為範例；凡人的不幸在於他們看不見他們的命星。（譯按：中譯見：《伊底帕斯三部曲》，呂健忠譯，台北市，書林出版，民98）

19 Aristotle, *Metaphysics* 1048b23ff.。

20 希臘文裡的「每個人」（hekastos）衍生自「hekas」（遠方），似乎暗示著這個「個人主義」的源遠流長。

21 例如：Aristotle *Nicomachean Ethics* 1141b25。希臘和羅馬最根本的差異在於他們對於領土和法律的態度。在羅馬，城市的建立和法律的制定一直是重大而關鍵的行動，其後的行為和履踐都是以它們為依歸，以取得政治上的效力和合法性。

22 見：M. F. Schachermeyr, "La formation de la cité Grecque," *Diogenes*, No. 4 (1953)，作者比較「希臘」和「巴比倫」的用法，「巴比倫人」的觀念只是說：在巴比倫城範圍裡的人民。

23 「人們只把這樣的人（立法者）稱為進行政治活動，因為他們像一切手工匠人那樣（cheirotechnoi）」，因為他們都有個具體的目的，一個「計議的結果」（eschaton），那是在議會（psēphisma）通過的法令。（*Nicomachean Ethics* 1141b29）（譯按：中譯見：《尼各馬科倫理學》，苗力田譯，中國人民大學出版，1994）

24 *Ibid.* 1168a13ff.。

25 *Ibid.* 1140。

26 亞里斯多德的說法是：「在言談和行為中，一些人是隨和的。」（*ibid.* 1126b12）

27 Thucydides ii. 41。

28 Aristotle *Nicomachean Ethics* 1176b36ff.。（譯按：鄂蘭原書出處有誤植。）

29 赫拉克列圖斯說：「清醒的人們有著一個共同的世界，然而在睡夢中，人人各有自己的世界。」基本上和前揭亞里斯多德語一致（*Diels, op. cit.*, B89）（譯按：中譯見：《古希臘羅馬哲學資料選輯》，台北市，仰哲，民76）。

30 孟德斯鳩忽略專制和獨裁的差別，他說：「專制政體的原則是不斷在腐化的，因為這個原則在性質上就是腐化的東西。某些別的政體之所以滅亡是因為某些特殊的偶然變故，破壞了它們的原則。專制政體的滅亡則是由於自己的內在缺點。某些偶然的原因是不能夠防止它的原則腐化的。」（*op. cit.*, Book VIII, ch. 10）（譯按：中譯見：《論法的精神》，張雁深譯，台北市，商務印書館，民87）

31 尼采對於權力意志的歌頌受到近代思想經驗的影響程度，可見於以下的話：「因為對人的無力，而不是對自然的無力，才會產生對於存在最絕望的厭惡。」（*Wille zur Macht*, No. 55）

32 在前引「國殤演說辭」（n. 27）中，伯里克利有意把「國家」的「動力」（dynamis）和詩人的技藝對比。

33 亞里斯多德在《詩學》裡認為「偉大」（megethos，超凡的大能）是悲劇情節的先決條件，那是因為戲劇模仿行動，而行動是根據偉大與否判斷的，根據它和司空見慣的事物的差別（1450b25）。美的事物剛好也是如此，它存在於「量度」和「有序的安排」（taxis）（1450b34ff.）。（中譯見：《論詩》，崔延強譯。）

34 見：Diels, *op. cit.*, B157。

35 「實現」（energeia）的概念見：*Nicomachean Ethics* 1094a1-5; *Physics* 201b31; *On the Soul* 417a16, 431a6。最常見的例子是觀看和吹笛。

36 亞里斯多德認為最高的「實現」不是言說和行動，而是沉思（thēoria）和思考（nous），這對本文的討論不是很重要。

37 亞里斯多德的「實現」（energeia）和「圓現」（entelecheia）是息息相關的（「實現」一詞……導出「圓現」）：完全的實現促成和產生的結果只歸於自己，圓現的結果也只在自己（*Metaphysics* 1050a22-35）。

38 *Nicomachean Ethics* 1097b22。

39 *Wealth of Nations* (Everyman's ed.), II, 295。

40 這是希臘的「德性」概念的關鍵特徵（在羅馬則不盡然）：德性（aretē）是「令人難忘的」（見：Aristotle, *Nicomachean Ethics* 1100b12-17）。

41　此即本章開頭但丁引文的最後一句話的意義所在；這句話的拉丁文原文雖然清楚明白，翻譯卻教人摸不著頭緒（*De monarchia* i. 13）。

42　見：Isak Dinesen, "The Dreamers," in *Seven Gothic Tales* (Modern Library ed.), esp. pp. 340 ff.。

43　前引梵樂希的警語全文如下：「受造的創造者。剛才完成一部長作的他發現，它最終變成了既非他所願也不明所以的存在，正因為那孕育了他，而且感覺這個可怕的羞辱的感受，讓他覺得自己變成他的作品的孩子，從作品那裡沿襲了不容置疑的特徵、比喻、瘋狂、界石、鏡子；更不堪的是，他從一面鏡子裡看自己，跼天蹐地，如此這般。」（*Tel quell* II, 49）

44　勞動者身為勞動者的孤獨，往往在相關主題的文獻裡被忽略掉，因為勞動的社會條件和團體都要求許多勞動者同時在一起工作，而打破了孤立的所有界限。然而，哈布瓦克斯（M. Halbwachs, *La classe ouvrière et les niveaux de vie* [1913]）很清楚這個現象：「工人是置身在勞動裡的人，只和材料有關係，和人們沒有任何來往。」他認為這個欠缺往來的現象正是為什麼許多世紀以來這整個階級被排除在社會之外。（p. 118）

45　德國心理醫生懷策克（Viktor von Weizsäcker）如是形容勞工在勞動時的關係：「首先值得注意的是，兩個勞工的關係宛如他們是一體的……我們在這裡看到了一個集體的形成例子，它在於兩個個體漸漸產生的同一性和合而為一。我們也可以說，兩個人融合而成為第三個人；但是這個第三者的工作規範又和他們個別的工作沒有分別。」（"Zum Begriff der Arbeit," in *Festschrift für Alfred Weber* [1948], pp. 739-40）

46　這似乎是為什麼在字源學上，「對於早期歷史階段的人們而言，勞動和團體有相同的重要內容層次」。（關於勞動和團體的關係，見：Jost Trier, "Arbeit und Gemeinschaft," *Studium Generale*, Vol. III, No. 11 [November, 1950]）

47　見：R. P. Genelli ("Facteur humain ou facteur social du travail," *Revue française du travail*, Vol. VII, Nos. 1-3 [January-March, 1952]。他認為「勞動問題的新解答」必須先考慮「勞動的集體性」，因此不是解決個別勞工的問題，而是作為團體的成員的問題。這個「新」解答當是也時現代社會裡流行的說法。

48　Adam Smith, *op. cit.*, I, 15; Marx, *Das Elend der Philosophie* (Stuttgart, 1885), p. 125。亞當・斯密：「他很清楚地看到：『個人

之間天賦才能的差異，實際上遠沒有我們所設想的那麼大……。』從根本上說，搬運夫和哲學家之間的差別要比家犬和獵犬之間的差別小得多，他們之間的鴻溝是分工掘成的。」馬克思不分青紅皂白的用「分工」一詞指涉專業化和勞動流程本身的區分，不過這裡指的當然是前者。專業化的確是一種區分形式，而工匠或專業人員（即使有人幫助他），基本上都是獨立作業的。他只有在交換產品時才會遇到身為工人的其他人。在真正的分工裡，勞工是無法獨立完成任何事的；他的勞務只是整個工作分派給所有勞工的勞務的一部分以及功能。但是這些其他勞工，身為勞動者，和他沒有任何差別，他們都一樣。因此，造成搬運工和哲學的「差別」的，不是晚近才有的分工，而是由來已久的專業化。（譯按：中譯見：《哲學的貧困》，收錄於《馬克思恩格斯選集第一冊》，中共中央馬列恩斯著作編譯局編譯，1995）

49 Alain Touraine, *L'évolution du travail ouvrier aux usines Renault* (1955), p. 177。

50 *Nicomachean Ethics* 1133a16。

51 重點是近代的叛變和革命總是追求所有人的自由和正義，而在古代，「奴隸從來沒有要求自由，認為那是所有人不可讓渡的權利，也從來沒有集體行動試圖廢奴。」（W. L. Westermann, "Sklaverei," in *Pauly-Wissowa*, Suppl. VI, p. 981）

52 我們要記得歐陸政黨體系以及英美體系之間在實體和政治功能上的差異。雖然鮮少人提及，在歐洲革命的發展中，委員會（「Soviet」或「Räte」）的口號從來都不是政黨和運動在成立團體時提出的，而總是來自臨時的叛變；各種運動的意識型態者在利用革命為人民建立他們心中預想的政府形式時，並不是很了解或很歡迎委員會。克隆斯塔（Kronstadt）叛變著名的口號（那是俄羅斯革命的轉捩點）是：沒有共產黨的蘇維埃；這同時也意味著：沒有政黨的蘇維埃。關於極權主義政權如何產生一個新的政府形式，見拙著："Ideology and Terror: A Novel Form of Government," *Review of Politics* (July, 1953)。關於匈牙利革命和委員會體系更詳盡的分析，見："Totalitarian Imperialism," *Journal of Politics* (February, 1958)。

53 西尼加提到一則羅馬帝國的軼事，可以說明光是公開顯現身分就有多麼危險。當時元老院有個提案，要求奴隸在公共場合服裝齊一，才能馬上和自由公民區分開來。這個提案馬上被否決，因為奴隸如此一來也可以馬上認出對方，曉得他們的潛在力量有多大。近代的詮釋者當然會從這個軼事推論說，當時奴隸的數量應該很龐大，但是這個推論證明有誤。羅馬人的政治直覺認為有危險的地方是在於顯現身分本身，不管人數有多少。（見：Westermann *op. cit.*, p. 1000）

54 A. Soboul ("Problèmes de travail en l'an II," *Journal de psychologie normale et pathologique*, Vol. LII, No. 1 [January-March, 1955])。作者很傳神地形容勞工如何首度在歷史舞台上亮相：「勞工不是由他們的社會功能標示的，而只是由他們的服裝。勞工穿著連身外衣，成為一種類型的人：無套褲漢……『佩提昂（Petion）在一七九三年四月十日的國民公會上提到無套褲漢說，我們沒有聽到怎麼區分所有公民、貴族和上流社會，只看到有沒有穿無套褲的區分而已』。」

55 到了十八世紀末很流行的「le peuple」一詞，原本只是指沒有財產的人。如前所述，在近代世界以前，並沒有這樣赤貧的階級。

56 在這個問題上最經典的作者還是非亞當．斯密莫屬，他認為政府的功能是「為有錢人對抗窮人，或是為有財產的人對抗沒有財產的人」（*op. cit.*, II 198 ff; II, 203）。

57 這是亞里斯多德所詮釋的民主形式的專制（*Politics* 1292a16ff）。然而，部落不屬於專制的政府形式，也不能定義成一人統治或君主制。雖然「專制」和「君主制」這兩個詞可以互換，「僭主」和「國王」（basileus）則是對立的。（見：Aristotle, *Nicomachaen Ethics* 1160b3; Plato, *Republic* 576D）。一般來說，一人統治只有在家庭或戰爭裡才會得到稱許，正如在《伊利亞德》裡通常會在軍事或經濟的背景下提到它：「多人統治不是好事：主人必須只有一個，國王只能有一個。」（ii. 204）（亞里斯多德在《形上學》〔1076a3ff.〕裡用引喻的方式把荷馬的話用在政治團體生活〔politeuesthai〕裡，則是個例外。在《政治學》〔1292a13〕裡，他又引用荷馬的話，反對許多人「不是以個人而是集體地」擁有權力，並且說這只是一人統治或專制的偽裝。）相反的，多人統治（polyarkhia）則是貶義地指稱在戰場上多頭馬車的指揮。（見：Thucydides vi. 72; Xenophon, *Anabasis* vi. 1. 18）

58 Aristotle, *Athenian Constitution* xvi. 2, 7。

59 見：Fritz Heichelheim, *Wirtschaftsgeschichte des Altertums* (1938), I. 258。

60 Aristotle (*Athenian Constitution* xv. 5)。他在談到佩西斯特拉托（Peisistratus）時提到這點。

61 *Statesman* 305。

62《政治家篇》的重要論點是，大家庭和國家的制度沒有任何差別（*Stateman* 259），因此同樣的知識可以適用於政治和「經濟」或家政。

63 在《理想國》卷五裡，這點特別顯著，柏拉圖說，因為擔心別人會侵襲他自己的兒子、兄弟和父親，人所以會在他的理想國家裡促進和平。因為婦女的共有，再也沒有人搞得清楚誰是他的血親。（*Republic*, 463C, 465B）

64 *Republic* 443E。

65「最閃亮的」（ekphanestaton）一詞出現在《斐德魯篇》（*Phaedrus* 250），作為美的主要性質。在《國家篇》（518）裡，善也有類似的性質，叫作「最明亮的」（phanotaton）。兩個詞都衍生自「phainesthai」（顯現、大放光芒），也都是形容詞最高級。顯然燦爛奪目的性質更常用來形容美而不是善。

66 耶格（Werner Jaeger, *Paideia* [1945], II, 416n）說：「有個至高的衡量方式，而哲學家的價值（「實踐的智慧」〔phronēsis〕）知識就是衡量的能力，這個觀念從頭到尾都出現在柏拉圖的作品裡。」其實只有在柏拉圖的政治哲學裡才是如此，在那裡，善的理型取代了美的理型。《理想國》裡的洞穴喻是柏拉圖政治哲學的核心，但是那裡的理型說必須理解成政治的應用，而不是本原的、純粹哲學的開展，而不在我們的討論範圍。而耶格把「哲學家的價值知識」說成「實踐的智慧」（phronēsis），其實就意味著這個知識不是哲學的而是政治的；因為柏拉圖和亞里斯多德都把「實踐的智慧」一詞定義為政治家的洞見而不是哲學家的觀照。

67 在《政治家篇》裡，柏拉圖主要循著這條思路而很諷刺地推論說：在尋找適合統治人們的人時，正如適合放羊的牧羊人，「這樣的牧者是神靈而不是凡人」。（275）（譯按：中譯見：《政治家篇》，王曉朝譯，人民出版社，2003）

68 *Republic* 420。

69 有趣的是，柏拉圖的政治理論以下的開展：在《理想國》裡，他以專家和外行人的比喻區分治人者和治於人者；在《政治家篇》裡，則是從知與行的關係做區分；到了《法律篇》，不可更改的法律的執行，則歸於政治家或是公共領域所需。這個開展最引人注意的地方，是政治統御能力的漸漸縮水。

70 引文見：*Capital* (Modern Library ed.), p. 824。在馬克思的其他段落裡可以看到，他的評論不限於社會力或經濟力的彰顯。

例如說：「在真實的歷史裡惡名昭彰的是，征服、奴役、強盜、殺人，簡言之，暴力佔據了大部分。」（*ibid.*, 785）

71 柏拉圖說，哲學家想要成為統治者，只是因為害怕被更低下的人統治（*Republic* 347）。奧古斯丁則說，政府的功能是讓「好人」能夠在「壞人」當中生活得更平靜（*Epistolae* 153. 6）。

72 引自馮布朗（Werner von Braun）的訪談（*New York Times*, December 16, 1957）。

73 「人不知道源頭，人不知道結果……（行動的價值）也不明所以，」尼采如是說時（*Wille zur Macht*, No. 291），幾乎沒有意識到那只是哲學家對於行動由來已久的疑慮的老調重彈。

74 這個「存在主義」的結論不算是對於傳統概念和標準的真正修正；它其實仍然是在傳統以及傳統概念的架構裡，雖然有點反叛的精神。這個反叛更貫徹的結果因而會是回歸「宗教價值」，然而它已經在真實的宗教經驗或信仰裡失了根，而像是所有近代的精神「價值」、交易價值，在這裡則是被拋棄的絕望的「價值」。

75 如果說人類的尊嚴仍然完整無缺，那麼人類存在的特徵就會是悲劇而不是荒謬。康德是其最偉大的代表人物，他認為行動的自主性以及伴隨著的實踐理性的能力，包括判斷力，一直是人的卓越能力，即使他的行動落入自然律的決定論，而他的判斷也不能穿透絕對實在界的奧祕（物自身〔Ding an sich〕）。康德勇於讓人豁免於行為的後果，只堅持動機的純粹性，這使得他不致於對人及其潛在的偉大失去信心。

76 見：Luke 5:21-24 (cf. Matt. 9:4-6 or Mark 12:7-10)。耶穌行神蹟以證明「人子在地上有赦罪的權柄」，強調「在地上」。而讓民眾震驚的是他強調「赦罪的權柄」而不是行神蹟，於是「同席的人心裡說，這是什麼人，竟赦免人的罪呢？」（*Luke* 7:49）

77 Matt. 18:35; Mark 11:25。「你們各人若不從心裡饒恕你的弟兄，我天父也要這樣待你們了。」或：「你們饒恕人的過犯，你們的天父也必饒恕你們的過犯。你們不饒恕人的過犯，你們的天父也必不饒恕你們的過犯。」（Matt. 6:14-15）在所有這些例子裡，赦罪的權柄主要是人的權柄：天父「免我們的債，如同我們免了人的債」。

78 Luke 17:3-4。要記得的是經文裡的三個關鍵詞——「aphienai」、「metanoein」和「hamartanein」——有若干含義是在新約聖經英譯本裡沒有完全表達出來的。「aphienai」原本的意思是「開釋」、「釋放」而不是「饒恕」；「metanoein」的意思是「改變心意」（希伯拉文的「shuv」也是這個意思）以及「回轉」、「退一步」，而不是心理學的情緒意味比較重的「懊悔」；所以他必須改變心意而「不再犯罪」，那和苦行幾乎正好相反。最後，「hamartanein」的確可以譯為「得罪」，因為它的意思是「迷失」、「誤入歧途」而不是「犯罪」（見：Heinrich Ebeling, *Griechisch-deutsches Wörterbuch zum Neuen Testamente* [1923]）。所以我引的英譯本也可以說成：「And if he trespass against thee…and…turn again to thee, saying, I changed my mind; thou shalt release him.」

79 Matt. 16:27。

80 這個詮釋可以從以下經文證實（Luke 17:1-5）：耶穌話一開頭先指出「絆倒人的事」（skandala）是免不了的，那至少在地上是不可饒恕的；因為「那絆倒人的有禍了，就是把磨石拴在這人的頸項上，丟在海裡，還強如他把這小子裡的一個絆倒了」；接著才說明饒恕「得罪」（hamartanein）的教義。

81 一般人會有偏見，認為愛和「浪漫」一樣普遍，這或許是因為我們都是從詩裡認識愛。但是詩人愚弄了我們；只有對他們而言，愛才會不只是重要的經驗，甚至是不可或缺的，那使得他們誤以為愛是普遍的經驗。

82 愛的創造世界的能力不同於繁殖力，大部分創世神話都是以後者為基礎。相反的，以下的神話故事則明確取材自愛的經驗：天是個巨大的女神，遍覆著大地之神，可是他們生出了風神，而把天神往上吹，使他們分開了。因此產生了一個由風構成的世界，穿插在天地之間。見：H. A. Frankfort, *The Intellectual Adventure of Ancient Man* (Chicago, 1946)，p. 18; Mircea Eliade, *Traité d'Histoire des Religions* (Paris, 1953), p. 212。

83 尼采鞭辟入裡地指出人的自主權和做承諾的能力，使得他察覺到人性尊嚴和人的良知的關係。不幸的是，這兩者都和他的主要概念「權力意志」脫鉤，使得研究尼采的學者們往往會忽略它們。可見於：*Zur Genealogie der Moral*（第二篇的前兩段警語）。

84 見注 77 引文。耶穌認為行神蹟的人性根基是信心，這不在我們的討論範圍。對我們的討論比較重要的是，行神蹟的權力不被認為是來自神的，信心可以移山，信心可以赦罪；兩者都是神蹟，而耶穌要他的使徒一天饒恕七次時，使徒的回答是：「求主加增我們的信心。」

第六章

行動的生活和近代世界

他找到了阿基米得點，但是他用它來反駁他自己，顯然他只有在這個條件下才能發現它。

——卡夫卡＊

[248]

三十五、世界的疏離

在近代世界的嚆矢，有三個重大的事件決定了它的性格：美洲的發現，以及接踵發生的整個地球的探險；宗教改革，經由徵收教會和修院的財產，也開啟了個人的剝奪和社會財富的積累歷程；最後是望遠鏡的發明和新科學的發展，讓人從宇宙的角度思考地球上的大自然。這些不算是自從法國大革命以來的近代事件，而且雖然不能從任何因果關係加以解釋，因為沒有任何事件可以如此解釋，但是它們仍然有其完整的連續性，一直存在著先例，也都有跡可循。它們都不是什麼暗潮洶湧的爆發，在暗地裡積聚力量而突然發生。和它們有關的人物，伽利略（Galileo Galilei）和馬丁・路德（Martin Luther），以及大發現時代的許多偉大的航海家、探險家和冒險家，都還屬於近代以前的世界。十七世紀以來許多偉大的作家、科學家和哲學家，他們任何人都沒有對於新鮮事物的莫名熱情以及幾近於粗暴的堅持，使得他們看到前所未見的東西，思考從來沒有想過的事，就連伽利略也沒有[1]。這些先驅並不是

[249]

革命家，他們的動機和意圖仍然緊緊地植根於傳統。

對於他們的時代而言，這些事件當中最令人嘆為觀止的，應該是從來沒聽過的新大陸和作夢也沒想到的海洋的發現；而最讓人不安的，應該是宗教改革造成西方基督宗教難以修復的分裂、它對正統教義本身的內在挑戰以及對於人的靈魂寧靜的立即威脅；他們最渾然不覺的，應該是在已經相當龐大的工具庫裡增加一種新的器具，除了觀星以外一點用處也沒有，雖然它是第一個純粹科學性的工具。如果我們如衡量自然歷程一樣地評估歷史的動力，原本最微不足道的東西，人類第一次試探性的探索宇宙，在動力和速度上與日俱增，直到它使得地球表面版圖的擴張（它最終還是得侷限於地球本身）相形見絀，更使得表面上無窮盡的經濟積累過程黯然失色。

但是這一切只是空想而已。地球的發現，它的陸地和海洋的製圖，經歷了好幾個世紀，直到現在才塵埃落定。直到現在，人才完全擁有他在塵世上的棲地，把那在以前既誘人又令人生畏的無盡地平線盡收於一個星球當中，它宏偉瑰麗的輪廓和細部的地表，對人而言可謂瞭若指掌。就在他們發現了地球上浩瀚無垠的可利用空間的時候，地球就開始縮小，直到最

＊譯注：Franz Kafka, Paralipomena, in: F. K.: *Hochzeitsvorbereitungen auf dem Lande*。

後，在我們的世界裡（它雖然是近代的產物，卻絕對不等於近代的世界），每個人既是地球上的居民，也是他的國家的居民。現在人們住在一個全球性的連續整體裡，就連距離（即使是任何鄰近的部分也都存在著距離）的觀念，也得向速度的進擊俯首稱臣。速度戰勝了空間；雖然這個征服的過程沒辦法突破「一個物體不能同時出現在兩個地方」的限制，但是它的確讓距離顯得沒有意義，因為人要到世界的任何一個角落，再也不必花費多少人生的光陰（幾年、幾個月、甚或幾個禮拜）。

誠然，和近代早期的探險家以及環遊世界者的目標最格格不入的，莫過於這個不斷拉近的歷程；他們要去擴大地球，而不是把它縮小成一顆球，當他們聽從遠方的呼喚時，他們並不想消除距離。只有事後諸葛才能清楚看出，如果一切都可以測量，就不會有什麼東西是廣大無垠的，每個測量都是把所有距離遙遠的部分拉近在一起，因而建立一個以前由距離主宰的鄰近性。因此，近代世界早期的地圖和航海術是所有讓地球空間近在咫尺的技術工具的前身。在透過鐵路、蒸汽船和飛機以縮小空間和消除距離以前，透過人類心智的探勘能力，空間就已經更大幅而有效地縮小了，人們利用數字、符號和模型，可以壓縮地球實際距離的測量比例，直到人類身體的自然感官和認知的大小範圍。在我們知道怎麼環遊地球以前，怎樣在幾天和幾十個小時裡繞行人類棲居地的表面時，我們已經把地球搬進我們的起居室裡，用我們的雙手觸摸它，讓它在我們眼前轉動。

這件事有另一個面向，我們將看到它對我們的文脈更加重要。人類的測量能力有個性質，也就是唯有人放下所有牽連糾葛，只關心眼前的事物，和他身邊的一切事物保持距離，這個測量能力才能發揮作用。他和周遭環境、世界或地球的距離越大，他就越能夠探勘和測量，而他的世界性的、以地球為限的空間就會越來越小。地球最明顯的壓縮是發明飛機的結果，也就是完全離開地球表面，那就像是個一般性的現象的象徵，也就是地表距離的任何縮減都必須以人和地球的決定性距離為代價，讓人遠離他眼前的地球環境。

宗教改革是完全不同的事件，最後卻也讓我們面對一個類似的疏離現象，馬克斯・韋伯（Max Weber）稱之為「入世的禁欲主義」（innerwordly asceticism），認為它是新的資本主義心態的內在源頭，這樣的巧合讓歷史學家很難不相信有鬼神、魔鬼和「時代精神」（Zeitgeist）這種東西的存在。引人注目而困惑的是在如此南轅北轍的事件之間的相似性。因為這個「入世的疏離」不管在意圖或內容上都和在發現且占有地球裡的「遠離地球」涇渭分明。再者，韋伯在其著名的文章裡證明其歷史事實性的入世的疏離，不僅僅出現於路德和喀爾文（Calvin）在矢志恢復基督教信仰的他世性（otherworldliness）時發展出的新道德裡；在另一個完全不同的層次上，它也出現在農民的遭到剝奪，那是沒收教會財產始料未及的後果，也成為封建制度崩壞的最大因素[2]。當然，我們不必做無益的戲論，猜想如果沒有這個事件，我們的經濟會朝哪個方向前進，它的衝擊把西方人們推向一個發展，在其中，所有財產都在占有的過程中被摧毀，所有事物都在它們的生產當中被消耗殆盡，世界的穩定性也在瞬息萬變的過程當中遭到損害。然而如果說這些臆測可以提醒我們說，歷史是由事件構成的故事，而不是由有跡可循的影響力或觀念構成的故事，那麼它們還是有意義的。它們之所以是無益戲論甚至是有危害的，那是因為人們把它們當作違反現實的論證，而且意在暗示明顯的可能性和替代方案，因為既是臆測，它們的數量在定義上就是不確定的，而且它們更欠缺事件的那種明顯的不可預期性，而只是以似是而非的合理性彌補它。因此，不管它們的說法有多麼通俗，也始終只是單純的幻想而已。

為了不要低估這個歷程在幾個世紀以來無堅不摧的發展裡累積的動力，我們或許可以省思德國在戰後所謂的「經濟奇蹟」（只有從過時的觀點來看，它才算得上是奇蹟吧）。德國的例子清楚顯示出，在現代的情況下，人民的遭到剝奪，事物的破壞，以及城市的淪為廢墟，終究會成為一個歷程的極端的興奮劑，那不只是復原的歷程，也是更迅捷而有效率的財富積累——只要國家在生產過程方面的現代化程度足以回應它。在德國，澈底的破壞取代了所有世界性事物不斷貶值的過程，後者正是我們現在的「浪費的經濟」的特徵。其結果幾乎如出一轍：激增的繁榮，就像戰後的德國，不僅倚賴於豐富的物資或任何穩定且既有的事物，更取決於生產和消費本身的過程。在現代的情況下，招致毀滅的不是破壞，而是保存，因為保存的物品的耐久性對於貨物周轉的過程而言是最大的阻礙，只要控制了耐久性，那麼周轉率就只會不斷地加速[3]。

如前所述，不同於財富和占用，財產意味著共同世界的私有部分，因此只是人的「世界性」最基本的政治性條件。同理，剝奪和世界的疏離同時發生，而近代世界的開端也完全違反了舞台上的演員們的初衷，讓某個階層的居民和世界疏離。我們往往會忽略這個疏離對於近代世界的重要性，因為我們過於強調它的俗世性格，而把「俗世性」（secularity）一詞和「世界性」（worldliness）畫上等號。然而作為明確的歷史事件，俗世化只是指教會和國家的分離，宗教和政治的分離，從宗教的觀點來看，這蘊含著回歸早期基督教的「該撒的物當歸給該撒，上帝的物當歸給上帝」的態度*，而不是喪失信仰和超越界（transcendence），或是重新強調對這個世界的事物的興趣。

近代的喪失信仰不是起源自宗教——我們沒辦法上溯到宗教改革和反宗教改革運動

* 譯注：《新約聖經．馬可福音》12:17。

（Counter-Reformation）＊，那是近代世界兩大宗教運動——它的範圍也絕對不限於宗教層次。再者，即使我們承認近代世界肇始自超越界及其信仰突然而莫名其妙的喪失，也絕對不能因此推論說這個喪失讓人只能向世界求援。相反的，歷史的證據顯示，近代人們沒有向世界求援，而是回頭依靠他們自己。自笛卡兒（René Descartes）以降的近代哲學最持續性的趨勢，以及它對於哲學最有原創性的貢獻，一直是對於自我的重視，而有別於靈魂、個人或是一般性的人，試圖把所有經驗，對於世界以及其他人類的經驗，都還原到人和自己之間的經驗。韋伯關於資本主義的起源的發現之所以很重要，正是在於他證明了，即使不關心世界、也沒有任何世界的享樂，也可能有個鋪天蓋地的、完全世俗性的活動，它最深層的動機，是對自我的擔憂和關心。近代世界的特徵始終是和世界的疏離，而不是馬克思所謂的自我異化[4]。

剝奪，某些人喪失他們在世界裡的地位，棲棲遑遑於生活的迫切需要，創造了原始的財富積累，以及透過勞動將這個財富轉變成資本的可能性。它們共同構成了資本主義經濟崛起的條件。這個肇始自剝奪且依賴於它的發展會導致人類生產力的突飛猛進，這個事實早在工業革命的幾百年以前就已經嶄露了。饔飧不繼的新的勞動階級，不僅被生計壓得喘不過氣來[5]，也無暇關心或擔憂和生命歷程沒有直接關係的事物。歷史上第一個自由勞動階級的早期階段所解放的，是「勞動力」裡的動力，也就是在生物性歷程的自然豐盈裡的動力，它就

[255] [254]

像所有自然力一樣（繁殖力和勞動力），為了在新舊平衡的繁衍以外的大量剩餘作準備。近代初期的這個發展和過去發生的類似情況的差別在於：剝奪和財富的積累不僅造成新的財產形式或是導致財富的重新分配，更會反饋該歷程，產生進一步的剝奪、更大的生產力以及更多的占有。

換言之，作為自然歷程的勞動力的解放，並不是一直侷限於某個社會階級，而占有也不會隨著需求和欲望的滿足而畫下句點；因此，資本的積累不會導致在近代以前的富庶帝國耳熟能詳的經濟停滯，而會擴散到整個社會，啟動穩定增加的財富流動。這個歷程誠如馬克思所謂的「社會的生命歷程」，其創造財富的能力唯有自然歷程的繁殖力差堪比擬（只要創造一個男人和一個女人，就足以透過繁衍產生相當數量的人類），但是它仍然受限於它自其中誕生的世界的疏離原理；如果這個歷程要能延續，就不能有世界性的耐久性和穩定性的干預，而所有世界性的事物，所有生產過程的最終產物，都要不斷加速地反饋給它。換言之，就我們所知的財富積累的過程，是由生命歷程激發出來的，也會回過頭來激發人的生命，它必須以犧牲世界以及人的世界性為代價才可能出現。

[256]

＊譯注：指十六世紀宗教改革以後，在天主教會內產生大約一百年的復興運動。

這個疏離的第一個階段是以它的殘酷無情為特徵，讓越來越多的「貧窮勞工」面對悲慘的境遇和物質的貧困，剝奪使他們喪失了家庭和財產的雙重保護，即在世界裡由家庭擁有的私有持分，直到近代世界以前，那個世界一直是個人生命歷程和迫於生計的勞動的場所。當社會成了新的生命歷程的主體時（以前家庭是其主體），這個疏離就進入第二階段。一個社會階級的成員取代了以前家庭成員的身分提供的保護，社會連帶（social solidarity）也有效替代了以前支配著家庭單位的自然連帶。再者，整個社會，也就是生命歷程的「集體性主體」，不再是看不見摸不著的東西，古典經濟學裡所需要的「共產主義幻想」；正如家庭單位在以前等同於對世界的一個私有持分，是它的財產，社會則等於有形的、集體擁有的財產，是民族國家的領地，直到它在二十世紀傾圮以前，為所有階級提供了以前窮人階級被剝奪的私有家庭的替代品。

關於民族主義的有系統的理論，尤其是中歐的版本，都是奠基於民族的認同，以及家庭和成員、家庭和家庭之間的關係。由於社會成了家庭的替代品，「血緣和地緣」（blood and soil）便主宰了其成員之間的關係；人口的同質性和他們在特定領域的落地生根，成了任何地方的民族國家的要件。然而，儘管這個發展不再那麼殘忍而悲慘，卻很難撼動剝奪和世界疏離的過程，因為嚴格來說，集體所有制本身就是個矛盾的語詞。

歐洲民族國家體系漸趨沒落；地球在經濟和地理方面的天涯若比鄰，使得繁榮和蕭條往往成為全球現象；在我們的時代以前，人只是個抽象觀念，或是人道主義的準繩，現在則蛻變成真實存在的實體，以前一國之人可能要花一輩子才能碰個頭，現在地球上距離再遙遠的人們不用花多少時間就可以見面；這些都意味著這個發展的最後階段已經到來。正如家庭和它的財產被階級成員身分和民族疆域取代，現在「人」則取代了以民族為界限的社會，地球也取代有限的國家領土。但是不管未來會如何，肇端於剝奪、以財富的不斷增加為特徵的世界疏離過程，如果任其順著它的內在法則發展下去，只會越演越烈。因為人們雖然是他們的國家的公民，卻不會成為世界公民，而「社會人」（social men）也不會以家庭及其成員擁有其私有財產的方式集體擁有財產。社會的興起導致了公領域和私領域的同時沒落。但是共同的公共世界的沒落，雖說是形成寂寞的群眾人（mass man）的關鍵，而在形成現代意識型態的群眾運動的無世界性心態時又是很危險的事，它卻是以在世界裡的私人持分更實質性的喪失為開端的。

三十六、阿基米得點的發現

「因為自從一個嬰兒降生在馬槽裡以來，還很難找出有這麼大的變革居然是由這麼小的事件引發的。」這是懷德海（Alfred North Whitehead）在介紹「近代世界」的舞台上的伽利略以及望遠鏡的發明時所說的話[6]。這句話一點也不誇張。降生馬槽並不是代表古代的結束，而是意味著如此出乎意料而不可預測的事物的開端，使得人們在那之前甚至沒有盼望也沒有恐懼，同樣的，透過工具對於宇宙的第一次試探性的窺視，把它調整到人類感官的範圍，用以揭露那絕對且永遠非感官能及的事物，為一個嶄新的世界搭設了舞台，決定了其他事件的進程，在近代世界引發更大的變革。除了對於在政治上無足輕重的少數學者以外——天文學家、哲學家和神學家——，望遠鏡並沒有引起多大的轟動；大家注意到的反而是伽利略對於自由落體定律的精彩證明，公認是近代自然科學的濫觴（雖然有人或許會懷疑，如果不是牛頓〔Sir Isaac Newton〕把它轉化成萬有引力定律——至今仍然是近代天文學和物理學的融合最讓人嘆為觀止的例子——就不會誕生天文物理這個新科學）。相較於上古時代以及中世紀，相較於文藝復興時代對於直接經驗的渴望，新的世界觀和它們的差別在於，它假設從地球上的落體和天體運動可以證明有個相同的外力。

再者，伽利略的發現的創新性因為它和前人先驅的緊密關係而顯得只是踵事增華。挑戰亙古以來人們堅信不疑的有限的、地球中心的世界觀的，不僅僅有庫薩努斯（Nicholas of Cusa）和布魯諾（Giordano Bruno）的哲學思辨，更包括哥白尼（Nicolaus Copernicus）和克卜勒（Johannes Kepler）這些天文學家以數學為訓練基礎的想像。在伽利略之前，哲學家早就揚棄了一個地球和一個在它上面的蒼穹的二分法，讓地球躋身於「崇高的群星之列」，把它視為在永恆無限的宇宙裡的家鄉[7]。天文學家似乎不需要望遠鏡就可以主張說，和所有感官經驗正好相反，不是太陽繞著地球運行，而是地球繞著太陽轉。如果歷史學家以事後諸葛的所有常識和偏見回顧這些開端，他很可能會推論說人們不需要任何經驗證據就可以推翻托勒密的系統。相反的，他們需要的是追隨古代和中世紀對於大自然裡的簡單性原理（即使它會導致否定所有感官經驗）的臆測勇氣，以及如哥白尼的想像一般的勇敢，他的想像讓他翱翔於地球上方而俯瞰它，宛若他其實是來自太陽的人。而歷史學家也覺得他的推論很有道理，當他考慮到在伽利略之前，其實有個自文藝復興以來即甚囂塵上的「真正回到阿基米得」（véritable retour à Archimède）的主張。這當然讓人想起達文西曾經很熱中於研究阿基米得，而伽利略更可以說是他的門徒[8]。

然而，不管是哲學家的思辨，或者是天文學家的想像，它們都沒有構成事件。在伽利略發明望遠鏡以前，即使在學術圈裡，也很少有人注意到布魯諾的哲學，而如果不是他們對於哥白尼革命提出的事實性證明的話，別說是神學家了，「只要是講理的人……都會說那只不過是鹵莽地訴諸天馬行空的想像而已。[9]」在觀念的國度裡，只有所謂的創意和深度，那都是個人特質，而沒有絕對的、客觀的創新性；觀念來來往往，它們有自己的恆久性甚至不朽性，取決於它們獨立於時間和歷史而持存的內在啟發力量。然而，觀念有別於事件，從來都不會是史無前例的，而關於地球繞行太陽的沒有經驗性證明的臆測，也不會是前所未有的，正如當代的原子理論也不是絕無僅有的，如果它們沒有實驗做基礎，對於現實世界也沒有任何影響的話[10]。伽利略的空前之舉在於他利用望遠鏡讓人類的認知「以感官知覺的確定性[11]」發現宇宙的奧祕；也就是說，他讓受限於地球的生物以及受限於身體的感官掌握到以前遙不可及的、最多只能以不確定的臆測和想像探索的東西。

天主教教會很清楚哥白尼的系統和伽利略的發現之間的重要差異，他們並不反對在伽利略以前以不動的太陽和運動的地球為模型的理論，只要天文學家只是把它用作數學上的方便假設；但是誠如樞機主教貝拉敏（Cardinal Bellarmine）指摘伽利略說的，「證明這個假設……可以裝門面，和證明地球真的在運轉，那是兩回事。[12]」在伽利略的發現被證實以後，學術圈的態度驟變，由此可以看出來這個評論有多麼切中要旨。自此以後，很顯然地再也看不到布魯諾在想像一個無限宇宙時的熱情，克卜勒在沉思太陽時虔誠的歡欣鼓舞，「宇宙所有天體中最傑出者，其本質就只是純粹的光」，對他來說，太陽因而是「上主和至福的天使們[13]」最理想的居所，就連庫薩努斯最後在星空下的家中凝視地球時冷靜的滿足感，也都不復見。伽利略藉由「證實」了他的前輩們的理論，確定了在他以前純屬臆測的一個明顯事實。對於這個實在性的直接哲學回應，不是歡欣鼓舞，而是笛卡兒式的懷疑，近代哲學——尼采（Friedrich Nietzsche）稱為「懷疑學派」——便是奠基於此，它也終結了「唯有在澈底絕望的堅實基礎上，才能穩固地建造靈魂的居所[14]」的信念。

此後數百年間，這個事件的種種影響，如同基督降生的影響，始終是相互矛盾而莫衷一是，直到今天，事件本身以及它最直接的結果之間的衝突仍然無法解決。自然科學的崛起被認為造就了人類知識和力量明顯而不斷加速的增長；在近代世界不久以前，歐洲人所知還不如西元前三世紀的阿基米得，而在二十世紀的前五十年，卻見證了比自有歷史記錄以來的所有世紀都重要得多的發明。然而這個現象也造成了人類的絕望同樣明顯的攀升，特別是現代的虛無主義，它已經傳佈到越來越多的人們身上，其最重要的特徵在於，即使是科學家自身也難以倖免，而在十九世紀的時候，他們堅定的樂觀主義還能抵擋思想家和詩人們同樣有其合理性的悲觀主義。始自伽利略的近代天文學觀點，以及它的挑戰以感官開顯實在界的適當性，使我們所發現的宇宙的特質不會超過我們的測量工具得到的結果——用艾丁頓（Arthur Eddington）的話說，「前者和後者的相似度正如電話號碼之於用戶。[15]」換言之，我們發現的不是客觀對象，而是工具，而用海森堡（Werner Heisenberg）的話說，人面對的也不是自然或宇宙，而只是他自己[16]。

我們的文脈的重點是：不管是絕望或是勝利，都是在同一個事件裡。如果我們把它放在歷史的視角裡，那麼伽利略的發現宛若以明顯的事實證明：人類的臆想最可怕的恐懼和最自以為是的盼望，自古以來即害怕我們的感官，我們對於實在界的認知器官，會背叛我們，以及阿基米得的企圖找到在地球以外的一個支點好撐起世界，都可以一起成真，彷彿只要我們失去實在界，願望就會得到應許，只要有超越世俗的力量作為補償，恐懼就會結束。因為不管我們今天在物理學裡做什麼，我們總是從地球以外的宇宙某處在探討自然，不管是釋放一般而言只在太陽裡發生的能量過程，或是試圖在試管裡啟動宇宙演化的歷程，或是藉助於望遠鏡穿透兩億甚或六億光年以外的太空，或是建造機器以生產且控制在地球上的大自然家族裡從不存在的能量，或是製造在大自然裡找不到的元素，或是分散放射性粒子（我們利用宇宙輻射創造出來的）在地球上。我們沒有真正站在阿基米得想要站上的地方（dos moi pou stō）＊，仍然因為人的條件而受限於地球，卻找到了在地球上以及大自然裡行動的方式，宛

[262]

若從外部處置它，從阿基米得點。而即使有危害自然生命歷程之虞，我們仍然讓地球暴露在對於大自然家族而言很陌生的普遍性的、宇宙的力量之中。

儘管這個成就出乎所有人的意料，而我們最新的理論也和近代世界最早的幾個世紀的看法大相逕庭，這個發展之所以可能存在，僅僅是因為人們一開始就揚棄了天地之間的二分法，實現了宇宙的統一，使得自此以後，發生在地球上的任何事物都不會被視為單純的地球上的事件。人們認為所有事件都服從於最廣義的普遍有效的法則（universally valid law），意味著即使超越了人類的感覺經驗範圍（甚至是以最精密的工具為輔助的感覺經驗），超越了人類的記憶範圍以及人在地球上的出現，超越了生物以及地球本身的誕生，這個法則仍然有效。所有天文物理學的定律都是從阿基米得點出發的，而這個點或許比阿基米得或伽利略敢於想像的更遠離地球，對它的作用力也大得多。

如果現在的科學家指出，我們可以同樣有效地假設地球繞著太陽轉或是太陽繞著地球運行，這兩個假說都符合我們觀察到的現象，差別只是在於參考點的不同選擇而已，這絕對

---

*譯注：「給我一個可以站的地方（或給我一個支點），我就可以移動整個世界。」（Dos moi pou stō kai kinō tēn gēn）（Pappus of Alexandria, *Synagoge*, Book VIII）。

不是意味著回到貝拉敏或哥白尼的立場，當時的天文學家僅僅是處理假說的問題而已。那其實是說，我們已經比阿基米得點更遠離地球，直到一個宇宙系的中心既不是地球也不是太陽。那意味著我們甚至不覺得受限於太陽，在宇宙中自在翱遊，任意為了特定目的而選擇參考點。對於現代科學的實際成就而言，從以前的太陽中心系統轉變到一個沒有任何中心點的系統，和最初從地球中心的世界觀轉移到太陽中心同樣重要。直到現在，我們才確定自己是「宇宙的」存有者，不是基於天性和本質才成為地球上的生物，而是由於生存的條件，我們因此可以透過論理，不只是在臆想當中，更是在真正的事實裡克服這個條件。然而，從太陽中心的世界觀轉移到沒有任何中心點的世界觀，自然而然地產生了普遍的相對主義——在愛因斯坦的相對論裡概念化，否認「在特定的當下瞬間，所有物質都是真實的[17]」，跟著也蘊含著否認出現在時空裡的「存有」本身有絕對的實在性——，這種相對主義早已經包含在那些十七世紀的理論裡，至少是以它們為前身，它們認為所謂藍色只不過是「和觀看的眼睛的關係」，而重量也只是「相對加速度的關係[18]」。現代相對主義之父不是愛因斯坦，而是伽利略和牛頓。

那引進現代世界裡的，不是天文學家對於簡單性、和諧與美由來已久的欲望（它使得哥白尼從太陽而不是地球去觀察行星的軌道），也不是文藝復興時期重新喚醒的對於地球和世界的熱愛（它背叛了中世紀士林哲學〔scholasticism〕的理性主義）；相反的，這個對世界的愛正是現代世界所向披靡的世界疏離的第一個受害者。藉由新的工具，人們發現了哥白尼的「強壯的人站在太陽上……俯瞰行星[19]」的意象不只是個意象或動作，其實是暗示著人有著不可思議的能力，雖然身在地球上，卻能從宇宙的角度思考，而更讓人嘆為觀止的能力，則是以宇宙的定律作為在地球上的行動的準繩。相較於近代世界整個自然科學的發展所依據的世界的疏離，因為整個地球的探索而拉近了大地的距離，以及在剝奪和財富積累的過程中產生的世界的疏離，就顯得微不足道了。＊

無論如何，世界的疏離決定了近代社會發展的進程，而遠離地球則一直是近代科學的特徵。在遠離地球的號誌下，所有科學，不只是物理學和自然科學，在轉瞬間改變了它們的核心內容，讓人不禁懷疑在近代以前是否有科學這種東西存在。我們從近代科學最重要的心智工具就可見一斑，也就是近代代數的方法，數學藉此「擺脫了空間性的限制[20]」，亦即幾何學（geometry），誠如這個名稱所暗示的，它完全依賴於地球的尺度和測量。近代數學使人擺脫地球經驗的束縛，他的認知力量也不再受到有限性的羈絆。

＊譯注：關於和地球的疏離，見：Martin Heidegger, "The Thing," in *Poetry, Language, Thought*, 1971, p.p. 165, 166。

這裡的重點不在於近代初期的人們仍然和柏拉圖一樣相信宇宙有個數學結構，也不在於後來的人們和笛卡兒一樣相信，唯有心智以它自己的方式和公式運作，才可能有確定的知識。重要的是人們完全不像柏拉圖的作風，而讓幾何學臣服於代數的演算，揭露了近代試圖把地球上的感覺與料（sense data）和運動化約為數學符號的理想。如果沒有這些非空間性的符號，牛頓就沒辦法把天文學和物理學整合成一個科學，或者換個說法，提出萬有引力定律，以同一個等式涵蓋了天體的運行和地球上的物體的運動。尤有甚者，近代數學以其令人日不暇給的發展，發現了人類的神奇能力，也就是藉由符號掌握那些在以前被認為是對於心智的否定和極限的維度和概念，因為它們的浩瀚無垠似乎超越了凡人的心靈，我們的存在宛若夏蟲朝菌，棲息在宇宙不知名的角落。然而，比這個可能性——思考那些用心智的眼睛「看不見」的東西——更重要的是，新的心智工具，甚至比藉由它設計出來的所有科學工具更新穎且意義重大，開啟了在實驗中和自然相遇且走近自然的嶄新模式。在實驗中，人們明白了他剛剛擺脫了地球經驗的束縛；他不是觀察既有的自然現象，而是把自然擺在他自己的心智條件下，也就是從普遍性的、天文物理的觀點（外在於大自然本身的宇宙觀點）得到的條件。

基於這個理由，數學成為近代世界最重要的科學，而這個拔擢和柏拉圖無關，雖然他認為數學是最崇高的科學，僅次於哲學，而如果沒有先熟悉數學的理型世界，就難窺哲學的堂奧。因為數學（這裡指的是幾何學）引領人們進入理型的天空，在那裡，無論是幻影（eidōla）或易朽的物質，都再也不能阻撓永恆存有者的顯現，這些現象都得以獲救（「拯救現象」〔sōzein ta phainomena〕）＊，滌除了人的感官性和必朽性，正如它擺脫了物質的易朽性。然而數學和理念的形式不是知性的產物，而是呈現在心智的眼睛前面，正如感覺與料呈現在我們的感官前面；只有透過訓練而得以知覺到那肉眼以及沒有訓練的心智看不到的東西的人們，才能認識到真正的存有者，或者是真實顯現的存有者。隨著現代性的興起，數學不僅無限擴大它的內容或範圍，而適用於浩瀚無垠的、無限的、不停地成長和膨脹的宇宙，它更是不再探討所有現象。它不再是哲學的開端，關於真正顯現的「存有」的「知識」，而是成為關於人類心智結構的科學。

當笛卡兒的解析幾何學在探討空間和擴延（extension）的問題時，也就是自然和世界的「擴延物」（res extensa），「俾使再怎麼複雜的關係都總是可以以幾何公式表示」，數學就把所有不屬於人的東西化約且轉化為和人性的、心智的結構相同的範型。再者，當同一個解析

＊譯注：語出：Plutarch, Moralia. *Concerning the Face Which Appears in the Orb of the Moon*。

[266]

幾何學「反過來證明許多真理……都可以以空間的形式充分表現」，就演化出一種只要純粹數學原理即粲然大備的物理科學，在這個科學裡，人可以在空間裡自由探險，而且很確定他只會遇見他自己，任何東西都可以化約為呈現在他眼前的型態[21]。現在，現象唯有化約為數學規則才能得到拯救，而這個數學運算不是把人的心智導向理型在感官與料裡呈現的尺度，好讓真正的存有者得以開顯，相反的，它是把這些與料化約為人類心智的尺度，讓心智保持足夠的距離而且漠不相關，而能夠以它自己的型態和符號觀察且處理森羅萬象的具體事物。這些不再是在心靈的眼睛前面揭露的理型，而只是心靈的眼睛（不僅僅是肉眼）不再注視現象的結果，也就是透過距離的內在力量化約所有現象。

在這個距離遙遠的情況下，任何事物的組合都被轉化成單純的雜多，而所有的雜多，不管多麼雜亂、不連貫和混淆，最後都會落入某個型態和構造，其有效性和重要性差不多等於萊布尼茲（Gottfried Wilhelm Leibniz）所說的在一張紙上任意的點之間找到的數學曲線。因為如果「在任何包含若干物體的宇宙上都可以編織出一張數學的網……那麼我們的宇宙可以用數學表示的這個事實，也就沒有什麼了不起的哲學意義了。[22]＊」那當然不是要證明自然美麗的內在秩序，也不是要肯定人的心智、肯定它在知覺上超越感官的能力，或者是肯定它適於作為領受真理的器官。

近代的「將科學化約為數學」（reductio scientiae ad mathematicam）推翻了在人類感官的狹窄範圍內提出的關於大自然的證詞，正如萊布尼茲推翻了對於畫滿了點的紙張上的偶然起源和混亂性質的知識†。而懷疑、憤慨和絕望（絕望是發現到阿基米得點不是空想的白日夢以後最早也最持久的反應）很像是一個人無助的憤怒，當他親眼看到別人不假思索地在紙上隨意畫上許多個點，卻不得不承認他的所有感官以及判斷力都不管用，也必須承認他所看到的是「一條幾何學上的線，而這條線的概念是均一的與恆常的[23]」。

三十七、普遍科學相對於自然科學

經過了許多世代，好幾個世紀，哥白尼革命和阿基米得點的發現的意義才真正撥雲見

[268]

＊譯注：Leibniz, *Discours de métaphysique*, No. 6：「假使有個人匆匆忙忙地在一張紙上下記下許多個點……那麼這時我可以說：在這些點之間，我們可以找出一條幾何學上的線來，而這條線的概念是均一的與恆常的，這就是說，是依照某種一定的公式而成的。」

†譯注：萊布尼茲的意思是說：「不但在事實上，在這個世界中，不會有一件事是絕對無秩序的，就是我們要設想為有這樣一件事在這個世界之中，那也是不可能的。」

日。直到我們近幾十年來的生活世界，才完全由科學和科技決定，其客觀真理以及實務技巧，是衍生自宇宙的、普遍的法則，而有別於地球上的、「大自然的」法則，而透過選擇一個在地球外的參考點獲致的知識，也適用於地球上的大自然以及人的施設造作。有人在我們之前就知道地球繞著太陽轉，知道兩者都不是宇宙的中心，並且推論說人已經失去他的家以及在創世中的特權地位，而我們自己很可能仍舊是受限於地球的生物，依賴於和地球上的大自然的物質變換，卻找到啟動宇宙歷程甚或是宇宙空間向度的方法，而在那些人和我們之間有著很深的隔閡。如果有人想區分近代世界以及我們的生活世界，他或許可以先區分兩種科學，前者是從普遍的觀點觀察自然，因而完全控制它，後者則是真正的「普遍」科學，將宇宙的歷程引進大自然，即使很可能會因此摧毀大自然以及人對它的宰制。

我們眼下第一個想到的，當然是人類劇增的毀滅力量，我們有能力毀滅地球上的所有生物，有一天甚至能夠摧毀地球本身。但是，同樣可怕也同樣難以接受的，是和它呼應的嶄新的創造力，我們可以創造在地球上不曾發現的元素，我們不僅能夠臆想物質和能量之間的關係以及它們內在的同一性，更能夠真的把物質轉化成能量，或是把輻射能轉換成物質。同樣的，我們開始以人造星球進駐地球周圍的太空，以衛星的形式創造新的天體，我們也希望在不久的未來能夠實現以往被認為是大自然最大的、最深邃的也最神聖的奧祕，創造或再創造生命的奇蹟。我刻意用「創造」一詞，暗示著我們正在做的事，在以前被認為是神的行動特權。

我們會覺得這個想法很褻瀆，雖說它對於西方或東方傳統哲學或神學的觀點而言都是褻瀆的，但是不會比我們做過的事以及我們打算要做的事還要褻瀆。然而，這個想法將不再是個褻瀆，只要我們明白阿基米得的想法（即使他不知道如何找到在地球外面的支點），也就是說，不管我們怎麼解釋地球和自然和人的演化，它們都必定透過某種超越塵世的、「普遍的」力量而誕生的，其作用必定是明白易懂的，以至於只要人站上那個位置就能夠模仿它。我們之所以能夠創造出在地球不會發生的歷程（它對穩定的物質沒什麼影響，對於物質的出現卻很重要），終究只不過是因為這個在地球以外的宇宙裡的假設性位置的關係。原本應該能夠穿透地球和自然的最終奧祕的，不是地球物理，而是天文物理，不是「自然」科學，而是「普遍」科學。從宇宙的觀點來看，地球只是個特例而可以就其本身而被理解，正如在這個觀點裡，物質和能量沒有明確的區分，兩者都「只是同一個基本實體的不同形式而已[24]」。

自伽利略以降，當然包括牛頓，「普遍」（universal）一詞開始有了很特定的意思，它意指著「在我們的太陽系以外仍然有效」。類似的語詞還包括另一個哲學術語「絕對」（absolute），套用在「絕對時間」、「絕對空間」、「絕對運動」、「絕對速度」，各自意味著一個出現在宇宙中的時間、空間、運動、速度，相對於它們，地球上的時間、空間、運動或速度只是「相對的」。地球上發生的每一件事都變成相對的，因為地球和太陽的相關性成了所有測量的參考點。

就哲學而言，人可以採取這個宇宙的、普遍的觀點而不必改變他的位置，這正足以說明他的宇宙出身。那就像是我們再也不需要神學告訴我們說人不是也不可能是屬於這個世界，雖然他一生都生活在這裡；而我們有一天或許可以把哲學家對於「共相」由來已久的熱情視為最早的表徵（雖然只有他們才有此預感）：終有一日，人們會必須生活在地球的種種條件下，同時又能夠從外部觀察它且影響它。（麻煩在於——或是現在看起來有麻煩——雖說人可以從「普遍的」、絕對的觀點「做」以前的哲學家認為不可能的事，他卻喪失了以普遍而絕對的觀點「思考」的能力，因而同時既實現又廢除了傳統哲學的標準和理想。我們揚棄了天地之間的二分法，而擁抱人與宇宙之間的二分法，或者是人的知性能力以及人可以發現和掌握而不必真正理解的宇宙法則之間的二分法。）不管這個混沌不明的未來的回報和負擔會是什麼，有一件事是確定的：雖然它對於既存的宗教的語彙和隱喻的內容可能影響甚巨，甚至很澈底，但是它既不會廢黜、消除或轉移屬於信仰範圍的不可知事物。

雖說新科學，阿基米得點的科學，經歷了若干世紀和世代才完全開展其潛能，花了大約兩百年的時間才開始改變世界，為人的生活設定新的條件，但是才數十年間，幾乎不到一個世代，人們就從伽利略的發現以及據此建立的方法和假設得出若干結論。人心在數十年間的翻轉正如人類世界經過好幾個世紀的改變那麼激烈，雖然這個變化僅限於所有近代社會裡最特立獨行的少數人，科學家協會和文學團體（那是唯一經過所有信念和衝突的變遷而既沒有革命也沒有「忘記尊敬信仰再也不同的人」[25]的團體），透過嫻熟的想像力，這個團體在許多方面都預見了所有現代人的心靈的澈底轉變，它直到我們的時代裡才成為政治上的明顯現實[26]。正如伽利略是近代科學的先驅，笛卡兒則是近代哲學之父，而儘管到了十一世紀以後，基於近代哲學的發展，科學和哲學漸行漸遠[27]——牛頓幾乎是最後一個把他的事業視為「經驗哲學」且把他的發現提供「天文學家和哲學家」反省的人[28]，正如康德是最後一個身兼天文學家和自然科學家的哲學家[29]——但是，在近代哲學的起源和進程方面，具體的科學發現的貢獻還是多過以前的任何哲學。這種哲學，一直和已經被拋棄的科學的世界觀相互唱和，它之所以在今天沒有過時，不僅要歸功於自然哲學（只要它是真實的，就會擁有如藝術作品一般的持存性和耐久性），更和一個世界的演化息息相關，在那裡，幾個世紀以來只有少數人才得以窺見的真理，現在對於每個人而言都成了現實的事物。

如果對於現代人的世界疏離和近代哲學的主觀主義的若合符節視而不見，那未免太愚蠢了，也就是從笛卡兒和霍布斯到英國感覺主義、經驗主義、實用主義、德國觀念論、唯物主義，直到最近的現象學的存在主義和邏輯或知識論的實證主義。但是如果相信是觀念的自律性發展產生的動力，讓哲學家的心靈從古老的形上學問題轉向各式各樣的內省——內省他的感覺或認知器官、他的意識、心理和邏輯程序——，或者說相信只要哲學堅守著傳統，我們的世界就會完全改觀，那更是童騃無知。如前所述，改變世界的是事件而不是觀念——太陽中心系統的觀念和畢達哥拉斯的玄想一樣古老，在我們的歷史裡和新柏拉圖主義傳統一樣根深柢固，卻從來沒有改變世界或人心——而近代世界決定性的事件的造作者是伽利略而不是笛卡兒。笛卡兒自己也很清楚這點，而在他聽到伽利略的審判和他的改變論調的當下，他很想要燒掉他的所有著作，因為「如果地球的運行是錯的，那麼我的哲學的所有基奠也都是錯的[30]」。但是笛卡兒和其他哲學家把所發生的事提高到永不妥協的思想層次上，無比準確地表現事件的巨大震撼；他們至少局部地預見了人的新觀點裡的種種困惑，而科學家們一直無暇思索它們，直到我們的時代，它們終於出現在他們自己的工作裡，干擾他們自己的研究。自此以後，近代哲學自始即很悲觀的態度和近代科學直到最近的過度樂觀之間難以理解的分歧一直沒有消除。它們兩者似乎都沒有歡欣鼓舞的理由。

三十八、笛卡兒的懷疑的崛起

近代哲學肇始自笛卡兒的「懷疑一切」（de omnibus dubitandum est）*，但是這個懷疑不是人心的內在管控，以防範思考的欺騙和感官的幻覺，不是對於人們和時代的道德以及偏見的懷疑主義，甚至不是科學研究和哲學思辨的批判方法。笛卡兒的懷疑在範圍上更無遠弗屆，其正本清源的意圖更不是這類具體內容所能定義的。懷疑在近代哲學和思想裡的核心地位，宛如十幾個世紀以前希臘的「驚奇」（thaumazein）†，對一切事物之本來面目的驚奇。笛卡兒率先將這個近代的懷疑方式概念化，在他以後，它便成為推動一切思想的自明而幾不可聞的原動力，是所有思想環繞著的看不見的軸心。正如從柏拉圖和亞里斯多德到近代概念哲學最卓越且可靠的代表人物都致力於闡述這個驚奇，自笛卡兒以降的近代哲學則是在於這個懷疑方法的闡述和敷演。

笛卡兒的懷疑，就其最根本而普遍的意義而言，原本是對於一個新的實在界的回應，它

---

* 譯注：Descartes, *Principia philosophiae*, 1：「為了追求真理，我們必須在一生中儘可能把所有事物都懷疑一遍。」

† 譯注：Aristotle, *Metaphysics*, I. 2, 982b12-13：「人們之開始研究哲學，無論現在或當初，都是由於驚奇。」

沒有因為幾個世紀以來一直限於那些在政治上微不足道的少數學者和知識分子而減損其實在性。哲學家們馬上就明白，伽利略的發現不僅是蘊含著對於感官的證詞的挑戰，理性也不再如亞里斯塔赫（Aristarchus of Samos, 310-230 BC）和哥白尼所說的「強暴它們的感官」，在那個情況下，人們只需慎選他們的感官能力，讓天生的理性成為「輕信的情婦[31]」。真正改變物質世界的觀點的不是理性，而是人造的工具，望遠鏡；催生新知識的，也不是沉思、觀察和思辨，而是「工匠人」的主動介入，也就是製造和加工的介入。換言之，如果人一直相信，只要他忠於他以身體和心靈的眼睛所看到的東西，實在和真理會對他的感官和理性開顯自身，那麼他就會一直受騙。這個挑戰，這個明顯的涵蘊，也就是說，真理和實在界都不是既存的，它們都不會如實顯現，唯有截斷表象，捨棄表象，才能為真正的知識堅持到底，而相對於這個挑戰，感性真理和理性真理、感官的低等真理能力以及理性的高等真理能力，這種由來已久的對立就相形見絀。

直到現在，人們才發現，理性以及對於理性的信仰，不是依賴於單一的感官知覺（它們都有可能是個幻覺），而是依賴於一個不容置疑的假設，認為整體的感官——相互協調，而由共感支配，也就是第六個、最高等的感官——使人融入他周遭的實在界。如果人的眼睛可以背叛人，甚至讓世世代代的人都被騙相信太陽繞著地球轉，那麼心靈的眼睛的隱喻也就撐不了多久；雖然只是暗喻，甚或和感官牴觸，不過它還是以對於視覺的信任為基礎。如果存有和表象從此永遠分道揚鑣，而誠如馬克思所說的，它的確是所有近代科學的基本假設，那麼信仰就無用武之地了；我們必須懷疑一切。那就像是以前德謨克里特（Democritus）的預言「唯有理性挫敗，理性對感性的勝利才會告終」成真，只不過現在是儀器上的讀數同時戰勝了理性和感性[31a]。

笛卡兒的懷疑的特色在於它的普遍性，任何事物都無法倖免，包括思想和經驗。或許沒有人像齊克果（Soren Kierkegaard）那樣誠實地探索它的真正向度，當他認為他是從懷疑而不是理性跳進信仰的時候，他因而也把懷疑置入現代宗教的核心[32]。它的普遍性從感官的證明擴及於理性的證明，更及於信仰的證明，因為這個懷疑最終是藏身於自明性（self-evidence）的喪失，而所有思想都是以自身即為明證的東西為起點的——不只是對於思考者，更是對於每個人都是明證的。笛卡兒的懷疑不只是懷疑人類的知性是否可以認識所有真理，或是人類視覺是否有能力看到所有東西，而是懷疑人類知性的清晰度並不能構成真理的證據，正如可見度並不能證明實在界。這個懷疑是要懷疑是否存在著真理這樣的東西，因而發現，傳統的真理概念，不管是基於感官知覺或理性或對於天啟的信仰，都是奠基於兩個假設：真正存在的東西會自己顯現而不假外力，而人類的能力足以認識到它[33]。真理會自我開顯，這是異教徒和希伯來傳統、基督教和俗世哲學的共同信條。此即為什麼近代新哲學如此激烈地和傳統作對（幾近於仇恨的歪曲），對於文藝復興的復辟和古典時期的重新發現如此不屑一顧。

人們唯有發現，相較於存有者和表象的涇渭分明，各種新發現更是給予人們對於世界和宇宙的信心沉重的打擊，他們才會完全明白笛卡兒的懷疑有多麼影響深遠。因為在這裡，存有者和表象的關係不再是像在傳統懷疑主義那樣靜態，宛若表象只是隱藏且掩蓋著真實的存有者，而讓人永遠看不到它。相反的，這個「存有」是極為主動而能量充沛的：它創造自己的表象，除非這些表象都是妄想。無論那些不可見的、神祕的力量讓人類的感官知覺到什麼，而且如果我們透過某些精巧的儀器得以在這些力量的作用當中捕捉到它們，而不只是發現它們而已——正如野獸困於陷阱或是竊賊遭逮都是不情願的——這個力量龐大的「存有」的自我揭露本質上都必定是幻象，而由它的表象得出的結論也都是妄想而已。

有兩個夢魘一直困擾著笛卡兒的哲學，在某個意義下，它們也成了整個近代世界的夢魘，不是因為這個時期深受笛卡兒的影響，而是由於只要人們理解到近代世界觀的真正蘊含，它們就難免要浮現。這些夢魘很簡單也很有名。其一是實在性，世界和人的實在性被懷疑。如果感官、共感和理性都不可信，那麼我們認為是實在的東西，可能都只是個夢。其二是關於各種新發現所揭露的一般性的人類限制，以及人們的不可能信任他的感官和理性；在這個情況下，的確比較像是有個惡靈（dieu trompeur）惡意背叛人們，而不像是有個作為宇宙主宰的上主。這個惡靈最大的惡行是創造出一個心裡有真理觀念的生物，卻又賦予他其他的能力，讓他永遠都無法找到真理，永遠都沒辦法確定任何事情。

最後則是確定性的問題，也成了整個近代道德發展的關鍵。誠然，現代世界喪失的，不在於認識真理或實在界或信仰的能力，以及對於感官和理性的證明不可避免的信心，而是在於以前和它們如影隨形的確定性。在宗教裡直接喪失的，不是對於救贖或死後靈魂的存在的信仰，而是「救贖的確證」（certitudo salutis）——尤其是在信仰基督新教的國家，由於天主教的沒落，使得最後一個遵守傳統的體制也廢除了，在它的權威沒有遭到挑戰的地方，它一直替信徒們抵擋著現代性的衝擊。正如這個確定性的失落的直接影響是入世行善的新的熱情，宛若那只是緩刑期的延長而已[34]，同樣的，真理的確定性的喪失則是轉為對於誠實的史無前例的熱情——彷彿只要人確定了真實和客觀實在性的不容置疑的存在，他即使是個騙子也就無傷大雅，因為後者一定會拆穿他的謊言[35]。近代世界第一個世紀的道德標準的澈底改變，就是基於最重要的一群人的需求和理想，也就是新的科學家；而近代的樞德——成功、勤勞和誠實——同時也是近代科學最重要的德行[36]。

學術團體和若干皇家學院（Royal Academies）成了道德上的影響中心，科學家一起苦思如何以實驗和儀器捕捉自然，迫使自然透露其祕密。而這個只有最有學識的人的集體努力而非個人才能勝任的巨大工程，則規定了行動準則和新的判斷標準。以前的真理存在於那些「理論」裡，在希臘是指觀察者在探討呈現在他眼前的實在界時的沉思，現在則由「成功」取而代之，而理論的檢驗也成了「實踐性的」，也就是它是否有作用。理論成了假說，假說成功了就變成真理。然而至關重要的成功的標準，並不取決於實踐的考量或是不一定和科學發現同步的科技發展。成功的判準就在近代科學的本質和進步裡而和它的應用性無關。這裡的成功不是它在中產階級社會裡變質而成的空洞偶像；在科學裡的成功，是人的聰明才智與天為敵的真正勝利。

笛卡兒關於普遍的懷疑的解答，或是讓懷疑從兩個相關的夢魘裡（一切都是夢，沒有實在界或上主，只有一個主宰著世界並且嘲弄人的惡靈）得到的救贖，在方法上很類似，也僅止於從真理轉向誠實，從實在性轉向可靠性。笛卡兒認為「雖然我們的心不是所有事物或真理的尺度，它卻當然是我們肯定或否定的事物的尺度[37]」，這反映了一般科學家們心照不宣的發現：即使沒有真理存在，人仍然可以是誠實的，即使沒有可靠的確定性，人仍然可以是可靠的。如果有救贖，那必定是在人自己的心裡，如果因為懷疑而產生的問題有答案，那必定是來自懷疑本身。如果說所有事物都變得可疑，那麼至少懷疑本身是確定而真實的。不管實在界和真理以什麼狀態呈現在感官和理性前面，「沒有人可以懷疑他的懷疑，而不確定他懷疑與否。[38]」對笛卡兒而言，著名的「我思故我在」（cogito ergo sum）並不是發源自任何思想本身的自我確定性——在這個情況下，思想的確會得到新的尊嚴和對人的意義——而只是「我懷疑所以我存在」（dubito ergo sum）[39]的類推而已。換言之，從「在懷疑某個事物時，我察覺到在我的意識裡的懷疑過程」的單純的邏輯確定性，笛卡兒推論說，在人自己的心裡發生的那些過程有自己的確定性，它們可以在內省中成為探究的對象。

三十九、內省和共感的喪失

其實，內省必定會產生確定性，它不是人心對其心靈或身體的狀態的反省，而只是意識對自身的內容的認知（此即笛卡兒的「思考」〔cogitatio〕的本質，所謂的「我思」〔cogito〕總是意指「思考著我正在思考」〔cogito me cogitare〕）*，因為這裡只涉及心智自己產生的

*譯注：這是海德格（Martin Heidegger）的說法。見：Martin Heidegger, *Überwindung der Metaphysik*, 1936-1946。

[280]

東西；除了產物的生產者以外，沒有任何人介入，人除了自己以外，不必面對任何事物或任何人。早在自然科學和物理科學開始懷疑人是否有能力面對、認識和領悟自己以外的任何事物以前，近代哲學就已經在內省中確定人只關心他自己。笛卡兒相信他的內省新方法所產生的確定性，是「我在」的確定性[40]。換言之，人自己身上就有著他的確定性，他的存在的確定性；意識的純粹功能，雖然不能讓人確信感官和理性眼前的世界的實在性，但是它無疑地證實了感覺和論理的實在性，也就是心靈運作過程的實在性。這有點像是身體的生物性歷程，當人察覺到它的時候，也會相信它的運作的實在性。既然連夢也是實在的，因為夢預設了有個作夢的人和夢境，那麼意識的世界更是夠實在的了。問題只是在於，正如我們沒辦法從對於身體歷程的覺知推論出任何身體的實際形狀，包括自己的身體，我們也沒辦法僅僅從對感覺的意識（在其中，人感覺到他的感官，甚至感覺的對象也成了感覺的一部分）擴及於實在界的樣貌、形式、顏色和排列分佈。被看見的樹對於視覺而言或許很真實，正如只要作夢的人一直在夢中，夢裡的樹也會很真實，但是兩者都不會是實在的樹。

由於這樣的混淆，使得笛卡兒和萊布尼茲必須證明的不是上帝的存在，而是祂的善，前者證明說並沒有惡靈主宰著世界並且嘲弄人，後者則是證明這個世界，包括人在內，是所有可能世界當中最好的*。這些只在近代才出現的辯護，自萊布尼茲以降即以「辯神論」

（theodicy）著稱，其重點在於懷疑並不涉及最高存有者的存在（相反的，它被視為理所當然的），而是涉及聖經傳統裡談到的祂的啟示，以及祂在世界和人方面的意旨，或者其實是關於人和世界的關係的適當性。這兩者當中，只要證明啟示本身，也就是實在界對於感官的揭露，以及真理對於理性的揭露，它們都沒有任何擔保可言，那麼人難免就會懷疑聖經或自然是否包含著神啟。然而，對於上帝的善的懷疑，或者是「惡靈」的觀念，則是源自在接受新的世界觀時的欺騙經驗，這個欺騙之所以讓人難忘，在於它不可救藥的反覆出現，因為任何關於我們的行星系統的太陽中心性質的知識，都沒有辦法改變我們每天在預定的地點看到日升日落、太陽繞著地球轉的事實。如果不是望遠鏡的意外發明，人或許會永遠受騙，而直到現在，上帝的作為才真的叫作莫測高深；人越是了解宇宙，就越不明白上帝創造他的意旨和目的是什麼。辯神論裡的上帝的善，因此僅僅具有「解圍之神」（deus ex machina）的性質；在笛卡兒的哲學裡（心靈〔res cogitans〕和擴延〔res extensa〕的存在）最終拯救實在性的，是那令人費解的善，正如它在萊布尼茲的哲學裡拯救了人和世界的「預定和諧」[41]。

笛卡兒的內省真正別出心裁之處，以及這個哲學之所以對於近代世界的信仰和思想發展

---

* 譯注：見：Gottfried Leibniz, *Essais de Théodicée sur la bonté de Dieu, la liberté de l'homme et l'origine du mal*, 1710。

至關重要，首先在於它利用「非實在性」的夢魘作為把所有世界性的對象都淹沒在意識流及其過程的工具。透過內省在意識裡發現的「所見之樹」不再是視覺和觸覺所及的樹，也就是有其同一個形狀的不變實體。它和僅僅在回憶裡或完全是想像中的事物一樣，也都被加工成意識的對象，因而成為這個過程、這個意識本身的重要部分，也就是只知道它是遷流不斷的意識。最能幫助我們的心智將物質分解成能量、把物體分解成原子事件的漩渦的，或許是這個把客觀實在界分解成主觀的心智狀態，或者是分解成主觀的心智程序。其次，和近代世界初期階段關係更密切的是，笛卡兒用以使確定性豁免於普遍懷疑的方法，正好和從新科學得到的明顯結論相互呼應：雖然人無法認識作為既有的、被揭露的事物的真理，他至少知道自己製造出來的事物。的確，這成為近代世界普遍接受的態度，而推動三百多年來代代相續而不斷加速的發現和發展的，正是這個信念，而不是潛藏在它裡頭的懷疑。

笛卡兒的理性完全是奠基在「內隱的假設，認為心智只能認為它自己產生的、而在某個意義下留在它裡頭的東西。[42]」它的最高理想因而是近代世界所理解的數學知識，它不是關於心智外面既有的理型的知識，而是關於心智所產生的形式的知識，在這個特別的情況下，它甚至不需要那些對於自身以外的事物的感覺的激發或刺激。這個理論當然就是懷德海所謂的「常識（common-sense）退縮的結果[43]」。因為共感（common sense）以前是讓所有其他感官及其最私密的感覺融入共同世界的感官，正如視覺讓人融入可見世界，現在它卻成了和世界無關的內在能力。這個感官之所以稱為「平常的」，只因為它剛好是所有人共有的。現在人們共有的不是世界，而是他們的心智的結構，而嚴格說來，他們根本不能共有它；他們的論理能力只是碰巧每個人都相同而已[44]。我們都會算出二加二等於四的這個事實，因而成了常識性論理的模式。

對於笛卡兒和霍布斯而言，理性成了「對於種種結果的考量」，演繹和推論的能力，也就是人隨時可以在心裡啟動的程序。這個人的心智（在數學的層次上）不再把「二加二等於四」視為以自明的和諧讓兩邊相等的等式，而是把等式理解為一個程序的表現，在其中，二加二**變成**四，以產生下一個加法程序，最後無窮延伸下去。近代世界把這個能力稱為常識推理；那是心智和自己在玩的遊戲，只要心智遮斷所有實在界，而只「感覺」到自己。許多有說服力的「真理」就是這個遊戲的結果，因為人的心智結構不像人的身體外型那樣各自不同。如果有什麼差別的話，也只是心智能力的不同，它像馬力一樣是可以測試的。於此，人作為「理性的動物」的古老定義，有了很可怕的精確性：如果沒有了那個讓人的五種動物性感官融入所有人們共有的世界的感官，人類的確就不再是有推理能力、「考量種種結果」的動物。

在阿基米得點的發現裡的困惑，自始至終都是在於，那個在地球以外的支點是由一個地球上的生物發現的，當他試圖把他的普遍性的世界觀套用在現實環境裡時，發現他不只是生活在不同的世界，而且是完全顛倒的世界。笛卡兒對於這個困惑的解答是把阿基米得點轉移到人自己心裡[45]，選擇把人的心智本身的型態當作最終的參考點，在它自己產生的數學公式架構裡使自己相信實在性和確定性。在這裡，著名的「將科學化約為數學」讓人以數學等式的系統取代感官上既有的東西，所有真實的關係都分解成人造符號的邏輯關係。這個取代讓近代科學得以實現其「**生產**」它想要觀察的現象和對象的任務[46]。而它假設說，不管是上帝或惡靈，都無法改變二加二等於四的事實。

四十、思想與近代的世界觀

笛卡兒將阿基米得點轉移到人心裡，雖然人因此可以走到哪裡就帶到哪裡，因而擺脫任何既存的實在界——也就是擺脫人類作為地球的居住者的條件——卻一直沒辦法如普遍的懷疑那樣讓人信服，它最初就是源自這個普遍的懷疑，而原本也是要消除這個懷疑的[47]。無論如何，自然科學家在最偉大的勝利當中面對的困惑，正是近代世界初期讓哲學家很困擾的相同夢魘。這個夢魘出現在以下的事實裡：一個數學等式，例如質量和能量的等式——原本只是用來拯救現象，而和可以有不同解釋方式的可觀察的事實相符，正如托勒密和哥白尼的體系原本只是在簡單性和一致性方面的差別而已——真的導致質量和能量的互換，使得每個等式裡隱含的數學「換算」（conversion）都相當於實在界的可轉換性（convertibility）。在非歐基里得（non-Euclidean）的數學系統的發現裡就看得到這個怪象，在愛因斯坦的理論證實它們的驚人有效性以前，並沒有人預見任何應用性甚或經驗性意義；更讓人不安的是人們會不可避免地推論說，「這個應用的可能性應該是開放給所有領域的，包括關係最疏遠的純粹數學結構[48]」。如果真的誕生了一整個宇宙或者是若干完全不同的宇宙，而「證明」人類心智所建構的普遍性模型為真，那麼人們或許可以暫時歡欣鼓舞地重申「在純粹數學和物理學之間的預定和諧[49]」，在心物之間，在人與宇宙之間。但是它難免會啟人疑竇，認為這個從數學的觀點認知的世界或許只是夢裡的世界，只要人持續在睡夢中，人自己產生的夢境就會擁有實在性的特徵。而如果人發現在極微的原子裡的活動和事件和極大的行星系統都遵守相同的定律和規律性，更會加深他的疑慮[50]。這似乎暗示著，如果我們以天文學的觀點探究自然，就會得到行星系統，而如果我們以地球的觀點探究天文現象，就會得到地球中心的、地面的系統。

無論如何，只要我們試圖超越表象，越過所有感官經驗，甚至藉助於儀器，以掌握「存有」的終極奧祕（對我們的物理世界觀而言，它是如此窈冥難測而從不顯現，卻又至為剛健而能生萬象），如此我們就會發現相同的模式主宰著大宇宙和小宇宙，我們會得到相同的儀器讀數。於此，我們或許又可以暫時歡欣鼓舞地重新發現宇宙的統一性。只不過仍然難免會懷疑我們所發現的和大宇宙或小宇宙無關，我們只是在和我們自己的心智模式在打交道，這個心智既會設計儀器，也會在實驗中以它的條件限定自然——用康德的話說，則是「為自然立法」*——宛若我們真的受制於那嘲弄我們且讓我們的求知渴望挫敗的惡靈，以致於每當我們在找尋自身以外的東西時，遇到的卻都只是我們自己的心智模式。

對於伽利略的發現而言，笛卡兒的懷疑在邏輯上是最合理的，在時序上則是最直接的後果，幾個世紀以來，由於別出心裁地把阿基米得點轉移到人自己心裡而漸漸趨緩，至少對自然科學而言是如此。但是自然科學的數學化，為了知識而堅持絕對放棄感官，到頭來有個出乎意料卻合情入理的結果，人對自然提出的每個問題都以數學模式回答，對它而言，沒有任何模型是恰當的，因為人會根據其感覺經驗形塑它[51]。到了這裡，在人的條件裡的思考和感覺經驗之間的關係似乎要作勢反撲：雖然科技證實了近代科學最抽象的概念的「真理」，但是它只是證明了人總是可以應用他的心智的成果，無論他用什麼系統解釋自然現象，他將總是能夠以此作為製造和行動的準繩。這個可能性就潛伏在近代數學的萌芽之初，當數學的真理真的可以完全以空間關係解釋的時候。因此，如果現代科學的困惑代表著它的技術成就，也就是「證明」我們在探討的是自然裡既存的「真實秩序[52]」，那麼就似乎落入以下的惡性循環：科學構想出它的公式以規劃他們的實驗，接著用他們的實驗來證明他們的假說；在整個計劃裡，他們顯然是在探討一個假設性的自然[53]。

換言之，實驗的世界似乎總是能夠變成一個人造世界，雖然它或許會助長人的製造和行動的力量，甚至是創造一個世界的力量，遠遠超過以前任何時期在夢裡或幻想裡所能想像的，卻很不幸地再次把人拋回（更用力地）他自己的心智的牢籠裡，回到他自己創造的模式限制裡。當他意欲從事在他以前的所有年代都做得到的事時，也就是經驗那在他自身以外的實在界，他會發現他「一直沒有注意到」自然和宇宙，而根據自然在實驗中的行為解釋的宇宙，根據在技術上可以轉換成作用中的實在界的種種原則去解釋的宇宙，則欠缺了所有可能的表現形式。不同於以往的，不是我們無法對一個事物的存在形成任何意象——這些「事物」都是已知的，「靈魂」則是屬於其中——而是我們看見且描述的物質性東西應該也是

＊譯注：見：Kant, *Kritik der reinen Vernunft*, A 93：「知性的能力不是透過現象的比較產生規則，它本身即是自然的立法。」

「無法想像的」，以前我們是拿它們來衡量非物質性的東西，而我們無法對於後者形成任何意象。隨著在感性上既有的世界的消失，超越性的世界也跟著消翳，而在概念和思想上超越物質世界的可能性也不再存在。因此難怪新的宇宙不只是「幾乎遙不可及，甚至是無法思考的」，因為「不管我們怎麼思考它都是錯的；雖然不如『三角的圓形』那麼無意義，但相較於『有翅膀的獅子』則更是無稽之談。[54]」

笛卡兒的普遍的懷疑現在已經觸及物理科學本身的核心；因為如果現代物理的宇宙到頭來不僅無從呈現（在自然和存有不會對感官自我開顯的假設下，那是理所當然的事），對於純粹理性而言更是無法想像、不可理解的，那麼逃遁到人自己心裡的道路便形同已經封閉。

四十一、沉思和行動的翻轉

近代世界的種種發現最重要的精神性影響（而且是原本唯一可能避免的，因為它緊接在阿基米得點的發現以及笛卡兒的懷疑之後），或許是「沉思的生活」和「行動的生活」的位階的翻轉。

如果要了解這個翻轉的動機有多麼強烈，我們有必要放下所有流行的偏見，也就是由於近代科學發展的應用性，就認為它有改善人在世上的條件和生活的實用性意圖。歷史告訴我們，近代科技不是發源自那些工具的演進（人們設計那些工具是為了減輕他的勞動負擔以及建立人的施設造作），而只是肇始自對於無用的知識的非實用性追求。因此，作為近代最早的工具之一，鐘錶不是為了現實生活的目的而發明的，而只是為了對自然作實驗的高度「理論性」目的。誠然，一旦這個發明的實用性浮現，它就會改變人類生活的整個節奏和面貌；但是從發明者的觀點來看，則是純屬巧合。如果我們只能信賴人的所謂實踐性本能的話，那就根本不會有科技可言，而雖然目前既有的技術發明的動能或許會促成某個程度的進步，但是如果我們真的相信人主要是個實踐性的存有者的話，那麼我們在技術上很有限的世界會很難生存下去，更不用說什麼發展了。

無論如何，沉思和行動的翻轉背後的根本經驗正是在於，人唯有信任他的雙手萬能，才能滿足他對於知識的渴望。重點不在於真理和知識不再重要，而在於它們只能透過「行動」而非沉思獲致。最後迫使大自然甚或宇宙放棄它的祕密的是工具，望遠鏡，也就是人的雙手的工作。在第一次的主動探究的結果出爐以後，信任**行動**而不信任**沉思**或**觀察**的理由就更加明顯了。在存有者和表象分道揚鑣，而真理也不再對觀察者心裡的眼睛顯露、開顯或揭露自己以後，人就顯然有必要尋找虛假的表象背後的真理。在獲致知識和探究真理上，的確沒有比被動的觀察或沉思更不可靠的了。為了得到確定性，人必須**把事情弄清楚**，為了認識，人必須行動。只有在以下兩個條件下，才能獲致知識的確定性：首先，知識只和自己親自做的事有關——因此數學知識就成了它的理想典範，我們只探討心智自製的東西——其次，知識的本性在於，只有透過更多的實踐才能驗證知識。

自此以後，科學和哲學真理就漸行漸遠；科學真理不僅不必是永恆的，它甚至不必是可理解的或是滿足人類理性的需求。經過好幾代科學家的努力，人類心智才有足夠的勇氣面對這個現代性的蘊含。如果自然和宇宙是神性製造者的產品，如果人心沒辦法理解不出於自己之手的東西，那麼人也無從認識他所能理解的自然。透過他的聰明才智，他或許可以發現甚或模仿自然歷程的設計，但是這不意味著他真的明白這些設計——它們不必是可理解的。其實，沒有任何所謂超自然的神啟或深奧的哲學真理像近代科學的某些結論那樣明目張膽地冒犯理性。我們的確可以用懷德海的話說：「天曉得現在的無稽之談明天會不會被證明為真理。[55]」

實際上，十七世紀的巨變遠比既有的傳統或是沉思和行動之間的翻轉所暗示的還要極端。嚴格說來，這個翻轉只是針對思考和行動的關係而已，而原本是觀照真理的意義下的沉思則完全被排除。因為思考和沉思是兩回事。傳統上認為思考是通往對於真理的沉思最直接且重要的途徑。自柏拉圖或即蘇格拉底以降，思考就被視為人和自己的對話（柏拉圖的對話錄裡常見的「我和我自己」〔eme emautô〕）；雖然這些對話缺少所有外在表現形式，甚至或多或少得放棄所有其他活動，它卻在自身當中建構一個相當積極主動的狀態。它在表面上的靜止完全不同於被動性，也就是寂寂惺惺，讓真理最後能夠對人開顯。如果說中世紀士林哲學把哲學當作神學之婢，這對柏拉圖和亞里斯多德倒是很有吸引力；在不同的脈絡下，他們兩者都把對話性的思考過程視為替靈魂準備的道路，引導心靈觀照那離言絕慮的真理，那真理是「言語道斷的」（arrhēton），如柏拉圖所說的[56]，沒辦法用語言表達的，或是如亞里斯多德所說的[57]，非言語所能形容的。

因此，近代世界的翻轉不在於把行動的位階提高到沉思之上，作為人類所能企及的最高狀態，彷彿如此一來，行動就成了沉思的終極意義，正如當時都認為對於「行動的生活」的所有活動的判斷和證成，都是依據它是否讓「沉思的生活」成為可能。這個翻轉只涉及思考，自此以後，它就成為行動的婢女，正如它以前一直是「神學之婢」（ancilla theologiae），在中世紀哲學裡，是沉思著神的真理的婢女，在古代哲學裡，則是沉思著存有的真理的婢女。沉思本身變得完全沒有意義。

這個翻轉的極端性不知怎的被另一種顛覆遮蔽了，兩者被混為一談，而自柏拉圖以降，後者更主宰了西方思想史。我們只要從希臘歷史的觀點解讀柏拉圖的《理想國》裡的「洞穴喻」，很快就會明白柏拉圖要求哲學家的「轉向」（periagōgē），可以說是要顛覆荷馬的世界秩序。處於「洞穴」中的，在地下世界的，不是死後的生命，一如荷馬所說的地府（Hades），而是地上的日常生活；靈魂不是身體的影子，相反的，身體才是靈魂的影子；荷馬用以描述死後靈魂在陰間無意義而鬼魅般的動作，現在則用來形容人的無意義的行為舉止，他們沒有走出人類存在的洞穴去觀照天空裡的永恆理型[58]。

在這個脈絡下，我只想探討以下的事實：柏拉圖的哲學和政治思想傳統是以一個翻轉為起點，而這個最初的翻轉大抵上決定了西方哲學的思考模式，除非它有著強大而有創意的哲學動力的驅使。其實，學院的哲學自此即臣服於唯心論和唯物論、超越主義（transcendentalism）和內在主義（immanentism）、享樂主義和禁欲主義之間永無止境的翻轉。重點在於所有這些體系的可逆性，也就是說，它們在歷史裡的任何時候都可以「上下顛倒」，既不需要歷史事件，也不必涉及結構性元素的改變。概念本身始終不變，即使它們擺在各式各樣的體系秩序裡。一旦柏拉圖讓這些結構性元素和概念變成可逆的，在思想史進程裡的任何翻轉再也不需要純粹知性經驗以外的因素，也就是概念思考本身的架構裡的經驗。

在古代後期的哲學學派就已經啟動了這個翻轉，而一直成為西方傳統的一部分。同一個傳統，同一個正反命題的思想遊戲，主宰著近代著名的精神位階的翻轉，例如馬克思把黑格爾的辯證法顛倒過來，或是尼采對於感官的和自然的事物的重視，而貶抑那超感官的和超自然的事物。

我們這裡所要探討的翻轉，也就是伽利略的發現在精神層次上的影響，在性質上是迥然不同的，雖然人們經常從傳統的翻轉角度加以詮釋，因而整合到西方思想史裡。相信客觀真理不是人們既有的，他只能認識他自己製造的東西，這不是懷疑主義的結果，而是一個可以證實的發現的結果，因此問題不是要人們服從與否，而是使人的行動更堅定或是陷於絕望。近代哲學的喪失世界（其內省把意識視為內感，人藉以感覺他的感官，進而把它視為實在界的唯一保證），不僅在程度上不同於哲學家對於世界以及和他們分享世界的他者由來已久的懷疑；哲學家不再從靠不住的易朽性轉向永恆真理的另一個世界，而是同時放棄兩者，撤退到他自身裡頭。他在內在自我的區域裡發現的，不是一個可以讓他觀照且沉思其永久性的意象，而是遷流不息的感官知覺，以及同樣輾轉相續的心靈活動。自從十七世紀以來，哲學透過鍥而不捨的自我內省，探究感官和心靈的歷程，得到真知灼見而不容置疑的結論，就此而言，大多數近代哲學的確是認知理論和心理學，有些哲學家更是完全實現笛卡兒的內省方法的種種可能性，像是巴斯噶（Blaise Pascal）、齊克果和尼采，我們往往會說，相較於以自然作實驗的科學家，以自己作實驗的哲學家們同樣的極端，甚或更大膽。

即使我們對於整個近代世界的哲學家的勇氣讚譽有加，也很尊敬他們超超玄箸的獨創性，但是我們也很難否認他們的影響力和重要性史無前例地嚴重下滑。哲學淪為第二小提琴手甚至第三小提琴手，這不是在中世紀發生的事，而是近代的思潮。在笛卡兒將他的哲學奠基於伽利略的發現以後，哲學似乎只能在科學家和他們越來越驚人的發現之後亦步亦趨，努力追溯它們的原理，把它們嵌入關於人類知識的本質的整體詮釋裡。然而，科學家並不需要哲學家，至少到我們的時代為止，他們仍然相信他們不需要一個婢女，遑論「在仁慈的夫人前面執炬」（康德語）*。哲學家不是成了知識論者（epitemologist），埋首於科學家根本不需要的整體科學理論，就是成了「時代精神」的工具，正如黑格爾所說的，作為以概念的清晰性表現時代氛圍的傳聲筒。就兩者而言，不管是觀察自然或歷史，他們都是試圖理解且調停他們不曾參與的事件。相較於其他人類事務領域，現代性對於哲學的影響顯然要大得多；而我們很難說那個影響是因為行動的崛起而得到出乎意料而前所未有的尊嚴，或者是因為傳統真理的喪失，也就是喪失了我們整個傳統所依據的真理概念。

四十二、行動的生活內部的翻轉和工匠人的勝利

在行動的生活當中，首先擢昇到以前沉思的地位的，是製造和加工的活動——那是工匠人的特權。這是再自然不過的事，因為導致近代革命的，一直是個工具以及作為工具製造者的人。自此以後，所有科學的進步都和新工具和儀器的製造越來越精密的發展形影不離。例如說，雖然伽利略的自由落體實驗原本可以在歷史裡的任何時代進行，只要人們試圖以實驗追求真理的話，但是邁克生（Albert A. Michelson）在十九世紀末的干涉儀（interferometer）實驗則不僅要靠「實驗的天才」，更「需要科技的整體進展」，「因此沒辦法在那之前進行」[59]。

使這些活動從人類能力的卑微地位逐漸崛起的，不只是工具的配備以及「工匠人」的幫助而讓人得以獲致知識。更關鍵的是在實驗本身當中呈現的製造和加工的元素，它創造出自己的觀察現象，因此自始即倚賴於人的生產能力。這種利用實驗以追求知識的方法，是基於相信人只能認識他自己製造出來的東西，因為這個信念意味著人所能認識的東西，不是根據

＊譯注：Kant: *Zum ewigen Frieden. Ein philosophischer Entwurf* 1795。「她究竟是在其夫人前面執炬，還是在後面拽裙呢？」

想像和模仿事物產生的過程製造出來的。科學史上的重點轉移，從事物「是什麼」或「為什麼」的古老問題到它「如何」產生的新問題，是這個信念的直接結果，而它的答案也只能在實驗室裡發現。實驗重複自然歷程，宛若人要自己製造自然的對象，而雖然在近代世界的初期階段，沒有哪個負責任的科學家會想像人真的有能力「製造」大自然，但是他其實自始就是從創造它的「唯一者」的觀點在探索自然，這不是為了技術應用性的實踐性理由，而只是基於那是獲致知識的確定性的方法的「理論性」理由：「給我物質，我就能以此建造世界，給我物質，我就會對你們證明世界如何從物質中誕生。[60]」康德的這句話總結了近代世界如何將製造和認識融合在一起，彷彿人們需要好幾個世紀的時間，以製造的模式認識事物，才能見習近代的人們如何製造出他想要認識的東西。

生產力和創造力成了近代初期的理想甚至是偶像，此二者正是「工匠人」（作為建造者和製造者的人）的內在標準。然而，在這些能力的近代版本裡，有另一個或許更重要的元素值得注意。從「是什麼」或「為什麼」轉移到「如何」，它暗示著真正的知識對象再也不會是事物或永恆的運動，而必定是各種歷程，而科學的對象因而不再是自然或宇宙，而是歷史，是自然、生命或宇宙誕生的故事。早在近代世界發展出前所未有的歷史意識、歷史概念成為近代哲學的主流以前，自然科學就已經發展成歷史學科，一直到十九世紀，又加入物理、化學、動物學和植物學等古老的學科，以及新的自然科學，例如地質學、地球史，或是生物學、生命史、人類學或人類生命的歷史，以及一般性的自然史。在所有這些例子裡，歷史科學的核心概念，也就是發展，也成為物理科學的核心概念。自然只能透過人的聰明才智、「工匠人」的巧奪天工，在實驗中重複且複製的歷程裡被認識，因此它也成了一個歷程[61]，所有個別的自然事物，其重要性和意義都只是衍生自它們在整體歷程裡的功能。我們於此看到了「歷程」的概念取代了「存有」的概念。顯現且揭露自身是存有的本性，隱而不現則是歷程的本性，其存在只能從現象的呈現裡推論得到。這個歷程原本是「消失在生產裡」的加工過程，是基於「工匠人」的經驗，只有他才清楚在每個對象真正存在以前的生產過程。

雖然堅持製造的過程，或是堅持把所有事物都視為加工過程的結果，是「工匠人」及其經驗層次的特徵，可是近代世界寧可捨棄對事物（產品本身）的興趣而強調過程，則是前所未有的事。它其實超越了人們作為工具製造者或加工者的心態，相反的，對他們而言，生產過程只是達成目的的工具。於此，從「工匠人」的觀點來看，工具（生產過程或發展）似乎比目的（成品）更重要。這個強調的重點轉移的理由顯而易見：科學家的製造只是為了認識而不是為了生產任何東西，產品只是個副產品，是個副作用。即使是今天，所有科學家也都會同意說，技術上的應用性只是他們的工作的副產品。

只要數學的世界觀，也就是「工匠人」的世界觀，一直居於主流地位，這個工具和目的的翻轉的重要意義就很難彰顯。這個世界觀以鐘錶和鐘錶匠的關係比喻自然和上帝的關係，這個著名的類比讓它得以建構一個看似成立的理論。我們這裡要探討的重點不是說，十八世紀顯然以「工匠人」的意象形成上帝的概念，而是在這個情況底下，自然的歷程性格其實仍然很有限。雖說所有個殊的自然事物早在誕生時就已經陷入歷程當中，但是整體自然還不是個歷程，而只是一個神性的製造者或多或少穩定的完成品。鐘錶和鐘錶匠的意象之所以很貼切，正是因為它既在鐘錶轉動的意象裡包含了自然的歷程性格的觀點，也在鐘錶本身和製造者的形象裡包含了自然裡原封不動的對象的觀念。

我們於此要記得，近代世界對於人是否有認識真理的能力的質疑，對於既存事物的不信任，以及對於製造和內省新生的信心（期望在人的意識裡有個地方可以讓製造和認識一致），並不是直接發源於在地球外的宇宙某處的阿基米得點的發現。它們其實是這個發現對於探索者本身而言的必然結果，只要他始終是地球上的生物的話。近代的心態和哲學反思的密切關係很自然地蘊含說，「工匠人」的勝利不會僅限於在自然科學裡的新方法的使用，也就是科學研究的實驗和數學化。由笛卡兒推論出的最合理的結論之一，是不再企圖理解自然以及一般性地認識不是由人生產出來的事物，而只專注於因為人才得以存在的事物。事實上，這類的論證使維柯從自然科學轉向歷史，認為後者是人唯一可以獲致確定的知識的地方，那正是因為他在這裡只探討人類活動的產物[62]。近代世界的歷史和歷史意識的發現最大的動力，既是不在於對於人的偉大和他的事蹟重新燃起熱情，也不是因為人們相信在人的故事裡可以發現人類存在的意義，而是在於對人類理性的絕望，後者似乎只有在面對人造的事物時才差強人意。

在近代對於歷史的發現之前，和它的動力息息相關的，是十七世紀建構新的政治哲學的嘗試，也就是發明工具和器械以「製造出一個人工的動物……叫作共同體或國家。[63]」霍布斯和笛卡兒都認為，「懷疑才是原動者[64]」，而內省，「解讀他自己」，則是他們選擇用以確立「人的藝術」的方法，讓他得以製造且主宰他自己的世界，正如「上帝創造且主宰世界」，因為這個解讀會讓他明白「一個人的想法和熱情和另一個人的想法和熱情有多麼類似」。同樣的，這裡用以建立和判斷人類最符合人性的「藝術作品[65]」的規則和標準不在人們之外，不是人們在世界性的實在界裡由感官或心靈共同認知到的東西。相反的，它們深鎖在人的內心裡，唯有內省才能一窺究竟，因此，它們的有效性是基於以下的假設：在人這個種屬裡的所有個體共同擁有的，「……不是激情的對象」，而是激情本身。我們於此再度看到鐘錶的意象，這次是用來比喻人類身體，接著則用以解釋激情的運作。共同體的建立，由人類創造的「人造人」無異於打造「一具裝置（引擎），有如鐘錶一般，自身由彈簧和齒輪發動。」

換言之，歷程透過實驗而入侵自然科學，在人工的條件下模仿使自然事物誕生的「製造」過程，它更適合作為人類事務的行為原則。因為透過內省而在激情裡發現的內在生命的歷程，可以成為創造「人造人」（也就是「巨獸」〔the great Leviathan〕）的「自動」生命的標準和規則。由內省（唯一可能獲致確定性知識的方法）得到的各種結果，都具有運動的本質：唯有感覺的對象才能維持不變，在感覺的行動之前就存在，在它之後也會繼續存在；唯有激情的對象才是恆久且固定的，不會因為激情欲望的滿足而耗盡，唯有思考的對象而不是思考本身，才能超越行動和變易性。因此，成為近代世界裡的「工匠人」的製造和加工活動的準繩的是歷程，而不是關於未來的事物的觀念、模式和形狀。

霍布斯試圖把製造和考量的新概念引進政治哲學裡——或者說是嘗試把剛發現的製造才能應用到人類事務的領域裡——這點至關重要；我們所理解的近代的理性主義，它以理性和激情的對立為其慣用手法，沒有任何代表人物比他更立場清楚而堅定不移的。然而新哲學還有待改進的，也正是這個人類事務的領域，因為它在本質上就沒辦法理解或相信實在性。只有我將要製造的東西才是實在的（在製造的領域裡完全真實且合理），這個觀念被事件的現實進展永遠擊潰，在那裡，最常發生的事都是完全不可預知的。以製造為形式的行動，以「考量各種結果」的推理，意味著排除不可預知的事物，排除事件本身，因為期待一個「無限不可能」的事，那是不合理或不理性的。然而由於事件構成了人類事務領域裡的實在性的本質，在那裡，「有規律地發生完全不可能的事」，如果因為沒有人完全有把握的事物就不加以考量，那會是很不切實際的。近代政治哲學（其最偉大的代表人物還是霍布斯）失敗的原因在於誤以為近代理性主義是不實在的，而近代的實在論是不理性的——這無異說實在界和人類理性已經分道揚鑣。黑格爾企圖讓精神和現實和解（den Geist mit der Wirklichkeit zu versöhnen）的偉大抱負，那樣的和解是近代歷史理論最關心的事，其基礎在於認知到近代的理性在實在性的問題上觸礁而失敗。

現代的世界疏離相當澈底，甚至擴及於最世界性的人類活動，也就是工作和實體化，事物的製造和世界的建造，這個事實使得現代的態度和評價無完全有別於傳統的態度和評價，那遠遠超過沉思和行動、思考和行為的翻轉所暗示的。和沉思的決裂之所以越演越烈，不是因為身為製造者的人擢昇到以前身為沉思者的人的地位，而是由於將歷程的概念引進製造裡。相較於此，「行動的生活」裡的位階的顯著重組（製造占據了以前政治活動擁有的地位）則顯得微不足道。我們先前看到，在政治哲學方興未艾的時候，由於哲學家對一般的政治、尤其是行動根深柢固的不信任，就曾經推翻過這個位階，雖然不是那麼明確。

這裡的問題有點混淆，因為希臘的政治哲學仍然遵循著由城邦制定的秩序，即使它已經推翻後者；但是不管是柏拉圖或者亞里斯多德，在他們的哲學作品裡（如果我們要知道他們最核心的思想，當然要依賴這些作品），都往往翻轉了工作和行動的關係而偏向工作。因此，亞里斯多德在《形上學》裡討論不同的認知形式時，把數學思維（dianoia）和實踐的知識（epistēme praktikē）（實踐的洞見和政治知識）放在最低的位階，其上則是製造的知識（epistēme poiētikē），緊接著就是沉思（theōria），對真理的沉思[66]。而對哲學的這個偏好的理由，絕對不是前述的由於政治的關係而懷疑行動，而是在哲學上更有說服力的理由，也就是說，沉思和製造（theōria and poiēsis）有內在的相似性，而不像沉思和行動那樣明顯的對立。這個關鍵相似性，至少在希臘哲學裡，正是在於沉思，對事物的默觀，被認為也是製造的內在元素，因為工匠的工作是依循著「理型」，也就是在製造前後呈現在他眼前的模型，先是告訴他該怎麼動手製造，然後又告訴他如何判斷製成品。

在歷史上，沉思至少有兩個起源，而我們在蘇格拉底學派則看到最早的描述。一方面，它和柏拉圖的著名主張（根據亞里斯多德的引述）有明顯且一貫的關係，也就是說，對於存有的奇蹟的「驚奇」（thaumazein）是所有哲學的開端[67]。我覺得柏拉圖的這個主張很可能是蘇格拉底給學生們的一個經驗的直接結果，或許是最顯著的經驗：一再地看到他沉浸在他的思考裡，陷入渾然忘我的境界，甚至好幾個小時一動也不動。這個驚奇也很可能是言語道斷的，也就是說，它的真實內容無法轉換成語言。這至少可以解釋柏拉圖和亞里斯多德既然認為驚奇是哲學的開端，為什麼都認為（雖然他們有很多不同處），某個得意忘言的狀態，沉思的言語道斷的狀態，是哲學的終點。其實，沉思（theōria）只是「驚奇」的另一個說法，哲學家最終達到的對於真理的沉思，正是他一開始時以哲學滌除塵慮的無言驚奇。

但是柏拉圖的理型說、其內容及其術語和範例的完整闡述，其實還有另一面。它們存在於工匠的經驗裡，他以內心的眼睛看到模型的形狀，據以製造他的產品。對於柏拉圖而言，工匠的技藝只能模仿這個模型而不能創造它，它不是人類心智的產品，而是既有的。它擁有某個程度的永久性和優越性，在透過人類雙手的工作的物質化裡，並沒有實現這個性質，反而破壞了它。只要它仍舊是單純的沉思的對象，它就是恆久不變的，可是工作會使它變易而破壞它的優越性。因此，對於那指導工作和製造的模型（也就是柏拉圖的理型）的適當態度，是讓它保持對心智的內在眼睛表現出來的模樣。如果人只是放棄他的工作能力而順其自然，他就可以觀照它們，參與它們的恆久性。在這個方面，沉思很類似驚奇的心醉神馳的狀態，那是人對於整體存有的奇蹟的反應。它一直是一個製造過程的重要部分，即使它已經和所有工作以及行為舉止分離；在它裡面，對於模型的觀照不再是任何行為的準繩，人們為了它本身而徘徊流連而且讚嘆不已。

在哲學的傳統裡，第二種沉思成為主流。在說不出話的驚奇狀態裡的呆若木雞只不過是心醉神馳的無意而偶然的結果，現在它成了「沉思的生活」的條件，因而是它的顯著特徵。讓人不能自已而呆若木雞的，不是那個驚奇，而沉思狀態卻是透過有意識地停止活動（也就是製造的活動）達到的。如果我們讀到中世紀關於沉思的歡愉喜悅的文獻，那就宛如哲學家很想要讓「工匠人」傾聽他的呼喚，放下雙手，最後明白他最大的願望，對於恆久性和不朽性的欲望，沒辦法透過他的所作所為達到，而必須領悟到，美和永恆的事物是無法製造的。在柏拉圖的哲學裡，言語道斷的驚奇，哲學的開端和終點，加上哲學家對於永恆事物的愛，工匠對於恆久性和不朽性的欲望，都熔於一爐，直到它們幾乎分辨不出來。不過哲學家言語道斷的驚奇只是少數人的經驗，而工匠的沉思的眼神卻是很多人都看過的，這個事實對於主要衍生自「工匠人」的經驗的沉思有很大的影響。它也影響了柏拉圖，他從製造的領域援引他的例證，因為它們更接近一個更普遍的人類經驗，而在每個人都需要沉思和默觀的地方，例如中世紀的基督教，它的影響又更大。

因此，最早形塑沉思以及「沉思的生活」的概念和實踐的，並不是哲學家和哲學裡言語道斷的驚奇，而是經過偽裝的「工匠人」；那是身為製造者和加工者的人，其工作是對自然施加強制力，替自己建造一個永久的家園，而現在他願意放棄強制力以及所有活動，讓事物順其自然，在與不變易者和永恆者為伍的沉思當中找到他的家。「工匠人」願意接受這個態度的改變，因為他從自己的經驗認識到沉思及其喜悅；他不需要心靈的澈底改變，一個真正的「轉向」。他只要把雙手放下，在觀照「理型」的行動裡流連忘返，那是他從前想要模仿的永恆形象和模型，而現在他知道任何實體化的企圖都只會破壞它的美和優越。

因此，如果說近代對於沉思相較於任何其他活動的優先性的挑戰，只不過是把製造和觀照的既有秩序顛倒過來，那麼它還是得待在傳統的框架裡。然而這個框架已經被打破了，因為在理解製造本身時，人們的重點從產品和恆久的、指導性的模型完全轉向製造的過程，從事物是什麼以及要生產哪一種東西的問題，轉向如何生產它、藉由什麼工具和流程讓它誕生且可以複製的問題。因為這意味著人們不再認為沉思可以得出真理，而且它已經在「行動的生活」本身以及一般人類經驗的範圍裡失去它的地位。

四十三、「工匠人」的挫敗和幸福的原則

如果我們只考慮到造就近代世界的種種事件，只反省伽利略的發現的直接影響（十七世紀的學者一定會覺得那是自明的真理），那麼沉思和製造的翻轉，或者說，把沉思從有意義的人類能力範圍中完全剔除，就幾乎是理所當然的事了。同樣合理的是，這個翻轉應該擢昇到人類種種可能性的最高位階的，是「工匠人」（製造者和加工者）而不是身為行動人或「勞動的動物」的人。

[305]

的確，在近代世界從初期到我們的時代的眾多顯著特徵當中，我們發現了「工匠人」的典型態度：他把世界工具化，他對於工具以及人工物的製造者的生產力充滿信心；他信任目的和工具的範疇無遠弗屆的適用範圍；他相信任何問題都有答案，人類的一切動機都可以化約為效益原則；他居高臨下地把一切既有的事物都當作材料，把整個自然視為「一塊巨大的布料，我們可以任意裁剪以重新縫製成我們想要的東西[68]」；他把智能等同於獨創性，只要任何想法沒辦法作為「人工產品的製造的……第一步，尤其是用以製造工具的工具，並且不斷使工具的製造更多樣化[69]」，都會被他唾棄；最後，他更想當然耳地把製造等同於行動。

[306]

窮究這個心態的種種影響，這對我們而言會太離題了，而且也沒有必要，因為那在自然

科學裡處處可見，只要他們認為純粹理論的研究是發源自從「單純的混亂」、「自然不著邊際的多樣性[70]」裡創造秩序的意圖，只要「工匠人」對於等待生產的事物模型的癖好取代了以前和諧和簡單性的觀念。我們也可以在古典經濟學裡看到它，生產力是其最高標準，它對不具生產力的活動的偏見如此根深柢固，就連馬克思在為了勞工的正義抗辯時，也不得不把不具生產力的勞動曲解成工作和製造。它在近代哲學的實用性潮流裡可以說一目了然，那不只是笛卡兒的世界疏離的特色，自十七世紀以降的英國哲學以及十八世紀的法國哲學，也不約而同地採用效益的原則作為打開所有解釋人類動機和行為的大門的鑰匙。一般而言，「工匠人」最古老的信念，「人是萬物的尺度」，已經成了普遍接受的老生常談。

需要解釋的，不是近代世界對於「工匠人」的敬重，而是在這個敬重之後緊接著就把勞動擢昇到「行動的生活」的最高位階。相較於沉思和行動的翻轉或行動和製造的翻轉，在「行動的生活」內部的這個第二次的位階翻轉則比較漸進而沒有那麼戲劇化。在勞動的地位提昇以前，傳統上的「工匠人」心態就已經有若干的偏離和變易，那也正是近代世界的特徵，而且幾乎是自動地產生自那些開啟近代世界的事件。改變「工匠人」心態的，是近代世界裡的歷程概念的核心地位。就「工匠人」而言，近代世界從強調「什麼」轉移到「如何」、從事物自身轉移到製造過程，這絕對不是什麼好事。它使身為製造者和建造者的人喪失了固定的標準和尺寸，在近代以前，它們一直是其行為的指引，判斷的準則。隨著交易價值戰勝使用價值，先是引進所有價值的可互換性原則，接著是將價值相對化，最後貶黜它，這不僅僅是商業社會的發展而已，甚或不能說是由它開始的。對於近代人類的心態而言，由於取決於近代科學的發展以及近代哲學的附和，人覺得自己是自然和歷史這兩個超越人類的、包羅萬象的歷程裡很重要的部分，而這兩者似乎從來都注定是無窮的歷程，既沒有內在的「目的」（telos），也不是邁向任何預定的觀念。

換言之，「工匠人」從近代性的大革命裡崛起，雖然他獲得一種夢想不到的獨創性，可以設計工具測量無限大和無限小的東西，卻喪失了那些恆久的尺度，它們在製造過程前後一直存在著，構成相對於製造活動的真實而可靠的絕對性事物。誠然，在「行動的生活」的所有活動中，因為沉思被排除在有意義的人類能力之外而遭受損失的，莫過於製造。因為行動主要在於歷程的展開，而勞動則是和生物生命的物質變換過程亦步亦趨，可是製造對於所有歷程的體驗（如果它真的可以覺察到它們），只是把它們視為成就目的的工具，也就是次要的、衍生性的東西。再者，在所有能力當中，由於近代的世界疏離，以及內省的擢昇為征服自然的全能設備所造成的損失，也莫過於那些主要用來建造世界和生產世界性事物的天賦。

效益的原則，也就是「工匠人」的世界觀的本質，很快就被發現其缺陷，而被「最大多數人的最大快樂[71]」的原則取代，這或許最能清楚說明「工匠人」在自我主張上的最後挫敗。事已至此，以前的時代相信人只能認識他自己製造出來的東西（這個信念對於「工匠人」的大獲全勝極為有利），現在顯然會被更現代的歷程觀念推翻而摧毀，後者的概念和範疇和「工匠人」的需求和理想完全不相容。對於效益原則而言，雖然明顯以利用物質生產事物的人作為其參考點，卻仍舊預設了一個包圍著人且讓他在其中活動的使用品的世界。如果人和世界的這個關係不再穩固，如果世界性的事物不再以其實用性為主要考量，而是被視為生產它們的歷程或多或少附帶性的結果，那麼生產過程的完成品就不再是真正的目的，而生產出來的事物也不是以其預定的用途衡量其價值，而是「因為它可以產生其他東西」，因此，就會有人「反對說……它的價值只是次要的，而一個不具備主要價值的世界，也不可能包含次要價值[72]」。一旦「工匠人」不把自己定義成對象的製造者和人的施設造作的建立者（他順便也發明了工具），而把自己主要視為工具的製造者，「尤其是用以製造工具的工具的製造者」（他只是順便也生產事物），那麼「工匠人」在自身有限框架內的價值也就自然而然地徹底喪失了。如果人們在這個脈絡裡也採用效益原則，那麼它主要指涉的既不是使用品也不是用途，而是生產過程。現在只要有助於刺激生產力，減少痛苦和辛勞的，就是有用的。換言之，衡量的最終標準根本不是效益和實用性，而是「幸福」，也就是在事物的生產和消耗裡經驗到的快樂和痛苦的總和。

邊沁（Jeremy Bentham）發明了「痛苦和快樂計算法」（pain and pleasure calculus），一方面有著表面上把數學方法引進道德科學的優點，另一方面更有個更大的吸引力，也就是發現一個完全奠基於內省的原則。他的「幸福」是快樂扣除痛苦的總和，是「對於感覺的感受」的內感（inner sense）而和世界性的事物無關，正如笛卡兒所謂「意識到自身的活動」的意識。再者，邊沁的基本假設是，所有人共有的東西不是世界，而是他們自己的本性的相同性，它顯現在計算上的相同性以及快樂和痛苦的感受上的相同性上面，而這個假設是從近代世界更早期的哲學家們那裡推論出來的。相較於上古時代後期的伊比鳩魯學派，把這個哲學稱為「快樂主義」（hedonism）更接近用詞不當，而前者和近代的快樂主義也只是表現上雷同而已。如前所述，所有快樂主義的原則不在於快樂，而在於避免痛苦，而休姆（David Hume）（他不同於邊沁，畢竟還是個哲學家）也很清楚，想要把快樂當成所有人類行動的終極目的的人，都不得不承認他真正的準繩不是快樂而是痛苦，不是欲望而是恐懼。「如果你……問人們為什麼他會想要健康，他會馬上回答說，因為生病很痛苦。如果你打破沙鍋問到底，想要知道他為什麼討厭痛苦，他會說不出個所以然來。這就是一個終極目的，和任何其他東西都無關。[73]」他之所以說不上來，那是因為只有痛苦才和任何對象完全無關，因為人在痛苦中其實只會感受到他自己；快樂不會享受自己，而是享受自己以外的東西。痛苦是內省唯一發現到的內感，它和經驗對象無關，而和邏輯以及算術推論的自明確定性差堪比擬。

雖說古代和近代的快樂主義都是以痛苦的經驗為其最後的基礎，可是在近代世界裡，它的意義完全不同，也更受到重視。因為不同於古代，驅使人回到自身以逃避可能感受到的痛苦的，並不是世界，在那個情況下，痛苦和快樂仍然有其豐富的世界性意義。在上古時代各式各樣的世界疏離——從斯多噶學派到伊比鳩魯學派，乃至於快樂主義和犬儒主義（cynicism）——都是有感於對世界很深刻的不信任，也有強烈的衝動要遠離世事，遠離它所招致的煩惱和痛苦，隱遁到內心世界的安全感當中，在那裡，自我只會接觸到它自己。相反的，它們在近代的翻版——清教主義（puritanism）、感覺主義（sensualism）和邊沁的快樂主義——則是有感於對人本身強烈的不信任；他們懷疑人類感官不足以認識實在界，也懷疑理性不足以認識真理，因此相信人性是有缺陷甚或是邪惡的。

這個邪惡無論在起源和內容上都和基督教或聖經無關，雖然人們想當然爾地把它解釋成原罪，但是清教徒譴責人的墮落，或是邊沁肆無忌憚地把以前認為是邪惡的東西歌頌為德行，我們很難說哪個比較有害或可憎。古代的人憑著想像和回憶讓他們相信自己是幸福的，也就是對於他們已經擺脫的痛苦的想像，或是在極端痛苦的情境中回憶過去的快樂，而近代人們則是需要快樂的計算法或是清教徒的行為功過的道德簿記，才能讓幸福或救贖看起來擁有如數學一般的確定性。（當然，這些道德算術和上古時代後期的哲學學派的精神顯得格格不入。再者，我們只要反省一下古代斯多噶學派和伊比鳩魯學派表現在性格上的嚴以律己以及高貴情操，就很清楚這些快樂主義和近代的清教主義、感覺主義和快樂主義有多麼天差地遠。對於這個差別而言，不管近代的性格依舊是由以前褊狹而狂熱的自以為是形成的，或是已經讓步給更晚近的自私任性的利己主義〔egotism〕及其不可勝數的空虛不幸，則是無關緊要的事。）如果不是不無疑問的發現的介入，也就是認為「自然以兩個至高無上的主人統治人們，也就是痛苦和快樂[74]」，或是藉由「在人類心靈裡把看似最容易測量的感覺離析出來[75]」而把道德建構成精確科學的荒謬想法，「最大快樂原則」在英語世界裡是否能夠贏得知識圈的青睞，則是相當可疑的事。

正如在自我主義（egosim）其他沒那麼有趣的神聖性的變體以及無所不在的利己的力量（它們在十八世紀到十九世紀初甚至成了老生常談）背後的參考點，我們在這背後也發現另一個參考點，相較於快樂和痛苦的計算法，它是更有力的原理，也就是生命本身的原理。在所有這些體系裡，痛苦和快樂、恐懼和欲望，它們所要成就的其實不是幸福，而是個體生命的增進或人類生存的保障。如果說近代的自我主義真的是如它聲稱的無所不用其極地追求快樂（稱為幸福），那它就少不了要很極端地為自殺辯護，在所有真正的快樂主義體系裡，那是不可或缺的論證元素。如果缺少了這樣的辯護，那就意味著我們在這裡處理的是最粗鄙而最不具批判性的生命哲學。最終，生命本身總是所有其他事物參照的最高標準，而個體的利益和人類的利益總是和個體生命以及種屬生命畫等號，彷彿以生命作為最高善是理所當然的事。

「工匠人」在如此有利的條件下居然沒辦法堅持自我的權利，關於這點，從另一個在哲學上更相關的基本傳統信念的修正也可見一斑。休姆對於因果法則的激烈批評為後來的採用演化原理鋪路，而往往被視為近代哲學的起源。因果原則及其兩個核心的定理——任何存在的事物必定有原因（「沒有無因的事物」〔nihil sine causa〕），以及原因必定比它最完美的結果更完美——顯然是完全依據製造領域的經驗，也就是製造者優於他的產品。從這個脈絡來看，近代思想史的轉捩點在於生物發展的意象——低等存有者（例如猿猴）可以是高等存有者（例如人）的出現的原因——取代了鐘錶匠的意象（身為所有鐘錶的原因，他必定優於它們）。

這個改變絕對不只是蘊含著拒絕機械主義死氣沉沉而僵硬的世界觀而已。那很像是從伽利略的發現衍生出來的兩個可能方法在十七世紀裡的潛在衝突，一方面是實驗和製造的方法，另一方面則是內省的方法，而後者則得到了遲來的勝利。因為由內省得到的唯一有形事物（如果除了對自身的空洞意識以外，它還能得出什麼的話），的確就只是生物歷程而已。而既然這個在自我觀察中得以發現的生物性生命同時就是人與自然之間的物質變換過程，那就像是內省再也不需要流連於沒有實在性的意識的種種衍生物裡，它在人的身上——不是在他心裡，而是他的身體歷程——就已經找到足以讓他再度和外在世界產生關連的外部事物。主體和客體的分裂內在於人類意識裡，而當笛卡兒將作為「心靈」的人和作為「擴延」的周遭世界對立起來時，這個分裂就再也不可挽回，但是在生物的情況下（它的生存依賴於外部物質的吸收和消耗），它卻銷聲匿跡。自然主義（naturalism）可以說是唯物論在十九世紀的翻版，它似乎在生命裡找到笛卡兒哲學的問題的解答，同時也消弭了哲學和科學日益擴大的分歧[76]。

四十四、作為最高善的生命

雖然為了絕對的一致性，人們往往會從近代哲學咎由自取的困惑裡推論出現代的生命概念，但是如果我們僅僅從觀念的發展審視近代世界的種種問題，那就太過自以為是，而且會完全錯失了這些問題的嚴重性。我們或許可以從最初物理學的轉變成天文物理學、自然科學轉變成「普遍的」科學，去解釋「工匠人」的挫敗。可是我們還是沒辦法解釋為什麼這個挫敗最後會導致「勞動的動物」的勝利；而隨著「行動的生活」的崛起，為什麼勞動會被擢昇到人類能力的最高位階，或者換個說法，為什麼在形形色色的人類條件及其各式各樣的能力當中，生命會推翻所有其他考量。

生命為什麼會主張自己是現代世界最終的參考點，而一直是現代社會的最高善，其理由在於基督教社會結構內部的現代性顛覆，那個社會對於生命的神聖性的信仰持續存在，甚至不因為俗世化以及基督教信仰的普遍性沒落而有絲毫動搖。換言之，現代性的顛覆僅僅是跟隨著那讓基督教闖入古代世界的顛覆而不曾挑戰它，那個顛覆在政治上的影響更加無遠弗屆，在歷史上也比任何具體的教義內容或信仰更持久。對於基督徒而言，個人生命的不朽的「佳音」顛覆了古代人與世界的關係，把必朽的事物、人類生命拔擢到不朽的地位，而在當時一直只有宇宙才被認為是不朽的。

就歷史而言，基督教信仰在古代世界的勝利大抵上要歸因於這個翻轉，它給與那些知道他們的世界末日將近的人們一線希望，那的確是絕望中的希望，因為新的福音應許他們從來都不敢盼望的永生。而這個翻轉對於政治的名聲和尊嚴只會是個禍害。在當時，政治活動最大的動機是來自對於世界性的不朽的嚮往；現在卻淪落到有如迫於生計的活動一般的卑微地位，一方面只是用來補救人類罪行的種種後果，另一方面則是逢迎諂媚地把世俗生活的需求和利益合理化。現在對於不朽的嚮往只能和虛榮畫等號；世界可能賦予人的名聲只是個幻影，因為世界比人更容易腐朽，而追求世界性不朽更是無意義的事，因為生命本身才是不朽的。

國家的「生命」以前擁有的地位，現在被個人生命鵲巢鳩占，而保羅所說的「罪的工價乃是死」＊（因為生命注定是長存的）則是呼應了西賽羅（Cicero）的話，他說死亡是國家所犯的罪的報酬，而國家的建立本來是要永生的[77]。早期基督徒——至少是保羅，他畢竟是羅馬公民——彷彿有意模仿羅馬的模式形塑他們的不朽概念，而以個人生命取代國家的政治生命。正如國家只是擁有一種潛在的不朽，可能因為政治上的過犯而喪失它，個人的生命也曾經在亞當的墮落當中喪失被應許的不朽，而今透過基督重獲一個新的、潛在地長存的生命，但是可能因為個人的罪而在第二次的死亡中喪失它。

誠然，基督教的強調生命的神聖性，是希伯來傳統很重要的部分，它早已和古代的態度形成強烈的對比：異教徒對於生命在勞動和生育裡加諸人的艱辛不屑一顧，諸神「輕鬆愜意的生活」叫人羨煞，傳統習俗會遺棄有缺陷的孩子，以及認為沒有健康的生命就不值得活下去（因此如果醫生沒辦法恢復病人的健康而延續他的生命，就會被認為是誤解了他的使命[78]），甚至認為自殺是一種逃避已經成為負擔的生命的高貴舉動。我們只要想到在十誡裡把「不可殺人」和其他過犯並列而沒有特別強調它——在我們的認知裡，其他過犯的嚴重性很難和這個重罪相提並論——，就會明白，即使是希伯來的法典也沒有把保存生命當作猶太民族的法律體系的基石，雖然相較於異教徒對於過犯的分級，它已經很接近我們的法律。希伯來法典是介於異教徒的古代習俗和所有基督教或是基督教之後的法律體系之間，這個中間的立場或許可以由希伯來的信條得到解釋，它強調民族潛在的不朽，既有別於異教徒所相信的世界的不朽，也不同於基督教所謂個人的永生。無論如何，基督教的不朽是賦予個人的，他透過出生在世上而開啟他獨一無二的生命，這不僅導致他世性明顯增加，也使得俗世生活更形重要。重點在於基督教——除了異端和諾斯替教派（gnostic）的思辨以外——始終堅持說，雖然生命不再有終點，卻仍舊有個明確的起點。俗世的生命可能只是永恆的生命第一個且最不幸的階段；它仍然是生命，而如果沒有這個將會以死亡為終點的生命，就不會有永恆

＊譯注：《新約聖經．羅馬書》6:23。

的生命。此即為什麼唯有個人生命的不朽成為西方人的核心信條，唯有基督教的興起，俗世的生命才會跟著變成人的最高善。

基督教的強調生命的神聖性往往會消弭古代在「行動的生活」裡的差別和連結；它會把勞動、工作和行動同樣視為服從於現世生活所需。同時它有助於讓勞動（也就是任何維持生物歷程本身所需的事物）擺脫古代對於它的某些蔑視。在基督教的時代裡，再也不可能有對於僕役的輕蔑，他們一直受到輕視，因為他們只對生活所需有用，而且屈服於主人的強迫。人們再也不能像柏拉圖一樣，由於僕役屈服於主人而沒有選擇自殺就輕視他們，因為在任何情況下都要活下去變成了一個神聖的義務，而自殺被認為比殺人更嚴重。基督教拒絕為自己結束生命的人舉行葬禮，而不是殺人者。

然而和現代詮釋者對於基督教文獻的解讀大異其趣，在《新約聖經》或其他近代以前的基督教作者那裡，並沒有像現代那樣歌頌勞動。被稱為「勞動的使徒」[79]的保羅，他的情況完全不同，而這個主張所依據的若干段落，不是提到那些「白喫人的飯」的懶惰鬼，就是要人辛苦勞碌，晝夜工作，免得受累，也就是重申要嚴守私人生活而不要涉入政治活動[80]。更重要的是，在後來的基督教哲學裡，尤其是聖多瑪斯（Thomas Aquinas），勞動成了那些沒有其他謀生工具的人們的義務，這個義務在於讓自己過下去而不在於勞動；如果人光靠乞討就可以過活，那就更棒了。如果我們在讀這些文獻時沒有帶著現代對於勞動的偏袒，應該會很驚訝教父們居然很少利用這個機會證明勞動是對於原罪的懲罰。於是，在這個問題上，聖多瑪斯根據亞里斯多德而不是聖經的說法，認為「體力勞動只是迫於生計[81]」。對他而言，勞動是讓人類這個物種存活的自然方式，由此他推論說，「汗流滿面才得餬口」*根本不是必然的，那只是解決問題或履行義務最不得已的手段[82]。辛勤勞碌以免於閒散之累，這也不是基督教的新發現，它早就是羅馬人老生常談的道德。而和古代對於勞動的性格的看法幾無二致，基督教也把勞動應用到身體的苦行，尤其是修道院的勞動，有時候和其他痛苦的修鍊以及自虐的形式扮演相同的角色[83]。

既然基督教堅持生命的神聖性以及活下去的義務，為什麼它從來沒有發展出一個正面的勞動哲學，那是因為他們賦予「沉思的生活」相對於所有人類活動不容置疑的優先性。「沉思的生活就是優於行動的生活」（vita contemplativa simpliciter melior est quam vita activa），不管行動的生活有什麼優點，專注於沉思的生活總是「更有效且更有力量[84]」。的確，在拿撒勒的耶穌的福音裡幾乎看不到這樣的信念，那當然是由於希臘哲學的影響；然而即使中世紀

* 譯注：《舊約聖經．創世記》3:19。

哲學比較接近福音書的精神，我們也很難找到任何歌頌勞動的理由[85]。拿撒勒的耶穌在他的福音裡唯一贊許的活動是行動，他唯一強調的人類能力是「行神蹟」的能力。

無論如何，近代世界依然假設人的最高善是生命而不是世界；儘管它再怎麼鹵莽而激烈地修正和批評傳統的信仰和概念，卻從來沒有想到要挑戰基督教在垂死的古代世界裡掀起的根本翻轉。不管近代思想家在抨擊傳統時有多麼能言善辯而自信滿滿，對他們而言，生命相對於所有其他事物的優先性已經達到「自明真理」的地位，一直持存到我們現在的世界，而我們已經要拋棄整個近代世界，以受薪階級的社會取代勞動的社會。但是儘管如果阿基米得點的發現導致的發展早個一千七百年發生，可能會走到完全不同的方向，人的最高善仍舊是世界而不是生命，但是我們不能因為推論說我們仍舊會生活在一個基督教的世界裡。因為現代的重點不在於生命的不朽，而在於生命是最高善。雖然這個假設的確是源自基督教，但是它對於基督教信仰而言，只是個重要的事實要件。再者，即使我們略過基督教的教義細節，只考慮基督教取決於信仰的重要性的整體氣氛，對於這個精神的最大危害，顯然莫過於近代世界的不信任和懷疑的精神。當然，笛卡兒的懷疑證明了它對宗教信仰領域的傷害最大也最不可挽回，而那是由近代兩位偉大的宗教思想家引進的，也就是巴斯噶和齊克果。（因為傷害基督教信仰的，不是十八世紀的無神論或是十九世紀的唯物論——他們的論證通常很粗鄙，而且很容易遭到傳統神學駁斥——而是對於真正虔誠者的救贖的懷疑，在他們眼裡，傳統基督教的內容和應許變成「荒謬的」。）

正如我們不知道如果早在基督教崛起以前就發現阿基米得點的話，會發生什麼事，我們也不敢說基督教的命運會如何，如果文藝復興的大覺醒沒有被這個事件中斷的話。在伽利略以前，所有道路似乎都是通行無阻的。如果我們回想一下達文西，我們或許會想像說，有一個科技革命無論如何都會勝過人文的發展。那或許會導致飛機的發明，實現人最古老且最執著的夢想，但是很難通往宇宙；它或許會使地球四海一家，但是很難讓物質轉變成能量，並且探索微觀宇宙。我們唯一能確定的是，行動與沉思的翻轉以及以前生命和世界的翻轉兩者之間的呼應關係，成了整個現代發展的出發點。唯有「行動的生活」不再以「沉思的生活」為其參考點，它才能成為名副其實的行動；而唯有因為這個行動的生活以生命為其唯一的參考點，生命本身（也就是人憑著勞動與自然的物質轉換）才能起作用，並且完全發揮它的繁殖力。

四十五、「勞動的動物」的勝利

如果俗世化的歷程，由笛卡兒的懷疑不可避免地產生的近代信仰的喪失，沒有剝奪了個人生命的不朽或是對於不朽的確定性，「勞動的動物」也不會大獲全勝。個人的生命再度變成必朽的，正如在古代那樣，而相較於基督教的年代，世界變得更不穩定、不長久因而不可靠。當現代人對於未來世界喪失確定性，就只能向他自己求援，而不是這個世界；他再也不相信世界或許是潛在地不朽的，甚至不確定它是不是真實的。而只要他猜想在不斷進步的科學沒有批判性而不傷腦筋的樂觀主義裡，世界至少是真實的，他就會從俗世抽離出來，找一個比基督教的他世性更遙遠的地方。不管「俗世」（secular）一詞在流行用語裡所指為何，它在歷史上不可能和「世界性」（worldliness）畫等號；當現代人失去彼岸世界，他無論如何也不會得到這個世界，而嚴格來說，他也不會得到生命；他只能求助於它，沉浸在內省的封閉內在性裡，他所能經驗到的最多只是心智考量的空洞過程，它和自己在玩的遊戲。剩下的唯一內容，就只是嗜好和欲望、肉體的無意義的衝動，他誤以為那就是愛好，而他也注定變得「不可理喻」，因為他發現他沒辦法「推理」，沒辦法考量它們。現在，生命本身，也就是人這個物種可能長存的生命歷程，成了唯一有可能是潛在地不朽的東西，就像古代的國家以及中世紀的個人生命那樣不朽。

如前所述，在社會的崛起裡，真正有影響力的，最後還是物種的生命。理論上，從近代早期堅持個人「自我主義的」生活到後來強調「社會」生活和「社會化的人」（馬克思語）的轉捩點，在於馬克思把古典經濟學比較簡陋的觀念（如果人有行動的話，所有人的行動都是為了利己的理由）轉型成利益的各種力量，它們會預示、驅動和引導各個社會階級，而透過它們的衝突以引導整個社會。社會化的人是只由一種利益支配的社會狀態，而這個利益的主體不是階級就是人（man-kind），但不是一個人或許多人。現在的重點是，就連人的行動的最後一點痕跡，蘊含在利己裡的動機，也都完全消失了。剩下的只是「自然力」，生命歷程本身的力量，所有人及其活動都要服從它（「思考過程本身是個自然力[86]」），他唯一的目標（如果人有目標的話）是作為動物種屬的人的生存。個人的生命和種屬的生命的連接再也不需要任何更高的人的能力；個人生命成了生命歷程的一部分，而勞動，確保個人自己的生命以及家族的生命的延續性，則是唯一需要的活動。在生命和自然之間的物質變換裡不需要的東西，不是多餘的，就是只能從人有別於其他自然動物的特質加以辯護——以致於人們認為密爾頓（John Milton）的寫作《失樂園》和春蠶吐絲一樣，都是基於相同的理由和衝動。

如果我們比較一下現在的世界和以前的世界，在這個發展裡涉及的人類經驗的損失就會至為明顯。沉思變成完全沒有意義的經驗，這並不是唯一的損失，甚至不是主要的損失。當思考變成「對於各種後果的考量」，它也就成了大腦的功能，其結果是電子工具在執行這些功能時做得比我們還要好。人們很快就會只從製造和加工的角度去理解行動，只不過由於製造的世界性而且和生命漠不相關，現在也被視為只是勞動的另一個形式，是生命歷程比較複雜但是沒有更神祕的功能。

同時，我們也證明自己有足夠的聰明才智，可以找到減輕生活的辛勞煩惱的方法，以致於將勞動排除於人類活動範圍之外有可能不再是個烏托邦。即使是現在，對於我們在生活世界裡正在做的事情（或者我們以為我們在做的）而言，勞動還是個太倨傲而有野心的語詞。勞動社會的最後階段，受薪階級的社會，要求其成員執行絕對自動化的功能，彷彿個人生命完全沉浸於種屬的整體生命歷程裡，個人唯一需要的行動決定就是順其自然，也就是所謂的放棄他的個體性，以及個別感受到的生活的痛苦和煩惱，默認一個恍恍惚惚的、「鎮靜的」行為功能的類型。現代行為主義（behaviorism）的難題不在於它們是錯誤的，而在於它們有可能成真，在於它們其實是對於現代社會某些明顯的趨勢最好的概念化。可想而知，近代世界（它發軔自人類活動史無前例的、前途看好的爆發）的終點可能是歷史上最死氣沉沉的、最貧瘠的消極狀態。

但是還有其他更危險的徵兆，也就是人可能願意、也差不多要發展成自達爾文以來人們認為是其起源的物種。總結來說，如果人們再次回到阿基米得點，並且把它應用在自己身上（卡夫卡警告我們不要那麼做），以及他們在世上的所作所為，那麼從宇宙裡足夠遙遠的制高點俯瞰，人的所有活動看起來就不再是活動，而只是歷程，以致於誠如一個科學家所說的，現代的機動化看起來會像是生物變異的過程，在其中，人類的身體漸漸被鋼鐵的甲殼覆蓋住。對於來自宇宙的觀察者而言，這個變異的奧祕和我們眼前的微生物沒什麼兩樣，我們用抗生素對付它們，而它們則很神祕地發展出新的品種抵抗我們。這個用來對付我們自己的阿基米得點有多麼積重難返，從主宰著現代科學思想的一個隱喻可見一斑。科學家為什麼可以告訴我們原子裡的「生命」——其中每個粒子的行為都是「自由的」，而主導這些運動的定律則幾乎就像是（如社會科學家所說的）支配著人類行為、使得群眾的行為都是出於必然性的統計法則，雖然個別粒子看起來可以「自由地」作選擇——換言之，無限小的粒子的行為不僅在模式上很類似我們所觀察到的行星系統，而且很像人類社會的生命和行為模式，其理由當然在於我們雖然在這個社會裡觀察和生活，卻彷彿遠離我們自身的存在，就像和無限小或無限大的東西的距離，即使可以用最精密的儀器觀察它們，對我們而言還是太遠了，因而沒辦法經驗到它們。

不消說，這並不意味著現代人已經喪失了他的能力，或者說快要失去了。不管社會學家、心理學家和人類學家對於「社會的動物」有什麼樣的說法，人們仍舊堅持不懈地在製造、加工和建造，雖然這些能力漸漸只限於藝術家的能力，使得伴隨的世界性經驗漸漸逃離人類日常經驗的範圍[87]。

同樣的，行動的能力，至少就歷程的發起而言，仍然是與我們同在的，雖然它們成為科學家的特權，他們擴大了人類事務的領域，甚至使得自然和人類世界之間的防線不復存在。從這些在實驗室裡好幾個世紀以來默默進行而得到的成就來看，相較於大多數政治人物的行政和外交作為，他們的事蹟最終應該更有新聞價值，更具有政治上的重大意義。不無諷刺的是，輿論認為社會裡最不切實際的、在政治上最微不足道的成員，最後卻是唯一還知道怎麼行動以及如何一致行動的人。他們在十七世紀為了征服自然而建立各種組織，在其中他們發展了自己的道德標準和自己的行為準則，它們不僅從近代世界的變遷興衰當中倖存下來，更成為歷史上最強大的權力產生團體。但是由於科學家的行動是從宇宙的觀點介入自然，但不介入人類的關係網，因此缺少行動的開顯性格，以及創造故事、名留青史的能力，而凡此種種，一起構成了意義的來源，它會湧入且啟發人類經驗。在這個對於存在而言最重要的層面上，行動同樣變成少數特權階級的經驗，這些仍然知道行動是什麼意思的少數人很可能比藝術家還少，他們的經驗比對於世界的真實經驗以及對它的愛還更罕見。

最後，思考——我們依據近代以前以及近代的傳統，在我們關於「行動的生活」的重新審視裡不予考慮——仍然是可能的，而且無疑地是真實的，只要人們生活在政治自由的條件底下。很不幸的，而且和思想家躲在象牙塔裡的獨立性正好相反，沒有任何其他人類能力像它那樣脆弱，而且事實上在專制的情況下，行動甚至比思考容易得多。作為一個當下的經驗，人們總是以為思考是少數人的事，或許那是個誤解。而相信作如是想的人在我們的時代裡不會越來越少，應該不是太自以為是的想法。對於世界的未來而言，這或許無關宏旨；但是它和人的未來不會沒有關係。因為如果適用於「行動的生活」裡的各種活動的，除了行動的經驗沒有其他檢驗方式，除了純粹活動的程度沒有其他測量的方法，那麼思考就很可能會超越全部的活動。在這方面有任何經驗的人，都會知道加圖（Cato）的話很有道理：「沒有什麼時候比他什麼都不做時更有作為，沒有什麼時候比他獨處時更不孤單。」（Numquam se plus agere quam nihil cum ageret, numquam minus solum esse quam cum solus esset）＊

＊譯注：Cicero, *De Republica*, 1.17。

1 「新科學」（scienza nuova）一詞最早是出現在十六世紀義大利數學家塔塔利亞（Niccolò Tartaglia）的作品中，他規劃了彈道學的新科學，並且宣稱是他的發現，因為他第一個把幾何推理應用在拋物線運動上。（這個資料得自夸黑〔Alexandre Koyré〕教授）和我們的文脈比較有關的是伽利略（*Sidereus Nuncius*, 1610）主張他的發現是「絕對的創新」，但是這當然是在呼應霍布斯的主張，他說政治哲學「不會比我的著作《論公民》（*De Cive*）更古老」（*English Work*, ed. Molesworth, [1839], I, ix），或者是笛卡兒的說法，也就是在他之前沒有任何哲學家在哲學上成功過（"Lettre au traducteur pouvant servir de preface, for Les principes de la philosophie"）。自十七世紀以降，主張絕對創新而拒絕整個傳統已經成為老生常談。雅斯培（Karl Jaspers, *Descartes und die Philosophie* [2d ed.; 1948], pp. 61 ff.）強調文藝復興哲學和近代科學的差別，前者「渴望原創性人格的意義……把創新視為榮耀」，而在後者，「『創新』變成實質的價值謂語的流行詞」。在該文中，他也說明在科學和哲學裡的創新意思其實大相徑庭。笛卡兒表現哲學的方式當然就像是科學家在提出新的科學發現那樣。因此他如是談論他的「論述」（considérations）：「我的發現應得的榮耀，不會多過一個路人在腳下發現寶藏，而許多人多年來尋尋覓覓終不可得。」（*Las recherché de la vérité* [Pléiade ed.], p. 669）

2 我無意否定馬克斯・韋伯的發現的重要性，也就是他世性對於世界的巨大影響力（"Protestant Ethics and the Spirit of Capitalism," in *Religionssoziologie* [1920], Vol. 1）。韋伯發現基督新教的工作倫理有修道院倫理的若干特徵，而且在奧古斯丁的區分「使用」（uti）和「享受」（frui）裡可見端倪，也就是這個世界裡可以使用卻不能享受的，以及來世可以為他們所享受的。在這兩者當中，人對此世的事物的支配權力都來自於他在自己和世界之間設下的距離，也就是和世界的疏離。

3 對於德國的驚人重建最常見的理由（它不必負擔軍事預算支出），基於兩個考量而站不住腳：第一，德國必須支付佔領費用很多年，幾乎相當於整個軍事支出，第二，戰爭生產在其他的經濟體裡會被認為是戰後繁榮的重要因素。再者，有個很常見卻很怪異的現象可以說明我的論點，也就是繁榮和作為破壞手段的「無效益」生產息息相關，也就是在破壞中消耗掉那些產品，或是因為它們很快就過時而銷毀它們（這種情況更常見），使得產品的生產變成一種浪費。

4 在青年馬克思的作品裡有若干跡象顯示他不是完全不知道在資本主義裡的世界疏離的蘊含。見一八四二年的早期論文（"Debatten über das Holzdiebstahlsgesetz," Marx-Engels *Gesamtausgabe* [Berlin, 1932], Part 1, Vol 1, pp. 266 ff.），他批評一個處罰偷竊的法律，不僅是因為擁有者和小偷的形式性對立沒有考慮到「人的需求」，使用木材的小偷比販賣木材的擁有者更需要它，把木材使用者和木材販賣者都等同於木材的所有權人，因而剝奪了人的人性面，更是因為木材本身也喪失了它的本質。只把人當作財產所有人的法律，只會把事物視為財產，而把財產視為交易品而不是使用品。馬克思認為事物在交易或使用時會喪失它的本性，這個觀念可能是來自亞里斯多德，他說一雙鞋子的用途可能使用或交易，可是交易鞋子是違反鞋子的本質的，「因為鞋子做出來並不是為了交換」（*Politics* 1257a8）。（順便說一下，我覺得亞里斯多德對馬克思的思考風格的影響，幾乎和黑格爾的哲學的影響一樣有特色而關鍵。）然而這些即興的論述在他的作品裡無關宏旨，它一直是很穩固地植根於近代的極端主觀主義。在他的理想社會裡，人會以人類的角色而從事生產，世界的疏離會比以前更顯著；因為他們將能夠把他們的個體性和特質加以對象化（vergegenständlichen），以證實和實現他們真正的存有：「我們的生產將會如同遊戲，由此反映出我們的本質。」（"Aus den Exzerptheften" [1844-45], in *Gesamtausgabe*, Part 1, Vol. III, pp. 546-47）

5 這當然和現在的情況大不相同，臨時工已經變成週薪制的雇員；在不久的將來，年薪制應該會完全取代這些早期的情況。

6 A. N. Whitehead, *Science and the Modern World* (Pelican ed., 1926), p. 12。（譯按：懷德海在該處並沒有提到望遠鏡的發明。）

7 我採用夸黑最近關於「十七世紀革命」裡哲學和科學思想互涉的歷史的精闢闡述。見：Alexandre Koyré, *From the Closed World to the Infinite Universe* [1957], pp. 43ff。（譯按：中譯本見：《從封閉世界到開放宇宙》，台北市：商周出版，2005年）

8 見：P.-M. Schuhl, *Machinisme et philosophie* (1947), pp. 28-29。

9 E. A. Burtt, *Metaphysical Foundations of Modern Science* (Anchor ed.), p. 38（另見：Koyré, *op. cit.*, p. 55：他說「在伽利略的望遠鏡的偉大發明之後」，布魯諾的影響才漸漸浮現。）

10 最早「假設天體不動、地球以橢圓軌道運行而自轉，藉此拯救現象」的是西元前三世紀的亞里斯塔赫（Aristarchus of Samos），最早想像物質的原子結構的是西元前五世紀的德謨克里特（Democritus of Abdera）。從現代科學的觀點解釋希臘物理世界，見：S. Sambursky, *The Physical World of the Greeks* (1956)。

11 伽利略（前揭註）也強調這點：「任何人都可以憑著感官知覺的確定性知道月球的表面絕對不是光華平整的等等。」（Koyré, *op. cit.*, p. 89）

12 路德會神學家歐席安德（Osiander of Nuremberg）也有類似觀點，他在哥白尼的遺作（*On the Revolutions of Celestial Bodies*, 1546）導論裡說：「這本書的假說不見得必然為真甚或有可能的。重點只有一個。它們必須由計算得出和觀察現象一致的結論。」這兩段引文見：Philipp Frank, "Philosophical Uses of Science," *Bulletin of Atomic Scientists*, Vol. XIII, No. 4 (April, 1957)。

13 Burtt, *op. cit.*, p. 58。

14 Bertrand Russell, "A Free Man' s Worship," in *Mysticism and Logic* (1918), p. 46。

15 引自：J. W.N. Sullivan, *Limitations Science* (Mentor ed.), p. 141。

16 德國物理學家海森堡（Werner Heisenberg）在許多近作裡表達了這個想法。例如說：「當人試圖從近代科學的情況出發，探索變動中的基石……就會有個印象……在歷史上頭一遭，地球上的人眼前只有自己……我們一直只和自己相遇。」（*Das Naturbild der heutigen Physik* [1955], pp. 17-18）海森堡的意思是，被觀察的對象並不獨立於觀察主體而存在：「透過觀察的方式，會決定自然的樣貌如何定義，我們會因為我們的觀察而錯失了什麼。」（*Wandlungen in den Grundlagen der Naturwissenschaft* [1949], p. 67）

17 Whitehead, *op. cit.*, p. 120。

18 卡西勒（Ernst Cassirer）早期的論文（*Einstein's Theory of Relativity, Dover Publications*, 1953）相當強調二十世紀和十七世紀的科學之間的這個連續性。

19 布魯諾夫斯基（J. Bronowski）在其文章〈科學和人類價值〉（Science and Human Values）裡指出隱喻在科學巨擘心裡的重要角色（見：*Nation*, December 29, 1956）。

20 Burtt, *op. cit.*, p. 44。

21 *Ibid.*, p. 106。

22 羅素語。引文見：J. W. N. Sullivan, *op. cit.*, p. 144。另見懷德海的區分傳統科學分類法以及近代測量法：前者依據客觀實在界，其原則可見於自然的他者性中；後者則是完全主觀的、與性質無關，只要有一群既有的對象即可。

23 Leibniz, *Discours de métaphysique*, No. 6。

24 我採用海森堡的說法。見：Werner Heisenberg, "Elementarteile der Materie," in *Vom Atom zum Weltsystem* (1954)。

25 Bronowski, *op. cit.*。

26 皇家學院的建立和早期歷史很耐人尋味。當它成立時，成員必須同意不得參與國王授與的職權範圍以外的事務，尤其是政治和宗教紛爭。人們往往會推論說，近代科學的「客觀性」理想是發源於此，那會暗示說，它的起源是政治性的而不是科學的。再者，值得注意的是，科學家覺得有必要一開始就成立協會，而在皇家學院內部的研究成果比外頭的研究重要得多，證明了他們頗有先見之明。一個團體，不管是由聲明不涉足政治的科學家或是由政治人物組成的，都已經是個政治機構；只要人集會結社，就是要有所行動，獲取權力。沒有任何科學團隊是純科學的，不管其主旨是要影響社會，保障會員的地位，或是同心協力以征服自然（自然科學的團隊研究一直是如此）。誠如懷德海所說的，「科學的年代發展成團體的年代，那不是偶然的事件。團體的思想是團體行動的基礎。」那不是因為思想是行動的基礎，雖然很多人會這麼想，而是因為近代科學作為「思想的團體」把行動的元素引進思考裡。（見：*The Aims of Education* [Mentor ed.], pp. 106-7）

27 雅斯培在其對於笛卡兒哲學的精闢詮釋裡，突顯出笛卡兒的「科學」觀念很奇怪的笨拙，說他不理解近代科學的精神，也往往會在沒有具體證據下不加批判地接受理論，這讓斯賓諾沙（Spinoza）非常訝異。（*op. cit.*, esp. pp. 50 ff. and 93 ff.）

28 見：Newton, *Mathematical Principles of Natural Philosophy*, trans. Motte (1803), II, 314。

29 在康德早期出版作品中，則是：*Allgemeine Naturgeschichte und Theorie des Himmels*。

30 見：笛卡兒致梅森（Mersenne）書簡（December, 1633）。

31 在這段話裡，伽利略表達了他對哥白尼和亞里斯塔赫的推崇，他們的理性「能夠……強暴它們的感官，使理性成為它們的輕信的情婦」。（*Dialogues concerning the Two Great Systems of the World*, trans. Salusbury [1661], p. 301）

31a 例如說，德謨克里特在說完「其實沒有白色，沒有黑色，沒有苦，沒有甜」以後，又說：「可憐的心，你從感官那裡建立你的論證，而想要打敗它們嗎？你的勝利就是你的失敗。」（Diels, *Fragments der Vorsokratiker* [4th ed., 1922], frag. B125）

32 見：《論懷疑者》（*Johannes Climacus oder De omnibus dubitandum est*），齊克果早期手稿之一，或許是對於笛卡兒的懷疑最深刻的詮釋。它思想自傳的形式訴說他如何從黑格爾認識笛卡兒，而後悔沒有從他的作品作為他的哲學研究的起點。這部小書收錄在丹麥版：*Collected Works* (Copenhagen, 1909), Vol. IV，有德文譯本（Darmstadt, 1948）。

33 巴斯噶很清楚，在傳統的真理概念裡，對感官的信心和對理性的信心是形影不離的。根據他的說法：「真理的兩個來源，理性與感官，卻都缺乏誠意，又互相欺騙對方。感官以虛假的表象誤導理性；反過來又從理性接受同樣的詭計；理性為了自己復了仇。靈魂中的熱情困擾感官，給它們製造虛假的印象。它們互相用虛假與欺騙來報復對方。」（*Pensées* [Pléiades ed., 1950], No. 92, p. 849）（譯按：中譯見：《沉思錄》，孟祥森譯，台北市，水牛出版社，民57，頁35）巴斯噶著名的賭注，認為相信基督教告訴他的東西比不相信的風險當然來得小，這就足以證明理性及感官的真理與神啟的真理之間的相互關係。巴斯噶和笛卡兒都認為上帝是個「隱藏的神」（un Dieu caché）（*ibid.*, No. 366, p. 923），祂不會開顯自己，祂的存在甚至祂的善都只是個假設性的保證，讓人類的生命不是夢（笛卡兒的夢魘在巴斯噶裡再度出現）（*ibid.*, No. 380, p. 928），而人的知識也不是神的騙局。

34 馬克斯．韋伯，雖然有些細節上的錯誤，現在也已經修正，他仍舊是唯一突顯近代世界問題的深度和重要性的歷史學家，他也很清楚，導致工作和勞動的評價翻轉的，不是信仰的喪失，而是救贖的確證（certitudo salutis）。在我們的脈絡下，這個確定性似乎只是因為近代世界的到來而喪失的許多確定性之一。

35 很令人訝異的，除了瑣羅亞斯德宗教（Zoroastiranism）以外，世界主要宗教都沒有把說謊列為彌天大罪。不只沒有以下的誡命：你不可撒謊（不可做偽證陷害你的鄰人，這個誡命則是另一回事），在清教徒的道德以前，彷彿沒有人把說謊當作什麼大不了的過犯。

36 引文是布羅諾夫斯基的文章重點。

37 笛卡兒致亨利．摩爾（Henry More）書簡，引自：Koyré, *op. cit.*, p. 117。

38 笛卡兒在對話錄《透過自然之光的真理研究》（*La recherché de la vérité par la lumière naturelle*）裡，不拘技術性格式地闡述他的基本觀點，相較於他的其他作品，懷疑的核心地位更加明確。因此，代表笛卡兒的優多克斯（Eudoxe）解釋說：「你很清楚你可以合理地懷疑所有事物，那僅憑著感官得到的知識；但是你可以懷疑你的懷疑，而不確定你到底是否在懷疑嗎？……同樣為真的是，正在懷疑的你是存在的；這點如此的真實，以致於你再也不能懷疑它。」（Pléiade ed., p. 680）

39 「我懷疑，所以我存在；或者同樣也可以說，我思故我在。」（*ibid.*, p. 687）在笛卡兒那裡，思考的確只有衍生性的性格：「如果說，正因為我不能懷疑我在懷疑，所以我在懷疑這件事是真的，那麼我在思考的這件事也同樣是真的；因為如果懷疑不是一種思考，它還能是什麼呢？」（*ibid.*, p. 686）這個哲學的主要觀念絕對不是說如果我不存在，我就沒辦法思考，而是說「我們在懷疑的時候，不能懷疑自己的存在，而當我們依次推論的時候，就可以獲得第一知識。」（*Principes* [Pléiade ed.], Part I, sec. 7）這個論證本身當然不是破天荒第一遭。例如奧古斯丁在《論自由意志》（*De libero arbitrio*, ch. 3）就說過一模一樣的話，但是他並沒有暗示說這是唯一可以對抗惡靈的確定性，也不認為它是一個哲學體系的基礎。

40 「我思故我在」（cogito ergo sum）當然包含了一個邏輯錯誤，如尼采指出的，它應該讀作「我思考，故我是思考活動」（cogito, ergo cogitationes sunt），因此在「我思」裡表達的心理意識不能證明我存在，而只證明意識存在，不過這是另一回事，不在我們的討論範圍（見：Nietzsche, *Wille zur Macht*, No. 484）。

41 上帝作為「解圍之神」（deus ex machina）、作為普遍懷疑的唯一解答的特質，在笛卡兒的《沉思錄》裡特別顯著。他在「第三沉思」裡說，為了完全摒除這個懷疑的基礎，「我必須儘快探究上帝是否存在，……而且一旦發現祂確實存在之後，還須進一步探究祂到底是不是一個騙子。因為假如對這兩個真理一無所知，我就不能確知任何其他事物。」而他在「第五沉思」裡下結論說：「因此我非常明白地了解，一切科學的確定性和真相，都要看我們對於真實上帝的知識而定，所以不先認識祂，就不能完全知道任何其他事物。」（Pléiade ed., pp. 177, 208）（引文中譯見：《方法導論．沉思錄》，錢志純、黎惟東譯，台北市，志文出版社，民73）

42 A. N. Whitehead, *The Concept of Nature* (Ann Arbor ed.), p. 32。

43 *Ibid.*, p. 43。最早批評笛卡兒欠缺常識的是維柯。（見：*De nostri temporis studiorum ratione*, ch. 3）

44 共感轉變成內感是整個近代世界的特色：在德語裡，可以從以前的「Gemeinsinn」和後來的「gesunder Menschenverstand」之間的差別看出端倪。（譯按：這兩個詞都是指「common sense」，但前者的「Gemein-」則有「共同」的意思。）

45 阿基米得點轉移到人自身裡，是笛卡兒有意為之的：「因為真的就是從這個普遍的懷疑，就像個固定不變的支點，我決定從它得出關於上帝、你自己以及世界所包含的一切的知識。」（*Recherche de vérité,* p. 680）

46 Frank, op. cit.。他根據科學「產生可供觀察的對象」加以定義之。

47 卡西勒期望「藉由超越懷疑而克服它」，期望相對論可以讓人類心靈滌除最後一點「地球上的殘渣」，也就是「我們用以對時空做經驗性的測量的方法」裡的擬人論（anthropomorphism）（*op.cit.*, pp. 389, 382），這個願望並沒有實現；相反的，過去數十年來不斷增長的，不是對於科學陳述的懷疑，而是對於科學資料的可理解性的懷疑。

48 *Ibid.*, p. 443。

49 Hermann Minkowski, "Raum und Zeit," in Lorentz, Einstein, and Minkowski, *Das Relativitätsprinzip* (1913)。引自：Cassirer, *op. cit.*, p. 419。

50 如果再加上另一個對應，也就是邏輯和實在界的對應，這個懷疑更難以平息。邏輯上，的確「如果要用電子解釋物質的感官特質，那麼它們就不能具有感官特質，因為如此一來，問題只會往後推延而不會解決。」（Heisenberg, *Wandlungen in den Grundlagen der Naturwissenschaft*, p. 66）我們產生懷疑的理由是，科學家唯有「漸漸」意識到這個邏輯的必然性，他們才會發現「物質」並沒有性質，因而再也不能稱為物質。

51 用薛丁格（Erwin Schrödinger）的話說：「當我們心智的眼睛穿透小之又小的距離，短之又短的時間，我們發現自然的行為完全不同於我們在周遭看得見摸得著的物體那裡觀察到的，使得根據我們大尺度的經驗型塑的模型都再也沒辦法是『真實的』。」（*Science and Humanism* [1952], p. 25）

52 Heisenberg, *Wandlungen in den Grundlagen der Naturwissenschaft*, p. 64。

53 蒲朗克（Planck）有一段話可以說明這點，引述自席夢・韋伊（Simone Weil）以筆名「愛彌爾・諾維斯」（Emil Novis）

發表的一篇發人深省的文章（"Réflexions à propos de la théorie des quanta," in *Cahiers du Sud* [December, 1942]）：「一個假設的造物主幾乎有無限的可能，既不拘於感官的功能，也不受限於祂所使用的工具……我們甚至可以說他以想像創造了幾何學……以致於任何計量都無法直接證實或否定一個假設。它們只能或多或少突顯其適切性而已。」席夢・韋伊最後指出比科學「珍貴得多」的東西如何捲入這場危機，也就是真理的觀念；然而她沒有看到，這個事態裡最大的困惑是來自這個假設「很有用」的這個事實（我要謝謝我以前的學生伍沃德〔Beverly Woodward〕提供這篇短文）。

54 Schrödinger, *op. cit.*, p. 26

55 *Science and the modern World*, p. 116。

56 Plato, *Seventh Letter* 341C：「因為這種學說是無法像其他學問一樣見之於文字的。」

57 特別見：*Nicomachean Ethics* 1142a25 ff., 1143a36 ff.。現代英譯本扭曲原意，因為它把「logos」譯成「理性」或「論證」。

58 柏拉圖在洞穴喻的故事裡使用「幻影」（eidōlon）和「影子」（skia）（譯按：兩者也指「靈魂」、「鬼魂」），使得整個說法尤其像是對於荷馬的翻轉和回應；因為荷馬在《奧德賽》裡正是用這兩個詞來描述冥府。

59 Whitehead, *Science and the modern World*, pp. 116-17。

60 「給我物質，我就可以藉此建造世界！也就是說，給我物質，我就可以對你們證明世界是如何生成的。」見康德在《自然通史和天體論》（*Allgemeine Naturgeschichte und Theorie des Himmels*）的序言。

61 「自然是個歷程」，因此「感覺意識的最終事實是個事件」，自然科學只探討發生、偶發和事件，而不探討事物，「除了事件的發生以外一切都是虛無」（Whitehead, *The Concept of Nature*, pp. 53, 15, 66），這是近代自然科學所有學門的公理。

62 維柯（op. cit., ch. 4）公開說他為什麼遠離自然科學。不可能有關於自然的真正知識，因為創造它的是神而不是人；正如人可以確定地認識幾何學，神也可以確定地認識自然：「我們可以證明幾何，那是因為我們創造了它；要證明物理世界，我們就必須製造它。」這篇寫於第一版《新科學》（*Scienza Nuova*, 1725）十五年前的短文，在許多方面都很有意思。維柯批評所有既存的科學，但還不是為了他的歷史新科學；他推舉的是道德和政治科學的研究，他覺得人們不應該忽視它們。直到後來，他才想到歷史是人造的，正如自然是神造的。這個作品的發展雖然在十八世紀初期很不尋常，在將近一百年後卻成了定律：近代世界每次有個理由期盼一個新的政治哲學時，它總是得到一個歷史哲學。

63 霍布斯《利維坦》（*Leviathan*）的導論。

64 見：歐克秀（Michael Oakeshott）為《利維坦》所寫的精采導論（Blackwell's Political Texts, p. xiv）。

65 *Ibid.*, p. lxiv。

66 *Metaphysics* 1025b25 ff., 1064a17 ff.。

67 見：*Theaetetus* 155：「這種疑惑感是哲學家的第一個標誌。」亞里斯多德在《形上學》的開頭也幾乎重複了柏拉圖的話：「古今來人們開始哲理探索，都應起於對自然萬物的驚異。」其實他的「驚奇」一詞有完全不同的意思；對他而言，探索哲學的現實衝動是要「擺脫無知」。

68 Henri Bergson, *Évolution créatrice* (1948), p.157。分析柏格森對於近代哲學的立場會離題一點了。但是他主張「工匠人」的地位高於「智人」，認為製造是人類智能的起源，強調生命和智能的對立，都很耐人尋味。柏格森的哲學很容易被解讀成個案研究，探討近代世界早期關於製造優於思考的信念，如何被後來生命的絕對優先性的信念給取代且消滅。柏格森自己揉合了這兩個元素，使得他對於法國勞動理論的興起影響甚巨。不只是博斯（Édouard Berth）和塞赫（Georges Sorel）的早期作品，甚至是提爾格（Adriano Tilgher）的《工匠人》（*Homo faber*, 1929），他們的術語主要都是襲用自柏格森；于伊曼（Jules Vuillemin）的《存在與工作》（*L'Être et le travail*, 1949）也不例外，雖然于伊曼和大多數當代法國作者一樣，主要都是用黑格爾的術語在思考的。

69 Bergson, *op. cit.*, p. 140。

70 Bronowski, *op.cit.*。

71 邊沁在《道德與立法原理導論》（*An Introduction to the Principles of Morals and Legislation*, 1789）裡的公式是「普利斯特里（Joseph Priestley）對他的建議，而且很接近貝加利亞（Cesare Beccaria）的『由最大多數人分配的最大幸福』（la massima felicità divisa nel maggior numero）」。（Introduction to the Hafner edition by Laurence J. Lafleur）。哈勒維（Élie Halévy, *The Growth of Philosophic Radicalism* [Beacon Press, 1955]）認為貝加利亞和邊沁都是承襲自葉爾維修斯（Claude Adrien

Helvétius）的《論精神》（*De l'esprit*）。

72 Lafleur, *op. cit.*, p. xi。邊沁在他作品的最新版本加了註釋表達對於僅僅稱為功利主義哲學的不滿（Hafner ed., p. 1）：「『效益』一詞不像『幸福』或『美滿』那麼清楚指出快樂和痛苦的觀念。」他的主要爭點在於效益不是可測量的，因此「沒辦法引導我們到『數量』的考量」，而如果沒有數量，「就不可能形成是非對錯的標準」。邊沁藉由讓效益概念和使用的觀念脫鉤，而從效益原則推論出幸福原則（見 ch. 1, par. 3）。這個區分正是功利主義的一個轉捩點。因為雖然在邊沁以前，效益原則主要是和自我有關，可是邊沁讓效益的概念脫離和使用品的獨立世界的任何指涉，因而將功利主義轉型成真正「普遍化的利己主義」（Halévy）。

73 Halévy, *op.cit.*, p. 13。

74 這當然就是《道德與立法原理》的第一句話。這句名言「幾乎逐字抄襲自葉爾維修斯」（Halévy, *op. cit.*, p. 26）。哈勒維很中肯地說，「一個流行的觀念應該是各方都會說法相同，這是很自然的事。」（p. 22）這剛好也說明了我們在這裡探討的作者們都不是哲學家：因為若干觀念在一個時期裡再怎麼流行，都不會有兩個哲學家的說法一模一樣而居然不算是抄襲。

75 *Ibid.*, p. 15。

76 近代生命哲學最偉大的代表人物當屬馬克思、尼采和柏格森，因為他們三個人都把生命和存有畫等號。為了這個等式，他們藉助於內省，而生命也的確是人在反觀自身時唯一意識得到的「存有者」。這些人和近代世界早期的哲學家們的區別在於，生命顯得比意識更主動、更有生產力，後者似乎仍舊太過依附在沉思和以前的真理理想。近代哲學的這個最後階段，或許可以形容成哲學家對哲學的叛變，這個叛變起於齊克果而終於存在主義，乍看下是強調行動而反對沉思。然而細察之下，這些哲學家其實沒有一個真正關心行動本身。我們於此可以先撇開齊克果以及他的無世界性的、指向內心的行動。尼采和柏格森以製造的角度描述行動——「工匠人」而非「智人」——，正如馬克思以製造的角度談行動，而以工作的角度談勞動。但是他們最終的參考點既不是工作和世界性，也不是行動；而是生命以及生命的繁殖力。

77 西賽羅的名言：「而就國家來說，死亡本身便是一種刑罰……因為一個國家應當牢牢確立，以至永生。」（*De re publica* iii, 23）關於古代的信念，認為一個穩固的國家應該是不朽的，另見：Plato, *Laws* 713，新城邦的建立者據說是模仿人的不朽的部分（hoson en hēmin athanasias enest）。

78 見：Plato, *Republic* 405C。

79 道明會的阿羅（Bernard Allo）語（*Le travail d'après St. Paul*, 1914）。主張近代對於勞動的推崇發源自基督教的人，在法國：Étienne Borne and François Henry, *Le travail et l'homme* (1937)；在德國：Karl Müller, *Die Arbeit: Nach moral-philosophischen Grundsätzen des heiligen Thomas von Aquino* (1912)。近來，魯汶的雷克萊（Jacques Leclercq），在其《自然法教程》（*Leçon de droit naturel*）第四卷（Travail, propriété, 1946）裡提出很有價值而有趣的勞動哲學，糾正了對於基督教的這個錯誤的詮釋：「在對於勞動的評價上，基督教沒有多大的改變。」而在聖多瑪斯的作品裡，「勞動的觀念也只是偶而出現而已」。（pp. 61-62）

80 見：I Thess. 4:9-11；II Thess. 3:8-11。

81 *Summa contra Gentiles* iii. 135。原文作：「Sola enim necessitas victus cogit minibus operari」。

82 *Summa theologica* ii. 2. 187. 3, 5。

83 在修院院規裡，尤其是本篤會的「祈禱和工作」（ora et labora），勞動是用以抵抗肉體怠惰的誘惑（見院規第四章）。在所謂「聖奧斯定會規」（Epistolae 211）裡，勞動被認為是自然法則而不是罪的懲罰。奧斯定鼓勵身體勞動——他把「工作」（opera）和「勞動」（labor）當作同義詞，和「閒散」（oitum）對立——是基於三個理由：有助於抵抗閒散的誘惑；幫助修院實踐對於窮人的愛德；更有利於默觀，因為它不像其他事務那麼勞心，例如買賣貨物。關於勞動在修院的角色，見：Étienne Delaruelle, "Le travail dans les règles monastiques occidentales du 4e au 9e siècle," *Journal de psychologie normale et pathologique*, Vol. VLI, No. 1 (1948)。除了這些正式的說法以外，羅亞爾港修會（Solitaires de Port-Royal）在找尋真正有效的懲罰工具時，立刻就想到了勞動（見：Lucien Fèbre, "Travail: Évolution d'un mot et d'une idée," *Journal de psychologie normale et pathologique*, Vol. VLI, No. 1 (1948)）。

84 Aquinas, *Summa theologica* ii 2. 182. 1, 2。聖多瑪斯主張「沉思的生活」的絕對優先性，而和奧古斯丁迥然不同，他主張「當尋求發現真理，使每人更認識它」（*De civitate Dei* xix. 19）但是這個差別只是一個基督教思想家採取希臘哲學的說法，而另一個用羅馬哲學的說法而已。

85 福音書關心世俗財產的惡，而不關心讚揚勞動或勞工（見：Matt.6:19-32, 19:21-24；Mark 4:19；Luke 6:20-34, 18:22-25；Acts 4:32-35）。

86 馬克思致庫格曼（Kugelmann）書簡（July, 1868）。

87 即使「非具象」（non-objective）藝術取代了事物的表象，藝術家本具的這個世界性當然還是沒有改變；把這個「非具象」誤認成主觀性（藝術家覺得有「表現自己」、他的主觀感受的使命），這是附庸風雅者才會做的事，而不是藝術家。藝術家，不管是畫家、雕塑家、詩人或音樂家，都會生產世界性的對象，而他的實體化和很可疑的、完全非藝術性的表現完全是兩回事。表現主義（expressionist）的藝術本身就是個矛盾的術語，但是抽象藝術則不是。

作者識

眼前這本書原本是一系列的講座，由瓦爾格倫基金會贊助，在一九五九年四月於芝加哥大學舉辦，講座題目是「行動的生活」（Vita activa）。在寫作這本書的初期階段，大約是一九五〇年代初期，我得到古根漢紀念基金會（Simon Guggenheim Memorial Foundation）的補助，而到了後期階段，洛克菲勒基金會的補助對我幫助匪淺。一九五三年秋天，普林斯頓大學的高斯講座（Christian Gauss Seminar）讓我有機會在一系列討論課裡提出我的想法，講題是「馬克思和政治思想傳統」（Karl Marx and the Tradition of Political Thought）。我很感謝這一初次嘗試中參與者的耐心和鼓勵，以及和此地或國外作者熱烈的觀念交流，在這一方面，講座提供了很好的宣傳媒介。

蘿絲．費特森（Rose Feitelson）從我在二十世紀開始出版作品以來就一直幫忙我，在這次手稿以及索引的準備方面再次給我很大的協助。如果沒有她這十二年來的幫助，我應該會完全不知所措。

國家圖書館出版品預行編目資料

人的條件/ 漢娜・鄂蘭（Hannah Arendt）著；林宏濤譯. -- 二版. -- 臺北市：商周, 城邦文化出版：家庭傳媒城邦分公司發行, 2021.04
面；　公分. --（Discourse；66）

譯自：The Human Condition: revised Second Edition
ISBN 978-986-5482-428（平裝）

1.社會哲學

540.2　　110003761

人的條件

原著書名／The Human Condition: revised Second Edition
作　　者／漢娜・鄂蘭（Hannah Arendt）
譯　　者／林宏濤
企畫選書／林宏濤
責任編輯／夏君佩（初版）、梁燕樵（二版）
版　　權／林心紅、劉鎔慈

行銷業務／李衍逸、黃崇華、周丹蘋
總 編 輯／楊如玉
總 經 理／彭之琬
發 行 人／何飛鵬
法律顧問／元禾國際商務法律事務所 王子文律師
出　　版／商周出版
台北市南港區昆陽街16號4樓
電話：(02) 25007008　傳眞：(02)25007579
E-mail：bwp.service@cite.com.tw
Blog：http://bwp25007008.pixnet.net/blog
發　　行／英屬蓋曼群島商家庭傳媒股份有限公司城邦分公司
台北市南港區昆陽街16號5樓
書虫客服服務專線：(02)25007718；(02)25007719
服務時間：週一至週五上午09:30-12:00；下午13:30-17:00
24小時傳眞專線：(02)25001990；(02)25001991
劃撥帳號：19863813；戶名：書虫股份有限公司
讀者服務信箱：service@readingclub.com.tw
城邦讀書花園：www.cite.com.tw
香港發行所／城邦（香港）出版集團有限公司
香港九龍土瓜灣土瓜灣道86號順聯工業大廈6樓A室
E-mail：hkcite@biznetvigator.com
電話：(852) 25086231　傳眞：(852) 25789337
馬新發行所／城邦（馬新）出版集團【Cite (M) Sdn. Bhd.】
41, Jalan Radin Anum, Bandar Baru Sri Petaling,
57000 Kuala Lumpur, Malaysia.
Tel: (603) 90578822　Fax: (603) 90576622
Email: cite@cite.com.my

排　　版／極翔企業有限公司
印　　刷／韋懋實業有限公司

經 銷 商／聯合發行股份有限公司
電話：(02)2917-8022　傳眞：(02)2911-0053
地址：新北市231新店區寶橋路235巷6弄6號2樓

■2016年1月5日初版
■2024年3月7日二版3.5刷
定價520元

Printed in Taiwan